EL RITO ROMANO DE AYER Y DEL FUTURO

⟨PETER A. KWASNIEWSKI⟩

El rito romano de ayer y del futuro

❧

EL REGRESO A LA LITURGIA LATINA TRADICIONAL TRAS SETENTA AÑOS DE EXILIO

Prólogo de Martin Mosebach

Os Justi
Press

Primera edición: *The Once and Future Roman Rite:*
Returning to the Traditional Latin Liturgy
after Seventy Years of Exile

© Peter Kwasniewski, 2022
© De la presente edición: Os Justi Press, 2023

Os Justi Press
1611 Smith St.
Lincoln, NE 68502
USA
info@osjustipress.com

paperback 978-1-960711-00-7
hardcover 978-1-960711-01-4
ebook 978-1-960711-02-1

Book design:
Michael Schrauzer

Dedicado a todos los sacerdotes
Que celebran el Santo Sacrificio
en comunión con la Iglesia de siempre,
Adheridos a la Tradición de todas las épocas,
De ayer, de hoy y de siempre

Sacerdotes in aeternum
Pro Ecclesia et pro Deo

Quoniam quae perfecisti destruxerunt: iustus autem quid fecit?

Cuando se derrumban los cimientos ¿qué podrá hacer el justo?

Salmo 10, 4
(Vulgata Clementina)

El papa no es un monarca absoluto cuya voluntad es ley, sino el guardián de la auténtica Tradición y, por ello, el primer garante de obediencia... Su gobierno no es de un poder arbitrario, sino de obediencia en la fe. Por ello, en relación con la liturgia, el papa tiene el papel de un jardinero, y no el de un técnico que construye nuevas máquinas y arroja las antiguas al montón de los desechos.

Joseph Ratzinger

╡ CONTENIDOS ╞

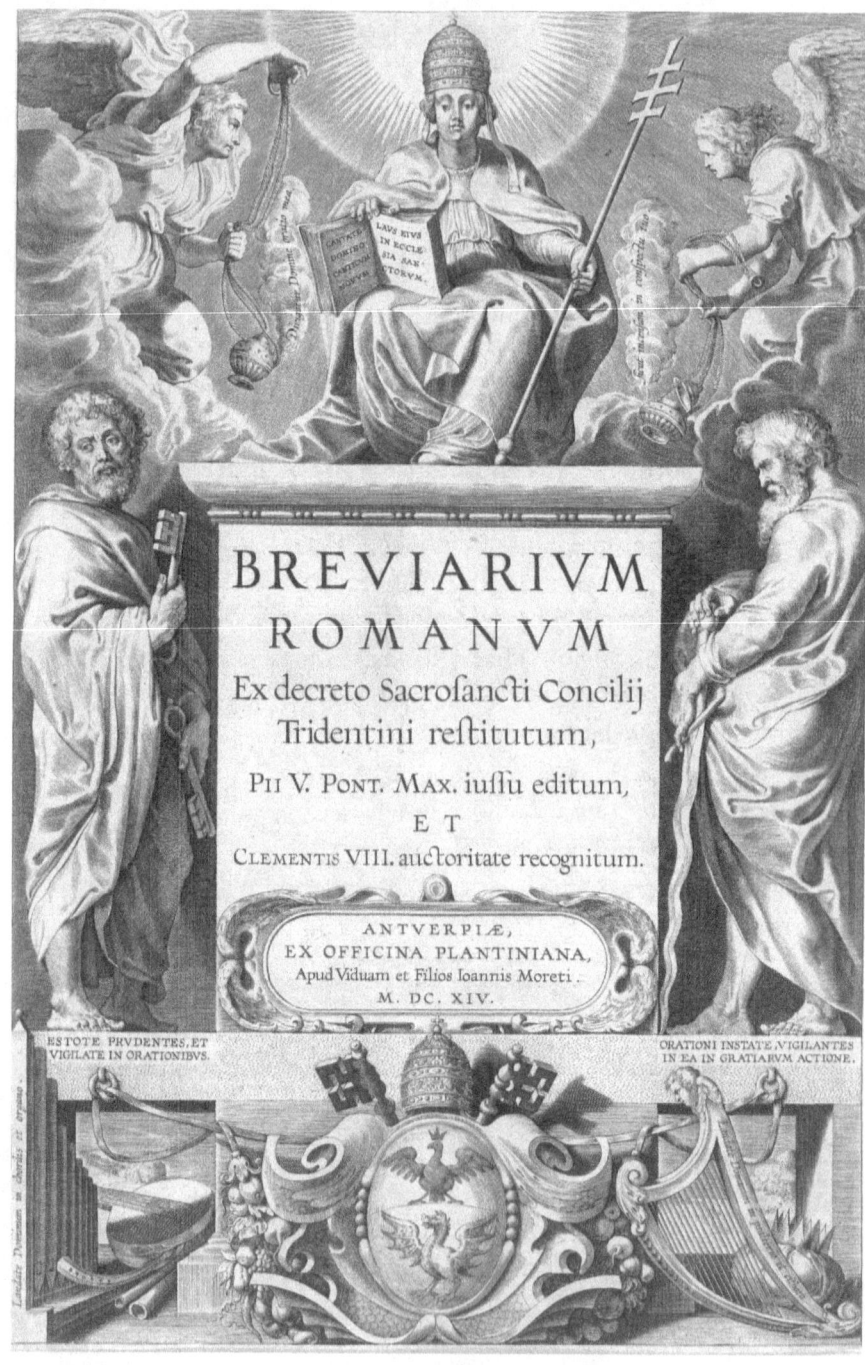

BREVIARIVM
ROMANVM

Ex decreto Sacrosancti Concilij
Tridentini restitutum,

Pii V. Pont. Max. iussu editum,

ET

Clementis VIII. auctoritate recognitum.

ANTVERPIÆ,
EX OFFICINA PLANTINIANA,
Apud Viduam et Filios Ioannis Moreti.
M. DC. XIV.

ESTOTE PRVDENTES, ET
VIGILATE IN ORATIONIBVS.

ORATIONI INSTATE VIGILANTES
IN EA IN GRATIARVM ACTIONE.

❦[PRÓLOGO]❧

EXISTEN POCAS COSAS QUE SEAN UN TOTAL y absoluto fracaso. En este mundo pocas veces se presentan en estado puro el acierto y el error, lo bueno y lo malo, lo bello y lo feo. Lo normal es que las contradicciones se entremezclen, y las discusiones giran constatemente en torno a un "si bien es cierto que . . . no es menos cierto que . . .". Es por eso que me causa desazón, desde hace cicuenta años, el no poder, a pesar de mis esfuerzos, encontrar nada digno de alabanza en la reforma del rito de la Misa hecho por Pablo VI, montada por ese maestro de la "tabula rasa", el arzobispo Bugnini, para no mencionar a los innumerables inventores de liturgia no autorizados que ha habido en todo el mundo. Puedo decir con cabal honestidad intelectual que no se me ocurre absolutamente nada, y como desconfío de mí mismo, estoy en principio dispuesto a aceptar que haya quien, en un tema tan doloroso, pueda hacer prevalecer un punto de vista opuesto al mío.

Al mismo tiempo, estoy en cierta forma agradecido por el gigantesco desastre de Pablo VI. En lo personal, me aparté mucho de la práctica religiosa durante la magna empresa de demolición llevada a cabo después de 1968, que arruinó estructuras que la Iglesia había logrado, hasta entonces, poner a salvo de tantos peligros –iglesias y conventos vaciados, altares vueltos al revés, aparición de guitarras en la Misa y sacerdotes (de los que no abandonaron sus funciones) dedicados enteramente a inventos litúrgicos–. Cuando regresé a la práctica algunos años más tarde, me espanté al encontrarme con el trabajo de destrucción que se había realizado entretanto.

Mi pertenencia a la Iglesia católica se origina en mi madre, nativa de Colonia. Esta ciudad fue otrora esencialmente católica, y se la llamó "Santa Colonia" por sus doce iglesias románicas, todas las cuales tienen estatuto de catedral, y son vistas, por muchos conocedores, como más importantes que la propia Catedral de Colonia. Pero como es frecuente en círculos cerrados, no había cómo escapar de la Iglesia, en especial de su autoridad temporal. Todo le pertenecía a la Iglesia, la cual estaba involucrada en todos

ix

los asuntos de la ciudad, cosa a menudo desagradable. Mucha gente mantenía una escéptica distancia de la Iglesia, especialmente hombres. En este aspecto la Iglesia en Colonia tenía algo en común con la cultura latina: la iglesia era cosa de mujeres. Si los hombres llegaban a ir a Misa, se presentaban a la consagracion y se retiraban después del Padre Nuestro. Involucrarse demasiado en asuntos eclesiásticos se consideraba poco varonil. Los solterones viejos que frecuentaban las sacristías eran motejados de "ranas de agua bendita".

Tal fue la atmósfera que me vio crecer. Si la catástrofe litúrgica no hubiera asolado a la Iglesia y al mundo –e incluyo al mundo porque la liturgia tradicional siempre estuvo enfocada hacia el mundo o, al menos, hacia la salvación de éste–, yo probablemente habría permanecido, en el mejor de los casos, a una condescendiente distancia de la Iglesia. En mi opinión, lo que ocurrió es que fuimos testigos, una vez más, de la comprobación de aquella triste ley que dice que, para que el verdadero valor de una cosa buena sea reconocido, tiene ella que ser mortalmente amenazada. Y, así, el período de mi regreso a la Iglesia quedó marcado por el esfuerzo, cada vez mayor, por comprender mejor aquello que perdimos.

Permítanme ser más específico. En Frankfurt, luego de una larga lucha contra un obispo hostil, logramos tener una Misa en el rito tradicional una vez al mes y, posteriormente, un día laboral cada semana, celebrada en una horrible capilla de hotel (era imposible, naturalmente, pensar en alguna de las iglesias milenarias de mi ciudad nativa). Tuvimos entonces que aprender, desde cero, a acolitar. Los propios celebrantes designados por el obispo estaban también llenos de dudas. Pronto nos dimos cuenta de que hacía falta que los laicos aprendiéramos a celebrar la Misa *rite et recte* para poder ayudar al sacerdote. Y yo mismo tuve que convertirme en "rana de agua bendita" para poder asistir una Misa bien celebrada. Si yo no acolitaba la Misa, nadie más podía hacerlo. Tuve que olvidarme, simplemente, de mi noción tradicional de qué es y qué no es compatible con la dignidad de un hombre adulto. Pero, al hacerlo, experimenté que mi vida se enriquecía más allá de toda medida.

En esas circunstancias nos resultó muy útil un breve manual de instrucciones litúrgicas llamado "Müller-Frei". Pero era como un manual prusiano de ejercicios aplicado a la liturgia: el librito no dedicaba ni una página a explicar y motivar las diversas rúbricas. Quien se propusiera ridiculizar como "rubricismo" las normas de la antigua liturgia, encontraría estupendo material en el "Müller-Frei". Pero lo que me quedó claro de todo esto es que la catástrofe litúrgica no fue resultado sólo del trabajo, sospechosamente apresurado, de ciertos prelados presuntuosos que armaron un servicio de oración protestantizante, sino que lo fue también de una más antigua falta de comprensión, que había venido aumentando desde hacía décadas. Incluso algunos sacerdotes piadosos resultaban ser incapaces de responder preguntas sobre detalles litúrgicos. Pero ¡qué alegría se tenía al saber que las respuestas existían, y que cada una de ellas proporcionaba una mejor visión de la fundamental coherencia del conjunto!

Desde entonces no he cesado jamás de aprender. Después de casi cuarenta años de estar involucrado en la liturgia latina tradicional, no pasa año en que no descubra cosas importantes, cuya existencia no había sospechado hasta el momento. Y esto, después de haber vuelto a estar entre los fieles en la nave, dejando el acolitado a una multitud de jóvenes acólitos, que son mucho más competentes que lo que jamás fui yo. He ahí el grave error al que sucumben los prelados romanos que se imaginan que pueden ahora suprimir el rito romano tradicional: cualquiera que haya logrado una auténtica comprensión de esta liturgia será siempre sensible a los muchos defectos del rito nuevo. Una vez que se los advierte, no hay vuelta atrás. Pero no hay que enredarse en discusiones sobre la "validez" del nuevo rito: simplemente es válido. Y precisamente porque lo es (al menos cuando se lo celebra correctamente, con apego a los libros litúrgicos), resulta ignominioso su oscurecimiento del divino sacrificio.

La lucha por la restauración de la liturgia tradicional de la Iglesia de Roma tiene aspectos de diversa índole: teológicos, porque supone preservar el carácter de sacrificio que tiene la Santa

Misa; políticos, porque con ello se apoya la estructura jerárquica de la Iglesia; y estéticos, porque se defiende la convicción de que la religión de la Encarnación divina exige una expresión accesible para los sentidos. Se trata de una lucha espiritual, pero si sólo requiriera argumentos poderosos y de peso, la victoria se habría logrado hace mucho tiempo, porque frente al desastre creado por los liturgistas, el poderoso partido de la reforma ha perdido el vigor para defender su trabajo, y hoy depende enteramente de un necio positivismo legal: "la Iglesia ha tomado otro camino; los cambios son irreversibles; sencillamente el camino actualmente es éste; hay que someterse". No se hace injusticia alguna al Prefecto del Culto Divino cuando se resume de este modo el contenido de sus instrucciones.

En esta batalla litúrgica, no se trata sólo de derrotar una ideología y una teología perversas, y de ganar, al cabo, en un enfrentamiento de argumentos. La liturgia romana, que bien podríamos llamar "divina" con igual derecho que los Ortodoxos, conecta lo natural con lo sobrenatural. Su defensa no prevalecerá si no la confirma un respaldo sobrenatural. Pues bien, son los santos quienes la confirman. El movimiento por la preservación del rito tradicional sólo tendrá éxito si produce santos. Mientras escribo esto, siento terror; pero es inútil: esta impresión es simplemente una ley espiritual. Podemos claramente señalar los santos protectores de la liturgia romana en el pasado: a la cabeza, está por cierto el papa Gregorio Magno, que no inventó estos ritos sino que, reverentemente, los organizó. Sus herederos son todos los que celebran la Misa tradicional en la actualidad. Debemos recordar a continuación a San Juan Damasceno, que luchó contra la iconoclastia de Constantinopla. Las reformas del siglo XX no sólo estuvieron acompañadas de una nueva ola de iconoclastia, sino que osaron dañar el ícono más grande de todos, el Santo Sacrificio de la Misa. San Juan Damasceno está también relacionado con la "Fiesta del Triunfo de la Ortodoxia", que se celebra en el mundo Ortodoxo el primer domingo de Cuaresma; esta fiesta puede ser un modelo para la esperanza católica en "la restauración de la liturgia ortodoxa".

Durante la Reforma en Alemania, Inglaterra y Francia, hubo por cierto muchos mártires que resistieron y sufrieron no sólo por la religión católica en general, sino en particular por la liturgia. Tenemos que buscarlos para pedir su intercesión. Es conmovedora la suerte que corrieron los campesinos viñateros de Ruedesheimer a fines del siglo XVIII, cuando se opusieron a la prohibición del canto gregoriano impuesta por el "ilustrado" obispo de Mainz, con el resultado de que fueron deportados y condenados a largos encarcelamientos. Nadie se ha tomado la molestia de iniciar su canonización, pero podemos estar seguros de que su sacrificio fue aceptado por Dios. En el mismo rango están los sacerdotes de los campos de concentración alemanes y rusos, que celebraban la Santa Misa sin abreviaciones, con sólo un par de uvas contrabandeadas, y que fueron traicionados y tuvieron que pagar con su vida. Y luego está el estigmatizado Padre Pío que, portador de las sangrantes llagas de Cristo, se transformó él mismo en ícono, y de esta forma insólita hizo visible el carácter sacrificial de la Misa. El Padre Pío jamás celebró la nueva Misa, pues murió poco antes de su introducción.

Peter Kwasniewski no sólo es un faro de conocimientos, sino que además posee un afilado ingenio. Y así, ha propuesto recientemente que las Naciones Unidas declaren que el rito romano es parte del "patrimonio cultural intangible" de la humanidad[1]. El concepto de patrimonio cultural de la humanidad es comprensible en vistas de la destrucción cultural general causada por las guerras de los siglos XX y XXI y por la remodelación, a menudo violenta, del mundo entero por obra de la industria y del comercio: se trata de preservar de la destrucción algunos edificios, paisajes y tradiciones sobresalientes, temporalmente al menos[2]. Lo que en estos amenazantes tiempos hemos recibido del pasado, que pertenece a las tradiciones de un pueblo y que puede ser también fructífero en el futuro, debiera ser puesto fuera del alcance del rabioso torrente

---

1   Ver Peter Kwasniewski, "The Latin Mass as Intangible Cultural Heritage," *OnePeterFive*, November 24, 2021.
2   De hecho, a petición de los gobiernos de Grecia y Chipre, UNESCO reconoció en 2019 el canto bizantino como parte de la herencia cultural intangible de la humanidad.

de cambios y de la "furia de la desaparición" de que hablaba Hegel. La lista la integran la fabricación de violines de Cremona, Italia; el yoga indio; la rumba cubana; la danza zaouli de la Costa de Marfil y la construcción de botes Pinisi de Indonesia. ¿Y no calza también aquí la liturgia católica tradicional? Sí calza, desde una perspectiva no-cristiana. La petición de inclusión en esta lista sería fácil de redactar. Sin embargo, según el procedimiento de las Naciones Unidas, tiene que ser un Estado el que se interese en el asunto. ¿Estaría interesado en ello el Estado del Vaticano? Se pone tanto énfasis en el valor de las magníficas iglesias antiguas: las basílicas del primer milenio cristiano, las catedrales góticas, los espléndidos templos del Barroco, todas las cuales fueron construidas, hasta en los detalles, de acuerdo con las rúbricas de la antigua liturgia. Y así, dichas estructuras son "liturgia edificada", y resultan absolutamente incomprensibles separadas del propósito para el que se las levantó.

A comienzos del siglo XX el Estado francés expropió las iglesias del país y pareció que la política, bajo la influencia de la masonería, iba a prohibir la celebración de la Santa Misa en ellas. El gran novelista francés Marcel Proust, que fue bautizado como católico pero que vivió como agnóstico, escribió una emocionante defensa: "La muerte de las catedrales"[3]. Si se prohibiera la divina liturgia en las antiguas iglesias, su arquitectura sería, del mismo modo, condenada a muerte. Y Proust llegó incluso a pedir que se demoliera las catedrales si no se pudiera celebrar más la Santa Misa en ellas, ya que, sin la liturgia, habrían perdido su alma. Los entendidos viajan a Bayreuth para oír las óperas de Wagner, pero cada domingo se realiza en las catedrales un "show" que es mucho más importante que todas las óperas de Wagner juntas. Oscar Wilde fue también un entusiasta de los rasgos de la liturgia tradicional, que es lo único que vincula la época moderna con la cultura de la antigua Grecia. En el mismo sentido se pronunciaron los muchos intelectuales ingleses – entre

---

3 Para una edición en inglés con comentarios, ver Marcel Proust, *Death Comes for the Cathedrals*, trad. John Pepino (Milwaukee, WI: Wiseblood Books, 2021).

los que se incluyó también a Agatha Christie- que imploraron a Pablo VI que no tocara la antigua liturgia[4]. Lo que ellos dijeron es bueno y justo: de hecho, esa liturgia dio nacimiento a la mayor parte de la cultura europea. Dante, Cervantes y Mozart participaron en ella innumerables veces, y le permitieron que moldeara sus almas de artistas. Pero más importante que la antigüedad pagana de Oscar Wilde es la asombrosa continuidad con el antiguo culto del templo judío, que sigue viviendo en la liturgia romana tradicional y la vincula con la más antigua historia de la humanidad. Entre los muchos aspectos dudosos de la reforma de la Misa por Pablo VI está precisamente la supresión de muchos elementos judíos que hay en la liturgia. Si hay algo que merece el título de "patrimonio cultural de la humanidad", ello es la liturgia romana tradicional.

Pero la propuesta de Kwasniewski a la UNESCO es una broma sardónica no sólo porque se dirige a una entidad que está a una inconcebible distancia de cualquier religión, sino porque, al cabo, las Naciones Unidas pueden exhibir más comprensión de la preciosa naturaleza de la liturgia que las instituciones que están encargadas precisamente de protegerla. Lo que un estudioso como él, que ha pasado su vida entera bajo el signo de la liturgia tradicional, sabe mejor que Marcel Proust y Oscar Wilde, es que la innegable belleza y sobreabundantes riquezas culturales que hay en los antiguos ritos son sólo las consecuencias colaterales externas de algo que es un misterio para los estetas modernos: la verdad. Y la verdad no necesita la protección que proporciona el estar puesta en un museo, sino que, por el contrario, exige testigos vivientes. Las comunidades que se han dedicado al antiguo rito han comprendido esto bien. El papa y sus funcionarios, en cambio, con todos sus argumentos (los que han podido reunir), ni se aproximan siquiera a esta realidad.

Y así, desde hace décadas estamos entre contradicciones. En el conflicto sobre la liturgia, el poder y la verdad están en lados opuestos. ¿Llegará el día en que la abundancia de conocimientos,

---

4 Declaración y firmantes, ver Joseph Shaw, ed., *The Case for Liturgical Restoration* (Brooklyn, NY: Angelico Press, 2019), 213-16.

de sabiduría y de oración que se ha hecho valer para favorecer la verdad de la divina liturgia incline hacia ella la balanza, y en que la vaciedad del poder quede de manifiesto? Quienquiera sea pesimista en este asunto (porque, en principio, hay muchas cosas en favor del pesimismo) debiera hacerse otra pregunta: ¿estaría ese pesimista, si los enemigos romanos de la liturgia tradicional prevalecen finalmente, dispuesto a ceder, a dejar de pelear y a aceptar el *Novus Ordo* de Pablo VI? El autor del presente libro ha tomado, en lo personal, una decisión en este tema; y el lector sabrá, en las páginas siguientes, cuál es ella.

Martin Mosebach
Frankfurt, marzo 3, 2022

❦[PREFACIO]❧

El principio de la sabiduría es llamar las cosas por su nombre.

Confucio

E L NÚCLEO DE ESTE LIBRO ES UNA SERIE DE conferencias y de artículos escritos alrededor del quincuagésimo aniversario (la expresión "bodas de oro" no parece aquí indicada . . .) de la promulgación y entrada en vigencia del *Novus Ordo Missae*, es decir, el 3 de abril y el 30 de noviembre de 1969 respectivamente. Durante 2019, los aniversarios de ambas fatídicas fechas proporcionaron muchas ocasiones para meditar, para lamentarse, para comprometerse nuevamente con el magno trabajo de la restauración. Mi intención fue publicar un libro a fines de 2019, pero la Providencia tenía otros planes para ese año, y también para los dos siguientes.

A medida que proseguía con mis investigaciones litúrgicas, me fui dando cuenta, cada vez más, de hasta qué punto los problemas generalmente identificados en el *Novus Ordo*, habían comenzado, tanto en teoría como en práctica, muchos años antes que el trabajo del comité conocido como *Consilium ad exsequendam Constitutionem de sacra Liturgia* (abreviado como "Consilio") establecido por Pablo VI durante el Concilio Vaticano II. Gradualmente llegué a la conclusión de que un libro de aniversario, por mucho que se enfocara en el *Novus Ordo*, necesitaba ir más allá de los cincuenta años. En efecto, había que considerar los setenta años de la "cautividad de Babilonia", cuyo comienzo podría situarse, simbólicamente, en 1948, año de establecimiento de la Comisión nombrada por Pío XII, período que se extendió hasta 2018, año en que la Comisión *Ecclesia Dei* concedió una autorización, cortés pero innecesaria, para celebrar la Semana Santa anterior a Pacelli. Podría también computarse dicha "cautividad" desde 1951, año en que se introdujo a título de experimento la nueva Vigilia Pascual, hasta 2021, año en que se esperaba que Roma hiciera un gesto a quienes deseaban retomar muchos elementos tradicionales anteriores a 1955. En abril de 2021 escribí, muy esperanzado: "No se ha dado ninguna autorización expresa porque no se la necesita para algo que es, desde tiempo inmemorial, grande y sagrado. Los católicos de rito latino, en pequeños grupos, están volviendo, aquí y allá, al templo litúrgico después de setenta años de exilio"[1].

Luego, el 16 de julio de 2021 se publicó el *motu proprio Traditionis custodes* y la carta que lo acompaña, con el fin de desplazar el *motu proprio Summorum Pontificum* y su carta. El 18 de diciembre se publicó la *Responsa ad dubia* de la Congregación para el Culto Divino. Yo comparé *TC* y *Responsa* con las bombas atómicas lanzadas sobre Hiroshima y Nagasaki[2]. Se había comenzado una guerra para obligar a todos los católicos a una obediencia ideológica. En un instante cambió todo el paisaje.

Con todo, lo que cambió no es exactamente lo que el papa o la curia pudieron haber pensado que cambiaría. Debido a la influencia del ultramontanismo de vieja escuela, cuyos gaseosos vapores se filtran todavía de los estanques de la alta jerarquía, se podía presumir que, una vez que el "gran experimento" de las "dos formas" del rito romano simultáneamente vigentes hubiera sido declarado fallido, todos los católicos se reunirían alrededor del sucesor de Pedro y de su fiel pandilla curial. En la realidad, los obispos reaccionaron de modo claramente diverso, y su actitud varió desde la obediencia ciega hasta un silencio cartujo, pasando por generosas dispensas. Y lo que es más: el laicado y el bajo clero fueron atizados hasta el punto de celo ardiente por algo que el mundo entero, incluso los culturalmente indiferentes, ha considerado ser una gratuita declaración de guerra, realizada con un legalismo puntilloso y una desalmada rigidez, que huele a hipocresía por provenir de profetas de la periferia con olor a oveja, de partidarios del diálogo abrahámico, y de la infinita misericordia hacia los pecadores. En resumen, el movimiento tradicionalista recibió, en lo interno, su mayor impulso y, en lo externo, la mayor cobertura noticiosa de su historia, de modo

---

1 "Ending Seventy Years of Liturgical Exile: The Return of the Pre-55 Holy Week," New Liturgical Movement [*NLM*], abril 19, 2021.
2 Ver mi artículo "A Supreme Moment of Decision, Courtesy of 'Divine Worship,'" *OnePeterFive*, 18 diciembre, 2021.

que muchos más católicos que nunca antes se dieron cuenta de lo que estaba en juego. Hay pruebas de que existe ahora una más extendida curiosidad, acompañada de simpatía y apoyo, además de una reanimación del fervor que caracterizó al movimiento tradicionalista (entonces mucho menor) en el período más difícil que tuvo que enfrentar, entre 1969 y 1984.

¿Qué se propone alcanzar este libro? En estas páginas, quiero demostrar que, de hecho, existe sólo un rito romano, y que él no es el *Novus Ordo*; o dicho de otra forma, que el *Novus Ordo* no es parte del rito romano, sino otro rito enteramente diferente. Quiero demostrar que tenemos la grave obligación de restaurar la Misa tradicional como el rito propio y el prototipo de rito Eucarístico de la Iglesia de Roma, la *lex orandi* definitivamente codificada por San Pío V y recibida intacta por cada uno de sus sucesores hasta el tormentoso siglo XX. En el capítulo 2, que podría considerarse el centro del libro -presentado originalmente como conferencia con el título "Más allá de *inciensos y campanillas*: el porqué de nuestra necesidad del contenido objetivo del *Usus Antiquior*"- demuestro que el *Novus Ordo Missae* constituye una ruptura con los elementos fundamentales de todas las liturgias de origen apostólico y que, en consecuencia, viola la solemne obligación de la Iglesia de recibir, atesorar, conservar y transmitir los frutos del desarrollo litúrgico. Y puesto que este desarrollo es, en verdad, el gran modo en que el Espíritu Santo guía a la Iglesia en el tiempo hacia "la plenitud de la verdad", según la promesa de Cristo, semejante forma de "pecado contra el Espíritu Santo" no puede sino tener inmensas consecuencias negativas, como las últimas cinco décadas lo han efectivamente demostrado. No es posible, por otra parte, construir un puente sobre el abismo que existe entre lo antiguo y lo nuevo mediante la aplicación de cosméticos o de cortinajes o de elegantes paramentos, porque el problema reside en el nivel de la mutación genética y del daño a los órganos internos. La solución profunda y permanente consiste en mantener la continuidad con la tradición litúrgica viva que se encuentra en el *usus antiquior*.

Expresada de este modo, mi tesis no es novedosa: ¡yo sería un muy mal tradicionalista si no caminara por la senda abierta por tantos antecesores! Hace ya varias décadas el liturgista alemán Klaus Gamber planteó que el nuevo rito no podía ser llamado *ritus romanus* sino que debía llamarse *ritus modernus*. Michael Davies argumentaba en el mismo sentido, y lo mismo han hecho sacerdotes como Bryan Houghton, Roger-Thomas Calmel, Raymond Dulac y Anthony Cekada, entre otros. En la misma línea habría que mencionar el Breve Estudio Crítico, a veces conocido como la Intervención Ottaviani. Joseph Ratzinger escogió, diplomáticamente, una forma diversa de expresarse, pero muchas de las cosas que escribió antes de convertirse en papa se acercan muchísimo a la fórmula de Gamber[3].

Supuesto que mi tesis no es en absoluto una novedad, el valor del presente libro reside en que proporciona al lector una convincente y actualizada presentación de las razones de los tradicionalistas para sostener que ha existido una ruptura permanentemente dañina en la liturgia de rito latino de la Iglesia católica y para abogar, en respuesta a dicha ruptura, por un regreso sin condiciones a la plenitud de la tradición. Con el fin de explicarme bien, demuestro lo siguiente:

· que la tradición tiene fuerza obligatoria para toda la Iglesia *y para todos* en la Iglesia, sin excluir, sino al contrario, incluyendo al papa;

· que es legítimo hablar de un "desarrollo orgánico" en la liturgia, y que se puede enunciar las leyes de dicho desarrollo;

· que, con estas herramientas, podemos distinguir crecimiento de corrupción, tal como hizo Newman en el caso de la doctrina cristiana (*lex credendi*), y podemos también proteger la tradición

---

3   Fueron los escritos de Ratzinger los que por primera vez me hicieron maravillarme ante el misterio de la liturgia y despertaron en mí el deseo de comprender qué es lo que le ha acontecido en nuestra época, así como el celo por recuperar lo que se perdió. Ratzinger me inició en el camino que empezó con las "verdaderas intenciones del Vaticano II", siguió con la Reforma de la Reforma, se detuvo brevemente en aquello del "mutuo enriquecimiento" de las "dos formas" y, finalmente, giró hacia un tradicionalismo sin atenuantes (o restauracionismo, si se prefiere). Por cierto, en esta última etapa del camino, dejé atrás a Ratzinger, quien parece haberse quedado en la tercera etapa. Pero nunca dejaré de agradecerle el haber encendido en mi alma un tremendo entusiasmo, y por haberme acompañado en el camino con sus magníficas intuiciones.

deseada por Dios (*lex orandi*) de la tendencia a manipularla, propia del anticuarianismo y del modernismo;

• que existen prominentes rasgos que identifican al rito romano y, en verdad, a todos los ritos tradicionales, y que están parcial o totalmente ausentes del *Novus Ordo*, alejando a éste de aquéllos;

• que la reforma litúrgica, como ella misma permite ver, exhibe rasgos de nominalismo, voluntarismo, protestantismo, racionalismo y otros errores claramente modernos;

• que la Iglesia está sufriendo el influjo de un erróneo y peligroso "ultrapapismo", que hace del papa un monarca absoluto cuya voluntad es ley, y que puede tratar el patrimonio católico como su posesión privada a fin de modificarlo como le plazca y obligar a todos a inclinarse ante sus designios;

• que la defensa que se hace de la reforma postconciliar de Pablo VI se convierte, al cabo, en una prueba de que debe, simplemente, rechazársela;

• que debemos recuperar el rito romano en la plenitud de su formulación tridentina, recurriendo al uso de libros litúrgicos que no hayan sufrido la devastación de las mal concebidas y contemporizadoras reformas de mediados de la década de 1950 y de comienzos de la de 1960;

• y, por último, algo importante: que no se requiere de ninguna autorización especial, ni podría jamás requerirse de ella, para dar culto a Dios con los auténticos ritos litúrgicos de la Iglesia católica.

Tales son los temas a que se refiere este libro. Las conferencias y los artículos han sido cuidadosamente revisados para incluírselos en él. El apéndice contiene el texto completo de tres discursos sobre reforma litúrgica pronunciados por Pablo VI (comentados en el capítulo 4), más una breve selección de citas en la misma línea. El libro termina con las fuentes de los epígrafes.

En estudios de este tipo, se puede dar fácilmente la impresión de que el único tema a que se refieren es la Misa. Aunque es fácilmente comprensible y es también adecuado que la Misa sea su punto central –ella es, al cabo, el acto central del culto de la Iglesia católica, el "lugar" donde la mayoría de los católicos "encuentran" a Cristo y su Iglesia–, la liturgia comprende también muchas otras cosas, entre las que están no solamente los otros seis ritos sacramentales sino también el Oficio Divino, las bendiciones, los exorcismos, los ritos pontificales, etc. *Todas estas cosas* fueron cambiadas tan dramáticamente como la Misa, y a veces incluso más drásticamente. La crítica que se hace al *Novus Ordo Missae* en estas páginas es por tanto, *mutatis mutandis*, también una crítica de todos los nuevos libros litúrgicos publicados por Pablo VI, ya que, siendo productos de los mismos comités y orientados por los mismos principios, padecen de las mismas debilidades, tal como sus contrapartes tradicionales, que son el destilado de dos mil años de oración (no hay que olvidar los antecedentes judíos), comparten las mismas perfecciones.

El "establishment" litúrgico es incapaz de presentar argumentos sólidos en favor de las costosas construcciones del *Consilium*. Su argumención fue, desde el comienzo, un puño, primeramente enguantado en terciopelo, pero hoy, desnudo. El trabajo que se hizo fue de exhumar, redactar y combinar retazos y pedazos de historia litúrgica, todo lo cual recibió el apelativo de "restauración". Cuando la obra estuvo terminada, sus fautores dijeron, deshonestamente, que se mantenía la continuidad con el pasado, que no se había perdido nada importante, que se había conservado todo lo valioso y que, incluso, ¡se lo había mejorado![4] ¿Pensaron, quizá, que su colosal mentira no iba a ser nunca descubierta? No hay nada que escape al ojo atento de Cristo: todos quienes pretendan manipular a su Iglesia habrán de comparecer ante el tribunal.

Los responsables de la ruptura con la tradición son indudablemente los que quisieron estas cosas nuevas, las diseñaron y las ejecutaron. Más de cincuenta años después de que se introdujera los nuevos ritos, estamos como peces nadando en aguas contaminadas que no ensuciamos nosotros. Lentamente, paso a paso,

---

4 Hay numerosos ejemplos de tales alegaciones, junto con refutaciones de las mismas basadas en datos, en Matthew Hazell, "All the Elements of the Roman Rite'? Mythbusting, Part II," *NLM*, octubre 1, 2021. Ver también mis artículos "'O, What a Tangled Web . . .': Thirty-Three Falsehoods in the CDW's *Responsa ad Dubia*," *OnePeterFive*, enero 5, 2022, y "The Outrageous Propaganda of Archbishop Roche," *Rorate Caeli*, enero 22, 2022.

las faltas tienen que ser borradas, comenzando paso a paso, por un misal, por un sacerdote, por un altar, por una Misa. Pablo VI creyó que podía abolir la Misa tradicional de un solo plumazo papal. Pero el tiempo ha demostrado la vanidad de esta ambiciosa idea. En todo el mundo, en cada país, la Misa de siempre está levantándose de nuevo. Es algo irónico el que el veloz y descontrolado incendio de *internet* haya favorecido la difusión de un movimiento de restauración de una tradición que es muy anterior a la tecnología de la prensa escrita, y mucho más antigua que las máquinas eléctricas o electrónicas. En esta convergencia de lo muy antiguo y de lo muy nuevo hay, al mismo tiempo, *pathos* y humor. Lo divino, lo sagrado, lo santo no puede ser enterrado ni expulsado ni intercambiado. La voz de la Iglesia que ora no puede ser silenciada, y llegado el momento, emergerá de nuevo a la superficie, hará erupción donde quiera que se la haya suprimido. Estamos comenzando apenas a ver el renacimiento católico, justo cuando el resto del mudo occidental moderno se avalanza, a un paso enloquecido, a poblar los diversos círculos del infierno.

Los católicos que buscan la tradición han optado desde hace muchas décadas por el regreso al *Missale Romanum* de 1962, y a los libros litúrgicos relacionados, anteriores a la avalancha que siguió al Concilio. Pero todos estos libros litúrgicos se contaminaron claramente en el período de mutaciones cada vez más aceleradas que afectó de modo grave al legado de Trento: prueba de ello son la nueva Vigilia Pascual de 1951, la nueva Semana Santa de 1955, el nuevo código de rúbricas de 1960, etc. Todos estos fueron proyectos interinos que preparaban la "reconstrucción total" o *instauratio magna* (para usar una expresion del filósofo Francis Bacon) que tuvo lugar en la década que siguió a la *Sacrosantum Concilium* de 1963. Durante una época de caos, el Misal de 1962 ha sido una "roca firme", como lo llamó alguna vez Michael Davies; pero es, al cabo, una isla en la que no se puede acampar permanentemente.

¿Cuándo, exactamente, fue que el casto amor por circunspectas reformas se transformó en una descontrolada pasión por novedades? Hay quienes echan la culpa a Pío X por sus importantes modificaciones del orden de los salmos rezados por la Iglesia romana desde épocas remotas. Otros sindican a Pío XII por haber apoyado con su autoridad a la comisión de reforma litúrgica que dio a Annibale Bugnini su primer cargo en el Vaticano y, al mundo, una mutilada Semana Santa, cuya anterior grandeza fue reducida a astillas por las incoherencias. Otros señalan a Juan XXIII por su modificación del Canon romano y por su ingenuidad al convocar a un concilio ecuménico plagado de obispos concertados y de progresistas orientados a la propaganda. Pero la mayoría indicaría a Pablo VI como el destructor por excelencia, que no descansó hasta ver el legado de muchos siglos desmantelado y reconstruido a la moderna. ¿Acaso no se puede ver, en todo esto, una predilección papal por la extralimitación, por experimentar el gusto de un poder petrino monárquico encaminado a *rehacer el culto de la Iglesia*, cuando la mayor parte de la historia de los papas muestra, en cambio, que éstos han sido agradecidos depositarios, celosos defensores y cuidadosos embellecedores del culto? Sobre todo, ¿no debieran los papas verse a sí mismos como servidores del gran patrimonio que les ha sido transmitido, y no como jueces de sus supuestos defectos y fabricantes del último modelo? ¿Es mucho pedir que sean los "custodios de la tradición"?

Los sinceros partidarios de los "avances y éxitos" de la reforma litúrgica son hoy, en su mayoría, ancianos. Han estado instalados en la cumbre del mundo eclesiástico por tanto tiempo que les cuesta prestar atención a los tradicionalistas e imaginarse que éstos constituyen una amenaza. Los progresistas que están más conscientes del deterioro de su hegemonía, como Massimo Faggioli, Andrea Grillo, Anthony Ruff, Austin Ivereigh y, naturalmente, Arthur Roche, no saben si optar por una presuntuosa indiferencia o por un auténtico pánico. Toda la investigación seria está del lado de los tradicionalistas, y la posición en favor de la reforma se debilita día tras día, ya sea que se la mire a la luz de sus principios operativos o a la de sus frutos concretos. No existe ninguna investigación académica seria que respalde la reforma (al contrario, muchos de sus axiomas han sido refutados por investigaciones más acuciosas), pero sus adherentes tienden a ser los últimos en reconocerlo. Adviértase cómo los últimos partidarios del *Novus Ordo* ignoran el tremendo trabajo realizado por investigadores como Laszlo Dobszay, Lauren Pristas, Dom Alcuin Ried y Michael Fiedrowicz, y se dedican, en cambio, a sazonar su propio discurso con partes iguales de nostálgicos opiáceos de los años 60 y de añejas "certezas" del Movimiento Litúrgico en su última fase, cosas ambas que tienen tanto peso científico como el mesmerismo o el flogisto. Así son los decadentes hábitos de los déspotas a punto de ser derrocados.

En los meses siguientes a *Traditionis Custodes*, hemos visto a mucha gente bien intencionada enviar cartas personales, cartas abiertas y peticiones al papa y a los burócratas vaticanos, rogándoles, con muchos "por favor" y "gracias", que "nos dejen conservar la Misa", etc. Lejos de mí el negar que tales iniciativas puedan producir algún buen resultado; no critico a nadie que las firme. Quizá lo que ocurre es que me he decepcionado demasiadas veces por la falta de respuesta a más de dos docenas de peticiones anteriores, dirigidas al papa, sobre los temas más graves, algunas de ellas firmadas por *cientos de miles de personas*, todas las cuales terminaron en nada[5], y sirvieron solamente para confirmarle al papa y a su círculo que existe un peligroso y creciente movimiento "tradicionalista, fundamentalista, integrista" (etc.), que debe ser aplastado antes de que infiltre a la Iglesia y la haga cambiar de rumbo hacia una profunda continuidad con su enseñanza y forma de vida preconciliar.

Hay que ovidarse de las peticiones. Lo que necesitamos con urgencia es que haya sacerdotes que, uno a uno, rehusen, en absolutamente cualquier circunstancia –incluídas amenazas, destierros o penas– renunciar a la Misa tradicional, al *Rituale*, al Breviario, etc.; que continúen siendo los héroes que el laicado necesita y que el Señor merece y premia; que comprendan que, en tiempos de crisis, en estado de guerra, uno hace todo lo que puede y es legítimo que haga, dejando el resto a Dios; que experimenten las riquezas de la Providencia de Dios, manifiestas en el laicado que acude a apoyarlos, en forma tal que, dando y recibiendo bienes

---

5 Ver *Defending the Faith against Present Heresies*, ed. John R. T. Lamont and Claudio Pierantoni (Waterloo, ON: Arouca Press, 2020), 323-31.

sobrenaturales, los miembros se apoyan unos a otros, como lo dice San Pablo en tantas ocasiones. Así es como la tradición fue salvada en la década de 1970, y ello no será distinto en nuestra época actual. ¿Va a ser todo esto confuso y horrible? Ciertamente lo será. Pero es muy glorioso defender lo que es verdadero, recto y sagrado, frente a sus perversos y mezquinos perseguidores.

Hay unas cuantas cosas que este libro no se propone hacer. Primero, no presentará ni una historia ni un análisis formales del *usus antiquior*: para ello recomiendo el libro de Michael Fiedrowicz *La Misa tradicional. Historia, forma y teología del rito clásico romano* (Carthusianus Verlag, 2021). Segundo, tampoco ofrecerá en plenitud una defensa de la superioridad de nuestros antiguos ritos: para ello sugiero consultar mi libro *Reivindicación de nuestros derechos hereditarios como católicos. Genio y actualidad de la Misa tradicional* (Angelico Press, 2022) y otros libros míos en la misma línea. Tercero, no relatará la historia del movimiento tradicionalista: para ello, los lectores estadounidenses pueden consultar el libro de Stuart Chessman *Faith of Our Fathers: A Brief History of Catholic Traditionalism in the United States, from Triumph to Traditionis Custodes* (Angelico Press, 2022). Cuarto, tampoco hará un análisis detallado de *Traditionis Custodes*, ni defenderá los derechos y deberes del laicado y del bajo clero frente a las órdenes y prohibiciones ilegítimas de sus superiores: para tales temas, recomiendo mi libro *From Benedict's Peace to Francis's War: Catholics Respond to the Motu Proprio* Traditionis Custodes *on the Latin Mass* (Angelico Press, 2021), y mi librito *La verdadera obediencia en la Iglesia. Guía de discernimiento para tiempos recios* (Os Justi Press, 2021). Los libros mencionados, junto con el presente texto, constituyen una sólida biblioteca básica sobre los porqués del tradicionalismo litúrgico católico.

Nadie que entienda de teología católica y de historia de la liturgia romana, y que luche por ser intelectualmente honesto, puede aceptar el *Novus Ordo* como una expresión auténtica y orgánica de la oración litúrgica romana. Existe un solo rito romano; sólo puede haber un rito romano, y no habrá más que un rito romano. La única expresión de la *lex orandi* del *ritus romanus* es la liturgia latina tradicional de la Iglesia de Roma. Todo lo demás es vanidad y empeño vano. Cualesquiera hayan sido los egregios errores y las asombrosas torpezas que nos condujeron a nuestra moderna cautividad de Babilonia, los que seguimos amando a la Iglesia y a su Tradición debemos "mantener la calma y seguir adelante", atesorando y promoviendo el precioso legado que, sin mérito nuestro, hemos recibido.

Peter A. Kwasniewski
Marzo 12, 2022
Fiesta de San Gregorio Magno

{ABREVIACIONES Y ADVERTENCIAS}

ABREVIACIONES:

NLM: New Liturgical Movement
DOL: Documents on Liturgy 1963–1979
SC: Sacrosanctum Concilium
ST: Summa Theologiae

ADVERTENCIAS:

Las citas de artículos *online* se dan del siguente modo: autor, título, sitio *web*, fecha.

La numeración de los salmos es la de la Vulgata/Septuaginta.

Este libro a menudo menciona los años 1955 y 1969. En cada uno de ellos se promulgó documentos importantes: el Decreto *Maxima Redemptionis Nostrae Mysteria*, de la Sagrada Congregación de Ritos (16 de noviembre, 1955), que establece una Semana Santa "restaurada"; y la Constitución Apostólica *Missale Romanum* (3 de abril de 1969), que promulga el *Novus Ordo Missae*, que rigió a partir del 30 de noviembre, 1969. Algunos escritores usan "1956" y "1970" como fechas de referencia porque la Semana Santa de Pío XII entró en vigor en 1956, y la primera edición completa del *Missale Romanum* de Pablo VI fue promulgado el 26 de marzo, 1970, mediante el Decreto de la Sagrada Congregación para el Culto Divino *Celebrationes Eucharistiae*. En realidad, si se lo mira bien, el comienzo de la nueva Misa fue extraordinariamente torpe y confuso, con cuatro versiones de la Instrucción General entre el 6 de abril de 1969 y el 27 de marzo de 1975 (sin incluir correcciones *ad hoc*), y con múltiples versiones y correcciones del nuevo misal (véase *DOL* 202-13), aparte de la tardía aparición de las ediciones en vernáculo del mismo.

Abrahamus Blomaert inuenit et huic Illi Cels: Blomaer gest. Cum priu. Sac Cæsar Mai.º nec non Regis Christ.mi Gallorum.

S. AUGUSTINUS. in Psal 48   S. HIERONYMUS. epist ad 45 p: li: 12 pa 21.   S. GREGORIUS. apud Paulum diac: in uita eis.   S. AMBROSIUS. de iis qui myst init ca 9.
Cærnæ de carne Mariæ carnem accepit, de   Magis cum sic et nobis post breui socli fol: bona gi   Coelestr uoster asperabilis, pax ac uolui cultu cruore,   Preces næmæ ordinem uulgo grauauit, ke
illa carni nobis non ha: Ut dole ad salutem.   se dominus xi nauoilei quo cornetis et quo nasulentu.   quod et uoli ul animu el ingenum suum conuerti.   hoc, quod confessus, scripsit: ex urgine est.

ILLUST. ET EXCELL. PRINCIPI AC D͞N͞O. D. GUNDACKERO DUCI IN SILESIA: OPPAVLÆ-CARNOVIÆ-TESSINI, ET MAIORIS GLOGOVÆ: PRINCIPI A:
Liechtenstyn, et Nicolspurg, Comiti Rietpergæ, Domino in Mocavico: Cromscovio, Ostra, et Wissersdorff, Sacræ Cæs. Maiestatis intimo Consiliario:
et Camerario, Protectori ac Domino suo gratiosissimo.   Abrahamus Blommaert dedicat et consecrat. A.º 1629.

Como la Iglesia es una sociedad de hombres y no de
espíritus, de creaturas compuestas de cuerpo y alma
que expresan todas las verdades con imágenes y signos,
y muestran en su cuerpo una forma inefable de su alma,
en la Iglesia todo este complejo celestial de confesión,
oración y alabanza, hablado en una lengua sagrada,
modulado con un ritmo sobrenatural, se traduce en signos externos, en ritos, y en ceremonias que son el cuerpo
de la Liturgia... No temamos declarar que la Liturgia
expresa la belleza de todos los sentimientos, melodías y
formas de un modo infinitamente superior a toda otra
expresión, con la sola excepción de los Libros de las
Sagradas Escrituras.

Dom Prosper Guéranger

Soló la Iglesia católica es bella... El celebrante, el
diácono y el subdiácono, los acólitos con sus cirios, el
incienso, la salmodia: todo confluye hacia una finalidad,
a un acto de adoración. Se siente que ello *es verdaderamente* el culto: todos los sentidos, los ojos, los oídos, el
olfato, todo anuncia que lo que está teniendo lugar es
el culto. Los laicos en la nave diciendo el rosario o llevando a cabo sus acciones; el coro cantando el *Kyrie*, y
los sacerdotes y sus ayudantes inclinándose profundamente y diciendo el *Confiteor*. Esto es el culto, y se eleva
por sobre la razón.

John Henry Newman

De los muchos males que han afligido a la Iglesia desde el
Concilio Vaticano II, de lejos el más grave es la destrucción de la liturgia tradicional y la vida de devoción que la
acompañaba. Si no se hubiera tocado la liturgia, la anarquía doctrinal y el sometimiento a la moral moderna que
penetraron en la Iglesia con Pablo VI hubieran tenido
sólo efectos superficiales en los fieles corrientes. Más que
cualquier otra cosa, es la pérdida de la Misa, de la cual
la vida de devoción se había nutrido durante siglos, lo
que ha transformado a la Iglesia moderna en un yermo
y ha paralizado su fuerza espiritual.

Henry Sire

La Tradición como
la norma fundamental

C ADA VEZ QUE SE CELEBRA UNA LITURGIA
cristiana, se recita o canta diversas oraciones, himnos y
lecturas, y varias personas realizan acciones de carácter
o práctico o simbólico. Muy probablemente, la acción incluirá
también diversos objetos, utensilios y ornamentos especiales.

Si les echamos una mirada desde gran altura, las liturgias cristianas tienen, en su mayor parte, mucho en común: un ministro
que las dirige, algunas personas que lo secundan, la Biblia, y pan
y vino. Pero, como dice el adagio, "el diablo está en los detalles".
Lo cual es, en cierto modo, poner la idea al revés, porque es más
bien Dios, creador y providente Señor, el que está muchísimo
más en los detalles. Al contrario de lo que ocurre con las conferencias del papa en los aviones, la liturgia no se da normalmente
a gran altura[1], sino que es algo sumamente concreto, articulado y

---

1   Cierto periódico informa de un católico que ha dicho sobre la Misa:
"Lucas 24 me introdujo a la Eucaristía e hizo mucho más potente la Misa para
mí... En ese pasaje, Jesús viene a los discípulos, les enseña mediante las
Escrituras, que son la Liturgia de la Palabra, y parte con ellos el pan, que es
la Liturgia de la Eucaristía. Luego, los discípulos se van, lo que corresponde al
término de la liturgia, y van a contarle a la gente lo que les ha sucedido. Pues
bien, ¡eso es la Misa!" ("St. Paul VI's 'Missale Romanum' Turns 50," *National
Catholic Register*, abril 3, 2019). Eso es a lo que la Misa ha sido reducida: un
dibujo de cuaderno de croquis. En cambio, quien acuda a las páginas del
preconciliar *libro de ilustraciones* para niños *Know Your Mass* (Catechetical
Guide, 1954, reeditado por Angelus Press), encontrará una catequesis de la
Misa más profunda, completa y acertada que lo que se puede encontrar en
cualquiera de nuestros ostentosos programas catequéticos para adultos. La
continuidad entre los ritos tradicionales y los modernos ha de ser evaluada
en el nivel de *los detalles*, no en el nivel de las generalidades. Se podría distinguir (más o menos) *las partes* de la antigua Misa y de la nueva y decir: "¡No
hay tanta diferencia, después de todo!". Pero la inmensa diferencia no está
al nivel de (e.g.) "tener lecturas de la Biblia": a un nivel tan general, casi no
se puede diferenciar los ritos, ya que cada uno de ellos realiza el mismo tipo

definido; no puede ser genérica o vaga, sino que debe comprometerse con éste o aquel camino específico. Surge así una importante cuestión: ¿cómo debiera celebrarse la liturgia cristiana? ¿es algo que vamos creando a medida que avanzamos? ¿le encargamos a alguien que la invente para nosotros? ¿reunimos a un comité y le pedimos que prepare esquemas que, a continuación, votamos? ¿o podemos encontrarla completa en alguna parte y la tomamos con gratitud, de modo que, en vez de desperdiciar nuestras energías o de reinventar la rueda, podemos dedicarnos a darle, a este don que hemos recibido, el uso más devoto y bello?

Hubo un tiempo en que los católicos tenían, para la pregunta "¿Cómo debe celebrarse la liturgia?", una respuesta plenamente convincente. Y la respuesta era sencilla: *tradición*. Recibimos nuestra liturgia de la tradición apostólica, desarrollada por un pacífico uso a lo largo de los siglos. Debido a que los apóstoles se reunieron en torno a Cristo en el cenáculo, nuestros ritos cultuales tendrán siempre ciertos rasgos comunes; debido a que los apóstoles se dispersaron por todo el mundo y fundaron iglesias locales donde quiera que llegaron, nuestros ritos son también diversos -tan diversos como diversos son el griego y el latino, el copto y el eslávico, el ambrosiano, el romano, el mozárabe-. Pero la intuición fundamental o instinto de los católicos es siempre buscar la tradición, de modo de estar seguros de que *lo que hacemos* y *cómo lo hacemos*, se funda, todo lo posible, en precedentes: precedentes de miles de santos, de innumerables iglesias y capillas de la Cristiandad, de incontables ejércitos de sacerdotes, monjes, monjas y laicos. Cada uno de los veintiún concilios ecuménicos de la Iglesia católica fue solemnizado con una liturgia que ya era considerada tradicional por los respectivos padres conciliares, ya fuera la primitiva liturgia griega de Nicea o el rito tridentino del Segundo Concilio Vaticano.

No es un problema menor el que, contra esta práctica unánime de dos mil años de cristiandad apostólico-sacramental, tanto oriental como occidental, la respuesta actual a la misma pregunta

---

de cosas -canta los Propios, lee las lecturas, contiene letanías o peticiones, tiene una anáfora, reza la Oración del Señor, etc.-. La diferencia está, más bien, por ejemplo, en qué Epístola y qué Evangelio se lee en qué domingos, y de acuerdo con qué orden, y por qué.

"¿Cómo debe celebrarse la liturgia?", se haya convertido en algo controvertido, divisivo, explosivo. Y se ha llegado a ello por una sola razón: se ha repudiado la normatividad de la tradición. Quienes rehúsan ser guiados por ella han caído en una arbitrariedad de la cual no hay cómo escapar, salvo por nuevas decisiones y acciones arbitrarias. Por eso ya es tiempo de repensar nuestra pregunta fundamental desde sus bases mismas.

Todos los capítulos de este libro aspiran a contribuír a esta empresa. El presente capítulo proclamará dos principios: primero, el papel constitutivo, en términos generales, de la tradición en el catolicismo y, segundo, más específicamente, la importancia de mantenerse fieles a las tradiciones que se ha practicado desde hace largo tiempo y nos han sido transmitidas, aunque no sean parte del depósito de la fe. Mi tesis es doble. En primer lugar, las tradiciones eclesiásticas, especialmente en lo referente a las "externalidades" de la liturgia en su desarrollo a lo largo del tiempo, deben ser respetadas y conservadas porque están íntimamente conectadas con el contenido y con la recta práctica de la religión. Y, en segundo lugar, después de un período de más de medio siglo en que esa relación se ha aflojado o negado, existe un creciente número de católicos que se están encontrando, por primera vez, con tradiciones "redivivas" y las están experimentando como algo que es justo y bueno, supuestas las verdades en que creemos y los misterios que veneramos. El éxito de este *revival*, en unos tiempos de drástica declinación de la práctica religiosa, proporciona una prueba empírica de que las llamadas "externalidades", defendidas por los amantes de la tradición, siguen siendo y siempre serán un camino eficaz para unirse a Dios[2].

---

2   A veces se objeta a los tradicionalistas que su análisis de la crisis de la Iglesia se basa solamente en el mundo occidental desarrollado (especialmente Europa y USA), y que no toman debidamente en cuenta la situación en América del Sur, Africa y Asia, donde la Iglesia -con el *Novus Ordo*- está creciendo e incluso floreciendo en algunos lugares. Como respuesta a esto puedo decir, en primer lugar, que los tradicionalistas están perfectamente conscientes de la situación mundial, como puede verse, por ejemplo, en el trabajo de la Federación Internacional *Una Voce* y de *Paix Liturgique*. En segundo lugar, debe evitarse una visión romántica de la Iglesia en las regiones en desarrollo del mundo, porque también en ellas sufre de una multitud

MANTENEOS FIRMES Y GUARDAD LAS TRADICIONES

Hace algún tiempo no hubiera causado ningún revuelo afirmar que el catolicismo es, inherentemente, una religión de tradición. Esta realidad es una de las más importantes objeciones que le hizo el protestantismo, el cual, luego de haber optado por la *sola scriptura*, realizó el poco sorprendente descubrimiento de que mucho de lo que la Iglesia católica enseña y practica no se encuentra *verbatim* en la Biblia. Tal descubrimiento no hubiera alterado para nada a los seguidores del apóstol Pablo, que escribió a los corintios: "Os alabo de que en todo os acordéis de mí y retengáis las tradiciones que yo os he transmitido" (1 Cor. 11, 2), y a los tesalonicenses: "Manteneos, pues, hermanos, firmes, y guardad las tradiciones que recibisteis, ya de palabra, ya por nuestra carta" (2 Tes. 2, 15).

Los Padres de la Iglesia insisten en este punto con su habitual vehemencia. En su tratado "Sobre el Espíritu Santo", publicado en 375, San Basilio Magno escribe: "De los dogmas y proclamaciones que se guardan en la Iglesia, algunos los recibimos de la enseñanza de las Escrituras, y otros los hemos recibido en misterio como enseñanzas de la tradición de los Apóstoles. Ambos tienen el mismo poder respecto a la verdadera religión. Nadie negaría estas ideas, al menos nadie que tenga alguna experiencia de las instituciones eclesiásticas. Porque si procuramos rechazar las costumbres no-escriturales [*agraphos*] como sin significado, podríamos perder, sin darnos cuenta, las partes vitales del Evangelio, e incluso más: lo proclamaríamos sólo nominalmente"[3].

---

de males análogos a los que afligen al Occidente moderno (regiones a las que se refieren principalmente los políticos y financistas democrático-liberales); males para los que la tradición católica tiene remedios especialmente apropiados y urgentes. En tercer lugar, la mayor parte del mundo católico fue evangelizado por católicos tradicionales (en una época en que existía una sola clase de católicos), y en cada ocasión que una tradición católica sobrevive o es reintroducida hoy, los buenos resultados son abundantes. Ver mi artículo "Did the Reformed Liturgical Rites Cause a Boom in Missionary Lands?" *NLM*, 6 julio, 2020; cf. Joseph Shaw, ed., *The Case for Liturgical Restoration: Una Voce Studies on the Traditional Latin Mass* (Brooklyn, NY: Angelico Press, 2019), esp. caps. 25–34 sobre "The Ancient Mass and Evangelization".

3   San Basilio, *On the Holy Spirit*, 27:66, trad. Stephen Hildebrand (Yonkers, NY: St. Vladimir's Seminary Press, 2011), 104.

San Basilio da algunos ejemplos de las cosas que los cristianos creen por tradición, algunas de las cuales puede que sorprendan al lector moderno:

> Por ejemplo –mencionaré la primera y más común– ¿quién ha aprendido por las Escrituras que los que esperan en Nuestro Señor Jesucristo deben ser marcados por la señal de la cruz? ¿Qué texto de las Escrituras nos enseña a volvernos hacia el Oriente para orar? ¿Qué santo nos ha dejado un relato de las Escrituras sobre las palabras de la *epiclesis* en la manifestación del pan de la Eucaristía y del cáliz de bendición? No nos satisfacemos con las palabras [Eucarísticas] que el Apóstol o el Evangelio mencionan, sino que añadimos otras palabras antes y después de las de ambos, ya que hemos recibido la enseñanza no-escritural de que estas palabras tienen gran poder en relación con el misterio. Bendecimos el agua del bautismo y el aceite del crisma además de bendecir al que va a ser bautizado. ¿Con base en qué Escritura? ¿No es acaso por el secreto y la tradición mística? Pero, ¿por qué? ¿Qué autoridad de la Escritura enseña la bendición del aceite mismo? ¿De dónde viene que hay que sumergir al hombre tres veces? ¿Cuánto hay del ritual bautismal que se refiere a la renuncia a Satanás y sus ángeles, y de qué texto de las Escrituras proviene? ¿No proviene acaso del secreto y enseñanza no hablada, que nuestros padres guardaron con un sencillo y escueto silencio, ya que se les enseñó muy bien que la solemnidad de los misterios se respeta con el silencio? Si todas estas cosas no deben ser vistas por los no iniciados, ¿cómo podría ser apropiado que esta enseñanza se publique abiertamente por escrito?[4].

Otro Padre de la Iglesia, San Vicente de Lerins, alrededor del año 434, en su gran tratado "Commonitorio para la antigüedad y universalidad de la fe católica, contra las profanas novedades de todas las herejías" (título que habría enorgullecido a Hilaire Belloc), dice lo siguiente:

> Mantén el depósito. ¿Qué es el depósito? Es lo que se te ha confiado, no lo has creado tú mismo; es materia no de inteligencia, sino de aprendizaje; no de adopción

---

4 San Basilio, 104–5.

privada sino de tradición pública; una materia que te ha sido entregada, no que has propuesto tú, por lo que estás obligado a ser no autor sino guardián, no un maestro sino un discípulo, no un guía sino un seguidor. Mantén el depósito. Conserva inviolado e inadulterado el talento de la fe católica. Que siga en tu posesión lo que se te ha confiado, y transmítelo. Has recibido oro, y entrega oro a tu vez. No sustituyas una cosa por otra. No sustituyas desvergonzadamente el oro por plomo o bronce. Entrega oro verdadero, no un simulacro[5].

Se podría multiplicar indefinidamente estas citas. Los Padres de la Iglesia entienden el cristianismo como una religión social y jerárquica en que a ciertos hombres –los Apóstoles y sus sucesores– se les ha confiado los dogmas, las prácticas litúrgicas y los juicios morales destinados a ser transmitidos fielmente de una generación a la otra.

UN DEPÓSITO EN PALABRAS Y SÍMBOLOS

El siguiente es un punto clave: la verdad y la forma de vida reveladas por Dios fueron, *en su totalidad*, depositadas primeramente en la *tradición*, es decir, en la mente de los hombres que Dios eligió como sus confidentes, y sólo posteriormente se puso una parte por escrito, a discreción de aquéllos a quienes se había confiado el depósito[6]. Debemos alejarnos de toda noción de una Biblia, o un catecismo, o una *Summa* que caen a las manos de los

---

5 San Vicente de Lérins, *Commonitorium*, c. 22, n. 53, trad. C. A. Heurtley, en *Nicene and Post-Nicene Fathers*, Second Series, vol. 11, ed. Philip Schaff y Henry Wace (Buffalo, NY: Christian Literature Publishing Co., 1894), rev. y ed. para *New Advent* por Kevin Knight.

6 Digo esto porque a los Apóstoles se les entregó las enseñanzas del Señor antes de ser puestas por escrito (ver P. Chad Ripperger, *Topics on Tradition* [n.p.: Sensus Traditionis Press, 2013], 5). Orestes Brownson ha expresado esta concepción católica de un modo excelente: "La catolicidad enseña que toda la revelación fue hecha a la Iglesia, sin consideración de documentos escritos. . . . El depositario de la revelación no es la Sagrada Escritura más la tradición. Las tradiciones divinas abarcan la totalidad de la revelación, y no sólo aquella parte que no está contenida en la Sagrada Escritura; y esto es así porque la Iglesia posee la totalidad de la fe en estas divinas tradiciones que, por asistencia sobrenatural, ella fielmente conserva y transmite e interpreta infaliblemente, de modo que ella puede declarar cuál es la norma

Apóstoles desde el cielo. La revelación fue una clara luz espiritual que Dios implantó en la mente de Sus instrumentos, confiándoles la tarea de explicarla con sus palabras habladas y de poner una parte de ella por escrito para beneficio de auditorios lejanos o futuros. Pero es claro que habría sido imposible *ponerla toda* por escrito: San Juan nos dice en el capítulo 21 de su Evangelio que "Muchas otras cosas hizo Jesús, que, si se escribiesen una por una, creo que este mundo no podría contener los libros". Ni los Apóstoles ni los Padres de la Iglesia pensaron que debían o podían poner por escrito todo lo concerniente al misterio de la vida en Cristo. La Iglesia conserva en su corazón maternal algunos recuerdos que son demasiado profundos para ser dichos con palabras, y también algunas realidades que encuentran expresión en signos y símbolos más que en un lenguaje escrito.

Por ejemplo, los cristianos, durante siglos, rindieron culto *ad orientem*, de cara al oriente, antes de que a nadie se le ocurriera dar una explicación escrita de por qué lo hacían así, e incluso sólo existen tales explicaciones porque, aquí o allá, algún Padre de la Iglesia, como San Basilio Magno, decidió mencionar la costumbre al pasar mientras defendía un determinado dogma. El hecho es que dar culto *ad orientem* no es una doctrina, aunque tiene fundamentos e implicaciones doctrinales: no es una declaración o afirmación o texto que podemos analizar[7]; es una

---

de la interpretación de la Escritura" ("Newman's Development of Christian Doctrine," *Brownson's Quarterly Review* 3.3 [Julio 1846]).

7   He aquí una parte importante de la debilidad de la apologética católica moderna, que se concentra en proposiciones doctrinales pero descuida sus fundamentos predoctrinales, el contexto litúrgico y la finalidad doxológica. Se podría decir que los apologistas tratan de presentar una *lex credendi* independiente de la *lex orandi*. Un apologista católico puede conocer de memoria toda la *Summa*, pero si no ora en continuidad con el modo como lo hizo Santo Tomás, es muy probable que no crea ni viva la misma religión en que Santo Tomás vivió y creyó. En una carta dirigida a Edward Pusey, John Henry Newman describe cómo su relación con los Padres de la Iglesia fue diferente a partir de su conversión: "Recuerdo bien cuán paria me sentía al tomar, de los estantes de mi biblioteca, un volumen de San Atanasio o de San Basilio, y ponerme a estudiarlos; y cómo, al contrario, cuando al cabo fui recibido en la comunión católica, los besaba con deleite, con la sensación de que tenía con ellos más que todo lo que había perdido; y, como si estuviera dirigiéndome directamente a esos gloriosos santos, que las legaron a

postura corporal, una acción que realizamos, una actitud sin palabras que asumimos con todo nuestro ser. En este sentido es pre-doctrinal, pre-verbal, pre-conceptual; y esta es la razón por la que es tan fundamental. Las primeras cosas que los seres humanos reciben después de nacidos y durante su infancia no son compuestos de sujeto-predicado, sino sencillas imágenes sensibles; el lenguaje y el pensamiento crecen lentamente en nosotros, pero el rostro de nuestra madre que se inclina sobre nosotros amorosamente está ahí desde el comienzo, inmediato, palpable, dominante y decisivo. Los símbolos fundamentales de la liturgia son también así: nos entrenan antes de que nos demos cuenta de que estamos siendo formados por ellos; determinan nuestros pensamientos antes de que los pensemos; imprimen la verdad en nuestros ojos, oídos y nariz, en nuestras manos y en nuestras rodillas. Los gestos, las posturas y los objetos del culto cristiano son, por esto, no menos importantes que los textos de la liturgia; en realidad son, de muchas formas, más importantes. Por ejemplo, una Misa en que los fieles se arrodillan durante largos períodos de silencio afirma más poderosamente la presencia de Dios oculta, misteriosa y terrible que una Misa en que el silencio y el arrodillarse son menos importantes o incluso faltan. Una Misa con incienso tendrá inmediatamente un carácter sagrado más elevado que una Misa sin incienso[8]. "Séate mi oración como incienso en tu presencia, y el alzar a ti mis manos como oblación vespertina" (Salmo 140, 2; Apocalipsis 8, 3-4). El Ofertorio de la Misa de Corpus Christi adapta un pasaje de

---

la Iglesia, decía yo a esas páginas inanimadas 'Ahora sois mías, y ahora soy vuestro, sin equivocación alguna'" (*A Letter Addressed to the Rev. E. B. Pusey, D. D. on Occasion of his Eirenicon*, §1). Así ocurre con la liturgia tradicional: a través de ella, podemos decirle a la tradición católica de todos los siglos: "Ahora eres mía, y yo soy tuyo, sin equivocación alguna". Con el *Novus Ordo* esto es, en principio, imposible.

8   Cuando el rey Salomón comunica a Hiram, rey de Tiro, su deseo de construír el Templo, pone prácticamente al mismo nivel el culto con la ofrenda de incienso: "el templo que quiero edificar ha de ser grande, ya que grande es nuestro Dios, más que todos los dioses; ¿quién se creerá capaz de edificar una casa digna de El? Si los cielos y los cielos de los cielos no bastan a contenerle, ¿quién soy yo para edificarle una casa, si no es para quemar incienso ante El?" (2 Paralipómenos 2, 5-6).

Levítico 21, 6 a los ministros de la Nueva Alianza: *Sacerdotes Domini incensum et panes offerunt Deo: et ideo sancti erunt Deo suo, et non polluent nomen ejus, alleluia.* "Los sacerdotes del Señor ofrecen a Dios incienso y panes; por tanto, serán santos para su Dios, y no profanarán su nombre, alleluia". ¡Cuánto comunican el aromático y ondulante humo, el movimiento deliberado de las manos, el ángulo de la cabeza, la dirección de la mirada, la elevación de un cáliz![9]. Debemos tomar en serio el despliegue de manifestaciones no verbales de la tradición, ya que también estas cosas nos han sido transmitidas por nuestros antepasados, y llevan consigo la verdad del Evangelio.

DIFERENTES CLASES DE TRADICIÓN

La palabra "tradición" deriva de *trans* y *dare*, entregar algo. Para que algo sea tradicional debe haber sido establecido por la autoridad correspondiente y transmitido y recibido por otros. Unos de los mejores textos de estudio del siglo XX, el *Manuale Theologiae Dogmaticae*, de Jean-Marie Hervé, distingue cuatro clases de tradiciones: las provenientes del Señor o dominicales, las de carácter apostólico-divino, las de carácter apostólico-humano, y las eclesiásticas. Una "tradición dominical" es la que ha sido establecida por el mismo Cristo, como la indisolubilidad del matrimonio y la necesidad de ayunar. Las tradiciones "apostólico-divinas" abarcan las que el Espíritu Santo inspiró a los Apóstoles que introdujeran en la Iglesia como parte de la constitución de ésta; por ejemplo, la ordenación de diáconos y la primera fijación de la liturgia, que habría de desarrollarse, con el paso del tiempo, hasta dar origen a las familias de ritos orientales y occidentales. Las tradiciones "apostólico-humanas" son, en cambio, las que los Apóstoles mismos consideraron adecuado instituír, en cuanto representantes de Cristo, como, por ejemplo, los tiempos en que los cristianos deben practicar el ayuno y la abstinencia. Finalmente, las tradiciones "eclesiásticas" comprenden todo lo que la Iglesia ha instituído o ha adoptado después del tiempo de los Apóstoles (e.g., la duración

---

9 Ver Romano Guardini, *Sacred Signs*, trad. Grace Branham (St. Louis: Pio Decimo Press, 1955; repr. Os Justi Press, 2015).

exacta del Adviento y de la Cuaresma, las octavas de Navidad, Pascua y Pentecostés, los días de rogativas, y las vestiduras que deben ser llevadas por el clero en el altar)"[10].

Los cuatro tipos de tradición poseen en común lo siguiente: tienen su comienzo en alguna autoridad (Cristo, el Espíritu Santo, los Apóstoles, la Iglesia) y son continuamente transmitidas, preservadas y fomentadas. El Depósito de la Fe, el conjunto total de las tradiciones dominicales y apostólico-divinas, no admiten cambio; son establecidas en plenitud desde su promulgación, que termina con la muerte del último Apóstol. Las tradiciones apostólico-humanas tuvieron sólo cierto nicho en el que se las pudo establecer, y después de la muerte de San Juan, ya no pueden ser modificadas: sólo pueden ser abandonadas. Las tradiciones eclesiásticas constituyen la categoría más compleja.

Las dos primeras categorías, las dominicales y las apostólico-divinas, pueden llamarse Tradición con una T mayúscula: en su origen y contenido son divinas y, como Dios mismo, inmutables. Las últimas dos categorías, las apostólico-humanas y las eclesiásticas, pueden llamarse humanas más que divinas, pero con la importante aclaración de que nacen bajo la guía divina y poseen cierto grado de autoridad divina. Aunque las tradiciones eclesiásticas se desarrollan y cambian, la coherencia de la práctica de la Iglesia católica a lo largo de los siglos –que no sería exagerado calificar de norma o principio– ha significado prolongar todo lo que ya es parte de su vida, y tanto más cuanto más universalmente dichas tradiciones permean al cuerpo de fieles[11]. De lo anterior se derivan dos corolarios. Primero, mientras más prolongada sea la tradición, más certeza se tiene de que es verdadera, conveniente,

---

10 See Ripperger, *Topics on Tradition*, 6-10. San León Magno atribuye las Témporas a los Apóstoles.

11 La significación de este principio se aprecia cuando consideramos que el *Missale Romanum* de Pío V, promulgado en 1570, se diferencia muy poco de los misales que ya habían sido usados desde muchos siglos antes, y posteriormente siguió siendo de uso universal en toda la Iglesia católica romana durante cuatrocientos años. Su abolición, por tanto, fue un magnífico ejemplo de desprecio por la tradición eclesiástica. En realidad, sería difícil concebir un acto más temerario y *anticatólico* que esta arrogante eliminación de la riqueza acumulada durante siglos de culto público y de piedad personal.

y beneficiosa. Segundo, debe admitirse las nuevas prácticas sólo cuando refinan, cristalizan, amplían o destacan de algún modo las tradiciones ya existentes. Las prácticas bien establecidas y que han durado por mucho tiempo reciben el nombre de usos, y operan como leyes, con estatus normativo y fuerza obligatoria en una colectividad. Cuando una costumbre es tan antigua y/o extendida que nadie recuerda su introducción (con frecuencia no habrá recuerdo de quién la introdujo o dónde o cuándo), se la denomina inmemorial, y es, por tanto, venerable.

La gran veneración que la Iglesia tiene por sus tradiciones se hace presente en las siguientes palabras del Concilio de Trento, que alaban al Canon romano:

> Y siendo conveniente que las cosas santas se manejen santamente; constando ser este sacrificio el más santo de todos; estableció muchos siglos ha la Iglesia católica, para que se ofreciese, y recibiese digna y reverentemente, el sagrado Canon, tan limpio de todo error, que nada incluye que no dé a entender en sumo grado, cierta santidad y piedad, y levante a Dios los ánimos de los que sacrifican; porque el Canon consta de las mismas palabras del Señor, y de las tradiciones de los Apóstoles, así como también de los piadosos estatutos de los santos Pontífices[12].

En esta cita encontramos recogidas todas las esferas de la tradición: la dominical ("las mismas palabras del Señor"), la apostólico-divina y la apostólico-humana ("las tradiciones de los Apóstoles"), y la eclesiástica ("los piadosos estatutos de los santos Pontífices"). El Concilio de Trento ofrece, para nuestra admiración y adhesión, la más perfecta ilustración de la corrección de la antiquísima práctica cultual de la Iglesia, es decir, el texto litúrgico central y definitivo del sacrificio Eucarístico en todos los ritos occidentales, completado en el año 604. Debiera darnos mucho que pensar el que esta oración no sólo fue modificada sino, además, hecha opcional, en la reforma litúrgica de la década de 1960, cuyos protagonistas miraban el Canon con desprecio[13].

---

12 Concilio de Trento, sesión XX, cap. 4.
13 Analizaremos esto en detalle en los capítulos 8 y 9.

CONFUSIÓN SOBRE LO ESENCIAL Y LO SECUNDARIO

Aunque reconociendo, con Hervé, que hay diferentes clases de tradición en la Iglesia y que no todas tienen la misma autoridad e inmutabilidad, los católicos debieran, sin embargo, valorar *la totalidad* de la tradición en todos los niveles, ya que sus elementos, tomados en consideración todos juntos, constituyen la tapicería bella y sutil de la fe. Por tanto, no sólo es equívoco sino también peligroso hacer diferencias demasiado tajantes entre lo que es "esencial", "sustantivo" o "primario" y lo que es "accidental", "adjetivo" o "secundario"[14].

Considérese la siguiente proposición: "Todo lo que importa en la Misa es que Jesús esté presente; todo lo demás es secundario". O más brevemente: "la Misa es la Misa". Indudablemente importa muchísimo que Jesús esté presente, porque de otro modo no comeríamos sino un alimento corriente. Pero la liturgia tiene un propósito más vasto que el ofrecernos una comida, e incluso la presencia del Señor tiene una dimensión y propósito mayor que la Comunión sacramental. La Misa es el acto solemne, público y formal de adoración, de acción de gracias, y de petición ofrecido por Cristo Sumo Sacerdote al Padre y por todo su Cuerpo Místico en unión con El. Es el principal acto de la virtud de la religión, por el cual ofrecemos a Dios un sacrificio de alabanza digno de su Gloria; es la principal expresión de las virtudes teológicas de la fe, la esperanza y la caridad; es la irrupción del reino de los cielos en nuestro tiempo y espacio terrenales; es la fiesta nupcial del Rey de Reyes; es la recapitulación, en su Alfa y su Omega, de todo el universo creado. Debido a que es todas estas cosas, la Iglesia no ha, a través de los siglos, ahorrado esfuerzo alguno ni ningún gasto para aumentar la belleza y la solemnidad de sus ritos litúrgicos.

---

14 El término "accidental", tal como lo uso, viene de la filosofía griega: en contraste con sustancia, que es la realidad subyacente y permanente, los accidentes son aquellas características que tienen existencia *sólo en* una sustancia, cualificando o cuantificando o modificando a ésta de una u otra forma. Ejemplos de sustancia son el hombre, el caballo, el rosal, la encina, el hierro, el oro; ejemplos de accidente son blanco, amarillo, caliente, frío, bajo, alto, doble, simple, sentado, de pie. Estas cosas no tienen existencia extramental por sí mismas, sino sólo conectadas con alguna sustancia.

Como lo dijo bien Juan Pablo II: "Como la mujer que ungió a Jesús en Betania, la Iglesia no ha temido a ninguna "extravagancia", empleando lo mejor de sus recursos para expresar su maravilla y su adoración ante el insuperable don de la Eucaristía"[15]. Y así, aunque sea verdad que las únicas cosas *necesarias* para que la Misa sea válida son el pan de trigo y el vino de uva, un sacerdote y las palabras de la consagración, considerar que esto es *suficiente* para el ofrecimiento del Santo Sacrificio de la Misa evidenciaría una visión de las cosas reduccionista, minimalista y mezquina. El dar gloria a Dios y santificar nuestra alma no pueden divorciarse de la *adecuación* del culto que le damos.

Podríamos proponer una analogía: la tradición dominical es como el alma, la tradición apostólico-divina es como el cuerpo, y las otras dos tradiciones (apostólico-humana y eclesiástica) son como el vestido que usa el cuerpo. Estas tres cosas confluyen en "presentar al hombre". Alguno podría decir que el vestido no es importante porque no forma parte de su naturaleza o esencia. El príncipe de los filósofos, Aristóteles, clasifica al vestido como una de las categorías de accidente. Lo esencial, podría decirse, es ser quién o qué uno es, un ser humano, una persona; aquello con que la persona *se viste* es puramente accidental. Pero la falacia de este argumento consiste en que se sustituye una consideración moral o psicológica por una consideración metafísica. Nuestro vestido es, metafísicamente, extrínseco a nosotros, pero ello no quiere decir que seamos nudistas: nuestra vestimenta *es una extensión* de nuestra humanidad, una manifestación de nuestra personalidad. No hace falta llegar a decir "el vestido hace al hombre", pero indudablemente *presenta al hombre*, lo tipifica, lo prepara para determinada tarea y no para otra, y también lo disimula o lo oculta o lo protege[16]. Como ha escrito John Senior, en palabras aplicables no sólo a los monjes sino a todo el mundo: "En el orden

---

15   Encíclica *Ecclesia de Eucharistia*, parr. 48.
16   Esta idea es una aplicación de la verdad más general de que la cultura (que incluye subculturas) se manifiesta en la apariencia, en el vestido, en el comportamiento, en el lenguaje y en otros rasgos. Las subculturas representadas por los estilos de música –clásica, *jazz*, *heavy metal*, *country*, *reggae*– nos dan claros ejemplos de esta verdad–.

moral y espiritual, nos transformamos en la ropa que usamos tanto como la ropa que usamos se transforma en nosotros, y lo mismo ocurre con cómo comemos y con lo que hacemos... El hábito de los monjes, las campanas, la vida ordenada, la 'conversación', la música, los jardines, la oración, el trabajo duro y los muros: todas estas formas accidentales y accesorias han conformado la vida moral y espiritual de los cristianos con el amor de María y de su Hijo"[17].

De un modo parecido, la esencia de la liturgia de la Iglesia es simple: está contenida en el templo del Corazón de Jesucristo, nuestro Eterno y Sumo Sacerdote, en donde reside el culto perfecto al Padre en el Espíritu. Pero "la vestimenta" de ese culto tiene decisiva importancia *para nosotros*, que interactuamos con Nuestro Señor a través de su Cuerpo visible, la Iglesia, y a través de sus ritos visibles. Cómo se estructura y se realiza estos ritos y cómo se toma parte en ellos es cosa que influirá inevitablemente en nuestra comprensión de los misterios de la fe y en nuestra capacidad de vivirlos. Los vestidos con que cubrimos el cuerpo de nuestra oración son, sin duda, mucho más importantes que los vestidos que ponemos sobre nuestro cuerpo.

Podemos, pues, con estos ejemplos de la vida ordinaria, advertir cuán débil y problemática es la distinción, hecha tan frecuentemente, entre elementos primarios y secundarios en la liturgia. ¿Es el sexo de una persona, varón o mujer, primario o secundario? La naturaleza humana como tal –o sea, considerada en abstracto– no es ni masculina ni femenina; pero sólo un necio podría pensar que la masculinidad y la femineidad no son de enorme importancia en cuanto a *cómo* ésta o aquella persona son humanas, *cómo* él y ella experimentan su humanidad, *cómo* ésta es vivida y compartida. ¿Tiene una importancia secundaria o accidental el idioma con que crece una persona, mediante el cual aprende no sólo a hablar *sino a pensar*, simplemente porque podría haber hablado un idioma diferente? Por el contrario, sabemos que la lengua puede abrir o limitar

---

17   John Senior, *The Restoration of Christian Culture* (Norfolk, VA: IHS Press, 2008), 130-31.

las posibilidades mismas del pensamiento[18]. Lo mismo podemos decir de la amplitud de la cultura en que nace un niño, y
en la cual éste habrá de desarrollar aspiraciones más elevadas
o menos elevadas, u horizontes más anchos o más restringidos.
La cultura, entonces, ¿es primaria o secundaria en la constitución de una persona humana? Del mismo modo, ¿tiene o no
importancia el que alguien sea de alta o de baja estatura? Aristóteles dice que una persona de baja estatura puede ser linda
pero no bella[19]. Así también, una liturgia Eucarística, para ser
bella, tiene que tener cierta magnitud, cierta amplitud, cierta
densidad y peso; de otro modo, lo más que puede lograr es lin-
dura. En general, la suma de las fuerzas de las cosas llamadas
"secundarias" es tan grande que, sin ella, lo "primario" no puede
existir, expresarse ni tener resonancia. San Basilio expresa bien
la vanidad de perseguir una esencia despojada de sus cualidades: "No procuremos encontrar alguna naturaleza despojada de
las cualidades de su existencia, sino que démonos cuenta de que
todos los fenómenos con que la vemos revestida son condición
de su existencia y completan su esencia. Procúrese eliminar
mentalmente cada una de las cualidades que posee, y nos que-
daremos sin nada. Elimínese lo negro, lo blanco, el peso, la densidad, las cualidades relativas al gusto y, en una palabra, todo lo
que vemos en ella, y la sustancia se esfuma"[20].

Es por todo esto que debemos rechazar el modo torpe y superficial con que se ha recurrido a la distinción entre sustancia y
accidente para desmantelar y reconfigurar la liturgia romana,
violentando su genealogía, su cultura, su fisonomía, su lengua,
su belleza, su "personalidad".

---

18   El cristianismo se desarrolló en un medio greco-romano en que la filosofía había logrado una notable conquista del territorio conceptual necesario
para las formulaciones teológicas. El trabajo misionero posterior descubrió
que algunas tribus usaban una lengua en que el Credo cristiano no podía
ni siquiera ser enunciado.
19   Cf. *Etica a Nicomaco*, Libro 4, c. 3, 1123b7.
20   Basilio de Cesarea, *Hexaemeron*, Hom. I, n. 8, trad. Blomfield Jackson,
en *Nicene and Post-Nicene Fathers*, Second Series, vol. 8, ed. Philip Schaff and
Henry Wace (Buffalo, NY: Christian Literature Publishing Co., 1895), rev. y
ed. para *New Advent* por Kevin Knight.

LO QUE DECIMOS Y CÓMO LO DECIMOS

Permítaseme poner otro ejemplo. Considérese la relación que hay entre lo que decimos y cómo lo decimos. *Lo que decimos* es el contenido conceptual que deseamos comunicar a otro; *cómo lo decimos* incluye la dicción, la elocución y la emoción, es decir, la elección de las palabras, la claridad de la pronunciación y el tono de la voz. Piénsese en el famoso soliloquio de Hamlet:

> To be, or not to be: that is the question:
> Whether 'tis nobler in the mind to suffer
> The slings and arrows of outrageous fortune,
> Or to take arms against a sea of troubles,
> And by opposing end them? To die: to sleep;
> No more; and by a sleep to say we end
> The heart-ache and the thousand natural shocks
> That flesh is heir to, 'tis a consummation
> Devoutly to be wish'd.

> (¡Ser o no ser, esa es la cuestión!-
> ¿Qué debe más dignamente optar el alma noble
> entre sufrir la fortuna impía,
> el porfiador rigor, o rebelarse
> contra un mar de desdichas, y afrontándolo
> desaparecer con ellas?
> Morir, dormir, no despertar más nunca,
> poder decir todo acabó; en un sueño
> sepultar para siempre los dolores
> del corazón, los mil y mil quebrantos
> que heredó nuestra carne, ¡quién no ansiaría
> terminar así! Morir... quedar dormidos...)

¿Qué pasaría si intentáramos reescribir este gran soliloquio en el estilo de un libro de texto moderno?

> La cuestión para él era si continuar existiendo o no, si era mejor encarar las dificultades de una situación casi insoportable, o resistir los innumerables problemas que afligen a la persona, y ponerles fin oponiéndoseles. Y pensó en las perspectivas de morir: cuán simple sería; sería como dormir. Con ese sueño podemos detener los muchos dolores y miserias que los seres humanos

tienen que soportar. Sería un fin que todos desearíamos muchísimo[21].

Verdaderamente horrible. Nadie pagaría la entrada para ir a un teatro a oír semejante cosa. Pero la auténtica poesía de Shakespeare ha atraído a la gente desde hace más de cuatrocientos años y sigue haciéndolo incluso hoy, cuando el inglés isabelino resulta para muchos difícil de entender plenamente. Los asistentes no van al teatro para que se les dé simplemente "la idea básica", que saben que pueden conseguir más fácilmente en Wikipedia, sino que van a por una compleja experiencia de narración y caracterización, de acción y de sufrimiento, de belleza audible y visible. El significado de la obra está en la irreductible totalidad de estas cosas.

Y si comparamos una página de cualquier gran poeta romántico con el libreto de alguno de los prescindibles films de Hollywood, podremos ver inmediatamente que, aunque ambos se refieren a la misma realidad –por ejemplo, *eros*, o amor erótico, que aunque manchado por el pecado, sigue siendo parte de la creación hecha por Dios–, el modo cómo cada uno la expresa es tan inmensamente diferente que podrían perfectamente estar hablando de cosas distintas. El poeta eleva su tema con un lenguaje bello, dándole un resplandor casi espiritual; el cineasta ensucia y rebaja su tema con innecesarias imágenes que incitan a la lujuria y corrompen la imaginación. El primero hace que el *eros* sea, de algún modo, mejor; el segundo lo vacía de cualquier elemento de amor generoso que pudiera tener. Lamentablemente, encontramos el mismo contraste al comparar alguna elocuente traducción de la Biblia, como por ejemplo, la *King James Version*, con una traducción sorda a la música como la *New American Bible*, con la cual innumerables oídos han sido asaltados durante décadas en los Estados Unidos de Norteamérica[22]. Si los seres humanos fueran

---

21   He encontrado los materiales para esta reescritura en www.nosweatshakespeare. com/quotes /soliloquies/hamlet-to-be-or-not-to-be, el día 26 de febrero 2020. La página web cambió posteriormente, pero el contenido sigue en el mismo tono.

22   El Dr. Anthony Esolen dice que la *New American Bible* está escrita no en inglés sino en *Nabbish*, lengua que no habla ninguna criatura existente. Ver "A Bumping Boxcar Language," *First Things*, junio 2011. Y ha vuelto a

intelectos puros, podríamos intercambiar entre nosotros pensamientos sin necesidad de palabras, pero en la realidad, somos intelectos encarnados o, con mayor realismo tomista, cuerpos intelectualizados; y por eso el significado que queremos comunicar incluye el modo de comunicarlo. Aquí el cuerpo y su vestido son, en cierto modo, inseparables.

Hay cierta ingenuidad en aquello de "el dogma es una cosa, y otra distinta, la forma de expresarlo", como si las palabras que usamos para articular la doctrina cristiana, las formas externas, fueran como un montón de camisetas intercambiables que pueden ser rotadas *ad libitum*, porque todas "cumplen el cometido"[23]. Pero hemos visto que esta es una metáfora falsa. También en el ámbito del dogma *el modo cómo se dice* algo está íntimamente conectado con *lo que se dice*. Una formulación dogmática a la que ha llegado un concilio o un papa es, en su particularidad concreta, la manifestación de la verdad a que la Iglesia ha llegado por medio del estudio, del debate y de la oración, y ella la impone vinculantemente a los fieles. La verdad que hay que creer no es un concepto que esté más allá de la fórmula, sino el *concepto-en-la-fórmula*. En breve, es una semejanza en miniatura de la Palabra-hecha-carne. No se trata de que nuestras fórmulas vinculantes, tal como el Credo de los Apóstoles o el Credo Niceno-Constantinopolitano, estén buscando a tientas algo que sea adecuado, sin jamás encontrarlo del todo. El Credo es perfectamente verdadero en cada una de sus líneas y no necesitará jamás ser cambiado. Existen, sin duda, verdades adicionales que podemos añadir: es por ello que nuestros credos se hacen más largos con el paso del tiempo. Pero lo que ya está ahí no se altera ni descarta.

---

hablar recientemente de los muchos vicios de la *New American Bible* en su *In the Beginning Was the Word: An Annotated Reading of the Prologue of John* (Brooklyn, NY: Angelico Press, 2021).

23   La exposición más famosa de esta postura está en el discurso inaugural de Juan XXIII en el Vaticano II: "Lo que se necesita es que esta doctrina cierta e inmutable, a la que los fieles deben obediencia, sea estudiada de nuevo y reformulada en términos contemporáneos. Porque este depósito de la fe, o verdades que se contienen en nuestra enseñanza de muchos siglos, es una cosa; el modo en que estas verdades son expuestas (con su significado conservado intacto) es cosa diferente".

Demos a esto una aplicación litúrgica: no es indiferente el que digamos "Señor, no soy digno de recibirte, pero di una sola palabra y seré sanado", como los católicos de habla inglesa dijeron durante cuarenta años con el *Novus Ordo*, y decir "Señor, yo no soy digno de que entres en mi casa, pero di una sola palabra y mi alma será sana", como los católicos han dicho desde 2011, cuando una nueva y más certera traducción comenzó a regir. No es indiferente que se lo diga una vez en castellano o tres veces en latín. El recibir la Comunión de pie y en la mano, o de rodillas y en la lengua, no es lo mismo que decir "seis o media docena"; ni es igual si el Santo Sacrificio se ofrece de cara al oriente y hacia afuera, al Sol de Justicia, que ofrecerlo hacia adentro, hacia el pueblo. Estas no son "las mismas cosas dichas de diferente modo". En el mejor de los casos, son cosas similares dichas en varios modos; y a veces, ay, son cosas contrarias dichas en modos contrarios.

FUIMOS HECHOS "PARA MÁS", Y ELLO INCLUYE A LA TRADICIÓN

No es tan fácil, al cabo, separar la sustancia del accidente, lo esencial de lo adjetivo, el concepto de la expresión, el significado del modo de comunicarlo. En realidad, sólo conozco un caso en que, por el poder de Dios, se separa la sustancia del accidente: en el milagro de la transubstanciación. En todos los demás casos, la sustancia y el accidente van juntos, y en ocasiones estrechamente unidos, tal como el color está en la piel, o en el pelo, que no tiene vida pero que está enraizado en el cuero cabelludo o en el rostro de un varón. Y debiéramos tener muy bien sabida esta lección al momento de considerar el valor y el peso de las tradiciones apostólico-humanas y eclesiásticas[24]. Porque son precisamente estas tradiciones –inclu-

---

24   En otras palabras, corremos el riesgo de herir o desfigurar una sustancia cuando modificamos sus accidentes. Sólo Dios puede realizar impecablemente semejante operación, y lo hace por una razón muy especial: para alimentarnos consigo mismo. Se suspende por una sola vez las leyes de la naturaleza. El resto del tiempo estamos obligados a cumplirlas y respetarlas, como decretos que son de Dios. Existe, además, el problema específico de que no sabemos a ciencia cierta qué detalles de la práctica de nuestra religión son de institución divina o divinamente inspirada. Por ejemplo, en la Edad Media la exacta formulación de la consagración del cáliz, incluidas las

yendo algunas que se remontan a la época apostólica, como nos lo recuerda San Basilio al hablar del culto de cara al oriente (*ad orientem*)- las que han sido maltratadas en los últimos cincuenta años. Hemos presenciado un descarte general, casi una purga estalinista, de tradiciones, a la cual cabría aplicar perfectamente el término de "memoricidio", asesinato de la memoria.

La situación actual, con todo, revela una divina ironía. Las generaciones más jóvenes comienzan a descubrir la liturgia romana tradicional, y su belleza y poder, como si se tratara de algo nuevo y no de algo que ya era conocido y tenido por normal. Este imprevisto resplandor de lo nuevo que brilla en el antiguo rostro de la religión[25] produce a menudo una sensación de interés, de maravilla, de deleite; provoca y desafía, y alimenta la fe como esos fabulosos "super alimentos" que venden los mercados de comida saludable. Las generaciones que nacieron después del Concilio pueden encontrarse *por primera vez* con cosas como el latín, el canto gregoriano, la polifonía, el *ad orientem*, los cálices góticos o los paramentos de brocado, y reaccionar diciendo "¡Así debieran ser las cosas!"; están, podríamos decir, verificando experimentalmente las razones por las que el Espíritu Santo inspiró a la Iglesia a adoptar estas prácticas y obras de arte[26]. El regreso de

---

palabras *mysterium fidei*, fue atribuída al Señor o a los Apóstoles, e incluso la investigación más rigurosa no ha sido capaz de detectar el momento exacto de la historia en que las palabras *mysterium fidei* se añadieron por primera vez: todo lo que se puede decir, reconociendo la lamentable insuficiencia de los registros antiguos, es que tal o cual es el primer manuscrito sobreviviente que contiene esas palabras. ¿No resulta mucho más seguro -y, en realidad, no es acaso una obligación de reverencia por las cosas más santas- preservar esa fórmula tal como existe en los registros más antiguos que tenemos del Canon romano-? Ver capítulo 9.

25 ¿Se podría quizá invertir esto, imaginativamente, y decir: un noble y dorado resplandor de la antigüedad que viene a iluminar el aspecto insignificante de la Iglesia moderna? (Pienso en Aristóteles, que dice que el placer completa la actividad "como el brillo del rostro de los jóvenes": *Etica a Nicómaco*, 10.4).

26 Sobre la adecuación del latín y del canto gregoriano en el culto romano, ver el insuperable tratamiento que le da Michael Fiedrowicz, *La Misa tradicional. Historia, forma y teología del rito clásico romano* (Carthusianus Verlag, 2021), "La lengua sagrada," 161-95; cf. mi conferencia "Gregorian Chant: Perfect Music for the Sacred Liturgy," *Rorate Caeli*, febrero 1, 2020.

los elementos de la tradición católica que muchos consideraban muertos y enterrados tiene algo de la magia de un film que muestra, en rápida aceleración, el crecimiento de una planta desde la semilla hasta el fruto. La gente joven tiene el privilegio de recibir de una sola vez, como si descendiera ya enteramente formada desde una Jerusalén celestial, una herencia que en la realidad se demoró siglos en alcanzar la perfección.

Los nuevos evangelizadores, bien intencionados, dicen siempre a la juventud: "Uds. han sido *hechos para más*". Tal es la versión contemporánea de aquella famosa línea de San Agustín: "Nos hiciste, Señor, para ti, y nuestros corazones estarán inquietos hasta que descansen en ti". Ciertamente ese "más" se refiere a Dios mismo, pero se refiere también a todo lo que Dios ha concedido profusamente a su pueblo a lo largo de la historia de la Iglesia; dones mediante los cuales podemos encontrar Su belleza y santidad, y descansar en ellas. El Señor vino a satisfacer no sólo nuestras necesidades básicas sino a darnos un espléndido banquete. Los católicos de rito latino pueden encontrar esta abundancia de Dios en el rito romano tradicional de la Misa, en el antiguo Oficio Divino, en los ritos de los sacramentos, de las bendiciones y de las procesiones y en una multitud de devociones. ¡Cuán bienvenido es este festejo, y más cuanto más hambre tenemos de lo sagrado, y cuanto más sed tenemos de la trascendencia! La liturgia católica de tantos siglos es el fértil fruto del rocío del Espíritu Santo, como si las palabras de la bendición de Isaac a Jacob se cumplieran en la bendición de Cristo a su Iglesia: "Te dé Dios el rocío del cielo y la grosura de la tierra y abundancia de trigo y mosto" Gen. 27, 28). La historia de Israel nos proporciona una pista: "Cuando de noche caía el rocío sobre el campo, caía también el maná" (Núm. 11, 9), como diciendo: donde el Espíritu Santo actúa en el cuerpo de los fieles, allí encontraremos el alimento que Dios nos ha dado. Y podremos decir entonces con el profeta Job: "Mis raíces tendrán acceso a las aguas, y caerá de noche sobre mis ramas el rocío" (Job 29, 19)[27].

---

27 La Versión Revisada Estándar [de la Biblia en inglés] dice: "Mis raíces se extienden hacia las aguas, y hay rocío sobre mis ramas toda la noche".

LO TEMIBLE Y LO FASCINANTE

Una enorme cantidad de datos, que aumenta sin cesar, sugiere que la juventud está abandonando el cristianismo en masa. Y esto ocurre en todas las denominaciones. Algunos estudios recientes, como el *Shell-Jugenstudie*, muestra que las iglesias no son un lugar en que se pueda encontrar normalmente a los jóvenes. ¿Cuál es, exactamente, el problema?

Como de costumbre, hay una variedad de teorías al respecto, pero creo que habría que prestar mucha atención al argumento de Dom Karl Wallner, monje de la abadía de Heiligenkreuz, que cuenta con años de experiencia en el trabajo con jóvenes. En una conferencia titulada "La profanación de lo sagrado y la sacralización de lo profano", Wallner dice que

> la experiencia de lo sagrado es más fundamental que la noción de lo divino. Esto significa que la religiosidad se fundamenta, en primer lugar, en dejarse tocar por la existencia de algo que trasciende a lo cotidiano, mediante una especie de pureza y majestad, algo que impone respeto, algo inesperado. Es sólo con base en esta experiencia que el hombre busca el origen de este sentimiento en Dios... La necesidad de sentirse afectado por lo que uno cree "sagrado", incluso hasta el punto de hacer erizarse el pelo, es fundamental para el hombre, porque éste está predestinado a lo sagrado[28].

Basándose en esta idea, Wallner identificó el problema fundamental del culto católico moderno como falta de una *sensación palpable* de lo sagrado o una falta de encuentro con ello: "Si no cultivamos lo sagrado y lo dignificado en nuestras iglesias, si nos olvidamos de lo *tremendum* y de lo *fascinans*, es previsible que la psicología humana vaya a buscar en alguna otra parte la satisfacción de su necesidad de estremecerse ante lo majestuoso. Si degradamos nuestras ceremonias litúrgicas hasta el nivel de simples ceremonias humanas, si las banalizamos, no debiera

---

28 Conferencia dada en la *International Academy* de fecha 31 de agosto de 2016, en Aigen; Aelredus Rievallensis, trad., "Dom Karl Wallner: The Profanation of the Sacred and the Sacralisation of the Profane," weblog *Canticum Salomonis*, enero 10, 2018.

sorprendernos que la gente se vaya a otra parte a satisfacer su deseo innato de venerar lugares, símbolos, textos y personas sagrados"[29]. ¡Fue precisamente el movimiento de desacralización en nombre de la modernización -entendiendo "modernidad" en términos racionalistas, utilitaristas, vaciando al catolicismo de lo sensible, lo poético, lo intuitivo y lo místico- lo que caracterizó a las reformas litúrgicas y eclesiásticas de la década de 1960!

¿Por qué estuvieron esas reformas condenadas al fracaso? Una razón principal es que estuvieron dominadas por la palabrería, que las recorrió de punta a cabo -palabrería, además, atrapada en el *Zeitgeist* de las décadas de 1960 y 1970-. En un intento de "estar al día", el *Novus Ordo* se insertó en la época en que surgió, perdiendo los rasgos intemporales y perennes que caracterizan al culto católico. Tráigase a la imaginación el modo cómo se celebra la Misa en una parroquia típica de los Estados Unidos: los ornamentos, los vasos sagrados, la elección de himnos y la arquitectura son, casi siempre, de acuerdo a la fosilizada moda del momento en que la generación *Boomer* llegó a la adultez. ¿Cuántos adultos jóvenes habrá hoy que quieran tener algo que ver con todo eso? ¿Cuánta gente, en general, quiere una inundación de palabras? Palabras en el rito de introducción y sus desabridas cortesías (incluyendo el poco litúrgico "¡Buenos días!"[30]);

---

29 Rievallensis, trad., "Dom Karl Wallner." *Tremendum* significa terrible, atemorizador, aterrador; *fascinans* significa absorbente, deslumbrante, cautivante. Este par de términos fue aplicado por Rudolf Otto, como descripción, a lo sagrado. Wallner habla de prácticas religiosas postizas, en que la gente trata de entrar en contacto con lo "separado" de la cotidianeidad y encontrarle significado o dárselo ella misma. Y pone ejemplos tales como los peregrinajes a tumbas de famosos, la devoción obsesiva por algunos deportes, el culto a personalidades "estrella", el dramatismo de films y festivales *rock*, la celosa consagración a movimientos políticos o a prácticas supersticiosas. Recomiendo vivísimamente la lectura de Wallner, que contiene valiosas intuiciones de la historia del último medio siglo y de las perspectivas y peligros del presente: debieran especialmente leerlo, y con detención, los que están involucrados con el servicio a la juventud.

30 Ver "Desritualización", en Thomas Day, *Why Catholics Can't Sing*, ed. rev. (New York: Crossroad, 2013), 38-54. Para más comentarios sobre el problema de la verbosidad y de la pérdida del silencio y del canto llano, ver Peter Kwasniewski, *Noble Beauty, Transcendent Holiness: Why the Modern Age Needs the Mass of Ages* (Kettering, OH: Angelico Press, 2017), c. 10, "The Peace of Low Mass and the Glory of High Mass."

en varias lecturas leídas; en la aburrida homilía; en la "oración de los fieles" anémica y sentimental; en una Plegaria Eucarística y un rito de Comunión pronunciados en voz alta, y en las observaciones finales, más los anuncios adicionales sobre las actividades de la parroquia. ¿Cómo puede la paz de Cristo empapar el alma cuando retumban las paredes con el ruido y las charlas de los asistentes? Cuán poco atrayente es todo esto para los conversos y los que regresan[31]. Los llamados "nones" –los que no profesan religión alguna– preferirían ayunar con el silencio Zen o tomar drogas que alteran la mente antes que hartarse con un menú de palabras al estilo "coma todo lo que pueda". ¿Quién se lo podría reprochar?

TESTIGOS DE LO INESPERADO

En tanto que el mundo cultural moderno, afilado como hoja de afeitar, sigue haciendo sangrar a su público, los diarios, las revistas, las redes sociales y los *blogs* destacan continuamente los testimonios de católicos, tanto jóvenes como adultos, sobre cuán dramático fue su encuentro y descubrimiento de la liturgia tradicional, una inesperada teofanía de "colisión con lo bello", que los atrajo poderosamente hacia Cristo y su Iglesia.

Como escritor de liturgia, continuamente escucho a quienes quieren compartir conmigo sus experiencias. Algunas veces me dicen que la Misa tradicional les enseñó, por primera vez, *a orar* en vez de meramente recitar oraciones. Ello ocurrió también en mi propio caso: no pude nunca entender la idea de la *lectio divina*, orar con la Biblia, hasta que fui a la Misa tradicional y descubrí que es meditar sobre la Biblia, en verdad *meditar la Biblia* de principio a fin:

---

31   A juzgar por lo que se sabe por contactos con católicos de otras épocas, por la información que dan los libros o que existe *online* y por las anécdotas que me han relatado otras personas, me atrevería a decir que pocos de los que acuden a la Iglesia católica hoy están motivados por la liturgia *Novus Ordo* en su estilo de 1970. Por el contrario, llegan y se quedan *a pesar de la liturgia* o porque no saben nada de lo que la liturgia debe ser o porque se han encontrado con un *Novus Ordo* ejecutado de manera más noble y que calza con sus expectativas. Lo que nos legó el *Consilium*, el *modus celebrandi* preferido de Pablo VI, no tiene ningún atractivo en absoluto. Ver cap. 4.

Desde el salmo 50 en el Asperges y el salmo 42 al pie del altar, hasta el Gradual y el Alleluia o Tracto entre las lecturas, y luego los salmos 140 y 25 en el Ofertorio, el salmo 115 en la comunión del sacerdote, y el Prólogo del Evangelio de San Juan al final de la Misa, más versículos de los salmos 17, 84, 101, 123 y otros, entretejidos en diversas partes, con alusión también a otros libros, el *usus antiquior* pone en práctica un criterio "de inmersión" en las Escrituras que está lamentablemente ausente en el rito que lo reemplazó. La liturgia antigua enseña al sacerdote y al pueblo cómo *orar* la Palabra de Dios, cómo comprender su cumplimiento y realidad en el momento presente. Es un verdadero curso masivo y condensado en *lectio divina*. Lo que la liturgia nos muestra es que la finalidad de la Palabra es la adoración, y la adoración tiene por fin la comunión en una sola carne con Dios Encarnado[32].

Veamos lo que nos dicen cuatro testimonios, escogidos de entre un gran número de ellos que he recibido y muy representativos, de la eficacia espiritual de la antigua liturgia[33]. El primero dice:

Ya han pasado cinco meses desde que comencé a asistir a la Misa tradicional cada domingo. Y debo decir que me ha ganado el corazón completa y radicalmente, de un modo que jamás me hubiera esperado. He tratado de permanecer abierto y comprensivo respecto de ambas expresiones de la Misa, pero a medida que avanzo, encuentro que la Misa tradicional tiene una belleza y una verdad que simplemente no se encuentran en otra parte. Me parece fascinante que se me haya súbitamente revelado del modo cómo lo ha hecho. Yo había asistido al *Novus Ordo* con toda fidelidad, diariamente, durante un larguísimo tiempo. Es como si se hubiera levantado un velo ante mis ojos y estoy absolutamente trastornado y enamorado".

---

32   Peter Kwasniewski, *Reivindicación de nuestros derechos hereditarios como católicos: Genio y actualidad de la Misa tradicional* (Brooklyn, NY: Angelico Press, 2022), 158. Nada podría ser menos protestante y más anti-protestante que este rasgo de la antigua liturgia católica. Cf. Peter Kwasniewski, *Resurgimiento en medio de la crisis: Sagrada liturgia, Misa tradicional y renovación en la Iglesia*, trad. Augusto Merino Medina (Brooklyn, NY: Angelico Press, 2019), 63-79, 177-93.

33   Hay otros ejemplos en el cap. 1 de *Noble Beauty*.

Una comunicación semejante de otra persona:

> Ahora tenemos a la Misa tradicional como Misa normal.
> Al principio fue un poco abrumador, pero después de un
> par de meses, nos acostumbramos mucho más. Tanto mi
> mujer como yo quedamos sorprendidos de que, aunque al
> comienzo no teníamos idea de lo que ocurría, rezábamos
> más en la Misa desde el primer mes de liturgia tradicio-
> nal que en los últimos diez años de liturgias *Novus Ordo*
> (¡así nos pareció, al menos!).

Un *alumnus* de la Franciscan University de Steubenville:

> Puedo decir, con toda honestidad, que jamás he estado
> más confiado, interesado y absolutamente confundido
> respecto de nuestra fe desde que asistí por primera vez a
> la Misa tradicional la primavera pasada. ¡¡¿Dónde estuvo
> ella durante toda mi vida?!? ¡¡¿Por qué no estaba a
> nuestro alcance en la *Franciscan University*?!? Fue como
> haber estado hambrientos a punto de de inanición y caer,
> de pronto, en medio de una fiesta, o completamente des-
> hidratados y ser expuestos misericordiosamente a la llu-
> via. Finalmente, a pesar de mi angustia y confusión y en
> medio de ellas, el catolicismo adquiere sentido para mí.
> Siento como que, al fin, he llegado a casa[34].

Un cuarto ejemplo:

> Tengo 38 años y he vivido toda mi vida con la Misa *Novus
> Ordo*. Y fui muy tibio hasta hace cuatro años, cuando
> Nuestra Señora me puso en relación con su Hijo a través
> del Rosario... Finalmente, asistí por primera vez a la
> Misa tradicional el mes pasado, y me sentí tan sobrecogida
> por la solemnidad y belleza de la Misa que me puse a llorar.

Esta persona es una de muchas que han reaccionado de este
modo, y no, obviamente, por nostalgia (alguien de 38 años no
tiene la edad suficiente para ello, a menos que se entienda "nostalgia" en el enrarecido significado filosófico que le dan Wojtyla
y Ratzinger[35]). Debiéramos detenernos, junto con los Padres del

---

34   Este *alumnus* estuvo en Steubenville antes de que la Misa tradicional
comenzara a celebrarse regularmente en el campus.

35   Ver Peter Kwasniewski, "'What Is Most Deeply Human': Two Contras-
ting Approaches to Nostalgia," *NLM*, diciembre 30, 2013.

Desierto, en el significado de las lágrimas. En mis veinticinco años de director de música sagrada para el *Novus Ordo*, sólo un par de veces vi que alguien llorara en la Misa, conmovido por la liturgia. Pero a menudo ocurre en la Misa Cantada que a personas de edad media y a viejos se les llenen los ojos de lágrimas debido a la "solemnidad y belleza" que experimentan. Esto es algo que los músicos sabemos bien, quizá porque es probable que seamos rodeados por esas personas al terminar la Misa. Estas lágrimas son señal de que uno ha sido conmovido en lo profundo, más allá de toda opinión o prejuicio. Son señal de un alivio y de una restauración interiores, de un encontrarse consigo mismo y de un salir de sí mismo. Son lo exactamente opuesto de simulaciones o de cosas autoimpuestas a la fuerza porque son "buenas para uno", como una cucharada de jarabe de hígado de bacalao. Aunque no es probable que uno experimente esta reacción frecuentemente, en especial en la medida en que uno se acostumbra a asistir a la Misa tradicional, el simple hecho de que esta forma de la Misa provoca tal reacción es ya algo muy elocuente, a la luz de lo que dice Wallner.

Resumiendo este tipo de reacciones, dice Dom Alcuin Ried, hablando de la liturgia tradicional:

> Sus demandas provocan en nosotros una respuesta. Encontramos que la sobriedad y belleza del ritual, el silencio en que encontramos espacio para orar interiormente, la música que no intenta imitar al mundo o acariciar emociones sino que nos desafía a adorar lo divino y nos lo facilita; encontramos, en verdad que la experiencia de lo numinoso y de lo sagrado es elevadora y fortificante[36].

EL ESPLENDOR DE LA VERDAD

El escéptico dirá aquí: "Un momento. ¿No es todo esto una mera especie de esteticismo? ¿No estamos con esto preocupándonos de cosas superficiales y olvidando lo que verdaderamente

---

36 Ver Alcuin Reid, "On the Tenth Anniversary of *Summorum Pontificum*, We Can Safely Say the Doomsayers Are Wrong," *Catholic Herald* [UK ed.], julio 7, 2017.

importa -el que Jesús está presente en la Eucaristía, y que tenemos fe y amor en el corazón-?"[37].

La anterior es, por cierto, una objeción común que se hace a nuestra insistencia en la primacía de la tradición. Y se la puede refutar si consideramos la relación que hay entre sustancia y accidentes. Porque no sólo es el caso de que sustancia y accidentes van siempre juntos y de que, con la excepción de la Eucaristía, jamás nos encontramos con la una sin los otros, sino que, más estrictamente, percibimos la sustancia *a través de sus accidentes*; la liturgia nos considera como seres encarnados, no como intelectos flotantes ni vibraciones emotivas, y necesitamos responder con todo nuestro ser, no sólo con las partes favoritas de nuestro ser. Los accidentes son precisamente lo que nos permite el acceso a la sustancia, lo que nos la entrega, lo que nos da una intuición de ella y una conciencia de su profundidad. Respecto del poder del intelecto para "leer el interior de las cosas" sobre la base de lo que se nos da por los sentidos, Santo Tomás escribe: "en los accidentes yacen ocultos los significados de las palabras; en las semejanzas y símbolos yace oculta la verdad simbolizada; y los efectos yacen ocultos en las causas, y viceversa"[38]. Lo no-esencial se abre a lo esencial, tal como una sonrisa o un gesto del ceño, una risa o una lágrima, revelan el corazón, o como el horizonte del océano se abre a la infinitud de su Hacedor. Las más grandes obras de arte tienen precisamente

---

37 En este sentido, para poner un ejemplo, el popular apologista Dave Armstrong dice, sobre el modo de recibir la Comunión: "La reverencia, la solemnidad y la piedad, según la Sagrada Escritura y la Santa Madre Iglesia, son cosas del alma y del corazón. Es lo que está en el interior lo que importa y determina nuestro comportamiento exterior y nuestra actitud y disposición" (www.patheos.com/blogs/davearmstrong/2020/03/communion-in-the-hand-reactionaries-vs-st-cyril.html). Es extraño que Armstrong no advierta algo obvio: la Iglesia, gradualmente, reemplazó la comunión en la mano por la comunión en la lengua *debido a que su fe* buscaba el comportamiento exterior más adecuado; y es extraño también que no reconozca que la causalidad opera aquí en sentido contrario, es decir, nuestro comportamiento, actitud y disposición influencian "lo que está en el interior". Ciertamente habrá muchísimo menos comuniones descuidadas, descreídas y pecaminosas en un ritual que hace más consciente al fiel de que está tomando parte en un acto religioso lleno de significado.
38 *Summa theologiae* [ST] II-II, qu. 8, art. 1.

en sí esta cualidad: al mirar las formas y colores de un retrato de Vermeer o de Rembrandt, nuestra mente es transportada más allá de ellos hacia una realidad mayor que lo que un pintor podría jamás pintar: la intensidad de la vida, la luz del alma.

La belleza tiene lugar –para decirlo así– cuando *hay claridad* acerca de *lo que la cosa es en sí.* Cuando alguien se siente atraído hacia la liturgia tradicional por lo que ve y lo que oye, no se trata de que sea impactado por estas cosas, sino que éstas coalescen alrededor de la realidad, el Sacrificio de la Cruz, y lo hacen aparecer con una claridad suficiente. Las cualidades superficiales (o "accidentes") armonizan tan bien con la naturaleza del misterio que el resultado es *el esplendor de la verdad.* Para hombres que son un compuesto de cuerpo y alma, para cristianos que son discípulos de la Palabra hecha carne, deben existir los dos elementos: la verdad y el esplendor. *Confessio et pulchritudo in conspectu ejus; sanctimonia et magnificentia in santificatione ejus.* "Delante de El la majestad y la magnificencia, en su santuario la fortaleza y el esplendor" (Salmo 95, 6). Dom Gerard Calvet hace el comentario perfecto:

> Se entra a la iglesia por dos puertas: la puerta de la inteligencia y la puerta de la belleza. La puerta más estrecha... es la de la inteligencia, y está abierta a los intelectuales y eruditos. La puerta más ancha es la de la belleza. La Iglesia, en su impenetrable misterio... necesita de una epifanía terrena accesible a todos: y la epifanía es la majestad de sus templos, el esplendor de su liturgia y la dulzura de sus cantos.
>
> Piénsese en un grupo de japoneses de visita en la Catedral de Notre Dame de París: mirarán, allá en lo alto, los vitrales, y la armonía de sus proporciones. Supongamos que, justo en ese momento, entran en procesión los sagrados ministros revestidos con capas recamadas para cantar las Vísperas solemnes. Los visitantes miran en silencio; están fascinados: la belleza les ha abierto sus puertas. Ahora bien, la *Summa Theologiae* de Santo Tomás de Aquino y Notre Dame de París son productos de la misma época; dicen lo mismo; pero ¿quién de los visitantes ha leído la *Summa Theologiae* de Santo Tomás? Encontramos el mismo fenómeno en todos los niveles: los turistas que visitan la Acrópolis de Atenas se

enfrentan a una civilización de belleza, pero ¿quién de ellos puede entender a Aristóteles?

Y así ocurre con la belleza de la liturgia, que, más que ninguna otra cosa, merece ser llamada el esplendor de la verdad: abre de igual modo a los pequeños que a los grandes los tesoros de su magnificencia, la belleza de su salmodia, los cantos sagrados y los textos, los cirios, la armonía de los movimientos y la dignidad de las posturas. Con arte soberana la liturgia ejerce una influencia verdaderamente seductora en las almas, a las que toca directamente, aun antes de que el espíritu perciba esa influencia[39].

Por esta misma razón –las externalidades están ahí para decirnos algo de la realidad a cuyo servicio se encuentran, y para atraernos a ella– debemos tener cuidado de que sean armoniosas, que el aspecto exterior no contradiga, ni abierta ni sutilmente lo interior. No sería conveniente poner a un pobre las galas de un rey, o poner un anillo de oro en la trompa de un cerdo: existiría discordancia entre la decoración y lo decorado. Y lo mismo ocurre en sentido contrario: un rey no se pone sucios harapos ni ensilla pobremente a su caballo. Revestir con su galas al rey y ensillar su caballo magníficamente: eso es *dignum et justum*. La superficie debe corresponder a la naturaleza de la cosa y llevarnos directamente a ella. Esto no es "quedar atrapados en" las externalidades sino "ser atrapados por" ellas para conducirnos a su significado interior[40]. Coventry Patmore condensa este pensamiento en los siguientes versos:

---

39 A Benedictine Monk [Dom Gerard Calvet], *Four Benefits of the Liturgy* (Southampton: Saint Austin Press, 1999), 19-20.
40 Se puede aplicar a la liturgia la defensa de la buena retórica oral del Dr. Glenn Arbery, en cuanto modo de retórica: "Los oradores astutos han sido desde siempre criticados por hacer que las falsas ideas de lo bueno parezcan más atractivas que las verdaderas. En 'El paraíso perdido', Milton escribe que el diablo Belial 'podía hacer aparecer las peores razones como las mejores, para impedir las buenas opiniones'. Si alguien situado en la mala posición puede ser tan eficiente ¿bastaría, para ser igualmente eficiente, estar en la buena posición? Difícil. Hace falta que las mejores razones parezcan ser las mejores, en su verdadero sentido y belleza, y que lo que es bueno parezca ser bueno, mediante el dominio de las mismas artes que dominan los enemigos más sutiles. Nuestro futuro depende de ello" ("O Oratory!," *President's Bulletin*, febrero 22, 2018).

Para que la Sabiduría sea buscada por sí misma
Y pueda despertar al hombre necio de su sueño
Necesita ser tan feliz como buena,
Y no sólo serlo, sino parecerlo[41].

Es *a través* de las tradiciones apostólico-humanas y eclesiásticas, en cuanto "accidentes", que tenemos acceso a las tradiciones dominical y apostólico-divinas, que son la "substancia". La riqueza de los rasgos más cambiables y, si se quiere, más superficiales, nos da acceso a la riqueza del depósito inmutable, a aprovecharlo, a comprenderlo, a tener conciencia de su profundidad. Lo que encontramos mediante las tradiciones eclesiásticas es la verdad divina en su incomprensible majestad, y no hay otro modo de acceder a ella, excepto una directa inspiración divina. Esta es la razón por la que el amor a la tradición litúrgica no es un capricho pasajero ni una obsesión con las externalidades, sino una vía normal y necesaria hacia el verdadero centro de la realidad: el Sagrado Corazón de Nuestro Señor y la sabiduría y amor que Él ha querido confiar a su Iglesia. Somos integralmente santificados gracias a este camino, que humilla nuestro intelecto con la dependencia respecto de cosas sensibles, contingentes y heredadas, y ennoblece nuestros sentidos al hacerlos nuestros escoltas hacia la verdad trascendente.

DAR AL AMADO TODO LO MEJOR

Conviene hacer mención aquí de una autora espiritual de la Francia del siglo XVII, maravillosa pero algo desconocida, Mectilde del Santísimo Sacramento (1614-1698), fundadora de las Benedictinas de la Adoración Perpetua. En cierta ocasión, al ser trasladado el Santísimo Sacramento por primera vez a la capilla de una de sus casas religiosas, sor Mectilde expresó claramente su espanto por el poco cuidado que, por los jansenistas de aquella época, se había puesto en la decoración de los altares y presbiterios:

Jesucristo, Nuestro Señor, iba a hacer su entrada a esta casa. Al día siguiente, Fiesta de Todos los Santos, ella

---

41 *The Angel in the House*, Libro I, canto X, primeras líneas.

dijo, muy asombrada: "Qué bondad inconcebible la de Nuestro Señor de querer morar entre nosotras. ¡Qué gran día será mañana, gran fiesta para nosotras! Traigan todo lo más bello, lo más magnífico, para que pueda adornar el altar. Me asombra realmente que no se traiga de todas partes del mundo lo que sea más rico y más raro para ponerlo sobre el altar. ¡Qué! Cuando los reyes hacen su entrada en sus ciudades y reinos, se prepara todo con gran pompa para recibirlos. ¿Y mi Dios ha de venir a habitar entre unas pobres y tristes creaturas y nadie piensa en ello? Me espanta. No puedo soportarlo, no sé cómo espantarme lo suficiente de estos jansenistas que rehusan adornar sus altares[42].

Sor Mectilde expresa la reacción buena, natural, correcta, de cualquier amante que piensa en el honor que se debe a su amado, y que siente, con celo, que éste merece todo lo que se puede darle, lo mejor, de principio a fin, por dentro y por fuera.

Recuérdese las reacciones que describíamos hace un momento: la señora que escribió "y me sentí tan sobrecogida por la solemnidad y belleza de la Misa que me puse a llorar"; la familia que reconoce que "encuentro que la Misa tradicional tiene una belleza y una verdad que simplemente no se encuentran en otra parte... Es como si se hubiera levantado un velo ante mis ojos y estoy absolutamente trastornado y enamorado"; el *alumnus* que dice "siento que al fin estoy en casa"; el marido y su mujer que se declaran "sorprendidos" de cómo la Misa antigua los hizo orar; el erudito que dice "Sus demandas provocan en nosotros una respuesta". Adviértase que estas reacciones no lo son a la Presencia Real, que está en cualquiera de las formas de la Misa,

---

42 *The Mystery of Incomprehensible Love: The Eucharistic Message of Mother Mectilde of the Blessed Sacrament* (Brooklyn, NY: Angelico Press, 2020), 101. Debemos tener presente que los jansenistas eran racionalistas en liturgia: querían simplificar, abreviar, vernacularizar, reducir las fiestas, reintroducir prácticas antiguas hacía mucho abandonadas, etc. -tendencias todas que reaparecerían posteriormente en la última época del Movimiento Litúrgico que dio origen al *Novus Ordo*-. Ver Kwasniewski, *Noble Beauty*, 115-33; Kwasniewski, *Reivindicación de nuestros derechos hereditarios*, 47-52; "Does Pius VI's Auctorem Fidei Support Paul VI's *Novus Ordo*?," en mi libro *The Road from Hyperpapalism to Catholicism: Rethinking the Papacy in a Time of Ecclesial Disintegration* (Waterloo, ON: Arouca Press, 2022), vol. 1, c. 9.

sino que lo son a la *concentrada constelación de tradiciones ecle-siásticas* que nos ha sido transmitida a lo largo de los siglos y que fue indecorosamente eliminada en la reinvención posconciliar de nuestra autoimagen colectiva. La liturgia tradicional tiene el poder de inducir en nosotros -privilegiados de estar, cuerpo y alma, en la presencia del Señor- las actitudes apropiadas cuando asistimos al Santo Sacrificio: humildad, temor reverencial, con-trición, abandono, gozo tranquilo. Sin éstas, ¿Cómo podríamos ser los "verdaderos adoradores" que "adoran al Padre en espíritu y en verdad" (cf Juan 4, 23-24)? ¿Cómo podría la Iglesia encontrar remedio a su caos interior, o ser capaz de ofrecer al mundo una segura salvación?

Algunos entusiastas partidarios de la "Nueva Evangelización" necesitan sintonizar sus oídos a un nuevo mensaje: lo que más necesitamos en la Iglesia católica hoy no es más acomodo a los gustos y tácticas del mundo secular, sino un reavivamiento del fuego, de la luz, del calor que hizo de la *Vieja* Evangelización algo tan glorioso y de tanto éxito[43]. El *revival* de la tradición es una gracia extraordinaria, otorgada en respuesta a la alarmante amnesia de identidad, a la crisis de fidelidad y aun de identidad por la que pasa la Iglesia católica en nuestra época. Para usar una metáfora médica, es como si el recrudecimiento del cáncer modernista estuviera siendo atacado con la regeneración celular de la tradición.

Al cabo, o los católicos serán tradicionales, o no lo serán en absoluto. Darse cuenta de esto nos consuela en medio de la prueba, y nos da un sentido de creciente responsabilidad: la tradición no es algo que prevalece automáticamente en nosotros, sin esfuerzo de nuestra parte, como tampoco prevalecen automáticamente la ortodoxia o la recta moral. Así como tenemos que educarnos en la doctrina católica y luchar contra nuestra naturaleza humana

---

43   Ver Claire Chretien, "US Bishops ask young Catholics why they stayed in Church. They respond it's the Latin Mass," *LifeSiteNews*, junio 13, 2019. La cantidad de testimonios es ya tan grande que se podría fácilmente hacer anto-logías con ellos. Ver, para tener una idea, David Dashiell, ed., *Ever Ancient, Ever New: Why Younger Generations are Embracing Traditional Catholicism* (Gastonia, NC: TAN Books, 2022).

caída con asceticismo y una consciente aspiración a la virtud, así también necesitamos aprender (o reaprender) nuestras tradiciones en toda su amplitud y riqueza, para que no se evaporen con los quemantes vientos de la modernidad tardía. Un escritor contemporáneo, Lewis Hyde, acuñó la expresión "la lucha de la gratitud": el tomar verdaderamente posesión de una herencia significa estar conscientes de su valor, estar agradecidos a Dios por ella, luchar para llegar a conocerla mejor, y trabajar para asegurarnos de que siga viva y próspera, de que, a pesar de todos los obstáculos, será transmitida al futuro. Debemos hacer nuestros los sentimientos del salmista: "Cayeron para mí las cuerdas en parajes amenos, y es mi herencia muy agradable para mí" (Salmo 15, 6). San Agustín escribió: "Dios, que te creó sin ti, no te salvará sin ti". Felizmente, no tenemos que crear tradiciones eclesiásticas; pero Dios nos pide que, con su ayuda, las salvemos. Estas tradiciones merecen mucho más protección medioambiental que cualquier animal en peligro o especie vegetal que la haya necesitado jamás.

Ciertamente San Pablo intercede por nosotros y sigue amonestándonos desde el trono apostólico de su gloria: "Hermanos, manteneos firmes y guardad las tradiciones". Dios nos ha dado verdaderamente el rocío del cielo, la gordura de la tierra, la abundancia de trigo y de vino, y desea las lágrimas de nuestra añoranza de El, que El mismo provoca en medio de su Templo con la penetrante belleza y la tremenda reverencia de su culto tradicional. El mismo ha transformado el pan de nuestros dolores en el maná de los ángeles; y el agua natural que nos hace permanecer vivos la ha transformado en el vino de su sangre, que nos otorga vida eterna en la visión beatífica. A la feliz pareja de las bodas de Caná, y por tanto a todos los que hemos sido invitados junto con su Madre a las bodas del Cordero, podemos aplicar, con justa razón, las siguientes palabras del salmista: "Sácianse de la abundancia de tu casa, y los abrevas con el torrente de tus delicias" (Salmo 35, 9).

Es en la Liturgia que el Espíritu que inspiró las Sagradas
Escritura nos habla todavía; la Liturgia es la tradición
misma en su más alto grado de poder y de solemnidad.

Dom Prosper Guéranger

Debemos mantener, y continuar con el mayor de los
respetos, una Tradición que nos ha sido transmitida de
siglo en siglo, una Tradición llena de significado (como
todos tienen que admitir), una Tradición, finalmente,
que precisamente porque es una misteriosa inspiración
del Espíritu Santo, escapa a todo humano cálculo.

Herman Schmidt (1961)

Con la expresión "novedades profanas del mundo" nos
referimos aquí a los nuevos cantos, las nuevas histo-
rias, las nuevas lecturas y oraciones y demás novedades
de este tipo que no formaron parte del culto de nuestros antepasados... El Apóstol nos urge a evitar estas
profanas novedades de palabras porque "al determinar
algunas materias de nuevo, debiera tenerse en vista
una clara ventaja, para así justificar el abandonar una
norma de derecho que se ha considerado justa desde
tiempos inmemoriales" (*CIC iv*, Dig. 1.4.2 pr). "No
debiera introducirse novedades sin una causa, porque
el cambio es peligroso y con razón se le acusa de abrir
las puertas a [mayores] novedades" (distinción 11, *Quis
nesciat*). Y "la novedad que se introduce en el ritual de
la Iglesia es la madre de la temeridad, la hermana de la
superstición, y la hija de la liviandad", según San Ber-
nardo en su Epístola a los Canónigos de Lyon.

Radulph of Rivo (d. 1403)

❦[2]❧
Las leyes del desarrollo orgánico y la ruptura de 1969

D E LAS PREGUNTAS QUE SE PUEDE HACER sobre la liturgia, las tres siguientes son las más elementales: ¿De dónde surgió? ¿Por qué es como es? Y ¿Por qué es importante?

Se encuentra a veces algunos católicos tradicionales que creen que el rito romano clásico fue instituído por Cristo en todos sus detalles, ya sea en la Ultima Cena, ya sea durante los cuarenta días después de su Resurrección, en una versión más relajada de los campos de entrenamiento para aprender la Misa en latín que existieron después de publicado *Summorum Pontificum*. Habrá muchos que se desilusionarán al enterarse de que no es así como se dieron históricamente las cosas. Espero poder demostrar que hubiera sido inadecuado que, desde su principio mismo, la liturgia hubiera sido instituída con todo detalle, tal como habría sido inadecuado que el Señor hubiera entregado la *Summa Theologiae* a los Apóstoles, o si les hubiera entregado "Los fundamentos del dogma católico" de Ludwig Ott. Las razones son muy parecidas a las que proporciona San Agustín al alabar el sinuoso camino que tomaron los setenta y tres libros inspirados de las Escrituras, redactados a lo largo de muchos siglos por muchos individuos, con muchos estilos y énfasis diferentes, pero que convergen en Cristo como si fueran un solo volumen entregado por Dios.

Sabemos por las Escrituras que el Señor instituyó la liturgia de la Nueva Alianza, y que fue un proceso de crecimiento que se dio incluso durante la vida de los Apóstoles, que junto con seguir asistiendo a las ceremonias judías mientras se los aceptó en ellas, se reunían en privado para la "fracción del pan". Los registros históricos -por ejemplo, los varios misales, leccionarios y libros de cantos que poseemos- muestran un desarrollo gradual del culto público de la Iglesia, especialmente después de que obtuvo su libertad con el Edicto de Milán de 313, que le permitió trasladar la liturgia a las vastas basílicas romanas. Tanto en los ritos de Oriente como de Occidente, cada siglo exhibe el fruto de nuevas plegarias, nuevas fiestas, nuevas ceremonias, pero *siempre* construídas sobre lo que había existido con anterioridad, en un proceso que se entiende adecuadamente como una elaboración y extensión de los contenidos preexistentes. Esto es, me parece, el sentido básico de "desarrollo orgánico": todo lo que viene después surge, de modo natural, de lo que ya tenía existencia[1].

El libre albedrío humano está, por cierto, involucrado, así como el libre juego de las contingencias históricas. Nosotros no somos autómatas que obran en una forma predeterminada, ni la historia de la Iglesia es como tren que se desliza por rieles previamente instalados. No hubo ninguna necesidad intrínseca de que San Esteban fuera el primer mártir, o de que el culto de San Lorenzo adquiriera tal prominencia en la Iglesia romana, o de que el rito romano fuera adoptado en las Galias por Carlomagno y devuelto después, a través de los Alpes, con enriquecimientos galicanos, como la Procesión del Domingo de Ramos[2]. Ni tampoco fue necesario, en términos más generales, que todos los cristianos realizaran su culto de la misma manera: y así es como tenemos muchas familias de ritos litúrgicos ortodoxos, como el romano, el ambrosiano, el mozárabe, el copto, el caldeo, el bizantino, el eslávico y el siro-malabar.

Detrás de cada debate o divergencia litúrgicos está la cuestión fundamental de cómo hay que entender y evaluar el desarrollo

---

1   El Concilio Vaticano II recurre precisamente a este concepto: "no se introduzcan innovaciones si no lo exige una utilidad verdadera y cierta de la Iglesia, y sólo después de haber tenido la precaución de que las nuevas formas se desarrollen, por decirlo así, orgánicamente a partir de las ya existentes" (Constitución sobre la Sagrada Liturgia *Sacrosanctum Concilium* [SC], nº 23). Nunca un texto conciliar fue tan violado como éste. El estudio definitivo, hasta ahora, es el de Dom Alcuin Reid, *The Organic Development of the Liturgy*, 2ª. ed. (San Francisco: Ignatius Press, 2005). Debo dejar constancia, con todo, que no estoy de acuerdo con Reid en la posibilidad de defender a Pío XII por su Semana Santa. Ver caps. 7 y 12.

2   Ver el excelente resumen histórico de Michael Fiedrowicz en *La Misa tradicional. Historia, forma y teología del rito clásico romano* (Carthusianus Verlag, 2021), 29-35.

litúrgico, no sólo en la actualidad, sino durante toda la historia de la Iglesia. Entender cómo se desarrolla la liturgia nos presenta un desafío muy parecido al que enfrentó John Henry Newman al escribir su "Ensayo sobre el desarrollo de la doctrina cristiana". ¿Cómo se diferencia el buen desarrollo del mal desarrollo, conocido también como corrupción?[3] ¿Qué relación hay entre los elementos esenciales incambiables y los elementos accidentales cambiables? ¿Podría ser legítimo considerar "la divina liturgia" como descendida del cielo, algo que deberíamos sencillamente recibir, en forma análoga a la revelación divina? ¿O está la liturgia cristiana en estado de perpetua evolución? ¿Podemos armonizar estas dos opiniones considerando la liturgia como algo que es teleológico, es decir, que se mueve a través del tiempo hacia una perfección o plenitud de forma que, efectivamente, consigue en determinado momento? Y si esto último es verdadero, ¿se puede identificar ese momento? ¿Cuáles serían los criterios para identificarlo?

En su prólogo al libro de Alcuin Reid "El desarrollo orgánico de la liturgia", el Cardenal Ratzinger escribe lo siguiente:

> El crecimiento no es posible a menos que se preserve la identidad de la liturgia... El correcto desarrollo es posible sólo si se presta cuidadosa atención a la lógica estructural interna de este "organismo": así como un jardinero cuida una planta viva en su desarrollo, prestando atención al poder de crecimiento y vida que hay en ella y las leyes que ella observa, así también la Iglesia debe dar un respetuoso cuidado a la liturgia a través de los siglos, distinguiendo las acciones que son útiles y sanadoras de las que son violentas y destructivas. Siendo así las cosas, debemos tratar de conocer la interna estructura de un rito y las normas que gobiernan su existencia, a fin de encontrar el modo correcto de preservar su fuerza vital en medio de tiempos cambiantes, de fortalecerla y de renovarla[4].

---

3 Ver Claude de Vert, "Simple, Literal, and Historical Explanation of the Ceremonies of the Mass: A Watershed of the Catholic Enlightenment," *Canticum Salomonis*, mayo 6, 2019.

4 Reid, *Organic Development*, 9-10.

Si se logra articular tales criterios, ellos proporcionarán una sólida guía para muchos otros puntos en debate: cómo (y cuánto) solemnizar las celebraciones litúrgicas; retener o no la orientación al Oriente y el latín; qué clase de música, de paramentos y de arquitectura debe usarse; cómo deben comportarse los fieles al ir a comulgar, etc.

LA DISTINCIÓN DE SAN VICENTE DE LÉRINS: *PROFECTUS* Y *PERMUTATIO*

El Padre de la Iglesia San Vicente de Lérins, del siglo V, explica cómo puede legítimamente desarrollarse la doctrina cristiana a través del tiempo. Vicente no está interesado simplemente en describir el cambio, como podría estarlo un sociólogo, sino que propone, más bien, un fundamento teológico al tipo de cambio que es posible y deseable en la cristiandad:

> El crecimiento de la religión en el alma tiene que ser análogo al crecimiento del cuerpo, que aunque se desarrolla hasta alcanzar su porte pleno mediante un proceso que dura años, permanece siempre el mismo. Hay una gran diferencia entre la flor de la juventud y la edad madura; pero los que alguna vez fueron jóvenes, siguen siendo los mismos, ahora que han envejecido, en cuanto que aunque la estatura y las formas exteriores del individuo cambian, su naturaleza es una y la misma, su persona es una y la misma. Los miembros de un infante son pequeños, los de un joven son grandes; pero el infante y el joven son el mismo. Los hombres maduros tienen el mismo número de articulaciones que tenían de niños, y si con la edad madura aparece otra, ella ya estaba presente como embrión, de modo que no se produce en ellos nada nuevo al llegar la vejez, que no estuviera latente en ellos cuando niños.
>
> Tal es, pues, indudablemente, la norma verdadera y legítima del progreso; tal es el orden establecido y bello del crecimiento: la edad madura siempre desarrolla en el hombre aquellas partes y formas que la sabiduría del Creador ya había implantado previamente en el infante. Por eso, si la forma humana se convirtiera en alguna forma perteneciente a otra especie o si el número de sus miembros creciera o disminuyera, el resultado sería

que el cuerpo entero se convertiría en una ruina o en un monstruo o, al menos, resultaría dañado o debilitado.

Del mismo modo, corresponde que la doctrina cristiana siga las mismas leyes de crecimiento [*profectus*], para llegar a consolidarse con los años, a ampliarse con el tiempo, a refinarse con la edad y, sin embargo, seguir incorrupta e inadulterada, completa y perfecta en la medida de todas sus partes y, por decirlo así, en todos sus miembros y sentidos propios, sin admitir mutación [*permutatio*] ni pérdida de sus propiedades características, ni variación en sus límites[5].

La misma idea es presentada por el Cardenal Alfonso María Stickler (1910-2007), un gran canonista y partidario de la liturgia tradicional. Escribe Stickler que la Iglesia "no fue fundada por Cristo como una institución rígida e irrevocablemente constituída, sino como un organismo viviente que, como el cuerpo [humano], que es imagen de la Iglesia, tenía que tener un desarrollo, pasando del estado de embrión, en que todas las características esenciales de su ser están presentes en forma de semilla, a un proceso de crecimiento, de acuerdo con circunstancias externas y a una necesaria adaptación a ellas y también –cosa no menos importante– siguiendo la acción positiva del libre albedrío humano"[6]. Esta analogía del organismo corporal vivo también se ha aplicado a menudo a la liturgia, que crece hasta la madurez por un proceso de articulación y expansión, como ocurre con una encina que crece de una bellota.

Sin embargo, ¿no podríamos cuestionar esta analogía porque implica una eventual decrepitud? De hecho, tal cosa es lo que pensaron los reformadores litúrgicos de mediados del siglo XX: la liturgia romana se había vuelto vieja, ajada, osificada, fosilizada; había dejado de desarrollarse y se había convertido en "una pieza

---

5   San Vicente de Lérins, *Commonitorium*, c. 23, nⁿs. 55-56, trad. C. A. Heurtley, en *Nicene and Post-Nicene Fathers*, Second Series, vol. 11, ed. Philip Schaff y Henry Wace (Buffalo, NY: Christian Literature Publishing Co., 1894), rev. y ed. para *New Advent* por Kevin Knight.
6   Citado por Roberto de Mattei, "Defending 'True Devotion to the Chair of St. Peter': A Response to Professor Douglas Farrow," weblog *Catholic Family News*, diciembre 17, 2018.

de museo". Y es por ello que, en su opinión, había dejado de atraer o de edificar a los hombres modernos[7].

Pero la analogía de San Vicente no tiene el propósito de establecer una correspondencia exacta con las leyes que rigen la biología, especialmente en el mundo del pecado original y de su castigo, la muerte. Si el hombre no hubiese caído, hubiera de todos modos crecido desde la infancia hasta su plenitud, pero entonces hubiera permanecido en plena salud hasta ser llamado directamente por Dios al cielo. De modo parecido, la doctrina de la Iglesia o, mejor dicho, la expresión de su doctrina, se desarrolla hasta la madurez, pero no declina jamás hacia la enfermedad, la vejez, o la senilidad[8]. Del mismo modo, su liturgia se desarrolla bajo la guía de la Divina Providencia, bajo el soplo del Espíritu Santo, del Señor y Dador de vida, haciendo de nuevo presentes los misterios de Cristo glorificado que ha conquistado la muerte y vive para siempre. Como consecuencia, *esta* liturgia, tanto en sus líneas generales como en sus detalles, crece de fortaleza en

---

7   Aun admitiendo que semejantes alegaciones fueron exageradas –hubo, en efecto, muchas señales positivas en el período entre las dos guerras mundiales: conversiones, abundantes vocaciones, familias de muchos hijos, y excelente literatura católica en todas las lenguas–, hubo un innegable aumento de desafiliación del catolicismo entre los europeos continentales, y ya se veía, en las estadísticas anteriores al Vaticano II, un declive. La conciencia de que era necesario superar esto, ayuda a entender la aparente plausibilidad de las razones de Juan XXIII para convocar al Vaticano II. Sin embargo, como todo el mundo sabe, la declinación en todas las áreas se aceleró rápidamente en Occidente después del Concilio, el cual, por decir lo menos, fracasó obviamente en alcanzar las metas para las que se lo convocó.

8   Todo esto le ocurre, más bien, a la herejía y al cisma, como podemos ver con los protestantes y los Viejos Católicos. El cardenal indio Ivan Dias, que representó al Vaticano en la Décimocuarta Conferencia de Lambeth en 2008, pronunció estas impresionantes palabras: "Mucho se habla hoy de enfermedades como el Alzheimer y el Parkinson. Por analogía se puede, a veces, encontrar sus síntomas incluso en nuestras comunidades cristianas. Por ejemplo, cuando vivimos miopemente en el efímero presente, olvidando nuestra antigua herencia y las tradiciones apostólicas, podríamos perfectamente estar sufriendo de un Alzheimer espiritual. Y cuando nos comportamos de manera desordenada, haciendo caprichosamente nuestra voluntad sin coordinación alguna con la cabeza o con los demás miembros de nuestra comunidad, podríamos hablar de Parkinson eclesial". Ver Hilary White, "Anglican Communion Suffering Spiritual Alzheimer's and Ecclesial Parkinson's: Vatican Observer," *LifeSiteNews*, julio 24, 2008.

fortaleza, de gloria en gloria, hasta que alcanza una estatura que puede considerarse su forma madura, como un hombre de treinta y tres años[9]. El arquetipo del desarrollo litúrgico, así como de todas las demás realidades, es Nuestro Señor Jesucristo mismo. *Et Jesus proficiebat sapientia, et aetate, et gratia apud Deum et homines*: "Jesús crecía en sabiduría y edad y gracia ante Dios y ante los hombres" (Lucas 2, 52). Nótese que, según San Lucas, Nuestro Señor avanza, *proficiebat*: no retrocede ni capitula ni colapsa ni se corrompe. Como dice el rey David, hablando en la persona del rey ungido que ha de venir: "Pues no abandonarás mi alma al seol ni permitirás que tu fiel vea la fosa" (Salmo 15, 10).

Nuestro Señor quiso entrar en el mundo no como alguien ya plenamente desarrollado y glorificado sino como alguien que había de comenzar con nuestra pequeñez, aceptar nuestro crecimiento, sufrir nuestra muerte, ser enterrado y resucitar de la tumba, y ascender al cielo llevando consigo sus heridas luminosas. La liturgia de la Iglesia, siguiendo el modelo de la vida de Cristo, comenzará también pequeña, crecerá hasta la madurez ("a la medida de la talla que corresponde a la plenitud de Cristo"), y experimentará luego una especie de muerte. Pero no se trata de una muerte en el tiempo de la historia, como si la liturgia, después de haber alcanzado la cumbre, hubiera de decaer y experimentar la corrupción. En la vida de un ser humano se dan cambios dramáticos desde la concepción hasta el nacimiento y luego la infancia, niñez, adolescencia y plena adultez; pero después de ésta, el cambio más significativo es la muerte corporal. Y así, tal como la doctrina progresa desde la concepción como verdad revelada, hasta su plena madurez, expresada en el dogma, y no cesa nunca de ser verdadera, así también la liturgia progresa de un modo tal que alcanza y retiene su perfección formal –"La introdujiste y la plantaste en

---

9   El gran pasaje en el capítulo 4 de la Epístola de San Pablo a los Efesios puede así ser visto con una nueva luz. Cristo, al ascender a los cielos, dio dones a los hombres: a algunos los hizo apóstoles, a otros, profetas, a otros, evangelistas, a algunos, pastores y doctores, y ¿para qué?: "para la perfección consumada de los santos, para la obra del ministerio, para la edificación del cuerpo de Cristo, hasta que todos alcancemos la unidad de la fe y del conocimiento del Hijo de Dios, cual varones perfectos, a la medida de la talla (que corresponde) a la plenitud de Cristo" (Efesios 4, 12-13).

el monte de tu heredad, ¡oh Yavé!; en el lugar que has hecho para tu residencia, ¡oh Yavé!; en el santuario, ¡oh Señor!, que fundaron tus manos" (Exodo 15, 17) - y, después, ha de "morir", por decirlo así, al final de los tiempos, cuando Cristo vuelva en gloria y todos los ritos simbólicos den paso a la luz de Dios plenamente manifestada. Como dice San Juan en su visión del cielo en el Apocalipsis: "Pero templo no vi en ella, pues el Señor, Dios todopoderoso, con el Cordero, era su templo. La ciudad no había menester de sol o de luna que la iluminasen, porque la gloria de Dios la iluminaba, y su lumbrera era el Cordero" (Apocap. 21, 22-23)[10]. Pero aun así, la liturgia terrenal no será tanto abolida como absorbida por la liturgia celestial. Del mismo modo que la Antigua Alianza, no será cancelada sino plenificada, llevada a su perfección. Si la liturgia pudiera hablar por sí misma, ella también podría, osadamente, pronunciar las palabras del Mesías: "Pues no abandonarás mi alma al seol, ni permitirás que tu fiel vea la fosa"[11].

EL CANON DE SAN VICENTE: DOCTRINA Y LITURGIA

San Vicente de Lérins es famoso también por el llamado "canon de Vicente", es decir, una normal por la cual una doctrina ortodoxa puede distinguirse de la herejía, de modo que podamos distinguir la fe católica de imitaciones. El canon dice lo siguiente: "En la Iglesia católica debe tenerse el máximo cuidado de sostener aquella fe que ha sido creída en todas partes, siempre y por todos. Porque ello es verdaderamente y en el más estricto sentido de la palabra, católico, que como el mismo término y la naturaleza de la cosa lo dice, comprende a todos universalmente. Se observará esta regla si adherimos a la universalidad, a la antigüedad y al consentimiento"[12].

---

10 Se podría convenientemente ver aquí el "sol" como representando la Eucaristía, y la "luna" los demás sacramentos y sacramentales que preparan para la Eucaristía o derivan de ella.

11 Por su misma magnitud, la reforma de Pablo VI fue un error *en principio*, porque supuso que la liturgia podía, por decirlo así, "morir" en algún momento *en la historia*, y había muerto, efectivamente, y necesitaba ser revivificada o reemplazada. Una intervención así de radical es más como reemplazar a alguien por su clon que realizarle una cirugía plástica por sus arrugas.

12 San Vicente de Lérins, *Commonitorium*, c. 2, n. 6.

A pesar de lo satisfactoria e impresionante que esta regla es -*ubique, semper, et ab omnibus*- no resulta fácil aplicarla, y ríos de tinta se han gastado sobre sus fortalezas y debilidades y sobre la sutileza que debe emplearse en su aplicación[13]. Sin embargo, ella epitomiza el conservadurismo de los Padres de la Iglesia en su conjunto, y puede decirse, sin exageración, que refleja el pensamiento de la Iglesia misma, ya que encontramos, a lo largo de los siglos que se invoca, el mismo canon, o paráfrasis de él, como principio de autoridad.

El canon de Vicente se formuló en vistas de la doctrina, pero puede y debe ser aplicado también a la liturgia, en concordancia con el axioma *lex orandi, lex credendi*, es decir, "el modo cómo oramos revela y confirma lo que creemos". Puesto que sabemos que la liturgia se desarrolla históricamente, igual que la doctrina, tenemos que hacer la misma distinción entre cambio, o mutación, de la esencia (*permutatio*), y desarrollo en términos de enriquecimiento, expansión y nuevas perspectivas (*profectus*)[14]. Como dice John Henry Newman, gran admirador de San Vicente: "Un verdadero desarrollo . . . puede describirse como uno que, conservando el curso de los desarrollos anteriores, es, en verdad, esos antecedentes más algo más: es una adición que ilumina, no que oscurece, que corrobora, no que corrige, el cuerpo de pensamiento del cual procede; y esto es lo característico, que contrasta con la corrupción"[15].

Se puede comparar la introducción de nuevos tiempos litúrgicos, nuevas fiestas, nuevas procesiones y devociones con las definiciones dogmáticas que jalonan la historia de la Iglesia. Los dogmas no son nuevos, pero sí lo es su formulación; la celebración de los sagrados misterios no es nueva, pero es en el tiempo que emergen los diversos tipos de calendarios, los textos y ritos mediante los que se los celebra. Una vez que los ritos litúrgicos emergen, se convierten en el medio privilegiado por el que se

---

13   Ver Thomas G. Guarino, *Vincent of Lérins and the Development of Doctrine* (Grand Rapids, MI: Baker Academic, 2013).

14   Inspirándonos en Vicente, podríamos hablar casi de una fórmula: edad * universalidad = venerabilidad.

15   John Henry Newman, *Essay on the Development of Christian Doctrine*, c. 5, §6, n. 1 (London: Longmans, Green, and Co., 1909), 200.

expresa y se vive la fe de la Iglesia; no pueden ser intercambiados a voluntad, ni modificados hasta desfigurarlos, tal como no se puede contradecir o confinar al olvido los cánones y decretos del Concilio de Trento. Así es el principio del conservacionismo teológico y litúrgico: la Iglesia se aferra firmemente a aquello que el Espíritu Santo hace nacer en ella.

Por ello, tenemos que pensar el "canon litúrgico de Vicente" del siguiente modo: aquello que encontramos en todos los ritos litúrgicos apostólicos, a medida que se desarrollan en el tiempo, es lo que debemos reconocer como lo que es, explícita o implícitamente, "siempre, en todas partes, y por todos". Algunos pocos elementos son explícitos desde el comienzo, como el uso del pan y del vino como materia de la Eucaristía. Otros elementos emergen con el paso de los siglos pero son luego adoptados por todos, en todas partes, y conservados desde ahí en adelante, es decir, son tratados con el mismo respeto reverencial que los elementos originales. Se podría hacer una larga lista de tales elementos, pero aquí me restringiré a ocho de ellos que son especialmente importantes.

1. Todas las liturgias tradicionales, Orientales y Occidentales, celebran los sagrados misterios con el sacerdote y los fieles mirando hacia el Oriente, o según la frase conocida, *ad orientem*. Como vimos en el capítulo anterior, San Basilio Magno, uno de los Padres de Capadocia y una sobresaliente autoridad patrística, identifica esta práctica como una costumbre que fue transmitida por los Apóstoles; San Juan Damasceno, una figura máxima de la teología griega, la defiende con testimonios de ambos Testamentos[16].

---

16 Ver Uwe Michael Lang, *Turning Towards the Lord: Orientation in Liturgical Prayer* (San Francisco: Ignatius Press, 2008), y también el estupendo studio de Stefan Heid, *Altar und Kirche: Prinzipien christlicher Liturgie* (Regensburg: Schnell und Steiner, 2019). Hay unos pocos casos históricos en que pareciera que la liturgia se hubiera celebrado *versus populum* debido a la inusual ubicación geográfica o a la disposición del edificio de la iglesia, pero ocurre que en esos casos el oriente estaba en el lado de la nave que ocupaban los laicos y, por tanto, al celebrarse la liturgia hacia el oriente, se quedaba, por accidente, de cara al pueblo; pero el factor determinante era el oriente, no la congregacion de los fieles. Se puede encontrar diferentes configuraciones arquitectónicas y funcionales, pero la orientacion hacia el oriente es el elemento común. Aun así, las antiguas basílicas no fueron

2. Todas las liturgias tradicionales, en Oriente y Occidente, usan una anáfora (o sea, plegaria Eucarística) antigua y fija o, si hay más de una (como en los ritos Orientales), se especifica qué anáfora hay que usar en qué días o tiempos del año litúrgico.

3. Todas las liturgias tradicionales, en Oriente y Occidente, tienen un elaborado Ofertorio, con el cual se deja bien en claro el propósito sacrificial del pan y del vino. En el rito bizantino, esto tiene lugar, en parte, antes del comienzo público de la liturgia, cuando el sacerdote prepara la *prosphora*; en los ritos Occidentales, como el romano y el ambrosiano, el Ofertorio tiene lugar antes del comienzo de la anáfora[17].

4. Todas las liturgias tradicionales, de Oriente y Occidente, tratan al Santísimo Sacramento con la máxima veneración. Sólo el clero puede tocar las ofrendas consagradas. El clero pone al Señor directamente en la boca de los laicos. Se reúne cuidadosamente y se consume las partículas. Nunca faltan señales espléndidas de adoración. Los vasos sagrados y los dedos son meticulosamente purificados[18].

---

diseñadas para que la gente pudiera "ver lo que tenía lugar" en el altar; a menudo, no sólo estaba el altar elevado sobre una alta plataforma, bajo un ciborio (o baldaquino), sino que durante la anáfora se cerraba el ciborio con gruesas cortinas, produciendo un efecto parecido al del iconostasio en Oriente. Ver Shawn Tribe, "The Altar and Its Canopy: The Ciborium Magnum or Baldachin," *Liturgical Arts Journal*, enero 25, 2018 y "The Form of the Altar and the Liturgical Movement," *Liturgical Arts Journal*, enero 14, 2022. En todo caso, un accidental *versus populum* es cosa muy diferente de la insistencia en que *la liturgia debe ser celebrada* "de cara al pueblo", posición antropocéntrica que perjudica al teocentrismo del culto divino.

17   Ver la detallada serie de artículos de Gregory DiPippo, en que demuestra la universalidad del Ofertorio en todos los ritos occidentales desarrollados, y refuta las acusaciones que le han hecho los reformadores (tanto protestantes como católicos modernistas); la serie lleva el título "The Theology of the Offertory", publicada en *NLM*, parte 1, "A Response to a Recent Article Quoted on *PrayTell*," febrero24, 2014; parte 2, "The Offertory and Priesthood in the Liturgy," febrero 28, 2014; parte 3, "A Different Theology?," marzo 8, 2014; parte 4, "An Ecumenical Problem," marzo 28, 2014; parte 5, "What the Offertory Really Means," mayo 9, 2014; parte 6, "Prolepsis in the Offertory," junio 26, 2014. La parte 7 está constituída por varios artículos más breves sobre los diversos usos regionales de Occidente, empleados en algunas órdenes religiosas y monásticas en Inglaterra, Francia, España y Alemania.

18   Sobre todos estos temas, ver mi libro *Holy Bread of Eternal Life: Restoring Eucharistic Reverence in an Age of Impiety* (Manchester, NH: Sophia Institute Press, 2020).

5. Todas las liturgias tradicionales, de Oriente y Occidente, están estructuradas jerárquicamente: está claramente delineado el papel de los obispos, sacerdotes, diáconos, subdiáconos, lector, acólito, etc. Sólo los varones llevan a cabo estos papeles, ya que se trata de ejercer materialmente el sacerdocio real de Cristo. Los fieles que asisten también tienen su papel, que no se confunde con el de ningún ministro sagrado. Además, pueden desarrollarse múltiples niveles de acción litúrgica simultáneamente, con los ministros que recitan oraciones o realizan acciones no destinadas a ser oídas o vistas por los fieles, mientras que éstos y el coro cantan y/o participan silenciosamente de otros modos[19].

6. A propósito del punto anterior, todas las liturgias tradicionales, de Oriente y Occidente, se expresan en el uso que dan a los edificios eclesiásticos, en que el presbiterio, que representa al Santo de los Santos y a la Iglesia Triunfante, está claramente separado de la nave, la cual representa a este mundo y a la Iglesia Militante. Solo algunos individuos, correctamente revestidos, pueden desempeñarse en el presbiterio durante la liturgia. La teología cristiana se expresa así en la arquitectura misma, especialmente mediante el uso de barreras, puertas e imágenes de santos.

7. Todas las liturgias tradicionales, de Oriente y Occidente, cantan los textos litúrgicos según antiguas melodías que se desarrollaron junto con esos textos en calidad de "vestiduras musicales" –en Occidente, tal sería primeramente el canto llano gregoriano–. Además, se establecen determinadas oraciones (cantadas o recitadas) y correspondientes antífonas para casi cada día del año litúrgico; cuando se elige una Misa votiva, sus contenidos están plenamente coordinados. Estas antífonas y oraciones abarcan, con total honestidad e integridad, toda la doctrina y la fe cristianas, sin disimular los temas incómodos. De este modo, la liturgia habla a menudo de la fragilidad humana, de la pecaminosidad, de la concupiscencia, de nuestra necesidad de gracia divina para salvarnos, del peligro de la condenación, de nuestra necesidad

---

19   Sobre este tema, ver mi libro *Ministers of Christ: Recovering the Roles of Clergy and Laity in an Age of Confusion* (Manchester, NH: Crisis Publications, 2021).

de resistir a los demonios y a los infieles, de nuestra vocación a convertir a los paganos, del mal de la herejía y del cisma, de la bondad del ayuno, de la abstinencia y de la castidad, de la primacía de los bienes celestiales y espirituales por sobre los bienes temporales y terrenos, de la soberanía de Cristo sobre los estados y las sociedades y de otros temas semejantes, todos los cuales están presentes, de modo prominente, en el misal romano. Los leccionarios siguen las mismas reglas: un leccionario anual (de un año) contiene lecturas aceptadas desde antiguo, que deben ser cantadas, escogidas por su adecuación litúrgica, y dirigidas valientemente a la condición paradójica de mortales débiles y vacilantes que son llamados al ascetismo y la divinización.

8. Todas las liturgias tradicionales, de Oriente y Occidente, se realizan con un elevado estilo lingüístico, ya sea mediante el uso de una lengua hierática estilizada, como el griego bizantino, el latín cristiano, o el eslavónico eclesiástico, ya sea mediante el uso de un florida imaginería e inusual fraseología, como las que se encuentra en la forma vernácula de algunos ritos orientales. En todos los casos, la repetición ritualizada y numéricamente significativa es un componente clave[20].

Y, como una especie de meta-principio, todos los elementos anteriores son vistos y tratados como *exigencias*, no como opciones abiertas a la discreción pastoral o a la elección del momento por el celebrante o por otra persona. En el culto auténticamente cristiano, el santo sacrificio *debe ser ofrecido* de cara al oriente; se *debe usar* una anáfora fija; *se debe realizar* un ofertorio oblativo y significarse sin ambigüedad la intención de ofrecer una víctima divina; *se debe* tocar, consumir y distribuir el Santísimo Sacramento con la máxima veneración, observando las distinciones ontológicas entre clero y no clero, y entre varones y mujeres; *se debe* respetar el paralelismo entre liturgia, teología y arquitectura; *se debe* recitar o cantar las antífonas, oraciones y lecturas que dispone el rito, y que constituyen, en su conjunto, una expresión rica y madura del dogma y de la devoción.

---

20 Ver mi conferencia "Poets, Lovers, Children, Madmen – and Worshipers: Why We Repeat Ourselves in the Liturgy," *Rorate Caeli*, febrero 19, 2019.

Podemos, pues, decir con absoluta confianza que si existiera una liturgia Eucarística *que no materializara* estos ocho elementos -o que no necesitara materializar cualquiera de ellos-, dicha liturgia sería una violación del canon de San Vicente, y no sería una liturgia Eucarística en el pleno y propio sentido del término. Podría ser quizá un servicio de oración, o una paraliturgia con una consagración insertada en ella. Todo rito que se aparte de lo que ha llegado a ser practicado siempre, en todas partes y por todos, no podría ser otra cosa que una inexcusable e imperdonable ruptura con la tradición. No hay hermenéutica de la continuidad alguna que pudiera reparar este quiebre, porque sería un quiebre causado no por "interpretaciones" subjetivas (como lo sugiere el término "hermenéutica"), sino por omisiones objetivas, defectos, aberraciones y vicios. Ni podría el añadido de una abundantísima cantidad de "campanas e inciensos" superar el problema, porque éste concierne no a las exterioridades artísticas solamente, sino a la constitución interna del rito en sus textos, ceremonias y rúbricas. A lo más, las "campanas e inciensos" podrían ocultar los problemas más profundos, al modo como una gran nevazón puede cubrir, momentáneamente, la fealdad de una zona urbana industrial.

EL *NOVUS ORDO* DESPRECIA Y TRANSGREDE EL CANON DE SAN VICENTE

Recorramos ahora los ocho elementos mencionados para ver cómo el *Novus Ordo* se alza frente a la tradición católica plenamente desarrollada.

1. Ya no es más un secreto celosamente guardado el que las rúbricas del *Novus Ordo* permiten y, más todavía, parecen suponer que el culto se realiza de cara al oriente (*ad orientem*) en vez de cara al pueblo (*versus populum*)[21]. Sin embargo, la implementación del *Novus Ordo* por los obispos *y los papas* de los últimos cincuenta años ha favorecido permanentemente el *versus populum*, hasta el punto de que tanto Pablo VI, en marzo de 1965, como

---

21   Ver mi artículo "The Normativity of *Ad Orientem* Worship According to the Ordinary Form's Rubrics," *NLM*, noviembre 23, 2015.

Francisco, en julio de 2016, han virtualmente equiparado la liturgia reformada con la postura *versus populum*[22]. Una universal restauración de la celebración *ad orientem* en el *Novus Ordo* tiene tantas probabilidades como la restauración de los Estados Papales o de la Santa Inquisición. Pero incluso si se lo celebra *ad orientem*, el *Novus Ordo* permite cualquiera de las dos posiciones, a pesar de su opuesto significado, lo que equivale a una forma de relativismo, y deja la decisión en manos del celebrante, lo cual es una forma de voluntarismo. En términos más generales, el *Novus Ordo* resume todos los errores de la filosofía moderna: por sus prejuicios contra el lenguaje de símbolos de la antropología universal, por su inevitable "opcionitis", por su monótona verbosidad, que apunta a lograr una comprensión inmediata, por su escasez y vaguedad de rúbricas, por la verdadera Torre de Babel creada por los misales en vernáculo, el *Novus Ordo* demuestra caracterizarse por el nominalismo, el voluntarismo, el racionalismo y el relativismo[23].

Vale también la pena advertir que Martín Lutero fue uno de los primeros partidarios de la celebración *versus populum*, que calza bien con su noción no-sacrificial de la Misa: "Conserven todos los ornamentos, el altar, los cirios, hasta que se desgasten, o hasta que decidamos cambiarlos. Y si alguien quiere hacer las cosas de un modo diferente, déjenlo. Pero para la auténtica Misa entre los verdaderos cristianos, el altar no debe seguir teniendo su forma actual y el sacerdote debe siempre estar de cara al pueblo, como podemos suponer, sin temor a equivocarnos, que lo estuvo Cristo durante la Ultima Cena. En todo caso, todo esto llegará a su debido tiempo"[24].

---

22 El cardenal Cupich ha tratado de prohibir la celebración *ad orientem* en la arquidiócesis de Chicago en diciembre de 2021, en una movida que significa una pobre comprensión de las rúbricas litúrgicas, de la legislación, de la historia y de la tradición.

23 En conjunto, estos "ismos" resumen todo el espectro de la filosofía moderna, con su raíz en Ockham, su floración en Descartes, su fructificación en Nietszche y su decadencia en Derrida o Rorty (o cualquier otro relativista/reduccionista).

24 Citado del documento de 1526 *Deutsche Messe und Ordnung des Gottesdienstes*. La argumentación de Lutero sobre la Ultima Cena es falsa: ver Fiedrowicz, *La Misa tradicional*, 151.

2. El *Novus Ordo* ofrece un *smorgasbord* de Plegarias Eucarísticas recientemente compuestas, del cual el celebrante elige *ad libitum*. La anáfora del rito romano tradicional, el Canon romano, puede no ser usada jamás, y la práctica habitual es omitir esa joya suprema de la antigua liturgia latina.

3. Contra el telón de fondo de un muy desarrollado y antiguo rito de ofertorio, el *Novus Ordo* representa la primera liturgia, en la historia de la Iglesia, que repudia el ofertorio con carácter de oblación, y lo reemplaza por una "presentación de los dones", basada en la *berakah* judía orientada a una cena, y que no proclama, de modo claro e indudable, que la Misa es un verdadero y auténtico sacrificio de propiciación por los pecados y por el bien de vivos y muertos, ofrecido a la Santísima Trinidad por el Hijo de Dios en su naturaleza Humana. Vale la pena notar, nuevamente, que Lutero, cuando diseñó su propio Orden de la Misa para sus seguidores, omitió el ofertorio romano, que llamó "absoluta abominación a cuyo servicio se ha puesto todo lo que le precede en la Misa, y de ahí el nombre de *Offertorium*, y debido a la cual prácticamente todo suena y hiede a oblación"[25]. Thomas Cranmer tuvo iguales opiniones y obró de acuerdo con ellas[26]. Como

---

25 Ver Martin Luther, *Formula missae et communionis pro ecclesia Wittembergensis* (1523), en *Works of Martin Luther*, vol. 6 (Philadelphia: Muhlenberg Press, 1932), 88. En F. A. Gasquet and E. Bishop, *Edward VI and the Book of Common Prayer* (London: John Hodges, 1891), 220-24, se encuentra una descripción del plan de Lutero para la Misa y sus razonamientos sobre qué retener y qué rechazar. Es alarmante ver cuántas medidas de Lutero fueron exactamente seguidas por los arquitectos del *Novus Ordo*. Esto confirma las observaciones de Ratzinger de que después del Vaticano II los liturgistas tienden a estar más de acuerdo con Lutero que con Trento. Ver "The Theology of the Liturgy," in *Theology of the Liturgy: The Sacramental Foundation of Christian Existence* (Collected Works of Joseph Ratzinger, vol. 11), ed. Michael J. Miller (San Francisco: Ignatius Press, 2014), 541-57; cf. 207-17. Ver también Michael Davies, *Pope Paul's New Mass* (Kansas City, MO: Angelus Press, 2009), 329-47.
26 Como escriben Gasquet y Bishop: "Queda claro entonces que fue barrida la antigua oblación ritual, con la que toda la idea de sacrificio estaba tan íntimamente ligada. Esto concordaba indudablemente con las opiniones conocidas de Cranmer... Para comprender el significado profundo de la novedad hay que tener presente que esta oblación ritual existía en todas las liturgias [de la Cristiandad]" (*Edward VI*, 196). Cf. Michael Davies, *Cranmer's Godly Order: The Destruction of Catholicism through Liturgical Change*, ed. rev. (Fort Collins, CO: Roman Catholic Books, 1995).

"fruto de una elaboración que el Espíritu Santo, ha estimulado, guiado y sancionado", escribe Michel-Louis Guérard des Lauriers, el Ofertorio "constituye un sagrado tesoro, que sería un sacrilegio permitir que fuera violado"[27].

4. En el *Novus Ordo*, las rúbricas explícitas del rito no protegen al Santísimo Sacramento: las acciones rituales que ofrecen al Señor Eucarístico la máxima veneración de que somos capaces y que le son debidas, fueron intencionalmente suprimidas. El resultado de esto es que, a menudo, el Santísimo es tratado sin el debido respeto, puesto que las rúbricas no exigen más; la mayoría de las expresiones de respeto dependen de la religiosidad privada de cada clérigo o laico. En este sentido, las rúbricas y ceremonias son absolutamente inadecuadas, razón por la cual los sacerdotes devotos terminan importando antiguas prácticas a la nueva Misa. Debido a que los arquitectos trabajaron influídos por las teorías de mediados del siglo XX de que la presencia de Cristo está en la congregación de los fieles y en la liturgia como un todo –verdades que merecen ser reconocidas, pero no a expensas de la presencia única, personal y substancial de Nuestro Señor en la Eucaristía–, el *Novus Ordo* resultante puede ser llamado la "primera liturgia no Eucarístico-céntrica", en el sentido de una liturgia que no está claramente centrada en la Presencia Real de Cristo en las especies de pan y de vino.

5. El *Novus Ordo* es obstinadamente horizontal en su puesta en práctica: los oficios jerárquicos son, o bien suprimidos, o bien confundidos, la distinción entre clero y laicos es difuminada, los papeles de varones y de mujeres se entremezclan de un modo sólo concebible después de la Revolución Sexual[28], y en lugar de la verticalidad de una acción dirigida hacia Dios, hay una liturgia lineal, modular, secuencial, al servicio de un racionalismo orientado al auditorio.

6. El *Novus Ordo* tiene un efecto desintegrador o corrosivo en la arquitectura eclesiástica y en todos los demás elementos estéticos de la liturgia. Ni el rito ni sus rúbricas respetan el simbolismo de la

---

27 Citado en Fiedrowicz, *La Misa tradicional*, 265n105.
28 Ver Kwasniewski, *Ministers of Christ*.

separación y articulación dentro del edificio de la iglesia. El *Novus Ordo* no ha sido nunca capaz de producir imponentes edificios ni paramentos eclesiásticos; su combinación de anticuarianismo y modernismo es fatal para el diseño y decoración de una iglesia. Cualquier iglesia decente y cualquier paramento bello que se haya confeccionado en los últimos cincuenta años, han sido modelados según el arte creado para el rito romano clásico. Las iglesias y paramentos nuevos, pero de estilo tradicional, están en tensión con los ritos en que se los usa, puesto que todo estilo reconocidamente católico, desde el románico al gótico y al barroco, fue diseñado única y exclusivamente para la celebración de los ritos tradicionales latinos. Igual que un híbrido infértil resultado del cruce de dos especies distintas, el *Novus Ordo* carece del poder cultural fecundante de los padres normales de que desciende. Los artistas y arquitectos que deseen producir una gran obra apropiada para la sagrada liturgia tendrán siempre que salir fuera de los confines del *Novus Ordo*[29].

7. El *Novus Ordo* puede ser cantado con canto llano, pero Pablo VI dejó muy en claro su intención en 1969: hay que renunciar al canto gregoriano en aras de la comprensión verbal en vernáculo[30]. Por ello, el modo obligatorio de la nueva liturgia es el texto hablado en voz alta, con estilo declamatorio y con fines didácticos; el canto llano es una opción muy poco usada, y en realidad no se adapta bien a la liturgia reformada, según me enseñaron veinticinco años de experiencia de primera mano como director de coros. Salvo algunos diálogos sencillos, el canto llano es música contemplativa que se ofrece a Dios, en tanto que el rito reformado pide

---

29   Se puede tener una confirmación de este juicio en el texto de la "petición Agatha Christie", firmada por muchas grandes figuras de la vida cultura inglesa que protestaron por la pérdida de la Misa tradicional: ver Joseph Shaw, ed., *The Case for Liturgical Restoration: Una Voce Studies on the Traditional Latin Mass* (Brooklyn, NY: Angelico Press, 2019), 213–16; cf. Martin Mosebach, "Liturgy is Art," in *The Heresy of Formlessness: The Roman Liturgy and Its Enemy*, ed. rev. (Brooklyn, NY: Angelico Press, 2018), 67–80.

30   Ver capítulo 4. Pablo VI esperaba que hubiera vernáculo en las parroquias, aunque simultáneamente animaba a las comunidades monásticas a conservar su canto en latín: ver la carta apostólica *Sacrificium Laudis* de 1966, en https://lms.org.uk/sacrificium_laudis. Hay tan poco apoyo al canto en latín que el sitio *web* del Vaticano no proporciona una traducción de esta carta apostólica al vernáculo, excepto al italiano.

música "del pueblo, por el pueblo, para el pueblo". Además, los textos centrales de la Misa *Novus Ordo* -el Ordinario, los Propios, y los Comunes- carecen de la fijeza y estabilidad que tienen en el rito clásico, y el leccionario de varios años, fabricado de nuevo enteramente, aumenta grandemente la cantidad de lecturas, sin preocupación por su ubicación en la Eucaristía, mientras que, al mismo tiempo, suprime muchas lecturas que solían existir, incluso algunas que nos ponen delante las verdades más difíciles de la fe, que, como seres caídos que somos, necesitamos oír, tanto, al menos, como las verdades más consoladoras. Las oraciones del *Novus Ordo* están escandalosamente expurgadas y editadas por motivos de corrección política; rara vez usan imaginería castrense, por ejemplo, y dan grandes rodeos para evitar mencionar la debilidad humana, los peligros inminentes, las pruebas y las adversidades, el cautiverio del pecado, las heridas que éste causa, las ofensas a la majestad de Dios, el remordimiento, la reparación, la penitencia, los enemigos de Cristo y de la Cruz, los derechos de Dios sobre los hombres y las naciones, los méritos de los santos, los milagros, las apariciones, y las cuatro postrimerías. Las oraciones del antiguo rito hablan abundantemente de todas estas cosas, en tanto que el nuevo rito las evita deliberada y sistemáticamente, cosa que sus diseñadores admitieron y que muchos investigadores posteriores han denunciado[31]. El nuevo rito conservó sólo un 13% de oraciones inalteradas del antiguo misal, y desechó o alteró seriamente el resto, y tomó también oraciones muy antiguas, reescribiéndolas para halagar a la mentalidad moderna[32]. Cuando me enteré de esto por primera vez, casi me caí de la silla: debido a que

---

31   Ver Lauren Pristas, "The Orations of the Vatican II Missal: Policies for Revision," *Communio* 30 (Winter 2003): 621-53, que contiene una traducción y comentario del iluminador ensayo de 1971 de Antoine Dumas "The Orations of the New Roman Missal." En el pionero libro de Pristas *The Collects of the Roman Missals: A Comparative Study of the Sundays in Proper Seasons Before and After the Second Vatican Council* (London/New York: Bloomsbury T&T Clark, 2013) hay gran abundancia de ejemplos.

32   El P. Anthony Cekada, pionero en la investigación comparada, calculó inicialmente un 17%; pero Matthew Hazell ha demostrado posteriormente que la cifra es de sólo 13%. En cuanto a los textos, gráficos y análisis, ver Hazell, "All the Elements of the Roman Rite?".

la Misa es la más perfecta expresión de nuestra santa fe y de sus verdades, esta comparación de textos me hizo comprender cuán diferente es la religión[33] expresada por la nueva Misa y presentada en ella, de la religión expresada y presentada por la antigua Misa. La *lex orandi* es la *lex credendi*, de modo que si se hace suficientes cambios a la primera, inevitablemente se cambiará la segunda.

8. El *Novus Ordo* en su *editio typica* y en sus versiones en vernáculo carece de un estilo lingüístico elevado. Ese juicio se extiende a la *New American Bible*, así como también a la revisión de la Misa de 2011, hecha por ICEL, que aunque constituya una mejora en comparación con la anterior, sigue siendo seca, chata, y desprovista de elocuencia. De acuerdo con el impaciente utilitarismo de nuestra época, se ha disminuído al máximo la reiteración de palabras y de acciones.

Tantas y tan grandes desviaciones de lo que es el patrimonio litúrgico de los cristianos ortodoxos nos hace preguntarnos: ¿qué ocurrió en la mente de los reformadores de la década de 1960? ¿Sobre qué bases actuaron con tal desenfado, o incluso con tal desprecio de aquello que, apenas unos pocos años antes, todos hubieran considerado la posesión más preciosa de la Iglesia? Los reformadores se pusieron a trabajar como si la liturgia no fuera sino una creación provisoria hecha por seres humanos, sin que tuviera ningún valor o peso inherente que nos obligara a privilegiar las elegantes estructuras del pasado por sobre nuestros tan eficientes bloques de vidrio y acero. Seguramente los reformadores hicieron suya también la reducción neoescolástica de la liturgia a materia y forma del sacramento[34]. El liturgista modernista o

---

33 Uso el término religión aquí en el antiguo sentido escolástico, que se refiere a una virtud, en realidad la más alta virtud moral, por la que damos honor a Dios *mediante* palabras, acciones y signos exteriores.

34 El Oficio Divino tiene el Salterio como su necesario núcleo, lo que lo hace vulnerable a las manipulaciones de aquellos que, soberbiamente, se creen capaces de diseñar un *mejor cursus psalmorum* y desdeñan la estructura y demás componentes del Oficio. Las bendiciones (por ejemplo, las contenidas en el *Rituale Romanum*) son todavía más vulnerables a los peores excesos de constructivismo, ya que no tienen ni forma ni materia sacramental, ni tienen tampoco al Salterio como ayuda para mantenerse fijas. Analizaremos con más detención el reduccionismo neoescolástico en el capítulo 5.

el moderno liturgista piensan que el desarrollo histórico de la liturgia no está incluído en el ámbito de la Divina Providencia ni en la obra del Espíritu Santo de guiar a la Iglesia hacia la plenitud de la verdad, ni es tampoco un proceso teleológico que culmina en una madurez[35]. Por el contrario, no es nunca más que una pura convención, algo armado por un grupo de personas en un determinado momento; no es más que "obra de manos humanas" realizada por un comité de expertos y animada por el mandato de un papa. No hace falta decir que la liturgia *no fue jamás* vista ni manipulada de este modo con anterioridad a mediados del siglo XX. Adviértase la seguridad con que un autor jesuíta, en 1950, escribió lo siguiente sobre la Misa tradicional: "El contexto ritual de ese acto central está garantizado... Es el Espíritu mismo de Dios el que se ha movido a través de los siglos de nuestra historia y ha dado forma a esta liturgia para nosotros, la cual porta, por tanto, no sólo el peso de nuestras creencias sino de la historia cristiana misma... Nuestra Misa occidental captura y nos entrega vivo, por decirlo así, el paso de Cristo por las tierras donde nuestra propia civilización, nuestros propias formas de pensamiento y de expresión, se formaron y maduraron"[36].

FORMULACIÓN DE LAS LEYES DEL DESARROLLO ORGÁNICO

Reunamos ahora, en forma de "leyes", las conclusiones a que hemos ido llegando hasta aquí, y añadamos la ayuda visual del Diagrama 1.

---

35   O peor, todavía: atribuyen al Espíritu Santo la total cancelación y reordenamiento del culto de la Iglesia, y aún de su doctrina y moral. John Rao advierte mordazmente la ironía de las frecuentes apelaciones, hechas por los ideólogos postconciliares, a la Tercera Persona de la Santísima Trinidad: "Defendieron todas sus actividades centradas en el hombre como si hubieran sido obviamente guiadas por un Espíritu Santo, que se me acusaba de despreciar; un Espíritu Santo que había, súbita e inexplicablemente, trocado su amistad con la Tradición católica por una pasión, digna de Shiva, por aniquilarla". *Love in the Ruins: Modern Catholics in Search of the Ancient Faith*, ed. Anne M. Larson (Kansas City, MO: Angelus Press, 2009), 102.

36   P. John Coventry, *The Breaking of Bread: A Short History of the Mass* (New York: Sheed & Ward, 1950), 3. Coventry dice lo mismo sobre los diversos ritos Orientales.

DIAGRAMA 1

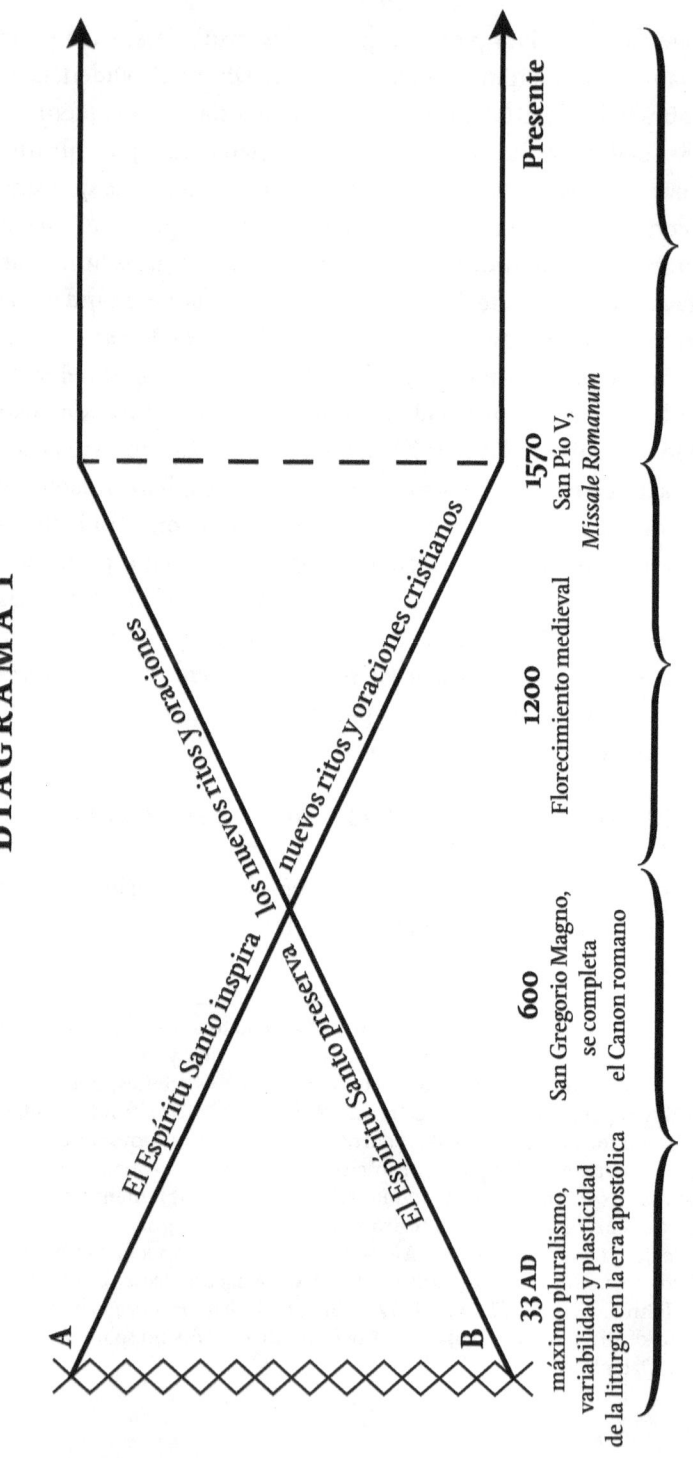

A

El Espíritu Santo inspira   los nuevos ritos y oraciones

El Espíritu Santo preserva   nuevos ritos y oraciones cristianos

B

33 AD
máximo pluralismo,
variabilidad y plasticidad
de la liturgia en la era apostólica

600
San Gregorio Magno,
se completa
el Canon romano

1200
Florecimiento medieval

1570
San Pío V,
Missale Romanum

Presente

Se forma la substancia o centro...

Los elementos alcanzan la perfección...

Mejoras y modificaciones
dentro del marco existente

El trasfondo de este Diagrama es la promesa de Nuestro Señor: *Cum autem venerit ille Spiritu veritatis, docebit vos omnem veritatem*, "cuando venga Aquel, el Espíritu de verdad, os guiará hasta la verdad completa", Juan 16, 13)[37]. Esta promesa incluye a la totalidad de la liturgia. Se puede esperar que, si la Iglesia está verdaderamente gobernada por el Espíritu de Dios, que su liturgia, en sus líneas generales y en sus formas aceptadas, madure con el tiempo y se haga más perfecta. De ello se sigue que la velocidad de los cambios disminuirá, y que la obra del Espíritu Santo variará gradualmente, desde la inspiración de nuevas plegarias a la conservación de las que ya han sido inspiradas. Un rito litúrgico crecerá en perfección hasta el momento en que alcance cierta madurez, y entonces dejará de evolucionar, salvo en puntos accidentales o menores.

El Diagrama utiliza dos líneas para ilustrar esta relación inversa. La línea descendente representa la creación de formas litúrgicas, en tanto que la ascendente representa la preservación de las formas litúrgicas existentes. A medida que la primera acción disminuye, comienza a dominar la segunda acción, hasta que se realiza en la sagrada liturgia de la Iglesia aquel versículo de Ezequiel: "Extendióse entre las gentes la fama de tu hermosura, porque era acabada la hermosura que yo puse en ti, dice el Señor" (Ez 16, 14)[38]. La línea descendiente nos recuerda el descenso de

---

37   SantoTomás de Aquino (*ST* II-II, q.1, a.9, sed contra) menciona este versículo como prueba de la indefectibilidad de la Iglesia: "La Iglesia universal no puede errar, ya que está gobernada por el Espíritu Santo, quien es el Espíritu de verdad, porque tal fue la promesa de Nuestro Señor a sus discípulos (Jn 16, 13): 'cuando venga Aquel, el Espíritu de verdad, os guiará hasta la verdad completa'". También *ST* III, q.83, a.5, sc: "La costumbre de la Iglesia sostiene estas cosas, y la Iglesia no puede errar, porque es enseñada por el Espíritu Santo".
38   Todo este capítulo de Ezequiel, especialmente los versículos 8 a 26, puede considerarse como una descripción de un drama histórico en tres partes: primero, la llamada de Israel y la antigua alianza; segundo, la venida de Cristo y la nueva alianza, que inauguró un período de maduración y de regio esplendor; tercero, la apostasía del siglo XX, cuando los hombres de iglesia se pervirtieron en pos de los valores seculares, crearon "altos coloreados" a los dioses del mundo, e hicieron del humanismo una religión, quemando incienso a las "imágenes de hombres". Los eclesiásticos sacrificaron los hijos e hijas de la Iglesia a estos valores, dioses e imágenes, en el éxodo hacia afuera de los bautizados que abandonaron la Iglesia, y en el éxodo interior

la paloma sobre el Mesías, o las lenguas de fuego de Pentecostés que anunciaron una nueva dispensación. No habrá nunca más otra dispensación: la de Cristo, concedida al mundo por el poder de su Espíritu, es definitiva[39]. Por tanto, no podemos ya esperar nunca más un tiempo, después de la edad de los Apóstoles, en que o bien nuevos sacramentos o bien ritos fundamentalmente nuevos lleguen a existir. La línea ascendente, en contraste, nos recuerda la Ascensión y la Asunción, ejemplos de nuestro destino final en la inmutable felicidad del cielo. A medida que la liturgia se despliega en el tiempo, se hace más y más evidente la imagen inalterable del banquete escatológico. En las solemnes palabras de Newman:

> Cuando el último Apóstol fue llevado a su trono en lo alto, y se cerró para siempre el oráculo de la inspiración; cuando los fieles fueron entregados a ese extraordinario gobierno que vino a reemplazar a la época especial de la acción milagrosa, surgió entonces, ante sus ojos, en su forma normal y en sus plenas proporciones, ese Templo majestuoso, cuyos planos fueron tomados del primero por Nuestro Señor mismo, entre sus Discípulos elegidos. Fue entonces que la Jerarquía se mostró en gloria visible, y tomó asiento en los ordenados sitiales en medio de la congregación de los fieles. Siguieron entonces, a su debido tiempo, las sagradas asambleas periódicas [los Concilios], y los ritos solemnes del culto y el honor de los lugares sagrados, y la decoración de las estructuras materiales; una designación tras otra, materializando, en actos, la gran idea que había sido confiada a la Iglesia desde el día de Pentecostés[40].

---

de los fieles que han dejado de creer en la fe católica e incluso de conocerla.
39   Carlo Balic: "Este Espíritu de los Siete Dones que mora en nosotros, no como en medio de ruinas sino como en un templo (1 Cor 3, 16-17; 6, 19), es el Espíritu de Pentecostés; El es el Espíritu de Verdad (Juan 14, 17) cuya misión especial consiste en revelar al mundo la plenitud de la substancia de Cristo y todas las maravillas que el Hijo de Dios había mantenido ocultas o no había revelado completa y claramente". Citado por Roberto de Mattei, *Love for the Papacy and Filial Resistance to the Pope in the History of the Church* (Brooklyn, NY: Angelico Press, 2019), 119.
40   John Henry Newman, *Sermons Preached on Various Occasions* (London: Longmans, Green, and Co., 1908), Sermon 11, "Order, the Witness and Instrument of Unity," p. 192.

Primera Ley. *Existe un auténtico desarrollo en lo relativo a los ritos litúrgicos.* Estos no caen del cielo ya perfectos y absolutamente fijos y congelados[41]. Como ocurre en general con el dogma y la moral, así también pasa con la liturgia: el Señor concede a los seres humanos la dignidad de ser verdaderas causas de la articulación de la doctrina, de la aplicación de las leyes, y del enriquecimiento del culto público.

Segunda Ley. *El auténtico desarrollo comienza con lo que el Señor confió a los Apóstoles y permanece fiel a ello.* El "depósito de la fe" contiene todos los principios de la doctrina sagrada, de modo que nada de lo que haya sido enunciado posteriormente en los concilios ecuménicos o en el magisterio papal puede contradecirla. Del mismo modo, los Apóstoles, al dispersarse hacia todos los confines del mundo, llevaron consigo las semillas o principios de los ritos litúrgicos, que luego florecieron como grandes ritos de la Iglesia. No existe ningún rito litúrgico que no pertenezca a una determinada tradición apostólica, prolongada continuamente a lo largo de los siglos. Joseph Ratzinger escribe:

> Los ritos particulares tienen relación con los lugares en que se originó el cristianismo y predicaron los apóstoles: están anclados en el tiempo y lugar donde aconteció la revelación divina. Aquí también "de una sola vez" y "para siempre" van juntos. La fe cristiana no puede jamás separarse del territorio de los sagrados sucesos,

---

41 Puede ser útil aquí remitirse a una distinción de Santo Tomás: "Así como el hombre tiene una cierta perfección de su naturaleza apenas nacido, perfección que pertenece a la esencia misma de su especie, en tanto que hay otra perfección que él adquiere con el crecimiento, así también hay una perfección de la caridad que pertenece a la esencia misma de la caridad, es decir, que el hombre ame a Dios sobre todas las cosas y no ame nada que sea contrario a Dios, y hay también otra perfección de la caridad, incluso en esta vida, que el hombre alcanza por una especie de crecimiento espiritual, por ejemplo, cuando un hombre se abstiene de cosas legítimas a fin de entregarse más libremente al servicio de Dios" (*ST* II-II q.184, a.3, ad3). De modo análogo, la liturgia cristiana, incluso en su nacimiento, tiene la perfección fundamental de ser lo que es por institución de Cristo, es decir, el *locus* de la unidad en la caridad; y, sin embargo, está destinada a crecer y de hecho crece por el favor divino, de manera que Dios pueda ser amado y servido cada vez más plenamente mediante los actos que ella realiza y las oportunidades que proporciona.

de la elección hecha por Dios, que quiso hablarnos, hacerse hombre, morir y resucitar en un determinado lugar y en un determinado tiempo. "Siempre" sólo puede derivar de "una sola vez". La Iglesia no ora en una especie de mítica omnitemporalidad, no puede olvidarse de sus raíces, y reconoce la manifestación de Dios precisamente en la concreción de su historia, en su tiempo y lugar: a éstos nos ata Dios, y por éstos estamos todos atados unos a otros. El aspecto diacrónico, el orar con los Padres y los apóstoles, es parte de lo que queremos decir con rito, pero incluye también un aspecto local, que se extiende desde Jerusalén hasta Antioquía, Roma, Alejandría y Constantinopla. Los ritos no son, por tanto, sólo productos de inculturación, por mucho que puedan haber incorporado elementos de diferentes culturas, sino que son formas de la tradición apostólica y de su despliegue en los grandes lugares de la tradición... [Los ritos] eluden todo control por parte de cualquier individuo, de cualquier comunidad local, de cualquier Iglesia regional. La ausencia de espontaneidad pertenece a su misma esencia. En estos ritos descubro que se me aproxima algo que no ha sido producido por mí, y que estoy entrando en algo que es superior a mí mismo, que proviene, al cabo, de la revelación divina... De aquí se sigue que no puede darse la creación de ritos totalmente nuevos[42].

Un rito no puede ser fabricado *ex nihilo*. Y de ahí el *dictum* de Trento que anatematiza a cualquiera que cambie por ritos nuevos los ritos recibidos y aprobados[43]. Resulta claro de esto que ni siquiera el papa tiene ni podría jamás tener autoridad para crear un rito nuevo[44].

Tercera Ley. *La "verdad" a que el Espíritu Santo guía a la Iglesia incluye el desarrollo de su liturgia.* Por ello todo rechazo significativo o masivo de los elementos que han llegado a ser practicados y aceptados durante un largo período de tiempo en la Iglesia es, en

---

42 *Spirit of the Liturgy*, (San Francisco: Ignatius Press, 2000), 163ss.; en la edición conmemorativa que contiene también a Guardini, 177ss; en el vol 11 de *Collected Works*, 101ss.
43 Voy a analizar este canon más adelante.
44 Ver los capítulos 3 y 8 para más análisis.

cierto sentido, un pecado contra el Espíritu Santo, y todo intento de crear de nuevo un rito desde cero no puede sino reflejar una falsa teología de la Iglesia y de la Santísima Trinidad[45]. Todo esto se hace mucho más claro cuando recordamos que la liturgia es el *locus* de la divina revelación hecha por el Padre, la extensión en el tiempo y en el espacio de la encarnación de su Hijo, y la donación del Espíritu en la oración de la Novia de Cristo.

Cuarta Ley. *A medida que la liturgia se desarrolla, se hace cada vez más perfecta,* tanto como expresión de los misterios de la fe, cuanto como vehículo para inculcar las debidas virtudes a los fieles y para suscitar en ellos los actos de fe, esperanza y caridad que esos misterios exigen. De ahí que, así como los credos de la Iglesia crecen en su plenitud hasta que alcanzan cierta perfección (ver Diagrama 2), así también los ritos litúrgicos de la Iglesia crecen con el tiempo hasta que alcanzan una perfección de textos, música y ceremonias y la imprimen en los fieles. El Espíritu Santo toma resguardos, por decirlo así, contra la disminución del connatural conocimiento apostólico de la verdad divina (recordamos lo que dice San Pablo: "es necesario que haya herejías"[46]) mediante el expediente de acomodar ciertas proposiciones doctrinales y ciertos ritos litúrgicos a través de la historia en forma de parámetros concretos para la fe y el culto, tales como la ineludible realidad

---

45   A la objeción "¿Cómo puede referirse Ud. así a obras que tienen el respaldo de los papas?", se puede replicar: no sabemos lo que ciertos papas pensaron, o cuáles fueron sus intenciones, cuando desecharon siglos de tradición, pero sí sabemos muy bien *qué es lo que hicieron,* y el daño que ello ha causado y se expande en ondas cada vez más amplias. ¿Fueron conscientes de que opusieron resistencia a la obra de Dios, al *opus Dei,* a los signos exteriores de la presencia interior del Espíritu Santo en la Iglesia? ¿Cómo podrían *no haber estado conscientes* de ello? Y si se envalentonaron por el ambiente ultramontano –el papa no puede hacer nada mal; su voluntad es ley divina, libre de error, libre de imprudencias, etc.– o por la fanfarronería del *aggiornamento,* ¿no podremos decir, acaso, que *deberían haber sido cautelosos?* El papa no es, después de todo, como el sacristán de la parroquia, que puede darse el lujo de no saber (y quizá ni siquiera tiene el deber de saber) teología, ni Sagrada Escritura, ni derecho canónico ni liturgia.

46   1 Cor 11, 19. Ver Cardenal Charles Journet sobre "los privilegios de los Apóstoles como fundadores de la Iglesia" en *The Theology of the Church,* trad. Victor Szczurek (San Francisco: Ignatius Press, 2004), 116-22, 156-57.

del cuerpo físico de Cristo en su vida terrenal, o la continua presencia de su Cuerpo Místico sobre la tierra. Así como Dios reveló a Moisés el modelo exacto del tabernáculo que debía construírse[47], así también el Hijo de Dios cumplió todos los modelos proféticos al ofrecer su propio sacrificio como la perfección del culto -nada se dejó al acaso, cada detalle fue deliberado y controlado-[48]. Del mismo modo, esta exactitud en el cumplimiento se perpetúa de un modo sacramental nuevo, que tiene su reflejo exterior en la progresiva fijeza y amplitud de la forma litúrgica[49].

Esta Cuarta Ley tiene tres corolarios.

Corolario 1. La velocidad de los cambios litúrgicos *disminuye con el tiempo*, a medida que el rito alcanza su plenitud, según lo dispuesto por la Divina Providencia.

Corolario 2. Se debe esperar que un rito, después de cierto punto, sea relativamente permanente e inmóvil, de modo que es más una alabanza que una crítica decir que "apenas ha cambiado en cuatrocientos años", como podemos decir del Misal Romano en el período desde 1570 a, más o menos, 1950.

Corolario 3. El clero que celebra un rito específico, y los fieles que asisten, *comprenderán que es adecuado* que el rito sea permanente e inmóvil. No es solamente que la liturgia tiende hacia la estabilidad y la constancia, sino que, además, este proceso de estabilización y permanencia es considerado deseable y adecuado para la vida de la Iglesia: se lo considera como una bendición del Señor

---

47 Ver Ex. 25, 40; 26, 30; Num. 8, 4. En 1 Par. 28, 19, se lee: "Todo esto, dijo, me ha sido mostrado por la mano de Yavé, que me dio a entender el diseño de todas las obras".

48 Ver Santo Tomás, *ST* II-II qq.101-103 sobre los preceptos ceremoniales de la Ley, y *ST* III q.83, sobre el rito de la Misa. Pocos han captado, como el Doctor Angélico, las correspondencias entre el Antiguo y el Nuevo Testamento, como se puede ver en sus textos litúrgicos para el oficio de Corpus Christi.

49 Roberto Spataro señala lo apropiado que es recitar un credo inflexible, el Niceno-Constantinopolitano, en medio de lo que llegó a ser un inflexible sacrificio Eucarístico: "Los artículos de fe se profesan en el contexto de un acto litúrgico que merece llamarse tradicional en el sentido más noble del término, algo que ha ido forjándose lentamente, que a partir del alba de la liturgia apostólica, ha llegado al pleno esplendor de su perfección". *In Praise of the Tridentine Mass and of Latin, Language of the Church*, trad. Zachary Thomas (Brooklyn, NY: Angelico Press, 2019), 79.

DIAGRAMA 2

CREDO DE LOS APÓSTOLES:	CREDO NICENO:	CREDO NICENO-CONSTANTINOPOLITANO:
Creo en Dios, Padre Todopoderoso, Creador del cielo y de la tierra. Y en Jesucristo su Unico Hijo, nuestro Señor, que fue concebido por obra y gracia del Espíritu Santo, y nació de Santa María Virgen, padeció bajo el poder de Poncio Pilato, fue crucificado, muerto y sepultado, descendió a los infiernos, al tercer día resucitó de entre los muertos, subió a los cielos y está sentado a la diestra de Dios, Padre Todopoderoso, desde allí ha de venir a juzgar a los vivos y a los muertos. Creo en el Espíritu Santo, la Santa Iglesia Católica, la comunión de los santos, el perdón de los pecados, la resurrección de la carne y la vida eterna. Amen.	Creo en un solo Dios, Padre Todopoderoso, Creador del cielo y de la tierra, y de todas las cosas visibles e invisibles. Y en un solo Señor Jesucristo, Hijo Unigénito de Dios, engendrado del Padre, o sea de la substancia [*ousias, substantia*] del Padre, Dios de Dios, Luz de Luz, Dios verdadero de Dios verdadero, engendrado, no hecho, consubstancial [*homoousion; unius substantiae*] al Padre, por medio del cual fueron hechas todas las cosas tanto en el cielo como en la tierra; el cual por nosotros los hombres y por nuestra salvación descendió del cielo, y se encarnó, se hizo hombre, padeció, y resucitó al tercer día, subió a los cielos, y vendrá otra vez a juzgar a los vivos y a los muertos. Y creo en el Espíritu Santo.	Creo en un solo Dios. Padre Todopoderoso, creador del cielo y de la tierra, de todas las cosas visibles e invisibles. Y en un solo Señor, Jesucristo, Hijo Unigénito de Dios. Y nacido del Padre antes de todos los siglos. Dios de Dios, Luz de Luz, Dios verdadero de Dios verdadero. Engendrado, no hecho, consubstancial [*homoousion; consubstantialem*] al Padre, por quien todas las cosas fueron hechas. Quien por nosotros los hombres y por nuestra salvación bajó de los cielos. Y se encarnó por obra del Espíritu Santo, de María Virgen, y se hizo hombre. Crucificado también por nosotros, padeció bajo el poder de Poncio Pilato, y fue sepultado. Y resucitó al tercer día, según las Escrituras. Y subió al cielo, está sentado a la diestra del Padre. Y otra vez ha de venir con gloria a juzgar a los vivos y a los muertos, y su reino no tendrá fin. Creo en el Espíritu Santo, Señor y vivificador. Que del Padre y del Hijo procede. Que con el Padre y el Hijo juntamente es adorado y glorificado. Que habló por medio de los profetas. Creo en la Iglesia que es una, santa, católica y apostólica. Confieso que hay un solo bautismo para el perdón de los pecados. Y espero la resurrección de los muertos. Y la vida del siglo venidero. Amén.

quien, habiendo suscitado, siglo tras siglo, santos que destacaran y enriquecieran la liturgia, la sella ahora con su soberana bendición, otorgándole una participación en su propia inmutabilidad y eternidad. Esta actitud se expresa de un modo sublime en el libro de oraciones de la Iglesia, los salmos: "Una generación pondera a otra tus gestas, y anuncia tu poder... Tu reino es reino de todos los siglos, y tu señorío de generacion en generación" (Salmo 144). El filósofo Emile-Auguste Chartier ha escrito: "No me sorprende que la Iglesia tema aun el menor cambio. Una prolongada experiencia le ha enseñado que la verdadera paz del corazón supone una oración sin vacilaciones, y esto supone, a su vez, que las cosas se dicen siempre del mismo modo"[50]. El poeta Paul Claudel dice algo parecido:

> Los hombres de inteligencia espiritual superficial, así como los herejes y los modernistas, sienten continuamente el escozor de meter mano en las cosas para cambiarlo todo, para reordenarlo todo radicalmente. Por su parte, la Iglesia se apega al inalterable orden de su doctrina y de sus ceremonias, viendo, como dice el Génesis, que estas cosas no sólo son buenas sino aún muy buenas. En sus salmos e himnos, en la Misa de cada mañana, en el gran poema de la liturgia –que es al mismo tiempo la acción dramática y el coro, prolongados durante todo el año– los fieles que tienen sed de amor y de belleza encuentran constantemente la plena satisfacción de sus deseos, tal como la encontraron sus padres antes que ellos[51].

Semejante mentalidad fue alguna vez universal entre los cristianos de Oriente y Occidente, algo que parecía obvio. Pero mientras que las instituciones orientales la han mantenido, las occidentales la abandonaron[52]. El P. Richard Cipolla ha escrito:

---

50 Citado por Dom Gerard Calvet, *The Sacred Liturgy* (London: The Saint Austin Press, 1999), 66. Alguien preguntó una vez a un sacerdote de rito armenio: "¿No se cansa Ud. de celebrar la misma liturgia todos los días?". Y recibió la respuesta: "¿Se cansa Ud. de ver a su madre todos los días? ¿Le gustaría cambiar de madre?"

51 Citado por Calvet, *The Sacred Liturgy*, 68.

52 Quizá la prueba más clara en nuestra época de la relación inherente entre renovación de la Iglesia y constancia en la tradición es la que ofrece la Iglesia copta de Egipto. Ver Daniel Fanous, *A Silent Patriarch: Kyrillos VI, Life and Legacy* (Yonkers, NY: St. Vladimir's Seminary Press, 2019) y Mark

Los Ortodoxos creen que la liturgia de San Juan Crisóstomo y la liturgia de San Basilio han sido dadas por Dios. Y me atrevería a decir que lo mismo es verdad de la Misa romana tradicional: ha sido dada por Dios; se desarrolló en el seno de la Iglesia como la perla en una ostra. No tiene nada que ver con comités ni *Consilia* designados para inventar una nueva forma de Misa que no es relevante sino para quienes escribieron sus textos, ya sea en una servilleta en el Trastevere o en una oficina en el Vaticano. La irrelevancia de la Iglesia católica en esta edad postmoderna se debe en gran parte a la irrelevancia de una liturgia inventada en la edad moderna que es ya obsoleta en la post-modernidad, caracterizada por la libertad, definida por el puro yo[53].

Quinta Ley. *A medida que una liturgia llega a su perfección, los cambios subsiguientes serán accesorios o accidentales.* Así, en la primera mitad del primer milenio, algo tan básico como las oraciones Eucarísticas de la Misa estaba todavía en pleno proceso de crecimiento; en la segunda mitad del primer milenio, el núcleo del *corpus* de canto gregoriano quedó terminado; en la primera mitad del segundo milenio, los ritos de la Semana Santa llegaron a su pleno esplendor ceremonial; en la segunda mitad del segundo milenio (hasta la reforma litúrgica) el crecimiento tendió a consistir sólo en adiciones o modificaciones de fiestas en el calendario litúrgico.

No es difícil encontrar paralelos humanos a estas leyes de desarrollo litúrgico. Piénsese en la invención del motor a gasolina, que atravesó por diversos tipos y etapas, por ciclos de prueba y error, por muchas variaciones entre diversos lugares; pero con el paso del tiempo, los mejores diseños prevalecieron, y desde hace muchas décadas hemos sabido cómo producir motores eficientes. Hoy las variaciones son minúsculas y sólo los especialistas las captan. Pasa lo mismo con todo artefacto, que se estabiliza con el paso del tiempo una vez que su diseño llega a ser óptimo para el fin buscado. La forma literaria conocida como soneto fue perfeccionada por

---

Gruber, *Journey Back to Eden: My Life and Times among the Desert Fathers* (Maryknoll, NY: Orbis Books, 2002).
53   Richard Cipolla, "Sermon for the Fifth Sunday after Pentecost: The Western Civilization is Daughter of the Catholic Church," *Rorate Caeli*, julio 10, 2017.

Shakespeare y sus contemporáneos, y ha permanecido constante hasta el día de hoy, y sigue siendo usada por los poetas serios. Otra comparación: la edad heroica de Grecia duró alrededor de 250 años; Homero dejó una narración de ella en dos poemas épicos insuperables en belleza y sublimidad. Desde entonces, los griegos reverenciaron y preservaron un logro tan singular, y citaron a Homero en todos los siglos posteriores, reconociéndolo como su poeta fundacional, al cual le debían su identidad nacional. Ni se irritaron por sus limitaciones ni buscaron ir adelante en busca de una forzada originalidad, sino que se alegraron por haber recibido semejante don, que ninguna nación puede ni exigir ni siquiera esperar. Lo mismo ocurre con otros prominentes poetas: los italianos no tendrán jamás otro Dante, ni los ingleses otro Shakespeare. Un pueblo sabio atesora sus grandes poetas y hace derivar de ellos su propia voz. En este caso el acto de preservar no es señal de debilidad sino de capacidad de discernimiento. La Misa tradicional es, en su inherente calidad artística y en la totalidad cultural que la rodea y de ella vive, un tesoro mucho más grande para los católicos que Homero, Dante o Shakespeare para sus respectivos connacionales.

Me viene a la memoria una notable reflexión del musicólogo Alfred Einstein: "Fue en los conciertos para piano que Mozart dijo su última palabra sobre la fusión del concertante con los elementos sinfónicos, una fusión que produce una más elevada unidad, más allá de la cual ya no se puede avanzar, porque la perfeccion no es perfeccionable"[54]. Habrá otros que quieran producir algo igual en calidad a los conciertos de Mozart; pero nadie puede superarlos. Naturalmente, no se mide la liturgia con categorías como la eficiencia o la belleza estética ni ninguna otra categoría tomada aisladamente, aunque todas son pertinentes en su ámbito: la idea es que cuando la liturgia en sus textos, ceremonias, música, paramentos, etc., alcanza cierta plenitud de doctrina y riqueza de expresión, alcanza su *telos* o meta. Después de alcanzada ésta, los cambios afectarán sólo aspectos menores o periféricos, como la introducción de nuevas fiestas.

---

54 Alfred Einstein, *Mozart: His Character, His Work*, trad. A. Mendel y N. Broder (New York: Oxford University Press, 1945), 288.

LA LITURGIA CATÓLICA COMO OBRA
DEL ESPÍRITU SANTO

Si el "sacrificio Eucarístico es la fuente y culminación de la vida cristiana"[55] y el Espíritu Santo es "Señor y dador de vida"[56], se sigue de ello que el Espíritu Santo es el "Señor y dador del sacrificio Eucarístico" y, por extensión, del culto sacramental y litúrgico de la Iglesia en su totalidad. El Padre de la Iglesia San Gregorio Nacianceno formula la siguiente interesante observación: "A esto [la transición desde la Ley Mosaica a su abolición] puedo comparar el caso de la teología [o sea, la revelación cristiana], excepto que el proceso es al revés. Porque en el primer caso, el cambio se hace por sucesivas sustracciones, y aquí, la perfección se alcanza por adiciones. O sea, el Antiguo Testamento proclamó abiertamente al Padre, y al Hijo, más oscuramente; el Nuevo Testamento manifestó al Hijo, y sugirió la divinidad del Espíritu Santo. Ahora, el Espíritu mismo habita entre nosotros, y nos proporciona una demostración más clara de Sí mismo"[57].

¿En qué consiste esa "demostración más clara" del Espíritu? Según Dom Guéranger, consiste principalmente en la sagrada liturgia, la oración pública de la Iglesia:

> Es en la santa Iglesia donde habita este divino Espíritu, que descendió a ella como un viento impetuoso, y se le manifestó mediante el elocuente símbolo de lenguas de fuego. Y desde aquel Pentecostés, el Espíritu ha habitado siempre en ésta, su Novia dilecta. El es el principio de todo lo que hay en Ella; es El quien fomenta sus plegarias, sus deseos, sus cánticos de alabanza, su entusiasmo e incluso sus lamentos. De ahí que la plegaria de la Iglesia sea tan ininterrumpida como su existencia misma; día y noche su voz suena dulcemente en los oídos de su divino Esposo, y sus palabras son siempre bienvenidas en su Corazón...
>
> Que jamás tema, pues, el alma, la Esposa de Cristo poseída por el amor de la plegaria, que los abundantes ríos de la liturgia dejen de calmar su sed... Que venga y beba de esta clara agua que brota hasta la vida eterna;

---

55 Constitución dogmática sobre la Iglesia *Lumen Gentium*, 11.
56 Credo Niceno-constantinopolitano.
57 San Gregorio Nacianceno, *Oration* 31, n. 26.

porque esta agua fluye desde las fuentes mismas del Salvador, y el Espíritu de Dios la anima con su poder, haciéndola dulce y refrescante al ciervo sediento...

No permita Dios que presumamos jamás de poner
nuestros pensamientos humanos al lado de aquéllos que
Nuestro Señor Jesucristo, que es la Sabiduría de Dios,
dicta mediante el Espíritu Santo a su bienamada Esposa,
la Iglesia...

Este poder renovador del año litúrgico, al que queremos llamar la atención de nuestros lectores, es un misterio del Espíritu Santo, que anima incesantemente *la obra
que El ha inspirado a la Iglesia que realice entre los hombres*,
para que éstos puedan santificar el tiempo que les ha sido
concedido para dar culto a su Creador[58].

Guéranger escribe como un medievalista romántico, pero la
visión que expresa aquí fue confirmada oficialmente por un papa
que siempre tendió a la sobriedad y a la mentalidad científica, Pío
XII. En su excepcional encíclica sobre la liturgia, *Mediator Dei*,
Pío XII señala las erróneas tendencias que se daban en el Movimiento Litúrgio entre algunos exploradores *avant-garde*, "que se
inclinan hacia la restauración indiscriminada de todos los ritos
y ceremonias antiguos":

La liturgia de los primeros siglos es digna ciertamente de
toda veneración. Pero un uso antiguo no debe estimarse
más adecuado y propio, ya por sí mismo, ya por su significación para épocas y situaciones posteriores, sobre la simple base de que tiene un sabor y aroma de antigüedad. Los
ritos litúrgicos más recientes también merecen reverencia
y respeto, porque ellos también deben su inspiración al
Espíritu Santo, que asiste a la Iglesia en todas las épocas
hasta la consumación del mundo (cf. Mateo28, 20), y son,
de igual modo, recursos usados por la ínclita Esposa de
Cristo para promover y procurar la santidad del hombre[59].

---

58 Dom Prosper Guéranger, *The Liturgical Year, vol. 1: Advent*, trad. Dom
Laurence Shepherd (Great Falls, MT: St. Bonaventure Publications, 2000),
1-2, 8, 16, énfasis añadido.
59 *Mediator Dei*, §61. Para más comentarios, ver Peter Kwasniewski, *Reivindicación de nuestros derechos hereditarios como católicos: Genio y actualidad
de la Misa tradicional* (Brooklyn: Angelico Press, 2022), 118-19, 136-38, y
especialmente 144-55; Kwasniewski, *Noble Beauty, Transcendent Holiness:*

Este pasaje se cita muy a menudo como si constituyera una aprobación a ciegas de todo y cualquier "rito litúrgico reciente". Pero esta encíclica se publicó en 1947, antes de cualquiera de los grandes cambios que se había de hacer al rito romano en años posteriores[60]; el noble rito romano estaba por entonces prácticamente intacto. El comité litúrgico, que iba a proporcionar a Bugnini su primer cargo en el Vaticano y a producir una nueva Semana Santa, era todavía cosa del futuro.

En consecuencia, la mención que hace Pío XII de "ritos litúrgicos recientes" se refiere a todo lo que llevaba el sello del Medioevo y del Barroco, es decir, todo lo que es posterior al período antiguo del que tendía a enamorarse el Movimiento Litúrgico. El papa insiste en dos puntos clave: primero, el hecho de que algo sea más antiguo no lo hace, *ipso facto*, mejor; segundo, el desarrollo histórico de la liturgia no es un accidente que Dios permite, ni mucho menos una interferencia que El tolera, sino un plan que El positivamente desea, un plan guiado por el Espíritu Santo y aplicado por la Cabeza de la Iglesia, Nuestro Señor Jesucristo, a la santificación de los miembros de su Cuerpo Místico. A comienzos del pontificado de Pío XII el conjunto total de la liturgia, simultáneamente antiguo, medieval y barroco, tenía ya, como realidad orgánica que había atravesado todos estos períodos y adquirido elementos de cada uno de ellos, una gran estabilidad y coherencia de cuatrocientos años; en este lapso sólo habían aparecido en escena cambios menores, tales como algunas nuevas fiestas, o nuevos estilos de paramentos o de música. La liturgia, en su totalidad diacrónica –un tesoro de gran perfección y belleza, una realidad viva engendrada por el Espíritu Santo en el seno de la Iglesia su Esposa–, era conservada con amor y transmitida según el ordenamiento de la Divina Providencia, que ningún papa osó jamás perturbar o resistir.

Si Pío XII tiene razón al decir que los desarrollos medievales y barrocos "deben su inspiración al Espíritu Santo, que asiste a la

Why the Modern Age Needs the Mass of Ages (Kettering, OH: Angelico Press, 2017), 123-27.

60 Y antes también del inescrutable desfiguramiento del rito romano debido a los radicales cambios hechos a la liturgia de Semana Santa por el propio Pío XII.

Iglesia en cada época", entonces nadie puede repudiar, sin pecar contra el Espíritu Santo, lo que la liturgia ha sido durante tan largos períodos de la historia de la Iglesia[61]. La autoridad papal no puede legítimamente ejercerse en detrimento de lo que el Espíritu Santo ha construído, ni para destruírlo; semejante cosa sería un abuso del oficio papal. Por el contrario, lo que el Espíritu nos ha dado sigue siendo, en su totalidad, no sólo sagrado y grande, sino un modelo y una medida permanente.

Este pasaje de *Mediator Dei* parece, de hecho, un comentario al famoso Canon 13 de la Séptima Sesión del Concilio de Trento: "Si alguien dijera que los ritos recibidos y aprobados de la Iglesia católica, que son usados normalmente en la solemne administración de los sacramentos, pueden ser despreciados; o si dijera que los ministros pueden, sin pecado, omitirlos según su arbitrio, o que cualquier presbítero de cualquier iglesia puede cambiarlos por otros nuevos, sea anatema"[62].

---

61 Como diría el profeta Elías: o Dios estuvo dormido durante cuatrocientos años (u ochocientos o mil doscientos años) olvidándose de guiar la liturgia de la Iglesia de acuerdo con las necesidades del pueblo cristiano (cf. 1 Reyes 18, 27), o estuvo siempre perfectamente despierto y supo perfectamente lo que estaba haciendo. Puesto que sabemos que el Todopoderoso no es Baal, sostenemos la segunda opinión, no la primera.

62 "Si quis dixerit, receptos et approbatos Ecclesiae catholicae ritus in sollemni sacramentorum administratione adhiberi consuetos aut contemni, aut sine peccato a ministris pro libito omitti, aut in novos alios per quemcumque ecclesiarum pastorem mutari posse: anathema sit." Como se verá en el capítulo 4, Pablo VI a menudo habló de "nueva liturgia", de "nuevo rito", de "nueva Misa", etc., de modo que admitió él mismo estar cambiando "ritos recibidos y aprobados . . . que son usados normalmente en la solemne administración de los sacramentos . . . por otros nuevos". Aunque este Canon 13 constituyó una respuesta a un opúsculo de Colonia escrito por Bucer, en que se argumentaba que cualquier sacerdote podía prolongar o abreviar las fórmulas sacramentales (y en este sentido, el Canon se aplicaría ciertamente a las insólitas "plegarias Eucarísticas" populares en la década de 1960 y posteriores), él da testimonio de una verdad universal sobre el respeto con que debe tratarse, por los católicos piadosos y observantes, los "ritos recibidos y aprobados". Es posible que los cardenales Ottaviani y Bacci hayan tenido presente este Canon 13 al afirmar que "los cánones del rito [de la Misa] fijados definitivamente para entonces [viz., por *Quo Primum* de 1570], erigieron una barrera insuperable contra cualquier herejía que pudiera atacar la integridad del Misterio". *The Ottaviani Intervention: Short Critical Study of the New Order of Mass*, trad. Anthony Cekada (West Chester, OH: Philothea Press,

El canon séptimo de la vigésimo-segunda Sesión de Trento es también muy pertinente aquí. Dice el canon: "Si alguno dijera que las ceremonias, paramentos y signos exteriores que la Iglesia católica usa en la celebración de la Misa son incentivos para la impiedad más que muestras de piedad, sea anatema"[63].

Cuando el Concilio dice, apropiadamente, "que la Iglesia católica usa", se nos da a entender que *todas* las ceremonias, vestiduras y señales externas recibidas por la tradición son muestras de piedad y *no incentivos de la impiedad*. Así, la opinión, popular posteriormente entre los reformadores del siglo XX, de que algunos aspectos del rito romano clásico deben considerarse como corrupción de la auténtica liturgia y dañinos para la vida espiritual de los fieles, es anatematizada con anticipación. Como dice el P. Engelbert Recktenwald: "Pero la idea de una dignidad que disminuye con el paso de los años, implica negar la continua

---

2010), 35. Algún defensor del *Novus Ordo* podría alegar que el anatema no excluye el que un papa pueda inventar un rito nuevo (aunque podría haber otros elementos de Derecho divino que podrían cuestionar su derecho a hacerlo, como es el caso de Suárez que, aunque sostiene que el papa no está legalmente limitado por este canon, reconoce límites a su autoridad moral para cambiar ritos), sino que excluye solamente el *transformar* un rito existente en otro nuevo. Según esto, sin embargo, la acción de Pablo VI al tratar de *reemplazar* el rito antiguo por uno nuevo fue *ultra vires* de un modo que no lo habría sido si hubiera introducido un rito nuevo como alternativa al rito antiguo. Para un análisis más amplio, ver Peter Kwasniewski, "The Pope's Boundedness to Tradition as a Legislative Limit," en Kwasniewski, ed., *From Benedict's Peace to Francis's War: Catholics Respond to the Motu Proprio Traditionis Custodes on the Latin Mass* (Brooklyn, NY: Angelico Press, 2021), 222–47.

63 "Si quis dixerit, ceremonias, vestes et externa signa, quibus in missarum celebratione Ecclesia Catholica utitur, irritabula impietatis esse magis quam officia pietatis: anathema sit." A primera vista, este canon pareciera exigir que se diga que el *Novus Ordo* debe ser una "muestra de piedad" y no un "incentivo para la impiedad". Sin embargo, no se sigue de él, en primer lugar, que el *Novus Ordo* fomenta la piedad *tanto como* el rito tradicional, ni que evita las ocasiones de impiedad tan bien como lo hace el rito tradicional. En segundo lugar, este canon no debiera ser tomado fuera de contexto, es decir, olvidando que el error al cual se dirige es el de los protestantes que rechazan algunos aspectos del rito latino tradicional, tal como hicieron los reformadores litúrgicos del siglo XX. Ver Peter Kwasniewski, *The Road from Hyperpapalism to Catholicism: Rethinking the Papacy in a Time of Ecclesial Disintegration* (Waterloo, ON: Arouca Press, 2022), vol. 1, cap. 9.

acción del Espíritu Santo en la Iglesia y, por tanto, negar la existencia de un progreso general producido por El"[64]. En el mismo espíritu, el Catecismo Romano publicado en 1566, tres años después del término del Concilio de Trento, dice lo siguiente acerca de la Misa: "El Sacrificio se celebra con muchos ritos y ceremonias solemnes, ninguno de los cuales debe estimarse inútil o superfluo. Por el contrario, todos ellos tienden a desplegar la majestad de este augusto Sacrificio, y a animar a los fieles a que, cuando miren estos misterios salvíficos, contemplen las cosas divinas que yacen ocultas en el Sacrificio Eucarístico"[65].

Transcurridos doscientos veinte años desde este Catecismo, es decir, en el año 1786, se reunió un curioso sínodo diocesano de tendencia jansenista en la ciudad de Pistoia, en Italia, durante el apogeo de la llamada Ilustración. El sínodo aprobó muchas proposiciones para, por un lado, simplificar la praxis de la Iglesia, incluyendo cosas como abolición de las indulgencias, días de fiesta, y procesiones, y, por otro lado, para vernacularizar la liturgia. En 1794, el papa Pío VI, atrapado entre tempestades, recuperó por unos momentos el aliento, entre la Revolución Francesa y el ascenso de Napoleón Bonaparte, y emitió una bula papal, llamada *Auctorem Fidei*, que condenó muchas proposiciones del Sínodo de Pistoia, entre ellas las siguientes, que debemos considerar a la luz de Trento y de su Catecismo:

> La proposición del Sínodo por la que manifiesta desear que se quiten las causas por las que en parte se ha introducido el olvido de los principios que tocan al orden de la liturgia, volviéndola a mayor sencillez de los ritos, exponiéndola en lengua vulgar y pronunciándola en voz alta -como si el orden vigente de la liturgia, recibido y aprobado por la Iglesia, procediera en parte del olvido de los principios por que debe aquélla regirse-, es temeraria, ofensiva de los oídos piadosos, injuriosa

---

64 Citado en Fiedrowicz, *La Misa tradicional*, 215n432.
65 "Habet autem hoc sacrificium multos, eosque maxime insignes ac solemnes ritus, quorum nullus supervacaneus aut inanis existimandus est; verum omnes eo spectant, ut et tanti sacrificii maiestas magis eluceat, et salutaribus mysteriis intuendis ad rerum divinarum, quae in eo sacrificio occultae sunt, contemplationem fideles excitentur."

contra la Iglesia y favorecedora de las injurias de los herejes contra ella[66].

La afirmación de Pistoia de que la Iglesia católica había efectivamente olvidado los verdaderos principios de la liturgia es, precisamente, la afirmación que iba a hacerse por los liturgistas del siglo XX antes y después del Concilio Vaticano II. Tres de los aspectos más característicos del *Novus Ordo Missae* son: que nuestro culto debiera ser "vuelto" a sus orígenes más humildes y sencillos; que debiera ser puesto en el lenguaje del pueblo, y que debe ser pronunciado todo él en alta voz[67].

Inmediatamente después de la sección de *Mediator Dei* citada anteriormente, que pone énfasis en el valor de los "ritos litúrgicos más recientes", Pío XII describe los esfuerzos de algunos liturgistas por librar a la Iglesia de "añadidos" medievales y barrocos, y los condena en estos términos: "Este modo de obrar es un regreso al anticuarianismo exagerado y sin sentido a que dio origen el ilegítimo Sínodo de Pistoia... Los perversos planes y aventuras de este tipo tienden a paralizar y debilitar el proceso de santificación por el que la sagrada liturgia guía a los hijos adoptivos hacia su Padre Celestial para la salvación de sus almas"[68].

El reformismo de Pablo VI merece ser condenado no menos que el de Pistoia, ya que ambos violan la verdad fundamental expresada (*inter alia*) por San Gregorio Nacianceno, Dom Guéranger y Pío XII: desde Pentecostés, y hasta el fin de los tiempos, la Iglesia es el territorio del Espíritu Santo, y la más perfecta acción y expresión de la Iglesia es la sagrada liturgia[69].

---

66 *Auctorem Fidei*, §33.

67 Para una explicación de por qué *Auctorem Fidei* de Pío VI, así como *Quo Graviora* de Gregorio XVI y *Mediator Dei* de Pío XII apoyan la postura tradicionalista y no la defensa conservadora de cualquier ley litúrgica de la Iglesia promulgada por un papa (sin importar cuáles sean sus premisas o contenidos), ver "Does Pius VI's *Auctorem Fidei* Support Paul VI's Novus Ordo?," en Kwasniewski, *The Road from Hyperpapalism*, vol. 1, cap. 9. En su monografía *The Synod of Pistoia and Vatican II: Jansenism and the Struggle for Catholic Reform* (New York: Oxford University Press, 2020), Shaun Blanchard detalla -y celebra- los paralelos entre Pistoia y Vaticano II.

68 *Mediator Dei*, §64.

69 Para un desarrollo más amplio de esta idea y para derivaciones prácticas para el clero, ver mi opúsculo *La verdadera obediencia en la Iglesia: Guía de discernimiento para tiempos recios* (Lincoln, NE: Os Justi Press, 2021), 19-27.

EL PECADO CONTRA EL ESPÍRITU SANTO

A la luz de lo anterior, podemos ahora volver por un momento a lo que se dice en la Tercera Ley, en orden a que una reforma litúrgica de cierta magnitud constituiría un pecado contra el Espíritu Santo.

¿Es que nos volvimos huérfanos después de Constantino, después de la Edad Media, o después del Concilio de Trento? En el Evangelio de la Vigilia de Pentecostés[70], Jesús nos aseguró que no nos ocurriría tal cosa: "No os dejaré huérfanos; vendré a vosotros" (Juan 14, 18). Si esto es algo más que una mera declaración, tiene que *significar realmente* algo, es decir, tiene que significar que el Espíritu jamás abandona a la Iglesia, y que El *verdaderamente la bendice* con dones en cada etapa de su peregrinación, como conviene a la Esposa de Cristo en la tierra. Estos dones son una herencia que se va acumulando: sus efectos se prolongan en el tiempo y resuenan incluso en la eternidad. Cada época hereda los dones de los santos que han vivido antes. "Las mayorías casuales que se pueden formar aquí o allá en la Iglesia no deciden cuál es su camino ni el nuestro: son los santos la verdadera mayoría con autoridad, por la cual nos orientamos nosotros mismos"[71]. Deshonramos a Nuestro Señor Jesucristo y a su Espíritu Santo si consideramos que cualquier edad futura es tan diferente, tan nueva, tan caótica, tan llena de una genialidad única, que tiene que partir de cero, cortando las amarras que la atan al pasado, rechazando o haciendo a un lado los dones de la tradición, en una apuesta por "modernizar", que equivale a convertir en huérfanos o en extraños en su propia casa a los católicos. Verdaderamente, un enfoque tal es el único que no podría ser un don del Espíritu Santo.

Supongamos que los reformadores del siglo XX creyeron en la guía de la liturgia por la Providencia en lo que se refiere a su contenido conceptual, pero que llegaron a la conclusión de que

---

70 En el *usus antiquior*.

71 Joseph Ratzinger, *Called to Communion: Understanding the Church Today*, trad. Adrian Walker (San Francisco: Ignatius Press, 1996), 154. Y añade: "La mayoría no puede ser nunca sincrónica en la Iglesia, sino que, en esencia, es siempre únicamente diacrónica, porque los santos de todas las épocas están vivos, y porque ellos son la verdadera Iglesia".

el latín se había convertido en una insuperable barrera para la participación. La liturgia era correcta en lo que decía, pero no en la forma de decirlo[72]. En tal caso, ¿no debieran haber tratado solamente de traducir *la liturgia existente* a una apropiada versión en vernáculo? Y, con todo, 2.147 obispos y superiores estuvieron en desacuerdo con ello en el Concilio Vaticano II, votando que *querían retener el uso del latín*, aunque permitiendo algún lugar a las lenguas modernas. O supongamos que los reformadores pensaron que algunas ferias y días de fiesta en el misal mejorarían con lecturas adicionales de las Escrituras. Deberían en tal caso haber propuesto lecturas adecuadas para esos días dejando el resto del misal intacto. Pero, no: sus acciones postconciliares revelaron su desacuerdo *con el contenido mismo* de la antigua liturgia, con sus oraciones preparatorias, sus antífonas y lecturas, sus oraciones, su ofertorio y su Canon, sus ceremonias, sus gestos, sus posturas, su lenguaje y su música, incluso su orientación física. Desde la década de 1950 y durante la de 1970, no quedó literalmente nada intacto, y los cambios realizados fueron por lo general a gran escala, como lo fue la nueva redacción de los ritos de la Misa, del bautismo, de la ordenación sacerdotal, de la extremaunción, de la dedicación de una Iglesia, de la consagración de las vírgenes, de la bendición del agua bendita: *todo*. Esto no fue una revisión sino un rechazo; no fue una reforma, sino una revolución[73] que, de modo inquietante, recuerda a los antiguos gnósticos que negaban que Jesucristo hubiese ya venido en la carne[74].

---

72 Ver el capítulo 1 sobre los problemas que tiene el intento de distinguir con claridad lo que se dice del cómo se dice.

73 Ver Wolfram Schrems, "The Council's Constitution on the Liturgy: Reform or Revolution?," *Rorate Caeli*, mayo 3, 2018; cf. la discusión del "catolicismo nitzscheano" en el capítulo 11. A menudo se hace la pregunta: ¿Por qué casi todos los obispos, que votaron por una cosa diferente, aceptaron mansamente las reformas litúrgicas de Pablo VI, cada vez más radicales, en vez de hacer saber sus objeciones y de rehusar obediencia? La respuesta puede darse en una sola palabra: hiperpapismo. Al papa hay que reverenciarlo como otro Cristo en la tierra, y su palabra es ley, *cualquiera sea su contenido*. Por esta misma razón casi todos los obispos, durante el reinado del papa Francisco, han guardado silencio frente a sus peligrosas ambigüedades y sus evidentes errores, para no decir nada de la multifacética corrupción con la que se lo ha vinculado.

74 La sustitución de un adecuado rito de Ofertorio por una bendición de cena judía es, desde este punto de vista, extremadamente sugerente, ya que

En virtud del férreo axioma *lex orandi, lex credendi*, el aludido rechazo significa el rechazo de la doctrina y de la espiritualidad que la antigua liturgia romana encarna. En otras palabras, es primariamente no una desviación respecto de los ritos, sino una desviación respecto de la perenne teología de la fe encarnada en los ritos, o sea, una forma de infidelidad o, me atrevo a decirlo, de apostasía. Un rechazo de los ritos implica un rechazo de lo que ellos significan y simbolizan. El arzobispo Piero Marini, quien de joven fue secretario personal de Annibale Bugnini y secretario parcial del propio *Consilium* (junto con los subsecretarios Carlo Braga y Gottardo Pasqualetti), escribe sobre el *Consilium*: "Se reunió en público para comenzar unas de las mayores reformas litúrgicas en la historia de la Iglesia de Occidente. A diferencia de la reforma de Trento, fue mucho mayor que ésta, porque abordó también la doctrina"[75]. John F. Baldovin, sj, erudito defensor de la reforma litúrgica (y, por tanto, inmune a la acusación de ser un hiperbólico tradicionalista radical), afirma, con toda tranquilidad, una y otra vez, la magnitud de la reforma en su obra *Reforming the Liturgy: A Response to the Critics*[76]:

> No se puede, ciertamente, negar el carácter radical de una reforma que barrió con el uso de un lenguaje común y simplificó la liturgia hasta el grado en que lo hizo el Misal de Pablo VI (43).

> Se puede afirmar que el rito reformado cambió significativamente el modo cómo los católicos entienden el culto. La reforma no fue un mero ajuste menor de algunas exterioridades de la piedad católica, sino una exhaustiva remodelación de la imaginación católica en lo referente a la liturgia (59).

---

el rasgo decisivo del judaísmo rabínico postcristiano es su explícita negación de que Cristo haya venido en la carne. Para un análisis de la influencia del gnosticismo en la reforma litúrgica, ver "Gnosticism, Liturgical Change, and Catholic Life" en mi libro *Tradition and Sanity: Conversations and Dialogues of a Postconciliar Exile* (Brooklyn, NY: Angelico Press, 2018), 99–116.

75 Arzobispo Piero Marini, *A Challenging Reform: Realizing the Vision of the Liturgical Renewal 1963–1975* (Collegeville, MN: Liturgical Press, 2007), 46.

76 John F. Baldovin, *Reforming the Liturgy: A Response to the Critics* (Collegeville, MN: Liturgical Press, 2008). Número de páginas entre paréntesis.

Se necesitaba un cambio, porque la liturgia pre Vaticano II era, en realidad, una reliquia de una época extinta, una reliquia que había tenido sus razones -la polémica postura que la Iglesia se vio forzada a tomar en relación con la reforma protestante y luego con la Ilustración y los cambios culturales que advinieron con la Revolución Industrial y las alteraciones de los siglos XIX y XX-. Fue el efecto acumulado de estos cambios culturales lo que hizo deseable una reforma radical de la liturgia (102).

Puesto que la reforma tenía la clara intención de poner al día los aspectos anacrónicos de la liturgia romana (*SC* 23, 50), fue ciertamente parte del cometido de los reformadores la selección y edición de las oraciones, para adecuarlas a los cambios experimentados por la teología y la espiritualidad de fines del siglo XX (125).

Debido a razones principalmente históricas y ecuménicas, Pablo VI tomó la decisión, algo radical, de cambiar la forma tradicional del sacramento [de la confirmación] en su Constitución Apostólica de introducción del nuevo rito (130).

Si se compara el Misal de 1962 con el Misal de 1969 o con los ritos de ordenación anteriores y posteriores al Vaticano II, por ejemplo, se puede concluir que la reforma fue un radical abandono del desarrollo orgánico de la tradición (137).

La liturgia reformada representa un radical vuelco en la teología y en la piedad católicas (139)[77].

---

77 Una confirmación similar la da otro jesuita, Bruce T. Morrill: "Las directivas de Francisco [*Traditionis Custodes*] se refieren a algo más que el simple ritual de la Misa romana, porque la celebración exclusiva de los ritos antiguos por algunos católicos no puede evitar sostener, en diversos grados, una ideología eclesial y social incoherente con toda la agenda reformista de la Iglesia del Vaticano II... La transformación de hombres, mujeres y niños que 'van' a... Misa en una asamblea del pueblo bautizado de Dios que celebra la palabra y el sacramento en su propio contexto sociocultural, es un cambio con características de terremoto en el catolicismo romano, que se juega en la reversión, operada por Francisco, del acomodo gradual de sus dos predecesores a un clero y un laicado archiconservadores e incluso reaccionarios". "Tradition and the Roman Rite: The Ongoing Struggle," *Doxology* 32.3 (2021), 30, 35-36.

Todo esto –que equivale a añadir insulto a la ignominia de haber ignorado muchas normas explícitas del documento conciliar *Sacrosanctum Concilium*– significa creer que el Espíritu Santo ha dejado hace mucho tiempo de guiar a la Iglesia en su camino hacia la plenitud de la verdad en su culto litúrgico. Esta creencia, sin embargo, no puede sino ser herética: afirmarla es una blasfemia, y obrar sobre la base de ella, un sacrilegio[78].

El "pecado contra el Espíritu Santo" ha sido objeto de muchas discusiones por los exégetas. Para nuestros fines, baste advertir que está, en todo caso, relacionado con el rechazo de la evidencia de la obra de Dios en curso, como por ejemplo el poder de Cristo de expulsar demonios por el Espíritu de Dios y no por colusión con Beelzebub, como los críticos de Jesús sostenían. Esto último implica un rechazo de todo el ministerio de Cristo consistente en hacer presente el reino de Dios entre nosotros. Ahora bien, el reino de Dios se nos hace continuamente presente en la sagrada liturgia, y de ahí que un rechazo de la liturgia es un rechazo del reino, de su Señor, y del Espíritu del Señor. Se puede también decir, con Pedro Lombardo, que hay seis clases de pecados contra el Espíritu Santo: desesperación, presunción, impenitencia, obstinación, lucha contra la verdad conocida, y envidia de la gracia de un hermano[79]. Estas clases se ven también en la reforma litúrgica: desesperación de que los fieles puedan entrar con fruto en los misterios celebrados según los ritos tradicionales; presunción de pensar en crear ritos superiores a los heredados; impenitencia, al rehusar arrepentirse del daño causado al Pueblo de Dios por la amplitud y velocidad de la reforma y no repararlo, a pesar de décadas de malos frutos; obstinación en la resistencia a las expresiones previas y autorizadas de la tradición; lucha contra la verdad conocida (*lex credendi*) a la que la liturgia (*lex orandi*) da expresión; y, finalmente, envidia de la gracia del hermano, en la forma de envidia de la tradición bizantina, que conduce a necias emulaciones y mezclas con ella.

John Parsons hace notar con firmeza los efectos, en la posición de la autoridad de la Iglesia y en la interna coherencia del

---

78 El capítulo 8 desarrolla más ampliamente este argumento.
79 *Sentences*, libro 2, dist. 43.

Magisterio, de la negativa evaluación que los reformadores litúrgicos hicieron de la tradición latina, hasta entonces defendida y promovida por la Iglesia, y de la ruptura con ella:

> El repudio simbólico de la tradición de la cristiandad, como ha declarado el cardenal Ratzinger, ha contribuido muchísimo a deteriorar en general la confianza en la Iglesia. Aunque sea posible, *desde la lógica*, creer en una Iglesia que es guía infalible en la doctrina de la fe y de la moral pero que, durante la mayor parte del tiempo desde su fundación ha promovido en el culto de Dios, según la impactante expresión del arzobispo Bugnini, una "falta de comprensión, una ignorancia y una oscuridad de noche", no es posible *psicológicamente* realizar un malabarismo mental de este tipo por mucho tiempo ni en una escala que abarque a un gran número de personas. Si la *lex orandi* pudo haber estado tan profundamente equivocada durante tantos siglos, ¿qué confianza podemos tener en la *lex credendi* sostenida durante esos siglos por el mismo papado y autoridades eclesiásticas equivocados? Aquí rige el adagio *lex orandi, lex credendi*, pero con un nuevo y destructivo giro. O bien la *damnatio memoriae* de la liturgia tradicional es clara y públicamente revocada, o jamás se recuperará la confianza en la autoridad de la Iglesia[80].

MEANDROS EN MI CAMINO A LA META

En mi vida de católico he atravesado varias etapas diferentes en un largo período de tiempo, por lo que he aprendido a ser paciente con los que "no captan". Yo tampoco "capté", aunque me llena de gozo ver cuán rápidamente las nuevas generaciones actuales llegan a conclusiones que yo evité durante años. Si quisiera poner en palabras lo que buscaba y encontré en cada etapa, he aquí cómo lo diría.

En la primera etapa, que coincidió con mi niñez y adolescencia, traté de ser buen hijo y católico cumplidor. Obedecía a mis padres en la mayoría de las cosas, iba a Misa con ellos los domingos y fiestas de guardar, y observaba la moral de los Diez Mandamientos

---

80   Citado en Thomas Kocik, *The Reform of the Reform? A Liturgical Debate: Reform or Return* (San Francisco: Ignatius Press, 2003), Apéndice V, "A Reform of the Reform?", 226-27.

(con algunas faltas, debidas a mala formación). La parroquia era una típica iglesia suburbana, con pasillos alfombrados y Ministros Extraordinarios. A medio camino de mi educación secundaria, un amigo me invitó a asistir a la reunión de un grupo juvenil caris-mático, y me encantó. Gracias a los líderes adultos, que describiría como "católicos Juan Pablo II", descubrí en ese grupo tres cosas importantes: primero, que la fe católica se presenta a sí misma como *verdadera* y, por tanto, como la verdad de acuerdo con la cual todo debe ser evaluado (no estoy seguro de haber oído de esta postura antes de aquel momento); segundo, que la práctica de la fe no tenía que ser aburridora o burocrática, sino que podía ser emocionalmente enriquecedora y satisfactoria; tercero, que quienes creen en Dios, en la inmortalidad del alma, en los sacra-mentos y en la oración son, en su mayoría, mejores y más felices personas que, a su vez, mejoran y hacen más felices a sus amigos.

Pero luego de un par de años en ese grupo, hubo algo que comenzó a debilitarse a su respecto. No sé si podría señalar con el dedo qué fue, pero la experiencia resultó ser como lo que ocurre con algo demasiado dulce o con un primer amor: había algo super-ficial, inadecuado, provisorio, insustancial. Fue como si necesitara encontrar una forma externa, visible y audible, de la verdad de la fe católica que yo aceptaba con mi intelecto; necesitaba encon-trar a Cristo encarnado, no la palabra abstracta o el sentimiento etéreo. Esto es lo que comencé a encontrar en el *Thomas Aquinas College*, inicialmente en el *Novus Ordo* en latín y con canto llano (algo que se podría llamar "al estilo reforma de la reforma"), que producía, como efecto arrollador, la *reverencia*, el tomar en serio las cosas serias. Pero seguía habiendo un problema inquietante, que asomaba en el trasfondo: casi en todas partes, en el resto del mundo –especialmente en la década de 1990–, el *Novus Ordo* era celebrado de un modo totalmente diferente de lo que se hacía en *Thomas Aquinas College*. ¿En qué erraban todos los demás? ¿Por qué no podían darse cuenta de cuánto mejor era una liturgia reve-rente y bella? Posteriormente llegué a darme cuenta de que esto es una falla monumental impresa en el *Novus Ordo*: las "campanas e inciensos" son sólo *opcionales*, según el capricho de los encargados.

Por consiguiente, todo depende de la educación, buen gusto y orto-doxia del párroco o del celebrante, o de quien quiera que tenga el poder de decidir. Con todo, esa "opcionitis", mezclada con la actual estructura de poder eclesiástico, es una combinación letal: lo único que hace falta es que se envíe un reclamo al obispo y ¡bum!: el padre "Mucho Incienso" es destituído, llevado a otra parte de la ciudad o enviado a los quintos infiernos; llega el padre "Mucho Aplauso" como un huracán y destruye, en cuestión de semanas, el trabajo de hermoseamiento y resacralización que a veces tomó años en realizarse. Todos sabemos que esto ocurre. Y es prueba de que una liturgia que trata cualquiera de los ocho elementos mencionados anteriormente como opcionales, es como un edificio que oculta una gigantesca fractura, debido al principio expuesto por Santo Tomás en las Cinco Vías: "Aquello que puede no existir, en algún momento no existe". O para decirlo más sencillamente: si algo puede salir mal, saldrá mal.

Posteriormente, en la universidad, comencé a asistir a celebraciones clandestinas de la Misa tridentina, y descubrí otro secreto: la existencia y el significado y valor de la *tradición*, de hacer lo que se ha hecho durante muchas generaciones, con los mismos ritos que innumerables católicos han conocido desde hace siglos, de rezar con las mismas palabras que los grandes santos del pasado, entrando en el misterio de Cristo de un modo que exige la transformación de la mente y del corazón, incluso en el acto mismo del culto. Me compré un misal diario y comencé a usarlo, y pude rápidamente darme cuenta de que esta liturgia era sumamente diferente: más profunda en su teología, más fiel a la naturaleza humana, más obediente a la revelación, más bella en su presentación; de hecho, era también más conmovedora en lo emocional, aunque de modo más sutil. En resumen: encontrar esta liturgia y rendirme a ella fue el final de una búsqueda en que ni siquiera sabía que me había embarcado. Esta liturgia abarcaba todo lo que había ido encontrando en cada etapa de mi viaje, pero iba más allá que todas ellas: fue, y sigue siendo, inagotable: es una vista infinita que se abre hacia atrás, hacia la historia, y hacia adelante, a la eternidad; hacia afuera, a la cultura, y hacia adentro, al cielo.

BUSCAR A DIOS A SU MODO O A NUESTRO MODO

Piénsese por un momento en lo que tienen de común los carismáticos y los partidarios de la "Reforma de la Reforma". Ambas corrientes buscan autenticidad, un encuentro con la realidad, con la presencia divina, con la gracia del Espíritu Santo. El problema es que ambas son tipos de antropocentrismo: queremos encontrar a Dios a *nuestro* modo, no a *Su* modo; queremos adorarlo según nuestros caminos, no según los suyos. Ya sea por una emocionalidad excesiva o por ritos litúrgicos de nuestra invención, hacemos descender a Dios hasta nuestro nivel, en vez de dejar que El nos alcance y nos eleve hacia Sí por el camino que El ya ha dispuesto. Puede aplicarse aquí, especialmente a la Reforma de la Reforma, las palabras de Andrew Thompson-Biggs: "No podemos recibir la tradición poniéndonos fuera de la tradición, tomando de ella lo que queramos. Eso es lo que hacen los turistas. Ello es un enfoque inorgánico, un enfoque postmoderno, destinado al fracaso. En vez de injertarnos a nosotros mismos en ese árbol venerable, no haríamos sino reunir un montón de ramas. Cuando en el antiguo mundo poético los jóvenes recibían la tradición, la recibían entera de un maestro"[81].

Como María Magdalena ante el sepulcro vacío, miramos aquí y allá y por todas partes buscando a Jesús, cuando El está de pie justo ante nosotros, en su objetividad suave y gloriosa, aunque misteriosa y velada. El es el jardinero que ya ha preparado la tierra, sembrado las semillas, y vigilado su crecimiento hasta formar un huerto de los frutales más finos, más jugosos, más nutritivos: los ritos de la Santa Madre Iglesia que Le permiten convertirse, más y más, en el jardinero, en el gobernante, en el íntimo huésped de nuestra alma. Esto es lo que vemos en la vida de los grandes místicos: es la liturgia la que forma y sostiene y permea su vida interior, manteniéndola sana, fuerte, equilibrada, rica y fructífera, impidiéndole volverse hacia las arbitrariedades, el sentimentalismo, la idiosincracia, el orgullo o la vanidad. La vida interior de la gracia, oculta en el alma, se refleja, representa

---

81 Andrew Thompson-Biggs, "Two Hundred Years of Strangulation: Reviving Form in a Formless Age," *OnePeterFive*, julio 16, 2019.

y ejemplifica en la fisonomía exterior de la liturgia tradicional: es la vida mística de la Trinidad que inhabita, escrita con mayúsculas, traducida al lenguaje del ritual, de la ceremonia y de la plegaria, puesta en escena por la coreografía de los ministros, ornada con palabras, saboreada en melodiosos cantos, anidada en un sonoro silencio.

He argumentado que el *Novus Ordo* no es el rito romano ni ningún otro rito tradicional; ni en sus textos ni en sus ceremonias expresa la plenitud de nuestra fe. Puesto que la herencia litúrgica de la Iglesia *representa la obra del Espíritu Santo* a lo largo del tiempo, inspirando, recolectando, aumentando, refinando, consolidando y preservando los tesoros de nuestro culto colectivo como Cuerpo Místico de Cristo, estamos enfrentados a una grave decisión: ¿Tomaremos el camino bien seguro de los santos, en que cada generación está claramente en continuidad con la anterior y con la siguiente, reunidos todos por el vínculo común de una incorruptible herencia inspirada por Dios; o tomaremos un camino diferente, una liturgia conforme a la ideología, confinada a cierto período de tiempo? Porque, como lo reconoce Dom Hugh Somerville Knapman, el *Novus Ordo* fue pensado para ser (en palabras de Joseph Gelineau, miembro de *Consilium*) un "permanente taller de trabajo":

> El elemento progresista entre los liturgistas reformadores vio el Misal de 1969 sólo como una etapa –aunque muy significativa– en el nuevo proyecto de reconstituir la liturgia como algo que se adapta continuamente a la época en que se la celebra. Como hemos visto, el resultado es que la liturgia generalmente degenera en un reflejo de la época, en vez de hablarle a ésta y santificarla. O más precisamente, una deformación radical de la liturgia refleja no el rostro de Cristo sino el de quien manda o del grupo que la impone, y se convierte entonces en el vehículo no del culto sino del narcisismo, del culto de sí, que es, de hecho, el credo de la sociedad occidental postmoderna... Somos despiadados y sin corazón, y reemplazamos el sacrificio de sí por el servicio de sí, con el sí mismo como único absoluto moral, pero con una subjetividad y transitoriedad que niega el carácter

absoluto que reclama para sí. El absoluto secundario, la novedad, sufre también de la misma falla intrínseca[82].

Formulo, pues, un desafío a mis lectores. A aquéllos que todavía no asisten constantemente a la Misa tradicional les diré: "debiérais asistir, y mientras antes, mejor, porque es la más elevada glorificación de nuestro Dios, la más perfecta expresión de nuestra fe, y el más exquisito tesoro de nuestra cultura. Os tomará tiempo y exigirá esfuerzo, y quizá os ganará desprecios; pero recibiréis una recompensa del treinta por uno, del sesenta por uno, del ciento por uno". A aquéllos que ya están enamorados del tradicional rito romano y comprometidos con él, les diré: "esforzaos por conocerlo todavía mejor, asistid a él más a menudo, usad vuestro misal diario, leed buenos libros sobre él, divulgad el conocimiento de él, y apoyad el movimiento tradicional con vuestras oraciones y vuestros bienes como si vuestra vida misma y la existencia de la Iglesia católica dependiera de ello. Con el paso del tiempo va quedando cada vez más claro que ésta es una materia de vida o muerte, de vitalidad o de extinción".

¿Por qué es que necesitamos no solamente más belleza, ni solamente más reverencia, sino, sobre todo, el contenido objetivo del *usus antiquior*? La respuesta es que es Dios quien quiso que lo tuviéramos; fue producido en el seno de la Iglesia por el Espíritu Santo; fue recibido, practicado y embellecido por incontables santos a medida que ascendían hacia el cielo por la escalera de la humildad; nos fue dado por la Providencia con vistas a nuestras necesidades humanas universales y a nuestros deseos santos; fue, y sigue siendo, un don del amor inmenso de Dios, un trono apropiado para recibir al mayor don de todos, su Hijo, Nuestro Señor Jesucristo. Tal como su reino y sus leyes, las rúbricas del *usus antiquior* son constantes y fijas; tal como la sabiduría de los Evangelios, sus textos son ricos dogmáticamente, moralmente, ascéticamente, místicamente. Las bellas artes, especialmente la música,

---

82   Hugh Somerville Knapman, "Pursuing a Point," *Dominus Mihi Adjutor*, abril 13, 2019. La declaración de Gelineau está en su *The Liturgy Today and Tomorrow*, trad. Dinah Livingstone (London: Darton, Longman & Todd, 1978), 11.

se encuentran en él como en su hogar, porque todas ellas nacieron allí, en la ciudad que Dios fundó (cf. Salmo 86, 5-7). Como la Luz que brilla en las tinieblas y que éstas no pudieron oscurecer (cf. Juan 1, 5), las ceremonias del *usus antiquior* comunican, visible y poderosamente, la fe católica en toda su deslumbrante luz de verdad y en su valiente lucha contra la oscuridad. La oración de la tradición nos une con todos nuestros antecesores en la fe, y con todos los católicos tradicionales que viven hoy, en todos los países de todos los continentes, y que rinden culto con los mismos ritos, y tienden a los mismos ideales. La recuperación del *usus antiquior* será el pilar de la perdurable renovación de la Iglesia.

La reforma litúrgica, en su ejecución concreta, se ha alejado cada vez más de su origen [en lo mejor del Movimiento Litúrgico]. El resultado no ha sido un fortalecimiento, sino una devastación... En lugar de la liturgia que se había ido desarrollando, se ha puesto una liturgia fabricada. Se ha abandonado el proceso vital del crecimiento y devenir a fin de sustituírlo por una fabricación. Ya no se desea el continuo crecimiento orgánico y la maduración de aquello que ha estado vivo a lo largo de los siglos, sino que se lo ha reemplazado al modo de una producción técnica, con algo que es fabricado, producto banal del momento.

Joseph Ratzinger

La idea de inventar una liturgia nueva, incluso si hubiere estado libre de las faltas que vemos en ella, es en sí criticable; es algo que no tiene precedentes en la historia de la Iglesia, ni en Occidente ni en Oriente. Las alteraciones del lenguaje que se hicieron en varias épocas no fueron nunca acompañadas por una re-creación del rito... La tradición de la Iglesia en cuestión de reformas litúrgicas excluye reconstrucciones radicales. Y ello no es solamente una cuestión de precedentes, sino del poder inherente al oficio jerárquico. Ningún papa ni patriarca, a lo largo de la historia, ha creído jamás que tenía el poder de abolir el rito de su jurisdicción y reemplazarlo por otro. Ningún teólogo ha jamás mencionado una competencia de este tipo entre los poderes del papa. Su reivindicación por Pablo VI fue una extensión de los hábitos de una autoridad papal que, en todos sus demás aspectos, fue culpablemente abandonada. Los papas anteriores legislaron, en verdad, con un alto sentido de su autoridad, pero lo hicieron con tal cuidado que fue una autoridad puesta al servicio de la tradición y de la enseñanza establecida.

Henry Sire

Hiperpapismo y mutación litúrgica

HACE EXACTAMENTE CINCUENTA AÑOS, tuvo lugar uno de los acontecimientos más importantes y más fatales de la historia de la Iglesia católica: la promulgación del nuevo Orden de la Misa, o *Novus Ordo Missae*, hecha por Pablo VI en su Constitución Apostólica *Missale Romanum*, de 3 de abril de 1969. Medio siglo más tarde, es bastante común encontrar clérigos conservadores que dicen algo como lo siguiente: "La reforma de la liturgia no es lo que desató la crisis postconciliar en la Iglesia; fue más bien el relativismo doctrinal y moral lo que condujo al caos litúrgico. La liturgia es un caos porque la doctrina y la moral son un caos. Dicho coloquialmente, no culpen al auto, culpen al chofer ebrio. El *Novus Ordo* y todos los ritos reformados, la Liturgia de las Horas, o lo que fuere, todo ello está bien, y si lo miramos desde la perspectiva correcta y seguimos "las mejores prácticas", se puede tener una vida litúrgica verdaderamente católica, exceptuando las aberraciones doctrinales y morales que todos deploramos justamente. En otras palabras, podemos conservar la torta y comerla al mismo tiempo: *Novus* en lo que hacemos, *Vetus* en lo que creemos".

Lo anterior me parece de una grave ingenuidad. Joseph Ratzinger ha hecho una famosa observación, en el sentido de que "la crisis en la Iglesia que experimentamos hoy se debe, en gran medida, a la desintegración de la liturgia"[1]. Y esta crisis surge directamente de los problemáticos rasgos de la propia reforma litúrgica y de los resultados de ella.

---

1 Joseph Ratzinger, *Milestones, Memoirs* 1927-1977 (San Francisco: Ignatius Press, 1998), 148. O, en el alemán original: "Ich bin überzeugt, daß die Kirchenkrise, die wir heute erleben, weitgehend auf dem Zerfall der Liturgie beruht."

EL COSTO DE CAMBIOS SÚBITOS Y GRAVES

El simple hecho de que, luego de más de un milenio de estabilidad en la forma litúrgica, se dieran *súbitos y graves cambios* a la liturgia en todos los aspectos, transmitió el siguiente mensaje: "En el catolicismo, incluso las cosas más importantes -las que parecen permanentes y férreamente sólidas-pueden cambiar de un momento a otro, con tal que lo quiera el papa-". Sí: la liturgia siempre se desarrolló lentamente y en cosas pequeñas, pero jamás, en toda la historia de la cristiandad Oriental u Occidental, ha habido nada ni remotamente comparable con *la cantidad y calidad* del cambio que se dio en la década que va, aproximadamente, desde 1963 hasta 1973. Esto, *por sí mismo*, independientemente de si algunos cambios fueron buenos o malos, produjo un efecto catastróficamente desestablizador en la mentalidad de los católicos. Algunos de ellos se fueron para siempre de la Iglesia, escandalizados, desmoralizados, desilusionados. Otros se mordieron la lengua y decidieron soportar tan grandes necedades. Otros, en fin, colgaron los hábitos (por decirlo así) y se lanzaron salvajemente, sin autocontrol alguno, a la experimentación litúrgica, al pluralismo y al subjetivismo. Todos los católicos resultaron dañados con un daño cumulativo y duradero, como el producido por defectos genéticos que se transmite a la descendencia, o como las riñas familiares que se prolongan por generaciones. Debido a su velocidad y a la escala de los cambios, la reforma litúrgica desató agitación, confusión y anarquía. Se provocó una fractura o herida en el Cuerpo Místico que no sólo no ha sanado, sino que ha empeorado con cada década que pasa.

Nuestra razón nos dice, ayudada por los recursos de la filosofía, de la psicología y de la sociología, que un cambio tan colosal en la forma en que los católicos rinden culto a Dios podía tener solamente un significado: lo que hasta ese momento habían estado haciendo era incorrecto, defectuoso, no saludable, e incluso desagradable a Dios. Tal es la posición de quienes todavía se oponen a la liturgia latina tradicional: la consideran como una forma de culto intrínsecamente inferior, y no vacilan en proclamarlo así. Aun admitiendo la validez de ambas formas, creo que los que amamos el rito romano clásico debemos responder a nuestros oponentes con total transparencia, admitiendo con total sinceridad cuál es el tenor de nuestra posición: consideramos que el *Novus Ordo* es una forma de culto intrínsecamente inferior[2].

He oído a mucha gente decir: "Hemos dejado atrás la época necia y ahora, décadas después, estamos llegando a un equilibrio. El *Novus Ordo* ha sido aceptado por la gran mayoríade los católicos y está aquí para quedarse, en tanto que los males del caótico postconcilio han sido abandonados por el clero más joven gracias a una mejor teología y mejor práctica"[3].

Quien habla aquí es Pollyana. *No hay nada* que pueda florecer plenamente en el Cuerpo de Cristo mientras la liturgia predominante en la Iglesia de Occidente permanezca en un estado de ruptura cargada de novedades, arqueológica e ideológica, con la tradición latina, tal como ésta se desarrolló durante los dos primeros milenios del cristianismo. No se trata de "llegar a un equilibrio", algo que es una forma newtoniana de hablar. De lo que se trata es de la diferencia entre un organismo y un mecanismo. No se trata sólo de que ha ocurrido una ruptura; de lo que se trata es que estamos viviendo en un *estado de ruptura*. Esto es como la diferencia entre la Revolución Francesa, que tuvo lugar durante determinados años en el pasado, y el liberalismo de la *laïcité* (laicidad, i.e. secularismo), que nos ha penado y dañado continuamente desde entonces.

---

2 Con "forma de culto" quiero decir la *Gestalt* o totalidad del rito tal como es celebrado, con sus textos, cantos, gestos y ceremonias, así como también con sus prerrequisitos, expectativas, asociaciones e historia de uso y recepción.

3   Mi crítica es más fundamental que la cuestión de los "abusos litúrgicos", aunque tales abusos siguen siendo hoy muy numerosos y ocurren en una vasta extensión del mundo católico. Muchos de ellos, comprobados con documentación, son mencionados por John Monaco en su artículo "The 'Other' Abuse Crisis in the Catholic Church that No One is Talking About," *Medium*, febrero 21, 2019. Ciertos eclesiásticos en altos cargos reconocen la existencia de algunas ocasionales protestas por los abusos, sin tomar medidas serias para erradicarlos. Ver "Crocodile Tears and Hand-Wringing: No GPS Coordinates for the Unicorn," en Peter Kwasniewski, *The Road from Hyperpapalism to Catholicism: Rethinking the Papacy in a Time of Ecclesial Disintegration* (Waterloo, ON: Arouca Press, 2022), vol. 2, cap. 59.

Alguien podría objetar: "si hubiéramos de regresar hoy al culto romano tradicional, ¿no estaríamos cometiendo un crimen igual, al infligir un súbito y grave cambio al Pueblo de Dios? ¿No tendría también esto el resultado de agitación, confusión y anarquía?" Mi respuesta es que las dos situaciones son totalmente diferentes. No niego que la grandeza de la liturgia católica heredada fue oscurecida o desconocida de muchos modos antes del Concilio, y que el Movimiento Liturgico original tenía algunas propuestas legítimas para restaurar aquella grandeza, como, por ejemplo, privilegiar la Misa cantada por sobre la Misa rezada, y animar a los fieles a cantar el Ordinario y sus respuestas. Sin embargo, la violencia que se ha hecho a la liturgia en las reformas de Pío XII y especialmente de Pablo VI, señala un punto de inflexión entre la salud y la enfermedad, entre la riqueza y la pobreza. A medida que la auténtica liturgia romana es redescubierta y reintroducida, pasamos de la enfermedad a la salud, de la penuria a la riqueza. Ambas transiciones sólo pueden ser llamadas "cambios enormes"; pero uno de ellos fracturó e hirió, en tanto que el otro cura y sana. El movimiento tradicional desea, a imitación de Cristo, "buscar y salvar lo que estaba perdido" (Lucas 19, 10). Aunque ello sea muy incómodo y desafiante para algunos, la recuperación de la tradición católica es saludable e inevitable, necesaria para la paz de la Iglesia e incluso, se podría decir, para su supervivencia.

¿Sobre qué base hago estas osadas afirmaciones? Me concentraré en tres áreas de problemas: los males de la arbitrariedad, el hecho de los contenidos aguados o silenciados, y los peligros del hiperpapismo. Y luego me referiré a qué se puede hacer para sanar al cuerpo herido.

LOS MALES DE LA ARBITRARIEDAD

Todas las tradiciones litúrgicas, a medida que crecían bajo el influjo del Espíritu Santo, fueron haciendo fijo su lenguaje y su ritual. Aunque pueda haber habido improvisación en la primera liturgia cristiana, ello dio rápidamente paso, por razones teológicas y pastorales obvias, a formas definidas, acuñadas en un lenguaje sagrado, transmitidas y veneradas como materialización de la sabiduría apostólica y patrística. Consúltese y véase la historia de todo rito litúrgico: no hay excepciones a esta norma[4].

La decisión, por tanto, de reintroducir una amplitud de opciones en la liturgia neo-romana fue un golpe dado directamente a la comprensión tradicional de la liturgia y a su práctica, un golpe a la oración formal, pública, objetiva, de la Iglesia, y una afirmación del voluntarismo y del liberalismo modernos. En otras palabras, el *Novus Ordo* no desafió la *hubris* del hombre moderno, sino que capituló ante sus inclinaciones. No se trata sólo de una liturgia diseñada *para el "hombre moderno"*, visto como un exótico objeto de evangelización, con poco en común con sus antepasados; sino que se trata también de una liturgia *desde la modernidad*, empapada con los principios del Modernismo, condenados por San Pío X en *Pascendi Dominici Gregis*. Estos principios incluyen los siguientes: la religión es una cuestión primariamente de sentimientos individuales, una intuición del corazón, un inmanente surgir de una "necesidad" de lo divino, que ha de reflejar la evolución de la conciencia humana; la idea de una doctrina, de normas de comportamiento y de acciones rituales fijas y estables no puede reconciliarse con el progreso de la ciencia y de la filosofía; lo milagroso, lo sobrenatural y lo ultramundano deben ser expurgados o, al menos, disminuídos; el propósito de las Sagradas Escrituras es provocar en nosotros nuevas experiencias de ser tocados por Dios, y el propósito de los sacramentos es recordarnos una visión ética del mundo y avivar la conciencia de nuestra valía personal. Estos principios no solamente son diferentes de los del catolicismo, sino que le son contrarios[5].

¿Cómo se manifiesta el voluntarismo litúrgico en los hechos? El lunes, podemos recitar la Plegaria Eucarística II, porque el lunes es muy atareado; el martes, vamos con la Plegaria Eucarística III para que podamos mencionar en voz alta un de par de santos de conmemoración opcional; el miércoles, por qué no cambiar un poco

---

4 Ver mi artículo "From Extemporaneity to Fixity of Form: The Grace of Liturgical Stability," *NLM*, octubre 11, 2021; cf. "The Fixity of Liturgical Forms as an Incentive to Prayer and Lectio Divina," *NLM*, enero 23, 2017.

5 Ver "Pius X to Francis: From Modernism Expelled to Modernism Enthroned," en Kwasniewski, *The Road from Hyperpapalism*, vol. 2, cap. 62.

con la Plegaria Eucarística IV, que es *avant-garde*; y, si nos parece, el jueves podríamos recurrir al viejo Canon romano, que tiene un raro y particular encanto. De esta forma, la liturgia reformada eleva a nivel de principio del culto público la decisión arbitraria y las sensaciones del celebrante. Digo "arbitraria" en sentido estricto: cualesquiera sean las razones, buenas o malas, para escoger ésta o aquella opción, *todo surge de él mismo*, y en esa medida deteriora la liturgia como obra de Dios y de la Iglesia, cuyo humilde ministro el sacerdote está llamado a ser. Surge la paradoja de una *lex orandi* que obliga a su usuario a no estar obligado por ninguna ley de comportamiento o de enunciación; que exige que a él no se le exija actuar o hablar de ésta o aquella forma; que impone una libertad inconveniente, en un ámbito en que el alma y el cuerpo debieran estar obviamente sometidos a su Maestro celestial[6]. "Este es uno de los problemas de disfrazar el *Novus Ordo*; implica agregar prudencialmente prácticas y pertrechos, y ello puede dar ocasión al orgullo"[7].

---

6   Para que nadie me acuse de estar exagerando el problema, podemos leer, en un periódico reputadamente conservador, una expresión perfecta de la mentalidad que aquí estoy criticando: "Las partes opcionales ampliadas de la Misa, mencionadas en el *Missale Romanum*, han permitido también una mayor amplitud pastoral en la celebración de la liturgia. El P. Samuel Martin . . . dijo al *Register* que las variaciones de la anáfora le permiten adaptar la liturgia a las necesidades de sus parroquias. 'Por ejemplo, uso la Plegaria Eucarística 2 en los días de semana', declaró; "la N° 3 para funerales y matrimonios, y la N° 1, el Canon romano, para los fines de semana"... A pesar de la variedad, declaró el P. Martin, brilla la continuidad entre la Misa y el rico patrimonio de la Iglesia y de la Tradición, especialmente cuando se recita la Primera Plegaria Eucarística, el Canon de la Misa. "Algunas personas obtienen un beneficio del Canon", declaró. "Les gusta oír todos esos nombres de los primeros santos y mártires de la Iglesia. Esa es una de las veces en que retenemos la continuidad: esas plegarias han sido recitadas durante siglos, y alguien irá a haber ante el altar de San Juan o de Cristo Rey que recite esas mismas oraciones en los siglos futuros". *National Catholic Register*, "St. Paul VI's 'Missale Romanum' Turns 50," abril 3, 2019. Adviértase las palabras: "obtienen un beneficio", *"es una de las veces en que retenemos la continuidad"* –¿en contraste con todas las demás veces en que no la retenemos?–. Difícilmente podría uno inventar esto.

7   Matthew R. Menendez, "Youth and the Liturgy," en *Liturgy in the Twenty-First Century: Contemporary Issues and Perspectives*, ed. Alcuin Reid (New York: Bloomsburg, 2016), 168. Ver mi artículo "Men Must Be Changed by Sacred Things, and Not Sacred Things by Men," *OnePeterFive*, septiembre 15, 2021.

En el Oriente cristiano, los días en que se usa diferentes anáforas están escritos en piedra: no hay lugar a opción alguna. La
misma práctica prevaleció en Occidente: independientemente
de la variante regional especial que se estuviera usando, existió
siempre una norma fija de culto que todos los creyentes, clero
y laicos, recibían de la tradición con respeto. De este modo, se
replicaba lo que pasa con la doctrina de la fe, que es recibida de
Cristo, de los Apóstoles y de la Iglesia, y que no es fabricada ni
modificada según las conveniencias ni el capricho ni las teorías
de nadie en ningún tiempo o lugar.

Y así, tal como aceptamos como proveniente de Nuestro Señor
Jesucristo el que es adulterio tomar otra pareja mientras el esposo
o esposa están vivos, y como proveniente de San Pablo el que los
adúlteros no pueden sin pecado acercarse al Santísimo Sacramento ni heredar el reino de los cielos, así también aceptamos
que el Sacrificio de la Cruz nos fue transmitido en el misterio de
la Sagrada Eucaristía, y que los Apóstoles son los primeros sacerdotes, ordenados para perpetuar este misterio. No hay más razones para reverenciar el matrimonio o el don de la vida humana
que las que tenemos para reverenciar la Eucaristía o la Misa, de
la que es el centro. Dicho de otra forma: quien piensa la liturgia
como un artefacto humano en el que podemos interferir libremente en el taller, tarde o temprano tratará la moral como un
constructo social que podemos manipular a placer. En este sentido, los principios y la mentalidad que están detrás de *Amoris
Laetitia* del papa Francisco concuerdan perfectamente con los de
Missale Romanum de Pablo VI, con la promoción de las mujeres
a los ministerios y oficios eclesiásticos extrapolados del intento
de Pablo VI de suprimir las tradicionales Ordenes Menores; y la
abolición de la pena de muerte está en armonía con la abolición
de los exorcismos en el rito de bautismo de Pablo VI[8].

---

8   Ver Peter Kwasniewski, *Ministers of Christ: Recovering the Roles of Clergy
and Laity in an Age of Confusion* (Manchester, NH: Crisis Publications, 2021);
"What Good is a Changing Catechism? Revisiting the Purpose and Limits of
a Book," en Kwasniewski, *The Road from Hyperpapalism*, vol. 2, cap. 40; y
mi artículo "The Excision of Exorcisms as a Prelude to Devil-Denial," *One-
PeterFive*, junio 19, 2017; cf. Thomas Pink, "Vatican II and Crisis in the

Para aquéllos que tienen ojos para ver y oídos para oír, he aquí que la Divina Providencia ha venido poniendo frente a nosotros, desde hace medio siglo, la prueba más dramática jamás vista en la Iglesia de la verdad del axioma *lex orandi, lex credendi, lex vivendi*. La orientación de nuestra oración no puede sino afectar la orientación de nuestra doctrina, y la orientación de ésta afecta el ámbito del comportamiento. No es por nada que los profetas del antiguo Israel comparaban la idolatría y la violación del culto del templo con la fornicación y el adulterio. Los masivos cambios de la *lex orandi* anunciaron al mundo la posibilidad y, de hecho, la probabilidad de cambios masivos en la *lex credendi*, que habían de ser seguidos por masivos cambios en la *lex vivendi*.

CONTENIDOS AGUADOS, SILENCIADOS

Aunque resulte escandaloso, gran parte del contenido del nuevo misal sólo puede describirse como doctrina, música y ceremonias aguadas, y, en comparación con el antiguo, como comida ligera, como un escuálido *salad bar*.

El arzobispo Arthur Roche nos dice, cada vez que se le presenta la ocasión, que la "Misa actual" ostenta "una selección más rica de oraciones y de lecturas de las Escrituras"[9]. Es verdad: el misal de Pablo VI toma su eucología, o textos de plegarias, de una variedad más amplia de fuentes contenidas en antiguos manuscritos; pero personas como Roche se abstienen cuidadosamente de advertir que el *Consilium* modificó gravemente la mayor parte de los textos

Theology of Baptism," publicado en *The Josias* en noviembre 2, 5, y 8, 2018.
9   See Cindy Wooden, "Archbishop says most bishops see importance of 'Traditionis Custodes,'" *National Catholic Reporter*, enero 21, 2022. En otro lugar, en su artículo "The Roman Missal of Saint Paul VI: A witness to unchanging faith and uninterrupted tradition" (*Notitiae* 597 [2020]: 248–58), Roche sostiene, con asombroso desprecio de la verdad, que el *Novus Ordo* ha conservado el 90% de los textos del misal de Pío V, aunque la cifra verdadera para la eucología es, como hemos visto, de apenas 13%. Roche simplemente repite lo que dice el papa Francisco en la carta que acompaña al *motu proprio*: "Quien quiera celebrar devotamente según las formas más antiguas de la liturgia, encontrará en el Misal Romano reformado según el Concilio Vaticano II todos los elementos del rito romano", y sostiene que el *Novus Ordo* es un rito "en que se conserva la riqueza de la tradición litúrgica romana". A mi juicio, tales declaraciones pueden figurar entre las más grandes mentiras que jamás se hayan escrito en un documento papal.

que tomó en préstamo, alterando su mensaje, y suprimiendo el material considerado "difícil" o "irrelevante" para el "hombre moderno". Lo que se termina teniendo en el misal no es una plétora de fuentes antiguas, sino un préstamo hecho en la década de 1960, cuidadosamente filtrado y reescrito. Ratzinger reconoce esto con gran claridad: "El nuevo Misal se publicó como si fuera un libro armado por profesores, no como una fase en un continuo proceso de crecimiento. Tal cosa jamás ocurrió anteriormente, es absolutamente contraria a las leyes del crecimiento litúrgico y ha resultado en la insensata idea de que Trento y Pío V "produjeron" un Misal hace cuatrocientos años. La liturgia católica quedó así reducida al nivel de un mero producto de los tiempos modernos"[10]. Este esnobismo cronológico está perfectamente expresado en un memorandum del *Consilium*, encargado de la reforma litúrgica, con fecha septiembre 9, 1968:

> A menudo es imposible, ya sea conservar oraciones que están en el Misal Romano [de 1962], ya sea tomar oraciones apropiadas en préstamo del tesoro de la eucología antigua. En realidad, la oración debiera expresar la mentalidad de nuestra época actual, especialmente en lo relativo a las necesidades temporales, como la unidad de los cristianos, la paz, el hambre... Además, nos parece que no siempre es posible para la Iglesia hacer uso, en cada ocasión, de oraciones antiguas, que no corresponden al progreso doctrinal visible en encíclicas recientes como *Pacem in Terris* y *Populorum Progressio*, y en documentos conciliares como *Gaudium et Spes*[11].

---

10   Joseph Ratzinger, *The Feast of Faith: Approaches to a Theology of the Liturgy*, trad. Graham Harrison (San Francisco: Ignatius Press, 1986), 86. Adviértase cómo el arzobispo Arthur Roche, en una entrevista de noviembre 14, 2021, hizo suya exactamente la misma errónea opinión mencionada por Ratzinger: "Lo que se produjo en 1570 fue algo totalmente apropiado para la época. Lo que se ha producido ahora [i.e. el *Novus Ordo*] es algo también totalmente apropiado para esta época". Citado en Hannah Brockhaus, "Vatican archbishop: Traditional Latin Mass 'experiment' not successful in reconciling SSPX," *Catholic News Agency*, noviembre 16, 2021.
11   Esquema 306 (De Missali), septiembre 9, 1968, p. 7, trad. Matthew P. Hazell, *The Post-Communion Prayers in the Ordinary Form of the Roman Rite: Texts and Sources* (n.p.: Lectionary Study Press, 2020), xxi–xxii. Esta mentalidad de *aggiornamento* encontró su expresión consumada y engañosamente

Del mismo modo, cuando algunos hicieron "urgentes peticiones de que se bajara el tono de las palabras" de las intercesiones del antiguo Viernes Santo que "les sonaban mal", Bugnini los oyó con placer: "Es siempre desagradable tener que alterar textos venerables que, durante siglos, han efectivamente alimentado la devoción cristiana y están rodeados de cierta fragancia de la edad heroica de los comienzos de la Iglesia. Es, sobre todo, difícil revisar obras de arte literarias, insuperables por su concisión. Con todo, se estimó necesario enfrentar la tarea, para que nadie pudiera encontrar un malestar espiritual en la oración de la Iglesia"[12]. De acuerdo con esta política, sólo 13% de las oraciones del antiguo misal, que fue la columna vertebral del culto católico romano, fue incorporado sin cambio alguno en el nuevo misal: 165 de 1.273 oraciones. Otro 24.1% (307) fue corregido. Otro 16.2% (206) fue entretejido con otras oraciones (combinando partes de muchas oraciones para formar una sola oración nueva). Nada menos que un 52.6% (669) de las oraciones del *usus antiquior* fue excluído de la nueva liturgia, cuya memoria quedó así dañada por el *Consilium*[13]. ¿Quiere esto decir que el 87% de las oraciones eran defectuosas o necesitan ser puestas al día? El hombre verdaderamente religioso no piensa nunca de este modo, que es el proceso de pensamiento de una persona completamente arreligiosa. Cómo pueda una conciencia católica considerar esto como aceptable, me es absolutamente incomprensible.

---

modesta en la Instrucción General del Misal Romano, que declara, hacia el final de la Introducción: "A causa . . . de la misma actitud frente al nuevo estado del mundo tal como es hoy, pareció que no significaba en absoluto dañar tan respetable tesoro el cambiar algunas frases a fin de que el lenguaje estuviera de acuerdo con la moderna teología, y reflejara efectivamente el estado actual de la disciplina de la Iglesia. Por ello, han cambiado varias expresiones sobre la evaluación del uso de los bienes terrenos, como lo han hecho también varias que aludían a ciertas formas de penitencia externa, que fueron más apropiadas a otros períodos del pasado de la Iglesia".

12   Annibale Bugnini, *The Reform of the Liturgy 1948-1975*, trad. Matthew J. O'Connell (Collegeville, MN: The Liturgical Press, 1990), 119.

13   Esta información proviene del detallado análisis estadístico hecho por Matthew Hazell, que está acompañad por toda la documentación del caso: "'All the Elements of the Roman Rite'? Mythbusting, Part II," *NLM*, octubre 1, 2021.

El trabajo de Lauren Pristas ha demostrado, con detalles que dan vergüenza ajena, que las Colectas del misal fueron sistemáticamente reescritas para disminuír o eliminar los elementos dogmáticos, morales y ascéticos considerados desagradables para el "hombre moderno", y para inculcar nuevos y más actualizados principios. Así, se purgó las menciones del ayuno, de la mortificación corporal y del desprecio del mundo, prominentes en la época de Cuaresma, y se las reemplazó con inofensivas generalidades[14]. Es como si los reformadores, quizá cansados de la creciente desarmonía entre religión y modernidad, hubieran querido reemplazar el ayuno literal por un metafórico ayuno de las suculencias del banquete del ceremonial católico, y la abstinencia de carne real por la de la carne de las oraciones tradicionales.

Los peritos, con sus tijeras y pegamentos, se afanaron rechazando o reescribiendo la mayor parte de lo que les cayó entre manos. El proceso de corrección fue implacable, quitando la mayoría de las referencias al "desapego respecto de lo temporal y deseo de lo eterno; la Realeza de Cristo sobre el mundo y la sociedad; la lucha contra la herejía y el cisma, la conversión de los incrédulos, la necesidad de regresar a la Iglesia católica y a la auténtica verdad; los méritos, los milagros y las apariciones de los santos; la ira de Dios ante el pecado y la posibilidad de la condenación eterna"[15]. Se acabaron las referencias a la lucha contra nuestra pecaminosa naturaleza caída, contra las ofensas a la Divina Majestad; a las heridas del alma, al meritorio arrepentimiento, al remordimiento y a la reparación; a la necesidad de la gracia para poder realizar cualquier acción buena; al misterio de la predestinación; a las reliquias de los santos; a la subordinación del orden secular al sagrado, y de este mundo al mundo futuro; a las trampas del enemigo; a la victoria sobre las fuerzas hostiles, incluídos los paganos; a las bellas oraciones dirigidas especialmente a Jesucristo como Dios.

¿Cómo es que, en verdad, puede un misal que carece de todas estas antiguas riquezas representar una "más rica selección de

---

14 Ver especialmente su obra *Collects of the Roman Missals*.
15 Michael Fiedrowicz, *La Misa tradicional. Historia, forma y teología del rito clásico romano* (Carthusianus Verlag, 2021), 243, con abundancia de notas.

oraciones"? Por el contrario, dicha selección, precisamente porque es una selección de los "expertos" de la década de 1960, es
teológicamente más estrecha, culturalmente más débil, y espiritualmente más pobre. Las oraciones del antiguo misal expresan
mucho mejor toda la altura y profundidad de los divinos misterios
y la variedad de respuestas humanas a ellos.

Lo que la Prof. Pristas ha mostrado de las Colectas dominicales
en los Propios del Tiempo, puede mostrarse también –y se lo ha
hecho– de todas las demás áreas de la liturgia. Se podría revisar los antiguos domingos después de Pentecostés, los Evangelios
sobre los cuales ha predicado San Gregorio Magno, que atestiguan
que este ciclo de lecturas data del siglo VI y, muy probablemente,
es todavía más antiguo. Pero fue suprimido por los reformadores
modernos y reemplazado por su propia creatura. Se transformó
el carácter deprecatorio del prefacio de los Apóstoles en otro de
carácter declaratorio: mientras que antes la Iglesia rogaba que
el Señor, por intercesión de los Apóstoles, no dejara a su Iglesia, ahora ella arrogantemente presume que El no la dejará, sin
importar cuán mal ella se comporte[16]. El rito del bautismo, así
como el de todos los demás sacramentos, fue modificado hasta el
punto de no reconocérselo. La lista suma y sigue. Por doquiera
que uno mire, se ve la tradición suprimida, el desarrollo rechazado, y se persigue las novedades con gran contento. ¿Cómo se
podría, frente a esta inmensa cantidad de pruebas, alegar que
"no ha habido ruptura", o que la ruptura se da sólo en detalles
insignificantes?

Nuestro mundo está obsesionado con que esto es "*low-fat*" o que
aquello es "bajo en calorías". Pablo VI, anticipándose al espíritu
de los tiempos, nos dio una dieta litúrgica "*low-fat*", "sin calorías". Casi todos los cambios importantes en la liturgia apuntaron
a simplificaciones, supresiones, abreviaciones y amputaciones.
Pero Dios Todopoderoso tiene una opinión muy diferente sobre
el tipo de culto que le damos y sobre la clase de sustento que El
quiere darnos. En el libro de Ezequiel nos dice: "Los sacerdotes
levitas . . . serán mis allegados para ministrar ante mí y ofrecerme

---

16 Ver p. 250, nota 4.

la grosura y la sangre" (Ez. 44, 15). En Levítico se dice sucintamente: *"Omnis adeps, Domini erit"* (Lev. 3, 16): "toda grasa es del Señor". *Deo optimo maximo*, "a Dios, el mejor, el mayor", no se le debe ofrecer nada que no sea lo mayor y lo mejor. El salmista dice: "Acuérdese de todas tus oblaciones y encuentre suculento tu holocausto", *holocaustum tuum pingue fiat* (Salmo 19, 4), y en el libro de Daniel: "Como los holocaustos de los carneros y de los toros, como las miríadas de los gruesos carneros, así sea hoy nuestro sacrificio delante de ti, a fin de aplacar tu rostro" (Dan. 3, 40). Cuando damos a Dios lo mejor del sacrificio, El nos alimenta, a su vez, con lo mejor de Sí mismo: "los mantendría de la flor del trigo, y de miel (salida) de la roca los saciaría" (Salmo 80, 17), versículo que está en el Introito de la Misa de Corpus Christi: *Cibavit eos de adipe frumenti*. Uno de los grandes salmos cantados en Laudes lo dice de modo óptimo: *Sicut adipe et pinguedine repleatur anima mea, et labiis exsultationis laudabit os meum*, "Como de médula y de grosura se saciará mi alma, y mi boca te cantará con labios jubilosos" (Salmo 62, 6).

La gordura del sacrificio no es sólo Jesucristo, Hijo de Dios e Hijo de María, quien es el mejor y mayor don de Dios, sino que lo es también nuestro esfuerzo inspirado por Dios y unido al de Cristo: la plenitud de nuestras oraciones y alabanzas, las bellas artes y las artes aplicadas, nuestros movimientos físicos y nuestras elevaciones espirituales, nuestras devociones y alegorías. El desarrollo de los ritos litúrgicos de Oriente y de Occidente es la más especial donación que la Divina Providencia hace a la Iglesia, porque El merece, exige y disfruta la más rica ofrenda que nosotros los hombres podemos hacerle, y por tanto El *nos provee con el sacrificio*, no sólo en la mera forma de pan y de vino, sino en el acto de adoración lujosamente vestido, regiamente adornado, simbólicamente denso que El ha hecho aparecer en medio de su templo mediante una larga historia de concentración, refinamiento e interpretación culturales[17]. *Esta es la totalidad* de la

---

17 Joseph Shaw: "Esta es, pues, la paradoja del desarrollo de la tradición. Mientras más rica la tradición, más hay para contemplar, para inspirar arte, música y poesía; y todo esto puede ser tomado en diferentes sentidos. Al mismo tiempo la tradición nos ata, y el significado central, reiterado de

ofrenda quemada. Nuestros ritos litúrgicos debieran ser, en realidad, como "miríadas de gruesos carneros"[18].

Cuando observamos la tradición con cuidado y piedad, vemos que lo que ella nos ha legado es mucho mejor que todo lo que podríamos crear por nuestra parte, aunque amontonáramos "expertos" en un comité, y aunque los respaldáramos con el poder papal. El antiquísimo Oficio Divino, digamos Laudes o Vísperas cantados por monjes o monjas benedictinos tradicionales, proporciona un ejemplo irrefutable de la magnificencia sobrehumana de un modo de cantar alabanzas a Dios, lentamente madurado. Los ondulantes versículos de los salmos, cantados en ocho tonos gregorianos, con sus terminaciones sutilmente variadas y encuadrados por preciosas antífonas; el suave ascenso hacia un capítulo, un himno, un versículo, la antífona del *Benedictus* o del *Magnificat*, el cántico del Evangelio, las oraciones finales... Nada que nosotros, sentados en torno a una mesa, pudiéramos inventar podría compararse con todo esto en inventiva musical, en coherencia

---

mil modos por generaciones de comentaristas, se hace mucho más enfático. La opinión de Jungmann y de otros críticos de la tradición a partir del siglo XVI es que la elaboración de la tradición –'añadidos' es la palabra favorita de esta escuela de pensamiento– no sirve sino para oscurecer el significado original y auténtico de la liturgia. Para quienes están en el interior de una comunidad de creencias, sin embargo, esto es una declaración sorprendente, a menos que se crea que la Providencia y los ministros de la Iglesia, encargados de desmalezar los desarrollos heterodoxos, fueron totalmente ineficientes. Tales desarrollos, por el contrario, deben ser entendidos como un construir 'a partir de', un comentar, que elaboran y clarifican el auténtico significado, e incluso, constituyen el 'auténtico' significado en aquellos casos en que no existe un significado 'original' útil, como es quizá el caso en el uso de un tono de voz más alto en la frase *'nobis quoque peccatoribus'*". "Traditions, Liberation, and Meaning," *The European Conservative*, octubre 31, 2021. La impactante imaginería de Ezequiel 47 nos pinta no sólo la inundación de gracia divina, sino también el despliegue de la revelación y de la tradición.

18 Un aspecto moral de este punto es como "gastamos" nuestros recursos personales. Guardando el principio *nihil operi Dei praeponatur* [nada se anteponga al trabajo de Dios, i.e., al culto divino], debiéramos dar lo mejor de nosotros y de nuestro día a Dios en la liturgia, como lo hicieron alguna vez los sacerdotes y los religiosos (y todavía lo hacen, si adhieren a los ritos tradicionales). El hombre postconciliar, en cambio, ha guardado para sí la gordura de su tiempo, de su trabajo, de su energía, alternando un activismo antropocéntrico con una perezosa autoindulgencia, y privando así a Dios del sacrificio que le debemos por derecho divino.

estuctural, en adecuación de contenido, en saturación escritural, y en integración con la Misa. ¿Podría algún orador hacer justicia a las inconmensurables riquezas de tanta música polifónica para el Oficio, para la Misa, y a los textos de devoción de toda clase, a la sublime arquitectura de los edificios construídos para albergar estos rituales y reverberar con su música; a los frescos, esculturas y vitrales que los llenan de silenciosas figuras y narraciones mudas; a las innumerables vestiduras, vasos, y muebles hechos para el altar del sacrificio en que el Rey y Centro de todos los corazones reina victorioso desde su Cruz?

La liturgia latina asimiló y absorbió las riquezas intelectuales y artísticas que fue encontrando en su triunfante recorrido por el mundo, dominando todas las culturas con su propia e imponente *gravitas*. La reforma litúrgica, por el contrario, en nombre de la accesibilidad y adaptabilidad a las diversas culturas, indonesia o polinesia, californiana o de Nebraska, despojó a la liturgia de su propias vestiduras características, de sus ornamentos y de sus símbolos de autoridad, dejándola como una esclava desnuda, lista para ser puesta al servicio de lo que se deseara. Bien podríamos denominar esto como un ensayo de *de*culturación, puesto que el resultado no fue un enriquecimieneto o renovación, sino una destitución, una evacuación. En palabras del profeta Jeremías: "¿Se olvida por ventura la doncella de sus galas, y de su ceñidor la esposa? Pues mi pueblo se ha olvidado de mí ya desde días sin cuento" (Jer. 2, 32). Cualesquiera hayan sido los problemas anteriores al Concilio, no fueron nada en comparación con la situación que le siguió, cuando esta habitación de culto público, barrida y arreglada según un orden racional, se infectó con siete demonios peores que el primero (cf. Mt. 12, 43-45).

Tales maniobras no son sino un asalto frontal a la verdad de la tradición cristiana y a su confiabilidad por parte de hombres de toda condición y época. Hubiera sido diferente si el misal romano hubiera sido solamente aumentado con nuevos Propios para nuevos santos, o con lecturas feriales para Adviento. Pero los revisores desmantelaron y reconfiguraron la totalidad del misal, del breviario, del *Rituale* y del *Pontificale*, conservando, reescribiendo o desechando el material *ad libitum*, según sus opiniones teológicas privadas. La recombinación o reconfiguración de viejos textos en otros nuevos, llevada al extremo, se convirtió en un deporte de extremo riesgo, al que los reformadores se abandonaron con regocijo.

La divergencia entre el rito clásico y el moderno es tan grande que la celebración de la Nueva Misa –con sus lecturas y antífonas nuevas y con una plegria eucarística que no sea el Canon romano– no coincidirá en más de un 10% con el rito antiguo. ¿Creería un cristiano de rito bizantino haber dado adecuadamente culto a Dios si se lo incluyera en una liturgia que contuviera menos de un 10% de las formas heredadas en la Divina Liturgia? ¡Imposible!

Prosigamos por un momento con este experimento mental. Imagínese a la Divina Liturgia de San Juan Crisóstomo como el punto de partida. Pues bien: suprímase la mayor parte de las letanías; sustitúyase la anáfora por otra recién compuesta (dejando iguales sólo las palabras de la consagración); cámbiese *troparia, kontakia, prokeimena* y lecturas; redúzcase bien las oraciones sacerdotales, las incensaciones y signos de reverencia, y luego entréguese a los laicos el cáliz y la cucharita para que cada uno se sirva, como adulto que es.

¿Diría alguien, en su sano juicio, que esto *sigue siendo* la Divina Liturgia Bizantina en el sentido propio del término? Por cierto, podría seguir siendo "válida", pero se trataría de un *rito diferente*, de una liturgia diferente. Para redondear el ejemplo, suprimamos también el iconostasio, demos vuelta al sacerdote para que mire al pueblo, quitémosle algunos de los paramentos y reemplacémoslos por otros horribles, y sustituyamos todos los tonos comunes del canto normal por melodías estilo "show de Broadway" y por cantos folclóricos estilo "contra la guerra en Vietnam". Con esto no tendríamos ya solamente un rito diferente, sino *una experiencia totalmente diferente*. Ya no sería el mismo fenómeno, no sería la misma idea (en el sentido que Newman da a "idea"); no sería la expresión de una misma concepción de mundo; no sería, en el fondo, *la misma religión*, si le damos al término su sentido estricto de virtud por la que honramos a Dios con palabras, acciones y signos exteriores.

EL PELIGRO DEL HIPERPAPISMO

Ese extraño escenario que, hasta donde tengo noticia, no ha tenido jamás lugar en Oriente[19], es trágica y exactamente el mismo que estamos viendo en Occidente. No hay posibilidad alguna de sostener que el Misal de Pablo VI es la "forma" del rito romano. Es un rito nuevo y diferente que tiene algunas débiles conexiones con el rito romano. Por eso es que Klaus Gamber lo llamó "rito moderno", *ritus modernus*[20].

¿Debiera esto alterarnos? ¡Absolutamente sí! Por cierto, si la liturgia fuera sólo un servicio armado por un grupo de hombres y posteriormente hecho válido por un espaldarazo del papa, no debiéramos inquietarnos porque, desde esa perspectiva, la liturgia no sería más que una construcción de un momento, una creación artística sometida a nuestras teorías y caprichos, siempre que la intocable "forma sacramental" permaneciera inviolada[21]. Esto no ha sido jamás, ni podría serlo, la opinión de los cristianos Ortodoxos: esto expresa un positivismo legal hiperpapista, neo-ultramontano, que considera al papa como creador *ex nihilo* de la tradición, o como alguien que le concede valor, más que como un guardián de la continuidad cristiana de la *paradosis*, de la transmisión de lo que hemos recibido, *tal como ha llegado efectivamente* hasta nosotros, y no como debería o podría haber existido o como se le podría haber permitido existir en un lejano pasado, ni como debería o podría existir o como se le podría permitir existir en un lejano futuro. El punto de vista hiperpapista, popular desde

---

19   Con excepción de los ritos maronita y siro-malabar, en que los altares y sacerdotes fueron neciamente vueltos para celebrar *versus populum*. Ver mi artículo "The Maronite Liturgy's Corruption under Modern Western Influence," *NLM*, septiembre 27, 2021. Al menos entre los cristianos siro-malabares se está haciendo un esfuerzo para restaurar la posición *ad orientem*, aunque la habituación a los malos usos ha provocado resistencias.

20   Ver Klaus Gamber, *The Reform of the Roman Liturgy: Its Problems and Background*, trad. Klaus D. Grimm (San Juan Capistrano, CA: Una Voce Press and Harrison, NY: The Foundation for Catholic Reform, 1993), 23-26, 91-95.

21   En la realidad, ni siquiera esas palabras permanecieron invioladas por Pablo VI, quien sacó la frase *mysterium fidei* de la fórmula que se pronuncia sobre el cáliz, y la convirtió en un fragmento aislado, al que los fieles responden con una llamada "aclamación memorial". Ver capítulo 9.

más o menos la época del Primer Concilio Vaticano, transforma al papa en una "combinación de oráculo délfico, super-estrella internacional, dínamo del desarrollo doctrinal, y parámetro de la ortodoxia"[22], cuya mente y voluntad son, en y por sí mismas, siempre correctas, verdaderas, santas y laudables. Esta visión del papado es contradicha no sólo por la verdadera enseñanza del Vaticano I sino también, y más claramente, por los pecados, ofensas y negligencias de los papas postconciliares. Bastará mencionar aquí unas cuantas palabras: *Ostpolitik*; Bugnini; Asís; Corán; Kasper; Maciel; McCarrick; Scalfari; *Amoris Laetitia*; pena de muerte; Abu Dhabi; Pachamama.

La idea de liturgia que deriva del hiperpapismo –es decir, que la forma y contenido de la liturgia están totalmente sometidas a la voluntad papal– no es menos errónea que todo lo anterior. El papa, como soberano que es, no tiene, ontológicamente, potestad para decretar que la tradición no es realmente tradición, ni para decretar que una innovación es "más o menos tradición", ni para decretar que la destrucción e innovación deberá ser llamada "reforma", ni para decretar que una discontinuidad abierta, clamorosa y alabada, es una secreta continuidad. El papa puede usar la fuerza de varios modos, pero no puede hacer *que la realidad no sea lo que es*[23], y así, por ejemplo, no puede declarar que el *usus antiquior* no es la *lex orandi* del rito romano, cuando, objetivamente, es la sustancia misma de la *lex orandi* de ese rito. Ni siquiera Dios puede cambiar el pasado, o violar el principio de no contradicción, y, hasta donde se sabe, el poder del papa parecería ser inferior al del Omnipotente.

Así como recibimos la doctrina católica de nuestros antepasados, recibimos también de ellos nuestro culto y, aunque podemos realzar o aumentar dicho culto a medida que vamos explicando la doctrina católica en sermones, catecismos y tratados, no podemos modificarlo hasta el punto de que, aunque sigamos dándole el

---

22 Ver "When Will Catholics Wake Up and See the 'Mess' Pope Francis Has Made?" en Kwasniewski, *The Road from Hyperpapalism*, vol. 2, cap. 20.
23 Debo en parte esta formulación de mi idea aquí a una contraparte, cuyo nombre he olvidado, en un diálogo en Facebook; quienquiera que sea, se la agradezco de corazón.

mismo nombre, ya no sea reconocible. Como diría San Vicente de Lérins, la Iglesia acoge el *profectus*, crecimiento, pero no la *permutatio*, mutación, y si llegara a ocurrir esta última, el resultado no sería una mejora sino una deformidad. La tradición eclesiástica procede por aumento o adición: a medida que nuestro culto se desarrolla, su significado queda más claramente articulado y expresado. El auténtico desarrollo en la era del Espíritu Santo, es decir, en el período entre Pentecostés y la Parusía, es teleológico, y logra expresiones más adecuadas, más plenas, más impresionantes de los misterios.

En resumen, la liturgia se perfecciona con el tiempo, y a menos que queramos decir que Nuestro Señor habló mentirosamente cuando prometió que estaría siempre con su Iglesia hasta el fin del mundo, o a menos que querramos decir que el Espíritu Santo *no ha conducido a la Iglesia* hacia la plenitud de la verdad sino que le ha permitido extraviarse y confundirse gravemente *durante siglos*, no osaremos abolir o alterar radicalmente la liturgia. Hacer esto último contradeciría el significado que la Iglesia ha llegado a comprender y expresar en estos ritos, en toda su particularidad[24]. En otras palabras, la expresión litúrgica de la fe no es como un conjunto de piezas Lego premanufacturadas con las que puede irse construyendo infinitas nuevas formas, de acuerdo con las ideas o gustos de los que juegan con ellas. Como el Credo que recitamos, la liturgia es fija y estable, y aunque podemos expandir un Credo (tal como el de Nicea fue expandido por el de Constantinopla), no podemos reducirlo ni abolirlo.

---

24 El argumento de que el papa Pío V "suprimió muchas secuencias" parece "leyenda urbana". De partida, y con clásico conservadurismo romano, el Misal de la Curia romana, antecedente medieval del Misal de San Pío V, jamás aceptó muchas secuencias. Después de 1570, a medida que las Iglesias abandonaban sus usos locales y adoptaban el de Roma, suprimieron las secuencias debido a que éstas no estaban en el libro romano. Lo mismo ocurrió con quienes, aunque reteniendo sus usos propios, como los Premonstratenses, los reformularon a imitación del Misal romano. Es natural que la piedad lamente la pérdida de parte de la gran poesía medieval, y ciertamente podemos tratar de incorporarla en la liturgia. La verdadera renovación litúrgica incluye la recuperación inteligente de elementos perdidos por olvido o por decisiones pragmáticas.

El sacerdote dominico francés Roger-Thomas Calmel (1914-1975), quien rehusó celebrar el *Novus Ordo*, fue un correcto representante del punto de vista de San Vicente de Lérins en lo que respecta a *profectus* y *permutatio*:

> Nuestra resistencia cristiana como sacerdotes y laicos es una resistencia muy dolorosa, porque nos obliga a decir no al papa mismo en lo relativo a la manifestación modernista de la Misa católica. Nuestra resistencia, respetuosa pero inquebrantable, es impuesta por el principio de total fidelidad a la Iglesia viviente de todos los tiempos; en otras palabras, por el principio de fidelidad viva a los desarrollos de la Iglesia. Jamás hemos pensado en rechazar ni impedir lo que algunos (con palabras asaz ambiguas) llaman "progreso" en la Iglesia; nosotros lo llamaríamos, más bien, crecimiento homogéneo en materias doctrinales y litúrgicas, en continuidad con la Tradición, en vista de la *consummatio sanctorum*. Tal como el Señor nos lo enseñó en parábolas, y como San Pablo nos lo enseña en sus epístolas, creemos que la Iglesia, a través de los siglos, crece y se desarrolla armónicamente en medio de mil adversidades, hasta cuando llegue el glorioso retorno de Jesús mismo, su Esposo y Señor Nuestro. Convencidos como estamos de que, a lo largo de los siglos, tiene lugar un crecimiento de la Iglesia, y puesto que estamos firmes en nuestro deseo de ser parte, hasta donde es posible para nosotros, de este movimiento misterioso e ininterrumpido, rechazamos ese supuesto progreso que se remite [únicamente] al Vaticano II y que, en realidad, es una mortal desviación. Volviendo a la clásica distinción de San Vicente de Lérins, mientras más deseamos el buen desarrollo -un espléndido *profectus*-, más rechazamos, sin concesiones, toda ruinosa *permutatio* y cualquier alteración radical y vergonzosa; radical, puesto que proviene del modernismo y niega toda fe; vergonzosa, puesto que las negaciones de los modernistas son sospechosas y escondidas[25].

Diez años después del motu proprio *Ecclesia Dei*, el Cardenal Ratzinger formuló esta fina observación en un discurso pronunciado ante los obispos de Chile:

---

25 En la revista *Itinéraires* de junio 1971, citado por Roberto de Mattei, *Love for the Papacy*, 2-3.

Conviene recordar aquí que el Cardenal Newman observaba que la Iglesia, a través de su historia, no ha abolido jamás ni prohibido las formas litúrgicas ortodoxas, cosa que sería totalmente ajena al espíritu de la Iglesia. Una liturgia ortodoxa, es decir, una liturgia que exprese la verdadera fe, no es jamás una compilación de diversas ceremonias, tratadas de un modo positivista y arbitrario, hecha con un criterio pragmático: una cosa hoy, otra cosa mañana. Las formas ortodoxas del rito son realidades vivientes, nacidas del diálogo amoroso entre la Iglesia y su Señor; son expresiones de la vida de la Iglesia, un destilado de la fe, de la oración y de la vida misma de muchas generaciones, que se encarna en formas específicas tanto por la acción de Dios como por la respuesta del hombre[26].

¿Permitirían las leyes de la lógica o de la metafísica invertir estos juicios de Newman, Calmel y Ratzinger? ¿Podríamos decir que si es abolida o prohibida una forma litúrgica ortodoxa ello no puede deberse a algo hecho por la Iglesia, sino por eclesiásticos que abusan de su autoridad? ¿Podríamos decir que una liturgia que es una "compilación de diversas ceremonias, tratadas de un modo positivista y arbitrario, hecha con un criterio pragmático" no es, por esa misma razón, una liturgia ortodoxa? ¿Podríamos decir que cualquier liturgia nacida no "del diálogo amoroso entre

---

26   Joseph Ratzinger, "Ten Years of the Motu Proprio *Ecclesia Dei*," pronunciado en octubre 24, 1998, en el palacio Ergife, de Roma. Ratzinger prosigue: "Tales ritos pueden morir, si quienes los han usado en una época determinada desaparecen, o si la situación vital de esas personas cambia. La autoridad de la Iglesia tiene poder para definir y limitar el uso de tales ritos en diversas situaciones históricas, ¡pero ella no puede jamás prohibirlas, pura y simplemente! Y así, el Concilio ordenó una reforma de los libros litúrgicos, pero no prohibió los libros anteriores". Me pregunto todavía por qué este importante discurso de 1998, que contiene tal riqueza de reflexiones sobre la liturgia, fue omitido del volumen 11 de *Collected Works* de Ratzinger, editado por el Cardenal Müller y publicado en inglés por *Ignatius Press*. Se trata de una peculiar omisión, como puede comprobarlo por sí mismo cualquiera que estudie ese texto, disponible *online*. Mons. Fulton J. Sheen, al narrar una Misa Pascual filmada en 1941 en la Iglesia de Nuestra Señora de los Dolores de Chicago, se hace eco de Newman al decir: "Es un antiguo principio de la Iglesia no suprimir completamente de su culto público ninguna ceremonia, objeto u oración que haya alguna vez formado parte de ese culto".

la Iglesia y su Señor" sino armada por peritos y obispos *avant-garde* en docenas de grupos de estudio, orquestados por un secretario con opiniones decididamente anti-tradicionales, no es una "realidad viviente", ni la expresión "de la vida de la Iglesia", ni el "destilado de la fe, de la oración y de la vida misma de muchas generaciones"?[27] Finalmente, ¿podríamos decir que esta forma de culto, sea ella lo que fuere desde otros puntos de vista, está muy lejos de ser algo que "se encarna en formas específicas tanto por la acción de Dios como por la respuesta del hombre"?

Sí, positivamente podemos decir todo esto. Lo cual constituye una prueba de la magnitud de nuestra crisis. No se puede crear un todo viviente con muchas formas de erudición unidas con pegamento. No se puede, con sólo quererlo, atribuírle a una "manufacturación instantánea" una historia compleja, matizada, de siglos de maduración, como tampoco se puede producir mágicamente una nación llamada Esperanza, patria de una raza de "esperantes", que han hablado desde hace siglos un idioma propio llamado "Esperanto". El *Novus Ordo* es como el Esperanto: una organización perfectamente racional de funciones lingüísticas, que nadie habla como lengua materna, que carece de toda historia y cultura, excepto la de la comunidad de especialistas que la compusieron. Entre tanto, se excluye la lengua latina, verdaderamente bella, irregular y rica y su incomparable encuadre musical gregoriano. Nunca había sido tan verdadero aquello que se dice de los especialistas: son como campanas, amplios en un lugar, pero estrechos y fríos en otro; en tanto que la tradición, hogar común de los hombres, es como el océano: incalculablemente vasto, incomparablemente profundo, temible, sublime, hervidero de vida y de alimento, evocador de infinitos viajes.

---

27 Como Benedicto XVI escribió al Cardenal Müller el 31 de julio de 2017: "En los confusos tiempos en que vivimos, toda la competencia teológico-científica y la sabiduría de quien tiene que tomar las decisiones finales me parecen de una vital importancia. Por ejemplo, creo que las cosas hubieran ocurrido de otro modo en la Reforma Litúrgica si las palabras de los expertos no hubieran sido las últimas, sino que, con independencia de ellos, hubiera dado su juicio una sabiduría capaz de reconocer los límites de un enfoque 'simplemente' pericial". Publicado en *Rorate Coeli*, enero 2, 2018.

En su discurso de 22 de septiembre de 2011 al Parlamento Alemán, en el Reichstag, Berlín, el papa Benedicto XVI hizo la distinción entre el mero éxito, que la técnica puede alcanzar, y la sabiduría, que sólo se adquiere con la asimilación de la tradición. El papa cita la descripción que hace San Agustín del gobierno sin justicia como una "banda organizada de ladrones", en que la fuerza está separada del derecho. El mismo juicio puede hacerse respecto de Bugnini y el *Consilium*, quienes reunieron una gran cantidad de expertos, y su producto final fue endosado por la fuerza del papa reinante, pero carecieron –aun más, repudiaron– la sabiduría de la tradición, y perdieron con ello el derecho a manejar la sagrada lituriga de la Iglesia. Al cabo, el *Consilium* fue una "banda organizada de ladrones". O, de acuerdo con el pintoresco lenguaje, empleado en 1971, del arzobispo Robert J. Dwyer, que participó en las cuatro sesiones del Concilio: "El gran error de los Padres Conciliares fue permitir que la implementación de la Constitución sobre la Sagrada Liturgia cayera en manos de hombres que eran, o inescrupulosos, o incompetentes. Tal es el *"establishment* litúrgico", una vaca sagrada que obra más como un elefante blanco que pisotea, con pesado abandono, los pedazos de una liturgia destrozada"[28].

LA CURA DEL CUERPO HERIDO

El obispo Athanasius Schneider ha dicho con gran elocuencia que el Cuerpo Místico de Cristo en la tierra está sufriendo de heridas que él mismo se ha autoinfligido[29]. ¿Cómo curamos tales heridas? ¿Pueden ser sanadas? El único modo de hacerlo es atacar la condición que les subyace: las heridas pueden ser vendadas, pero no sanarán sino hasta que el cuerpo esté él mismo nuevamente sano. Dado que la vida del Cuerpo Místico se expresa y eleva en la liturgia, no hay para él salud alguna sino en la medida en que la liturgia esté sana: o sea, en la medida en que el Santo Sacrificio

---

28 *The Tidings*, julio 9, 1971, citado por Michael Davies, *Pope Paul's New Mass* (Kansas City, MO: Angelus Press, 2009), 651.
29 Ver Peter Kwasniewski, *Resurgimiento en medio de la crisis: Sagrada liturgia, Misa tradicional y renovación en la Iglesia* (Brooklyn: Angelico Press, 2019), 139-60.

de la Misa, las oraciones del Oficio Divino y todos los demás ritos sacramentales y litúrgicos se realicen como se debe. ¿Y cómo se debe realizarlos? Al modo como se los realizaba antes de que el vicio moderno de la "intrusionitis" se apoderara de la mente de los eclesiásticos en el siglo XX.

En su obra de 1918 "El espíritu de la liturgia", Romano Guardini habla de la importancia de recibir "de la Iglesia" una liturgia objetiva, impersonal, estable. Dice también suponer que todos sus lectores entenderán a qué se refiere: cuando se va a Misa o a cualquier otra ceremonia litúrgica se verá siempre a los clérigos desarrollando los ritos según la Iglesia se los ha confiado y pre-definido. Si miramos el *Novus Ordo*, vemos que Pablo VI no nos entregó algo objetivo, impersonal y estable, sino una complicada mezcla de elementos objetivos y subjetivos, una suerte de "tira y afloja" impersonal y personalizado, una liturgia que no puede ser estable porque es presa de una obligatoria opcionitis y de una invasiva inculturación[30].

No podemos ni debemos identificar con la "Iglesia" a ningún papa específico. Pablo VI no es la Iglesia; ni Pío V ni Pío X son la Iglesia. Lo que hemos recordado que escribe Guardini, que calza las realidades de la teología católica con la historia, sólo tiene sentido si "la Iglesia" significa el Cuerpo de Cristo a quien se ha confiado el depósito de la fe y tiene la plenitud del Espíritu Santo, que preserva la Tradición con amor y la transmite con autoridad. Existe, por cierto, una esfera en que los papas pueden mandar, pero no se puede extender a todos los miembros y a los órganos ya plenamente desarrollados del cuerpo litúrgico. Si el papa, con todo, toca esas partes orgánicas, amputando o realizando cirugía

---

30 Quizá la causa más poderosa de la atomización e inestabilidad de los nuevos ritos es su polimorfa vernacularización, que recurre a cientos de lenguas modernas. Esto significó un golpe mortal para la unidad del culto católico, a pesar de la fantasía de la "continuidad hermenéutica" de *Liturgiam Authenticam* (2001). Cualquiera sea la situación en las liturgias de Oriente, en Occidente la sagrada liturgia *es latina*, y su latinidad, después de 1.600 años, no es un mero accidente sino una propiedad de su ser. No puede haber un rito romano en vernáculo, tal como no puede haber un rito bizantino sin letanías, sin pan con levadura y sin la exclamación "¡Las puertas, las puertas! ¡Asistamos con atención!".

plástica o introduciendo miembros biónicos, ello será una ofensa a Dios y al hombre, y estará destinado al fracaso.

Digamos una vez más: no se puede exagerar el hecho que el método de reforma usado por el Concilio, con sus presupuestos y sus resultados, brota de la praxis modernista de la teología, como la describe Pío X en su encíclica *Pascendi*. Este modernismo blando empapa toda la liturgia reformada y, además, inculca en los fieles que oran según ella un inconsciente desprecio por la tradición. Tal como quienes beben agua contaminada, o ingieren partículas de asbestos o de pintura con plomo, derivan un daño de ello, sea que lo sepan o no, el católico que recibe una *lex orandi* destrozada sufre por la falta de alimentación y por la presencia de químicos dañinos.

Así, aunque la mayor parte de los católicos están hoy en un estado de ignorancia invencible sobre la reforma litúrgica, ellos apoyan, pasivamente, la destrucción de la tradición, al orar con ritos que no logran transmitirla. Esta es la razón de por qué, cuando Dios otorga a un católico la gracia de despertar a los problemas de la reforma litúrgica y la gracia de sufrir por el peso de ese conocimiento, está pidiéndole regresar y reconciliarse con la tradición, comprometiéndose, con conocimiento de los princios, a la recuperación y uso de la liturgia tradicional. Cualquiera, sea clérigo, religioso o laico, que rechace esta invitación de la gracia, corre el riesgo de convertirse en activo contribuyente a la incoherencia y colapso de la Iglesia católica. Ese compromiso con el *usus antiquior* no implica que debe abandonar inmediatamente el rito moderno y orar exclusivamente con el rito preconciliar. Pero sí implica que estaría perjudicando su crecimiento espiritual e impidiendo el crecimiento del bien común de la Iglesia por no adherir a la liturgia tradicional lo más posible. Tarde o temprano le llegará el momento en que tendrá que decir "Ya no puedo vivir más con falsedad y ficción; necesito tener sólo lo que es verdadero, auténtico, tradicional"[31].

---

31 Para conocer un intercambio real de cartas con un sacerdote que llegó a este punto, ver Peter Kwasniewski, "Discovering Tradition: A Priest's Crisis of Conscience," *OnePeterFive*, marzo 27, 2019.

La reforma no necesita reforma, sino repudio con arrentimiento. No es suficiente prescindir de los abusos o reintroducir elementos tradicionales a diestra y siniestra, un poco de incienso aquí, un poco de violín allá, un introito hoy, *ad orientem* mañana. Tal cosa sería como amontonar pomadas sobre una herida gangrenada o tratar el cáncer con multivitaminas. No: lo que se necesita es algo mucho más radical.

La narración del becerro de oro en el libro del Exodo termina con un versículo muy especial. A menudo parafraseado en las traducciones, el versículo dice literalmente: "Y castigó Yavé al pueblo por el becerro de oro que le había hecho Arón" (Ex 32, 35). Este versículo da luces sobre la complicidad: aunque Arón fue el responsable de hacer el becerro de oro, el pueblo le dio su consentimiento y, por tanto, compartió su culpa. De igual modo, los católicos conscientes del abandono de la tradición por la Iglesia, que son capaces de regresar a ésta y que, sin embargo, adhieren al *Novus Ordo* de Montini, expresan con ello la aceptación de las deficiencias de que ese *Ordo* padece. Es cierto que la mayoría no se da cuenta de que existe una alternativa, una situación parecida a la de los infieles que no han oído jamás hablar del Evangelio de Cristo; pero los infieles verdaderamente sufren con la falta de gracias que recibirían si fueran realmente miembros del Cuerpo Místico. Del mismo modo, los católicos de esa mayoría sufren también por la falta de muchas y muy importantes cosas de que la reforma litúrgica los ha privado. Cuando alguien *se da cuenta* de esas cosas buenas, tiene la obligación de procurárselas, tal como el infiel en el mismo caso tiene la obligación de procurar ser miembro de la Iglesia. En efecto, la Iglesia misma es lo que se encuentra, en su forma más concentrada, en la sagrada liturgia.

"No todo el que dice: ¡Señor, Señor!, entrará en el reino de los cielos, sino el que hace la voluntad de mi Padre, que está en los cielos" (Mateo 7, 21). Las líneas generales del desarrollo de la liturgia son la voluntad del Padre. Por lo tanto, los reformadores fueron contra esa voluntad. El que los ritos reformados griten "Señor, Señor" no significa que sean eficaces o que conduzcan a las almas a los pastos de la vida eterna. No es suficiente decir o cantar "Señor"; se trata de adherir a la voluntad del Padre cómo El la revela providencialmente en su historia, en nuestra herencia, en nuestras vidas personales. Por cierto, quienes sin intención "rompen sus coyundas y arrojan de sí sus ataduras" (Salmo 2, 3), no son responsables personalmente de desobedecer a Dios, pero una vez que llegan a conocer que la liturgia reformada representa un pecado contra el Padre, están obligados a obedecer Su Voluntad, profiriendo "Señor, Señor" de acuerdo con la tradición.

En los últimos cincuenta años y más, ha habido voces que clamaron en el desierto sobre las desviaciones y defectos de la reforma[32]. Los católicos educados no tienen muchas excusas. Pero actualmente nos encontramos en una nueva fase de lo que Louis Bouyer llamó alguna vez "la descomposición del catolicismo": una rampante corrupción eclesiástica y los ataques a la tradición provenientes del Vaticano han producido el efecto de las sirenas de alarma que sonaban en Londres durante los ataques aéreos alemanes, urgiendo los ciudadanos a correr a refugiarse y esconderse en algún lugar seguro. La Iglesia está siendo bombardeada, y nosotros también debemos correr a buscar asilo y refugio en un lugar seguro, la doctrina tradicional, la moral y la liturgia de la Iglesia católica, que nadie, ni siquiera el papa, puede con justicia arrebatarnos. Esa es la razón por la que el pontificado de Francisco ha sido verdadermente un momento de gracia, un tiempo para despertar, una oportunidad para reconocer que hemos dilapidado nuestra herencia y que tenemos ahora que arrepentirnos de nuestra locura.

En cuanto a la objeción de que "la reforma litúrgica postconciliar tiene que haber sido buena, puesto que fue promulgada por un santo", remito a mis lectores al capítulo "Animadversión a la canonización de Pablo VI" y a otros capítulos en el libro *Are Canonizations Infallible? Revisiting a Disputed Question* (Arouca Press, 2021). Aunque Pablo VI fuera un santo, ello no podría

---

32 Buenos ejemplos de ello incluyen a Marie-Madeleine Martin, *Immortal Latin* (1966, publicado por primera vez en inglés por Arouca Press, 2022); Tito Casini, *Torn Tunic* (1967) y Bryan Houghton, *Mitre and Crook* (1979), ambos en Angelico Press's Catholic Traditionalist Classics; y Michael Davies, *Cranmer's Godly Order* (primera ed., 1976).

tomarse como una canonización indirecta de su *ritus modernus*. Pío V, cuya santidad nadie disputa, se tomó muchas más molestias para "canonizar" el rito Tridentino con el lenguaje inusual de su Bula Apostólica *Quo Primum*, no obstante lo cual, dicen los liturgistas liberales, ese rito fue retirado y reemplazado. Si ello es verdad, *a fortiori* el producto de Pablo VI carece de cualquier garantía especial de santidad, irreformabilidad y de longevidad (a pesar de Francisco y compañía). Pero si ello no es verdad, y la *Quo Primum* conserva su vigencia, como creo que es el caso –no tanto por ser un documento papal cuanto porque es un testigo perenne de la fe y de la moral perennes de la Iglesia, expresadas en sus ritos tradicionales–, entonces el *ritus modernus* de Pablo VI sería, en el mejor de los casos, un rito alternativo y, en el peor, un rito ilícito[33].

FIDELIDAD CONTRA INFIDELIDAD

Así como la infidelidad nos llevó a la modernidad, la fidelidad nos lleva a la tradición. A su vez, la tradición encarna a la fidelidad, y por ello la anima, alimenta y premia, en tanto que la modernidad encarna a varios siglos de infidelidad y la alienta, por consiguiente, y la alimenta y retribuye. Quienes siguen el camino moderno recogerán su triste recompensa en esta vida y el eterno castigo en la futura, si no se arrepienten. Mientras más modernos sean, más aumentarán y multiplicarán sus satisfacciones temporales. Los que siguen la vía tradicional, seguramente tendrán que cargar su cruz en esta vida, y cosecharán una recompensa eterna en la que viene, si perseveran con ayuda de la gracia de Dios. Pero incluso en esta vida, como lo prometió el Señor, verán y gustarán los frutos espirituales de Su bondad.

---

33 Ver otros argumentos en esta línea en Peter Kwasniewski, *La verdadera obediencia en la Iglesia: Guía de discernimiento para tiempos recios* (Lincoln, NE: Os Justi Press, 2021), 31–34, y mi ensayo "Does Traditionis Custodes Lack Juridical Standing?" en Kwasniewski, ed., *From Benedict's Peace to Francis's War: Catholics Respond to the Motu Proprio "Traditionis Custodes" on the Latin Mass* (Brooklyn, NY: Angelico Press, 2021), 74–78. Para un tratamiento a fondo de la cuestión de la licitud del *Novus Ordo*, ver John Lamont, "Is the Mass of Paul VI Licit?" *Dialogos Institute*, marzo 20, 2022, http://dialogos-institute. org/bl og/wordpress/disputation-on-the-1970-missal-part-1-dr-john-lamont/.

Debemos darnos cuenta de lo siguiente: Cristo continúa su presencia entre nosotros no sólo con su Cuerpo y Sangre Eucarísticos, como en abstracto, sino también en la liturgia que Él cultiva en su Cuerpo Místico, imagen de sus divinos atributos y de su vida interior, desarrollada ante nuestros ojos con el paso de los tiempos. Dicha liturgia es el hogar de su regia presencia sacerdotal. Qué trágico es que algunos eclesiásticos iconoclastas dañen esta sagrada imagen, echándose encima el severo juicio de que nos habla el Ultimo Evangelio que se lee al término de casi todas las Misas tradicionales: "Vino a los suyos, pero los suyos no lo recibieron" (Juan 1, 11). Con nosotros puede y debiera ser diferente: ""Mas a cuantos lo recibieron dioles poder de venir a ser hijos de Dios" (Juan 1, 12).

El error fundamental del hombre moderno es su concepción de sí mismo como *algo tan diferente* de lo que el hombre ha sido en otras épocas de la historia, que se considera incapaz de someterse humildemente a la tradición. Al adherir a este error, el católico moderno se autoconcede un "pase" para salirse de la común herencia de la Iglesia y para crear sus estructuras propias y peculiares, que halagan siempre a su ego y satisfacen a sus pasiones. Su encomiada diferencia, que de hecho no es más que una falta de autoconocimiento, sostenida por un andamio de frases hechas, se convierte, con el tiempo, en un estado de alienación y aislamiento, debido a un continuo rendirse a concupiscencias desordenadas. Llegar a convencernos de nuestra inmutable naturaleza humana, caída pero redimida, exige de nosotros un esfuerzo continuo de autocontrol, de meditación silenciosa, y de entrega a la oración ritual; en otras palabras, exige precisamente aquello que la liturgia tradicional nos otorga en abundancia. Y así nos enfrentamos con la inevitable paradoja de que el *Novus Ordo*, a pesar de haber sido creado para el hombre moderno, no desafía ni la vanidad ni la *hubris* de éste, en tanto que la liturgia antigua, verdaderamente tan remota en su origen y desarrollo, lleva al hombre moderno a confrontarse con Dios y consigo mismo mediante un disciplinado régimen de oración, gestos, cantos y símbolos; su misma densidad, opacidad y solemne indiferencia provoca una respuesta en aquéllos que están hastiados de diversión y de educación[34]; nos convoca a un encuentro con lo Real, dejando alegremente a la vista las mentiras de la modernidad[35]. Como escribe Martin Mosebach:

> El movimiento en favor del rito antiguo, lejos de indicar búsqueda de autosatisfacción estética, tiene, en verdad, un carácter apostólico. Se ha observado que el rito romano [clásico] produce un efecto especialmente poderoso en los conversos; en realidad, ha sido incluso la causa de gran número de conversiones. Su profundo enraizamiento en la historia y su perspectiva del fin del mundo, crea un tiempo sagrado que es la antítesis del presente, un presente que, con sus preocupaciones adquisitivas, deja insatisfecha a mucha gente. Sobre todo, el antiguo rito va contra la fe en el progreso... que está hoy degenerando en ansiedad sobre el futuro, e incluso en un cierto pesimismo.
>
> Esta contradicción con el espíritu de nuestro tiempo no es de lamentar, ya que, por el contrario, anuncia un despertar generalizado luego de doscientos años de

---

34 Como ha dicho el gran teólogo Matthias Scheeben, con palabras cargadas de implicancias litúrgicas: "Las verdades del cristianismo no nos conmoverían como lo hacen, no nos atraerían ni confortarían, no nos rodearían con tanto amor y gozo, si no contuvieran misterios... Cuando el corazón está sediento de verdad, cuando el conocimiento de la verdad es su más pura delicia y su gozo más elevado, lo sublime, lo exaltado, lo extraordinario, lo incomprensible: todo ello ejerce una especial atracción sobre nosotros. Una verdad que se descubre fácilmente y es rápidamente aprehendida no puede ni encantar ni cautivar... Mientras más elevado es un objeto, más nos impresiona su belleza y su grandiosidad, y más provoca nuestra admiración, más nos cautiva incluso el menor atisbo de él que podamos tener. En una palabra: el encanto de la verdad es proporcionado a su dificultad y misterio... ¿Acaso no nos impresiona tanto el cristianismo precisamente porque es un grande y vasto misterio, porque es el mayor de los misterios, el misterio de Dios?... Lo que nos cautiva es la aparición de una luz que había estado oculta para nosotros... Es necesario que haya verdades que desafíen nuestros escrutinios, no debido a su intrínseca oscuridad y confusión, sino por su excesivo brillo, por su sublimidad y belleza, que ni el ojo humano más poderoso puede mirar sin quedar ciego". *The Mysteries of Christianity*, trad. Cyril Vollert (St. Louis: B. Herder, 1946), 4–6.

35 Así lo he expuesto en *Noble Beauty, Transcendent Holiness: Why the Modern Age Needs the Mass of Ages* (Kettering, OH: Angelico Press, 2017), especialmente capítulo 1.

engaño. Los cristianos siempre supieron que el mundo cayó por el pecado original y que, en lo que se refiere al curso de la historia, él no ofrece razón alguna para ser optimistas. La religión católica es, en palabras de T. S. Elliot, "una filosofía de la desilusión" que no suprime la esperanza, sino que, más bien, nos enseña a no poner nuestra esperanza en algo que el mundo no puede dar. La liturgia de Roma y, naturalmente, la Divina Liturgia griega ortodoxa de San Juan Crisóstomo, abren una ventana que desvía nuestra mirada desde el tiempo hacia la eternidad[36].

Puede que hoy los jóvenes estén confundidos en muchas cosas, pero los que quieren seriamente ser católicos tienen algo bien claro: no hay futuro para una religión futurista que ya ahora mismo parece anticuada y aburrida. Es por ello que desean la liturgia antigua de la Iglesia, bella y llena de significado. En un mundo en que nada parece seguro, esa liturgia es una roca sólida sobre la que se puede construir la propia vida espiritual, la vida colectiva y la vida familiar. Es una roca en el desierto de la que fluyen sin cesar frescas aguas espirituales.

Debiera quedar, pues, en claro por qué debemos resistir la tentación de decir que nuestra adhesión al rito antiguo es cuestión de "preferencias personales": a Ud. le gusta el chocolate, a mí me gusta la vainilla; a Ud. le gusta el inglés, a mí, el latín; a Ud. le gusta el *Novus Ordo*, a mí, el *Vetus Ordo*. Esto no es otra cosa que relativismo litúrgico basado en absolutismo papal. Y presupone que el único camino para tener una liturgia legítima es por *fiat* papal, y que cualquier cosa que decrete el papa es, *ipso facto*, digno de elección. Ya que Pío V aprobó el misal Tridentino y Pablo VI el misal moderno, uno puede, basándose en sus inclinaciones, optar por cualquiera de ellos[37]. Este enfoque positivista esconde el hecho

---

36 Martin Mosebach, *Subversive Catholicism: Papacy, Liturgy, Church*, trad. Sebastian Condon y Graham Harrison (Brooklyn: Angelico Press, 2019), 100.
37 Así fue como las cosas podrían haberse visto, al menos en tiempos de *Summorum Pontificum*. Con *Traditionis Custodes*, Francisco ha renovado la actitud de Pablo VI de intolerancia y desprecio por la verdad de que la tradición es constitutiva del catolicismo (en vez de ser solamente un "carisma" para unos pocos elegidos). Hay muchos que vivieron cómodamente con

de que el antiguo y el nuevo rito están basados en *principios diferentes y contrarios*, y que el nuevo rito está fundado en principios erróneos que han dañado a la Iglesia y merecen ser descartados.

Desde una perspectiva histórica y teológica, lo que Benedicto XVI llamó "la *Forma Ordinaria* de la Misa" *es un indulto*, una excepción a la que se le ha permitido ocupar un territorio que pertenece en justicia a otro, en tanto que lo que llamó "Forma Extraordinaria" es, en realidad, la ininterrumpida costumbre que no fue jamás abrogada y no pudo jamás serlo. La primera es una advenediza, con escaso poder adquisitivo; la segunda es un rito antiquísimo, que posee un inconmovible derecho a nuestra lealtad. Qué privilegio, que bendición es que hayamos sido llevados, por una Providencia inescrutable, a conocer y amar este tesoro imapreciable sin mérito alguno de nuestra parte, sino solamente "para alabanza de su gloria" (Efesios 1, 12). "A El sea la gloria en la Iglesia y en Cristo Jeús, en todas las generaciones, por los siglos de los siglos. Amén" (Efesios 3, 21).

Summorum Pontificum y han respondido a este nuevo ataque apelando al bien de la diversidad y libertad litúrgica, sin reconocer, al parecer, cómo esta actitud de "vive y deja vivir" es un gigantesco mecanismo de escape.

En este tema, luego de un período de diplomático silencio, necesito hacer una aclaración: soy uno de quienes creen que el absoluto rechazo de nuestro [Instituto del Buen Pastor] a la Misa de Pablo VI no es ni afectivo, ni disciplinario, ni carismático, etc.: es sencillamente teológico, dogmático y moral. En otras palabras, ¡es un rechazo absoluto! El pecado original de esta detestable reyerta litúrgica en la Iglesia es la audacia, increíble y mentalmente desequilibrada, que exhibió Pablo VI al promulgar un nuevo *ordo missae* fundado en una investigación hecha por peritos, masones y protestantes, y al desechar (aunque con voz trémula) la Misa de los pontífices León Magno, y Gregorio Magno. La liturgia católica puede y debe ser solamente la transmisión del patrimonio de los Apóstoles. Una Misa cocinada diecinueve siglos más tarde no puede ser más que una ambición prometeica, una quimera romántico-libertaria, un populismo de mal gusto, indigno de la Iglesia de Jesucristo.

Padre Philippe Laguérie

Los reaccionarios de hoy tienen una satisfacción que los de ayer no tuvieron: ver los programas modernos terminar no sólo en el desastre, sino también en el ridículo.

Nicolás Gómez Dávila

❦[4]❧
Revisión de la apología, hecha por Pablo VI, de la Nueva Misa

ON LA LLEGADA DE 2019, LLEGÓ TAMBIÉN el quincuagésimo aniversario de la promulgación del *Novus Ordo Missae*, hecho en la Constitución Apostólica *Missale Romanum* de Pablo VI, de fecha 3 de abril de 1969, que entró en vigencia el 30 de noviembre de aquel mismo año, y que coincidió con el primer domingo de Adviento. Cuando, medio siglo más tarde, se mira retrospectivamente esta obra maestra de monstruosa reforma litúrgica –y, en verdad, ya no sólo son los autoproclamados tradicionalistas quienes lamentan una obra tal mal hecha–, nos sentimos motivados a formular una simple pregunta: ¿*Por qué*? ¿Por qué se estimó necesario realizar tan profundos cambios a la Misa?

Para encontrar una explicación hay que volver la mirada a aquel papa que, más que cualquier otra figura, fue responsable de llevar a cabo la reforma litúrgica, produciendo no sólo un nuevo rito de la Misa sino que, también, nuevos ritos para todos los sacramentos y, en realidad, nuevas versiones para casi todo lo que se dice o hace en una iglesia: una especie de nuevo "saqueo de Roma" que hace palidecer los saqueos realizados por Alarico y por Carlos V. Ni en el episcopado mundial ni en la Curia romana en la década de 1960 hubo nadie que, como Pablo VI, quisiera alterar la liturgia tan radicalmente, y, por cierto, nadie, fuera de él, que tuviera el poder oficial para imponerla, dilapidando extravagantemente siglos de capital político acumulado y dejando exhaustas las arcas del ultramontanismo. Yves Chiron demuestra en su biografía de Annibale Bugnini que ni siquiera este astuto arquitecto de la reforma hubiera podido jamás salirse con la suya si el papa no lo hubiera apoyado y alentado en cada paso del camino, hasta su súbita y misteriosa caída, en 1975[1].

¿Dónde podríamos encontrar la explicación que da el papa? Existe, como era de esperarse, una cantidad de discursos, cartas y otros documentos que nos permiten tener no sólo un atisbo de lo que hubo en la mente de Montini sino un amplio registro de ello; Montini fue franco y claro acerca de la reforma litúrgica, que fue su pasión desde mucho antes de ascender a la cátedra de San Pedro, y que se prolongó durante todo su pontificado. Debiéramos explorar, sobre todo, tres grandes audiencias generales de la década de 1960: la primera es de marzo de 1965, sobre el histórico cambio del latín cristiano por los modernos vernáculos; y las dos siguientes son de noviembre de 1969, sobre el cambio, mucho más importante, de la Misa católica romana por la Misa romana del *Consilium*.

Antes de entrar en el detalle de estas audiencias generales, sin embargo, quisiera introducir al lector en otro aspecto diferente de Montini, porque creo que es importante ver al "Dr. Jekyll/ Mr. Hyde" con el que nos enfrentamos, que parece dar con una mano lo que quita con la otra. El retrato psicológico es complejo, contradictorio y tortuoso. Es justo decir que esta psicología ha sido heredada, en muchas formas, por la Iglesia postconciliar, atrapada en una vana dialéctica entre tradición e innovación, carente del compromiso con los principios por los que podría superarse el conflicto, devolviéndose la paz al cuerpo eclesiástico.

PABLO VI COMO TRADICIONALISTA

En el capítulo 2 hemos formulado las leyes y corolarios del desarrollo litúrgico, que podemos resumir del siguiente modo: "Bajo la guía del Espíritu Santo y por la piedad del pueblo cristiano, la sagrada liturgia tiende a una mayor articulación, enriquecimiento y perfección con el paso del tiempo, y tiende asimismo a ser más definida, estable e inmutable". Sin embargo, el papa que presidió la mayor de las violaciones de estas leyes y corolarios parece, a veces, haber comprendido algo de su verdad y haber

---

1 ¿O quizá ya no tan misteriosa? Ver Charles Murr, *The Godmother and Murder in the Thirty-Third Degree*, y también sus entrevistas, publicadas por *Inside the Vatican* and reproduced at *Rorate Caeli*.

obrado a su respecto al azar, como un Hamlet, con quién fue comparado por Juan XXIII y con quien incluso se comparó él mismo[2].

Seguramente uno de los ejemplos más notables de este fenómeno es la Instrucción *Memoriale Domini*, de 29 de mayo de 1969, expedida por la Congregación para el Culto Divino "por especial mandato del Supremo Pontífice Pablo VI" y "debidamente aprobada por él". En este documento se lee lo siguiente sobre la costumbre de distribuír la Comunión en la lengua a los fieles arrodillados:

> Considerando la situación de la Iglesia en general hoy día, debe cumplirse con este modo de distribuír la Sagrada Comunión, no sólo porque está de acuerdo con una tradición de muchos siglos, sino especialmente porque es un signo de respeto de los fieles a la Eucaristía. Esta práctica no disminuye en modo alguno la dignidad de quienes se acercan a este gran sacramento, y forma parte de la preparación que se necesita para una más fructífera recepción del Cuerpo del Señor.
>
> Este respeto es señal de que la Sagrada Comunión no es "pan ni bebida común" sino el Cuerpo y Sangre del Señor...
>
> Además, esta manera de comulgar, que debe ahora ser considerada como prescrita por la costumbre, permite una efectiva seguridad de que la Sagrada Comunión será distribuída con el debido respeto, decoro y dignidad; de que se evitará todo peligro de profanación de las especies Eucarísticas, en que "Cristo todo y entero, Dios y hombre, se contiene substancial y permanentemente presente de un especial modo"; y, finalmente, de que será mantenido el diligente cuidado que la Iglesia ha tenido siempre con los fragmentos del pan consagrado: "Si permitís que

---

2   "El papa Juan XXIII . . . describió a Montini como 'un po' Amletico', 'un poco hamletiano'. Así como dicho príncipe vivía en la duda de si vengar o no el asesinato de su padre, así también Montini vacilaba, indeciso y ambiguo, y llegó a preguntarse a sí mismo '¿Soy un Hamlet o un Don Quijote?'. Este punto es clave para evaluar el pontificado de Pablo VI. ¿Hubo durante él demasiadas concesiones y demasiados temas decididos a medias?" Paul Collins, "Pope Hamlet: Paul VI's indecisive, wavering papacy," *National Catholic Reporter*, octubre 13, 2018. Para una biografía magistral, fundada en la investigación de los archivos, de Giovanni Battista Montini, ver Yves Chiron, *Paul VI: The Divided Pope*, trad. James Walther (Brooklyn, NY: Angelico Press, 2022).

cualquier parte se pierda, consideradlo como la pérdida de uno de vuestros miembros".

En este pasaje ejemplar se invoca al principio de una tradición muy antigua; se cita a cuatro Padres de la Iglesia, Agustín, Justino, Ireneo y Cirilo de Jerusalén; se usa el lenguaje escolástico Tridentino; se reconoce el principio de que la acción litúrgica debe evitar parecer una acción común y acentuar, por el contrario, el divino misterio de que se trata; y se enumera los muchos beneficios espirituales y prácticos que tiene la costumbre, que explican más que suficientemente su adopción univeral. Con todo, a pesar de esta incontrovertible demostración, el mismo documento permite a las conferencias episcopales dar la Comunión en la mano donde esta costumbre ya se haya introducido, y Pablo VI no hizo nada para detener la ilegítima extensión de esta práctica, como tampoco lo hicieron sus sucesores. *Memoriale Domini* nació muerta, y fue otra más de las inoperantes veleidades del Vaticano[3].

Un ejemplo igualmente bueno y relacionado con esto es la carta encíclica *Mysterium Fidei*, publicada en septiembre de 1965. Este texto reafirma, del modo más claro posible, tanto la doctrina tomista como el dogma tridentino sobre la Sagrada Eucaristía, citando copiosamente a los Padres y Doctores de la Iglesia, sosteniendo la transubstanciación y la Presencia Real, defendiendo la naturaleza verdaderamente sacrificial de la Misa, la celebración de "Misas privadas", y los beneficios de la adoración Eucarística, y condenando, por otra parte, en términos categóricos, las teologías Eucatísticas que se alzaban rampantes en aquel tiempo en la Iglesia.

Un aspecto interesantísimo de esta encíclica es la defensa que el papa hace de la preservación, en la Iglesia, de modos de expresión desarrollados y transmitidos a través de los siglos; precisamente algo que él mismo abandonará unos pocos años más tarde en lo relativo a los modos *litúrgicos* de expresión, que no son menos centrales en la identidad cristiana, ni son menos objeto de paradosis que los doctrinales. Escribe el papa:

---

3 Ver Kwasniewski, *Holy Bread of Eternal Life: Restoring Eucharistic Reverence in an Age of Impiety* (Manchester, NH: Sophia Institute Press, 2020), 92-93, 124-26, 131-33, y las demás referencias que damos aquí.

Habiendo salvaguardado la integridad de la fe, es necesario salvaguardar también su adecuado modo de expresión, para que por el descuido en el uso de las palabras no demos ocasión (no lo quiera Dios) al surgimiento de opiniones falsas sobre la fe en el más sublime de los misterios... "Debemos... hablar según normas fijas, para que la falta de compostura en nuestra habla no resulte en alguna opinión impía incluso sobre las cosas significadas por esas palabras" (San Agustín)...

La Iglesia, por tanto, tras un largo trabajo de siglos y con la ayuda del Espíritu Santo, ha establecido una norma de lenguaje y la ha confirmado con la autoridad de los concilios. Esta norma, que más de una vez ha sido el guardián y la bandera de la fe ortodoxa, debe ser religiosamente preservada, y que nadie presuma cambiarla a su antojo o con el pretexto de novedad científica. ¿Quién podría tolerar jamás que las fórmulas dogmáticas usadas por los concilios ecuménicos para los misterios de la Santísima Trinidad y de la Encarnación sean juzgadas como ya no apropiadas para los hombres de nuestra época, y que, por tanto, sean apresuradamente sustituídas por otras?

Del mismo modo, no se puede tolerar que ningún individuo pueda, por propia autoridad, modificar las fórmulas que se usaron por el Concilio de Trento para expresar la creencia en el misterio Eucarístico. Porque estas fórmulas, como otras que la Iglesia usa para exponer los dogmas de la fe, expresan conceptos que no están ligados a una cierta forma de cultura humana ni a una fase específica de la cultura humana, ni a ninguna escuela teológica. No: esas fórmulas presentan aquella parte de la realidad que la experiencia, necesaria y universal, permite a la mente humana captar y manifestar con términos aptos y exactos, tomados del lenguaje común o del lenguaje culto. Por esta razón, dichas fórmulas se adaptan a los hombres de todos los tiempos y lugares. Pero la tarea más sagrada de la teología es, no la invención de nuevas fórmulas dogmáticas para reemplazar las antiguas, sino defender y explicar dichas fórmulas adoptadas por los concilios de modo de demostrar que la Divina Revelación es la fuente de las verdades que se comunica mediante esas expresiones...

Así, la comprensión de la fe debiera avanzar sin amenazas a su inmutable verdad.

Todo lo que Pablo VI dice aquí es aplicable, *mutatis mutandis*, a la esfera de la liturgia. Con un largo trabajo de siglos y con la ayuda del Espíritu Santo, la Iglesia ha establecido para su culto público una norma de lenguaje y la ha confirmado con la autoridad de lo concilios, que debe ser religiosamente observada: ¿Quién osaría juzgarla como ya no apropiada para los hombres de nuestro tiempo? Después de todo, está constituída por elementos que no dependen de una cierta forma de cultura humana, ni de una fase determinada de ella, ni de ninguna escuela teológica en particular, sino que deriva de la divina revelación, de la tradición apostólica, de los instintos religiosos naturales y de un repositorio secular de piedad. Por este motivo, los sagrados ritos litúrgicos se adaptan a los hombres de todas las épocas y lugares. La tarea de los liturgistas no es inventar nuevos ritos para reemplazar los antiguos, sino defender y explicar los ritos que hemos heredado, haciendo progresar nuestra comprensión de ellos sin amenazar con ello a la liturgia.

Un tercer ejemplo es la carta apostólica *Sacrificium Laudis* de 15 de agosto de 1966, en la que Pablo VI alaba a los monjes y monjas que se mantienen fieles a la "manera fija y constante" de orar que constituye su actividad cotidiana. El papa critica a los religiosos que "quieren usar el vernáculo en el oficio del coro" o cambiar "el canto que se denomina gregoriano por melodías recién compuestas", y reprende a quienes "insisten incluso en que se suprima totalmente el latín". Escribe el papa:

> Nos han preocupado y entristecido no poco estas peticiones. Uno se pregunta cuál puede ser el origen de este nuevo modo de pensar y de este súbito disgusto con el pasado... Lo que aquí está en juego no es sólo la conservación de la lengua latina en el oficio coral -aunque es, por cierto, verdad que éste debe ser vivamente protegido y no debiera ser estimado en poco, ya que esta lengua es, en la Iglesia latina, una fuente abundante de civilización cristiana y una rica veta de devoción- sino también la protección frente a cualquier daño que pudiera causarse a la calidad, la belleza y el prístino vigor de estas oraciones y cánticos... Las tradiciones de vuestros mayores, que han sido vuestra gloria a través de los siglos, no pueden

ser despreciadas. En realidad, una de las principales razones de que vuestras familias hayan durado tanto tiempo y se hayan felizmente incrementado es vuestro modo de celebrar el oficio coral. Sorprende, pues, que por influjo de súbitas agitaciones, algunos piensen que todo eso debe abandonarse.

En las actuales circunstancias, ¿qué textos o melodías podrían reemplazar las formas de devoción católica que habéis usado hasta ahora? Vosotros deberíais reflexionar y considerar cuidadosamente que las cosas podrían ser peores, en caso de que esta herencia fuera rechazada... Uno se pregunta también si acudiría a vuestros templos tanta cantidad de personas en busca de oración si su antigua lengua madre, unida a un canto lleno de grave belleza, dejara de oírse entre vuestras paredes. Pedimos, por tanto, a todos quienes corresponda, que sopesen bien lo que quieren abandonar, y que impidan que la fuente, de la que hasta el presente han bebido ellos mismos largamente, llegue a secarse...

Además, esas oraciones, con su antigüedad, su excelencia, su noble majestad, os continuarán atrayendo hombres y mujeres jóvenes llamados a la herencia de Nuestro Señor. Por otra parte, el coro del que se quiere quitar esta lengua de maravilloso poder espiritual, que trasciende el límite de las naciones, y del que también se quiere quitar estas melodías que proceden del más íntimo santuario del alma, donde mora la fe y arde la caridad –Nos referimos al canto gregoriano–, semejante coro habrá de ser como un cirio sofocado, que ya no alumbra más, ni atrae los ojos y la mente de los hombres...

No estamos dispuestos a permitir algo que haría empeorar vuestra situación, algo que podría causaros una gran pérdida ni algo que podría ciertamente acarrear enfermedad y tristeza a toda la Iglesia de Dios. Permitidnos proteger vuestros intereses, incluso contra vuestra propia voluntad[4].

Será este mismo papa el que, sólo unos pocos años más tarde, como veremos, habría de sostener la total supresión, en la liturgia reformada, del latín y del canto gregoriano, sin diferenciar entre

---

4 Publicado en https://lms.org.uk/sacrificium_laudis; con ligeras modificaciones.

contextos monásticos y parroquiales, y habría de desconocer la saludable influencia que la liturgia monástica ha ejercido siempre en el resto de la Iglesia, al proponer un ideal de plenitud y belleza. En todo caso, este papa parece no haber movido ni un solo dedo para defender o implementar esta carta apostólica luego de ser publicada: de nuevo vemos el síndrome de Hamlet, tan familiar a todos los que han estudiado la vida de Pablo VI. Casi sin excepción, todas las órdenes religiosas abandonaron tanto el latín como el canto gregoriano, mientras el papa se mantenía al margen, observando[5].

Un último ejemplo. En un discurso pronunciado en Castel Gandolfo el 13 de agosto de 1969, o sea, tres meses y medio antes de la entrada en vigencia del *Novus Ordo*, Pablo VI hace una descripción de la interrelación entre la liturgia y la piedad personal que, lejos de parecer aplicable a los ritos litúrgicos revisados, recuerdan poderosamente la experiencia de los católicos que hoy redescubren el rito romano clásico:

> Deberíamos reconocer y promover la prioridad, plenitud y efectividad de la liturgia. Pero ésta, por su naturaleza pública y oficial en la Iglesia, no debería reemplazar ni empobrecer la espiritualidad personal. La liturgia no es sólo ritual, sino que es misterio y, debido a esto, pide que todos los que participan en ella sean conscientes y se envuelvan fervientemente con ella. La liturgia exige fe, esperanza y caridad, y muchos otros sentimientos y virtudes, acciones y condiciones –como humildad, arrepentimiento, perdón de las ofensas, intención, atención, expresión interior y vocal– que preparan al creyente para sumergirse en la realidad divina que la celebración litúrgica hace presente y activa. La religión personal, debido a que está al alcance de todos, es la condición indispensable para una participación litúrgica genuina y atenta. Pero ello no es todo: la religión personal es también el resultado, la consecuencia de esa participación, que tiene como finalidad precisamente la santificación del alma y

5 Me ha relatado un viejo benedictino que estudió en Roma en la década de 1970, y que conoció a Bugnini, que fue Rembert Weakland quien persuadió a Pablo VI de no respaldar *Sacrificium Laudis*. Este texto no fue jamás publicado en las *Acta Apostolicae Sedis*, lo que significa que nunca tuvo fuerza de ley.

el fortalecimiento del sentido de la unión con Dios, con Cristo, con la Iglesia, con toda la humanidad[6].

Considerando mi propia vida de católico, no hubiera jamás tenido ni la menor idea de qué estaba diciendo Pablo VI si no hubiera comenzado a asistir a la Misa tradicional: *fue esta Misa* la que me abrió el misterio de Cristo, despertó mi vida interior, me enseñó a orar, acrecentó mi fervor, me hizo conocer la penitencia (como virtud y como sacramento).

Hemos citado cuatro ejemplos del Montini "más amigo de la tradición", pero naturalmente hay muchos más. Su abundancia ha permitido a los conservadores elegir con pinzas las citas favoritas de Pablo VI a fin de hacerlo aparecer como un papa que sigue el clásico modelo de Pío V o de Pío X, a pesar de que no es así en absoluto. Cuesta comprender cómo un hombre de sensibilidad y creencias católicas pudo decir las cosas que veremos en los tres discursos que analizaremos ahora.

AUDIENCIA GENERAL DE 17 DE MARZO DE 1965

El primer discurso fue pronunciado el 17 de marzo de 1965[7], diez días después de que Pablo VI celebrara la primera Misa en italiano en la Iglesia de Todos los Santos (*Ognissanti*) en Roma[8].

---

6 Citado por Anthony Ruff, "Paul VI on Liturgical Reform, Part 3," weblog *PrayTell*, 4 de agosto, 2018.

7 El texto de las tres audiencias que aquí comentaremos se reproduce en su totalidad en el Apéndice. En mi comentario de la audiencia de 17 de marzo de 1965 cito la traducción publicada en *L'Osservatore Romano* (subido al *weblog Views from the Choir Loft* el 26 de marzo, 2014).

8 Al Angelus, del día 7 de marzo de 1965 en la Plaza de San Pedro, dirigió a los fieles las siguientes palabras: "Hoy es un domingo memorable en la historia espiritual de la Iglesia: el vernáculo, como habréis visto esta mañana, ha tomado oficialmente su puesto en el culto litúrgico. La Iglesia ha considerado necesaria esta medida -suscitada y debatida en el Concilio- para hacer su oración más comprensible y captable por todos-. El bien de los fieles pide este tipo de acciones, haciendo posible su participación activa en el culto público de la Iglesia. La Iglesia ha sacrificado su lengua materna, el latín, una lengua que es sagrada, mesurada, bella, ricamente expresiva y armoniosa. La Iglesia ha sacrificado esta antiquísima tradición y, sobre todo, ha sacrificado la unidad de lengua entre todos los pueblos en aras de una universalidad más alta, en un gesto hecho a todos los pueblos, es decir, a vosotros, los fieles, para que podáis uniros más estrechamente a la oración

A pesar de la retórica oficial, hay poquísimas pruebas de que el pueblo se haya regocijado: una placa que conmemora el acontecimiento fue vandalizada tantas veces que tuvo, finalmente, que ponerse una placa bien alto en la pared, fuera del alcance de los parroquianos descontentos[9]. Pablo VI estaba de mal humor en este período porque la reforma litúrgica empezaba a encontrar dura resistencia de parte del laicado, cuyo bien espiritual había sido, después de todo, el principal motivo de la reforma, y de quien se esperaba gratitud[10]. "El poder interpreta como ingratitud los retorcimientos de sus víctimas", nos recuerda Rabindranath Tagore.

No se sabe de qué admirarse más: si del total desprecio por el hombre común y corriente que destila esa audiencia, o si de la fantasilandia en que penetra el papa al describir anticipadamente los beneficios de la "nueva liturgia" estrenada en Ognissanti (recuérdese que éste no era todavía el *Novus Ordo*, que estaba todavía a cuatro años de distancia en el futuro, sino una Misa tridentina simplificada y celebrada en italiano, excepto por el Canon, con el celebrante de cara al pueblo, ante un altar provisorio situado fuera del presbiterio; la comunión se distribuyó en la boca, pero los fieles tuvieron que recibirla de pie[11]).

El papa dice que ha habido reacciones negativas y otras positivas. La reacción negativa es de "cierta confusión y molestia": "Anteriormente, dicen, había paz, y cada persona podía orar como quisiera, ya que era bien conocida la secuencia entera del rito;

---

de la Iglesia, [y] dejar de ser simples espectadores para convertiros en activos participantes. Si podéis verdaderamente corresponder a esta bondad de la Iglesia, encontraréis gran gozo, recompensa y bendición en una genuina renovación espiritual" (*DOL* n. 26, p. 114).

9 Ver Gregory DiPippo, "The Liturgist Manifesto," *NLM*, noviembre 29, 2014. Para más información sobre el acontecimiento Ognissanti, ver Dom Alcuin Reid, "March 7th, 1965-'An extraordinary way of celebrating the Holy Mass,'" *NLM*, marzo 7, 2015; Peter Kwasniewski, "'Backwards vs. Forwards'- What Does It Mean?," *NLM*, mayo 4, 2015; Kwasniewski, "Just Say No to '65!," *NLM*, marzo 1, 2014; y el artículo que se menciona dos notas más adelante.

10 Ver Yves Chiron, *Annibale Bugnini: Reformer of the Liturgy*, trad. John Pepino (Brooklyn, NY: Angelico Press, 2018), 118–24.

11 Ver la descripción en "The 50th Anniversary of Paul VI's First Italian Mass: Some hard truths about the '1965 Missal' and the Liturgical Reform," *Rorate Caeli*, marzo 7, 2015.

ahora, todo es nuevo, alarmante y diferente; incluso el sonido de las campanillas en el Sanctus se ha suprimido; y luego, esas oraciones que no se sabe dónde encontrar; la Comunión que se recibe de pie; la Misa que termina súbitamente después de la bendición; todo el mundo contesta, muchos se mueven de un lado para otro, los ritos y lecturas se leen en alta voz... En resumen, ya no hay tranquilidad y entendemos menos que lo que entendíamos antes, etc.".

Semejante reacción no parece en absoluto poco razonable. Sin embargo, según el papa los católicos que reaccionan de este modo tienen una escasísima comprensión de lo que hacen: "No vamos a criticar estas opiniones, porque si lo hiciéramos tendríamos que dejar al descubierto que revelan una pobre comprensión del significado del ceremonial religioso, permitiéndonos atisbar la existencia no de una verdadera devoción y de un auténtico aprecio por el significado y valor de la Misa, sino más bien una cierta pereza espiritual que no está dispuesta a hacer ningún esfuerzo personal de comprensión y participación con el fin de entender y cumplir éste, el más sagrado de los actos religiosos, en que se nos invita, o más bien, se nos obliga, a participar".

Es como para preguntarse ¿habrá jamás algún papa dicho algo tan gazmoño, presuntuoso, insensible e injusto como esto? Me imagino que todo el mundo, con anterioridad a la "gloriosa revolución", fue espiritualmente perezoso, reacio a hacer ni siquiera "algún" esfuerzo por comprender, y totalmente falto de participación en los misterios. Se silencia aquí absolutamente la popularidad de autores del Movimiento Litúrgico como Dom Prosper Guéranger, Pius Parsch e Ildefonso Schuster, cuyos comentarios de la Misa instruyeron e inspiraron precisamente a esos laicos que se alarmaron e inquietaron por los cambios de la década de 1960[12].

---

12 Benedicto XVI, cuya inteligencia, equidad, cortesía y realismo exceden en mucho a los de Pablo VI, hizo notar precisamente este hecho en su carta a los obispos *Con grande fiducia*, que acompaña al *motu proprio Summorum Pontificum*, de 7 de julio de 2007: "Sin embargo, posteriormente [i.e., en el período que siguió a la introducción del nuevo misal] se hizo claro a poco andar que una buena cantidad de personas permanecía fuertemente adherida al [antiguo] uso del rito romano, que le había sido familiar desde la niñez. Ello fue especialmente así en los países en que el Movimiento Litúrgico

Sigue Montini explicando que toda reforma altera siempre a las personas porque se toca prácticas religiosas profundamente enraizadas, pero que no hay que preocuparse: pronto la amará todo el mundo. Y nos aseguraremos de que nadie pueda volver a instalarse en devociones silenciosas o en la flojera. "¡La congregación será viva y activa!", dice: todos deben participar. Nadie debe solamente oír y orar (parece que nadie hacía esto antes). La actividad es la orden del día, el *quid* del asunto. Tendremos por fin una liturgia que no es pura mímica ("realizada sólo de acuerdo con su forma exterior"), sino un "ala inmensa que vuela hacia las alturas del misterio y del gozo divinos". Un ala inmensa... Excúsenme: se me está revolviendo el estómago.

De acuerdo con Pablo VI, la reacción positiva es, por otro lado que la mayoría de los católicos, jóvenes y viejos, incultos y cultos, auténticamente devotos y maquillados de devoción, de adentro y de afuera, saludan los cambios con "entusiasmo y alabanzas". Al fin, dicen, "se puede comprender y seguir un ceremonial complicado y misterioso" (el papa se exime de explicar cómo la simplificación y la fácil accesibilidad calzan con lo "complicado y misterioso", a menos que haya querido decir que un ceremonial que fue otrora complicado y misterioso dejará, de ahora en adelante, de serlo). Por fin "el sacerdote le habla al pueblo" (pero, atención: siempre he creído que la liturgia le habla principalmente a Dios...).

Un caballero viejo, cuenta el papa, le susurró a un sacerdote que "por fin", con este nuevo modo de celebrar la Misa, podía participar plenamente en el sacrificio, quizá por primera vez en su vida. Algunos dicen que esta agitación se calmará y se convertirá en hábito. Pero el papa Pablo expresa la esperanza de que la "nueva forma de culto" seguirá causando "entusiasmo religioso", de modo que el "evangelio del amor" será cumplido "en las almas de nuestra época".

Aunque Montini fue, por lo general, buen lector, parece no haber tenido conocimiento de la crítica del entusiasmo religioso

---

proveyó a muchas personas con una notable formación litúrgica y una familiaridad profunda y personal con la forma anterior de celebración litúrgica".

que hace Mons. Ronald Knox. Es precisamente este anhelo de sensaciones de entusiasmo o de excitación lo que ha conducido a realizar renovados esfuerzos por remover o estimular a los fieles desde la década de 1960, con resultados cada vez más pobres. La cantidad de decididos entusiastas de la reforma fue escasa, en tanto que fue significativamente mayor la cantidad de católicos que dejaron de ir a la iglesia durante todo el período de la reforma. La mayoría siguió yendo porque, francamente, no tenía alternativa[13]. El mensaje del papa fue claro: "Por vuestro propio bien, habéis de participar activamente de estos diversos modos, y os gustará". La audiencia que comentamos puede, pues, resumirse como una "especial súplica". Mientras tanto, justo en aquella época, a comienzos de 1965, se fundaba en París la asociación Una Voce, dedicada a la preservación del latín y del canto gregoriano, la cual prontamente contó con capítulos en todo el mundo.

Este temerario texto sobre el entusiasmo por la reforma no puede sino recordarnos hoy los "resultados" de la encuesta hecha a los obispos mediante la cual el papa Francisco trató de justificar las draconianas políticas de *Traditionis Custodes*[14], o las *dubia*, convenientemente redactadas, a las que la Congregación para el Culto Divino dio bien calculadas respuestas el 18 de diciembre de 2021. Durante décadas hemos estado sometidos a una engañosa narrativa sobre el "éxito" de la reforma litúrgica y sobre la perversidad de los católicos que se aferran a la tradición, verdadera máquina de propaganda que merece ser plenamente investigada algún día.

---

13 No niego, por cierto, que hubo muchos factores sociales y culturales que influyeron en el éxodo de católicos de la Iglesia en las décadas de 1960 y 1970, pero, como lo acepta Stephen Bullivant en su reconocido estudio *Mass Exodus: Catholic Disaffiliation in Britain and America since Vatican II* (New York: Oxford University Press, 2019), los cambios litúrgicos y disciplinarios no pueden ser absueltos del cargo de haber desempeñado un papel muy importante en la disminución de la identidad católica y del atractivo y consuelo de pertenecer a una comunidad de creencias y prácticas coherentes.
14 Ver los tres artículos de Diane Montagna: "*Traditionis Custodes*: Separating Fact from Fiction," *The Remnant online*, octubre 7, 2021; "*Traditionis Custodes*: More Facts Emerge (What the Bishops of the World Actually Told Francis)," *The Remnant online*, octubre 28, 2021; "*Traditionis Custodes*: A Weapon of Mass Destruction," *The Remnant online*, noviembre 29, 2021.

El discurso papal de 1965 que estamos analizando es notable por el número de veces que usa la palabra "nuevo": "nuevo, alarmante, cambiado"; "nuevo orden"; "nuevo modelo de cosas"; "libros litúrgicos nuevos"; "nueva forma" (dos veces); "nueva liturgia" (dos veces); "nuevo hábito"; "innovación litúrgica". Si hacemos la suma, son once veces. Algunos católicos critican hoy a los tradicionalistas que hablan de "*Novus Ordo*", pero he aquí un papa que califica el *interim missal* de 1965 como una novedad, cuando en realidad fue mucho menos una novedad que el misal de 1969. Creo que es a Pablo VI que le debemos este término, usado por él, cuando hablamos de sus reformas. El papa no trató de ocultar el hecho de que había habido un monumental cambio. Como él mismo dijo: "Las palabras importantes del Concilio son novedad y puesta al día . . . la palabra novedad se nos ha dado como una orden, como un programa"[15].

Muchos católicos notables de aquella época, como Evelyn Waugh y William F. Buckley jr., nos dejaron testimonios de su poco entusiastas impresiones de la "nueva Misa" de 1965, que mirada en retrospectiva, resultó ser sólo una etapa en el camino. Dietrich von Hildebrand escribió en 1966:

> El error básico de la mayoría de las innovaciones es imaginarse que la nueva liturgia acerca el santo sacrificio de la Misa a los fieles; que, despojada de sus antiguos ritos, la Misa entra ahora en la sustancia de nuestra vida. Porque la cuestión es si acaso encontramos mejor a Cristo elevándonos hacia El, o arrastrándolo hacia abajo hasta nuestro mundo pedestre, cotidiano. Los innovadores quisieron reemplazar la santa intimidad con Cristo por una desubicada familiaridad. La nueva liturgia amenaza, en realidad, con frustrar el encuentro con Cristo, porque desanima el respeto frente al misterio, impide el temor reverencial, y prácticamente extingue el sentido de lo sagrado[16].

---

15   *L'Osservatore Romano*, julio 3, 1974.
16   Dietrich von Hildebrand, "The Case for the Latin Mass," publicada primero en la revista *Triumph*, octubre 1966, y reimpresa en *The Charitable Anathema: Essays and Addresses by Dietrich von Hildebrand* (Ridgefield, CT: Roman Catholic Books, 1993), 39. Ver Alcuin Reid, ed., *A Bitter Trial: Evelyn Waugh and John Carmel Cardinal Heenan on the Liturgical Changes* (San Francisco: Ignatius Press, 2011); William F. Buckley Jr., *Nearer, My God: An*

AUDIENCIA GENERAL DE 19 DE NOVIEMBRE DE 1969

Veamos ahora un par de audiencias generales concedidas cuatro años y medio más tarde, en el mes de noviembre de 1969[17]. Como se dijo al comienzo, el *Novus Ordo Missae* se puso oficialmente en práctica el primer domingo de Adviento, que aquel año cayó el 30 de noviembre.

El papa vivía por entonces momentos álgidos, luego de haber promulgado el texto del *Novus Ordo Missae* siete meses antes, el 3 de abril. El "Breve Estudio Crítico del Nuevo Ordo de la Misa", más conocido como la "Intervención Ottaviani", fue terminado el 5 de junio, pero no se publicó sino hasta unos meses después, y por alguna razón no llegó a conocimiento de Pablo VI sino el 29 de septiembre[18]. La prensa popular advirtió lo que pasaba y le dio gran cobertura. Pablo VI envió el "Breve Estudio Crítico" a la Congregación para la Doctrina de la Fe, cuyo prefecto, el cardenal Seper, le informó el 12 de noviembre que, en su opinión, el Examen no tenía, en esencia, valor alguno. Esto ocurrió sólo una semana antes de la audiencia general de 19 de noviembre. Debemos tener presente, por tanto, que esa audiencia, y el discurso de la semana siguiente, son el intento de Pablo VI de defender el proyecto completo de *Novus Ordo* frente a sus críticos, y de cara a la posteridad. Es una *apologia pro Missa sua*[19].

Lo que más impacta de estos dos discursos es la tendencia del papa a hacer afirmaciones gratuitas y a usar un tono secamente autoritario. Lo que quiere es hacernos creer que, en realidad, no ha cambiado nada verdaderamente central, mientras hace, al mismo tiempo, un listado de los enormes cambios realizados, subrayándolos fuertemente. Para quienes se toman en serio aquello de que un rito litúrgico desarrollado es una especie de compuesto de alma y cuerpo en que no se puede fácilmente separar *lo que es* de *cómo es* realizado, de cómo se ve, cómo suena, huele

---

Autobiography of Faith (New York: Doubleday, 1997), c. 6: "Disruptions and Achievements of Vatican II," 91–108.

17   Los textos completos se encuentran en el Apéndice.

18   Ver Chiron, *Bugnini*, 143.

19   Vale también la pena destacar que, en respuesta al Breve Estudio y a otras críticas, el papa mandó realizar una cantidad de importantes modificaciones a la *Institutio Generalis*.

y se siente, el argumento del papa en pro de la identidad esencial está lejos de resultar convincente.

El 19 de noviembre el papa, nuevamente, no le teme al lenguaje de novedades: habla de "un nuevo rito de la Misa" (cuatro veces), "un nuevo espíritu", "nuevas directivas", "nuevas normas", "nuevo lenguaje litúrgico más expansivo", "innovación" (dos veces). Y termina con una explosión de sentimentalismo: "No hablemos de "la nueva Misa". Hablemos, más bien, de una nueva era en la vida de la Iglesia". Recurriendo a un colosal eufemismo, el papa dice que "la Misa se celebrará de un modo algo diferente del que estamos acostumbrados a celebrar en los últimos cuatro siglos, desde el reinado de San Pío V, luego del Concilio de Trento, hasta nuestros días".

Y muestra una admirable ingenuidad al decir derechamente: "Este cambio tiene algo de asombroso, de extraordinario. Ello se debe a que la Misa es vista como la expresión tradicional e intocable de nuestro culto religioso y de la autenticidad de nuestra fe. Nos preguntamos: ¿cómo se ha podido hacer tal cambio? ¿Qué efecto tendrá en aquellos que asisten a la Santa Misa?".

La respuesta que da es feble: simplemente, préstese atención a las explicaciones que se darán desde el púlpito y en las publicaciones religiosas, y confíese en que, gracias al nuevo misal, está a la vuelta de la esquina "una más clara y más profunda idea de la noción estupenda y misteriosa de la Misa". Aquí nuevamente el papa da muestras de ingenuidad al admitir que los fieles experimentarán "espontáneas dificultades".

Pablo VI sostiene que el nuevo misal "se debe al deseo expresado por el Concilio Ecuménico, recientemente celebrado". Esto es cuestionable, por decir lo menos, en especial teniendo en vista lo que el papa habrá de decir una semana después, cuando contradecirá abiertamente *Sacrosanctum Concilium* en muchos aspectos. Pero aquí, se dice que el nuevo misal es cuatro cosas, cada una de ellas sorprendente: "Es un acto de obediencia. Es un acto de coherencia de la Iglesia consigo misma. Es un paso adelante de su auténtica tradición. Es una demostración de fidelidad y vitalidad, a la que todos debemos prontamente asentir".

Queda en total oscuridad cómo la "coherencia de la Iglesia consigo misma" puede conseguirse rompiéndose con mucho de lo que la Iglesia ha venido haciendo en sus actos más importantes desde hace siglos. Es del todo oscuro el cómo un misal radicalmente revisado puede ser estimado exactamente como un "paso adelante" (fuere ello lo que fuere) de la "auténtica tradición" de la Iglesia (sea ello lo que fuere). No me parece injusto hablar aquí de duplicidad de lenguaje. Según Edward Herman, "Lo que realmente importa en el mundo de la duplicidad de lenguaje es la habilidad para mentir, consciente o inconscientemente, y pasar inadvertido; y la habilidad para usar mentiras y escoger y moldear hechos selectivamente, cancelando aquéllos que no cuadran con la agenda o el programa"[20]. Quedamos, una vez más, sin palabras ante la afirmación de que el *Novus Ordo Missae* es una "demostración de fidelidad y vitalidad, a la cual todos debemos prontamente asentir". Fidelidad, ¿en qué sentido? Vitalidad, ¿sólo porque la musculatura papal puede emplearse en hacer tragar la mayor serie de cambios en la historia del culto de la Iglesia?

El discurso continúa en un tono casi febril y ciertamente imperioso, como si el papa se diera cuenta de la absoluta insuficiencia de su relato: "No es un acto arbitrario. No es un experimento transitorio u opcional. No es una improvisación de algún *dilettante*. Es una ley. Ha sido meditado por [¡afírmense!] reconocidos expertos en sagrada liturgia; ha sido discutido y ponderado durante un largo período [es decir, unos pocos años de trabajo de comité extremadamente apresurado y atareado]. Haremos bien en aceptarlo con gozoso interés y en ponerlo rigurosamente en práctica, de modo unánime y cuidadoso".

Estas no son palabras de alguien que está particularmente en paz con lo que ha hecho, o confiado en el poder del objeto producido para ganarse a los consumidores. Sospechamos que un

---

20   Citado en https://en.wikipedia.org/wiki/Doublespeak. Una frase montiniana similar aparece en un discurso a un Consistorio de 24 de mayo de 1976: "Por nuestra parte, en nombre de la tradición [!], imploramos a todos nuestros hijos y a todas las comunidades católicas que observen los ritos de la liturgia restaurada con dignidad y ferviente devoción".

psiquiatra podría pasar un día entero en terreno analizando este tipo de lenguaje.

El papa Pablo VI dice a continuación que la reforma que ha impuesto "pone fin a las incertidumbres, discusiones y abusos arbitrarios. Nos devuelve a la uniformidad de ritos y sentimientos propios de la Iglesia católica". ¿Ironía sin límites? La atmósfera febril de incertidumbre, discusiones y abusos no fue en absoluto sofocada, sino que, al contrario, fue agitada por los cambios, prácticamente anuales, que el Vaticano hizo a la liturgia desde 1950 y a lo largo de la década de 1960. Fue la insistencia oficial en reformas litúrgicas lo que redujo a añicos la uniformidad de los ritos y sentimiento de que la Iglesia había disfrutado en relativa paz desde fines del Concilio de Trento hasta el siglo XX
. Además, unos de los rasgos más característicos del *Novus Ordo* es su falta de uniformidad entre una celebración y otra, y su multiplicación de "identidades" católicas.

La segunda parte del discurso se dirige a "cuáles son los cambios exactamente". Sea por ignorancia o por duplicidad, el papa declara que los cambios "consisten en muchas nuevas directivas para la celebración de los ritos", sin advertir el hecho que el cambio principal está en la sustancia misma de los textos: por ejemplo, sólo un 13% de las oraciones del antiguo misal romano sobrevivió intacto en el nuevo misal. Y luego tiene la osadía de decir: "Tengan esto muy claro: nada se ha cambiado de la sustancia de la Misa tradicional". Me pregunto cuántos en 1969 creyeron esto, y cuántos siguen creyéndolo hoy.

Un texto de San Ireneo de Lyons, dirigido contra arbitrarias interpretaciones hechas por los gnósticos, me parece que capta perfectamente lo que se ha hecho en nuestra época con el rito romano, y denuncia el subterfugio de decir *"Esto es* el rito romano" o, peor, "Esta es ahora *la tradición"*. Dice San Ireneo:

> Su modo de actuar es tal como si, cuando una bella imagen de un rey ha sido realizada por hábiles artistas con piedras preciosas, redujera alguien esta imagen a pedazos, y redistribuyera las gemas, y las hiciera calzar unas con otras para formar la imagen de un perro o de un zorro, y una mala imagen, más encima; y proclamara a

continuación y declarara que ésta es la bella imagen del rey hecha por los artesanos, mostrando las joyas usadas por el primer artista para formar la imagen del rey, pero que han sido reagrupadas con mal efecto para dar la imagen de un perro. Y, con mostrar las piedras preciosas, quisiera engañar al ignorante, que no tiene idea de cómo es la forma del rey, y persuadirlo que la miserable imagen del zorro es, en realidad, la bella imagen del rey[21].

Volviendo a la audiencia general, nos encontramos a Pablo VI poniéndose a la defensiva, como si hubiera detectado el temor que sus palabras, hasta ese momento, podía causar en sus oyentes:

Quizá algunos se dejen llevar por la impresión dada por alguna particular ceremonia o por alguna rúbrica *adicional* [esto es lo que dice, pero de hecho la transición de lo antiguo a lo nuevo es mayormente cuestión de rúbricas que se *suprime*, no de rúbricas que se *añade*] y piense que ellas ocultan alguna alteración o disminución de verdades que son adquisición para siempre de la fe católica, y que están sancionadas por ella. Podrían llegar a pensar que la ecuación entre ley de la oración, *lex orandi*, y ley de la fe, *lex credendi*, queda, como resultado, comprometida.

Ello no es así. No en absoluto. Sobre todo, porque el rito y la rúbrica correspondiente no son en sí mismos una definición dogmática. Su calificación teológica puede variar en diversos grados según el contexto litúrgico al que se refieren. Son gestos y términos referidos a una acción religiosa –experimentada y viva– de un misterio indescriptible de presencia divina, no siempre expresado de un modo universal. Sólo la crítica teológica puede analizar esta acción y expresarla en fórmulas doctrinales lógicamente satisfactorias.

---

21 San Ireno de Lyons, *Against Heresies*, Libro I, cap. 8, trad. Alexander Roberts and William Rambaut, en *Ante-Nicene Fathers*, vol. 1, ed. A. Roberts, J. Donaldson, y A. C. Coxe (Buffalo, NY: Christian Literature Publishing Co., 1885), rev. y ed. para *New Advent* por Kevin Knight. Es interesante señalar que, fiel a su nombre, San Ireneo (en palabras de Eusebio de Cesarea) "amonestó convenientemente" al papa Víctor I, que trataba de suprimir una antigua costumbre de Asia Menor de celebrar la Pascua en un día diferente del de otras partes. ¡Cuán pequeño es esto en comparación con el intento de suprimir en su totalidad el antiguo rito romano!

En lo que es un ejemplo espectacular de reduccionismo neoescolástico, se nos dice que sólo las definiciones dogmáticas corresponden a la esencia de la fe católica, ya que los ritos y rúbricas tienen que ver con experiencias y acciones que varían según el tiempo y la época; la única expresión de la verdad es una "fórmula doctrinal lógicamente satisfactoria". Con estas palabras, Pablo VI destruye la *lex orandi* como una realidad en sí misma y niega que la liturgia sea *theologia prima* y forma de transmitir la revelación.

Continúa el papa: "La Misa del nuevo rito es y sigue siendo la misma Misa que hemos tenido siempre. Se puede decir que la igualdad ha sido subrayada más claramente en algunos aspectos". Como dice Shakespeare, "Demasiado protesta la dama, me temo". Insistir en que la Misa es la misma, es reconocer que no lo es; no es necesario que lo obvio sea explicitado. A fin de concordar con la hipótesis de la igualdad, habría que adoptar primeramente la perspectiva de que el rito romano no es sino un esquema genérico, una introducción, algunas lecturas, una anáfora con palabras de consagración válidas, comunión, y conclusión[22].

El papa, como para ofrecer una prueba de lo que sostiene, recurre, en forma algo patética, a la unidad de la Cena del Señor, del Sacrificio de la Cruz, y a la representación de ambos en la Misa, afirmando que siguen siendo verdaderos para el *Novus Ordo*. Aparte de la idea algo extraña de que la Misa es una representación tanto de la Cruz como de la Ultima Cena -que no es lo enseñado

---

22   Una igualdad tan remota y abstracta probablemente no convencería de que la Misa es la misma ni al individuo simple e infantil ni al sofisticado y culto -los dos grupos más gravemente alienados de la Iglesia en ese período-. La continuidad de los ritos hay que demostrarla al nivel de los detalles específicos, no al de las generalidades. Recuerdo un comentarista en *Pray Tell* que presentó un cuadro en que comparó *las partes* del rito romano clásico con las del *Novus Ordo* y dijo: "Véase, no hay tantas diferencias, después de todo". Esto es como decir "leemos algo de la Biblia" en lugar de preguntar "¿Qué lecturas usamos para las epístolas y evangelios de los domingos?"; o como decir "el calendario anual se organiza en torno a Navidad y Pascua", en vez de preguntar "¿Cómo se articula los tiempos y fiestas y cómo se los observa litúrgicamente?". Al nivel de las grandes generalidades apenas se puede discriminar entre, por ejemplo, el rito copto, el bizantino y el latino, ya que cada uno de ellos hace *básicamente* el mismo tipo de cosas: se canta, se lee lecturas, se incluye letanías o peticiones, se tiene una anáfora, se recita la Oración del Señor, etc.

en la vigésimo segunda sesión del Concilio de Trento-, esto es, hay que decirlo, poner muy baja la vara para la continuidad litúrgica, y lejos de demostrar que el *Novus Ordo* sigue siendo el mismo rito romano, sólo prueba que el *Novus Ordo* es un rito litúrgico válido, como cualquier otra liturgia, oriental u occidental, celebrada por un sacerdote válidamente ordenado y usándose la materia y forma correctas. Con esta lógica, se podría aceptar que el *Novus Ordo* es igual a la Divina Liturgia de San Juan Crisóstomo.

Dando de nuevo manotazos de ahogado, Pablo VI dice que el nuevo rito hace más clara la relación entre la Liturgia de la Palabra y la Liturgia de la Eucaristía[23], pero no puede explicar por qué ello es así, y resulta que es lo opuesto lo verdadero, como puede demostrarse tanto teórica como prácticamente[24]. El papa hace en seguida un último saludo al gozo de la participación activa y, luego, como ya sin combustible, declara: "Veréis también otros maravillosos rasgos de nuestra Misa". ¿Por qué aparece súbitamente esta expresión "nuestra Misa"? ¿Se trata acaso del "nosotros" papal: nuestro rito papal moderno? ¿Es una referencia indirecta al *Consilium*: nuestra Misa de comité que presentamos ahora al mundo católico, jadeando de inquietud? ¿O es éste el "nosotros" de la colectividad que posteriormente habría de hallar en el *Novus Ordo Missae* el incentivo, aún más, la invitación a autocelebrarse?

Sigue otro intento desesperado de enfatizar la tesis de la igualdad: "Pero no se piense que estas cosas apuntan a alterar su genuina y tradicional esencia". Se nos deja de nuevo con la porfiada cuestión que rehusa desaparecer: ¿Cuál es la "genuina y tradicional esencia" de una liturgia? ¿Es cualquier cosa que el papa decide que es, sin importar cuán nimio sea ello, o podemos confiar las líneas generales de su desarrollo histórico a la Iglesia y

---

23 Admitiendo, de paso, que la antiquísima nomenclatura de "Misa de los catecúmenos" y "Misa de los fieles", que corresponde a la antigua práctica continuada por cientos de comentaristas a lo largo de los siglos, ha sido arrojada por la borda.

24 Sobre este punto, ver mis artículos "Why 'Mass of Catechumens' Makes Better Sense Than 'Liturgy of the Word,'" *NLM*, diciembre 29, 2014; "Why the 'Word of God' for Catholics Is Not Only the Bible, But More Importantly, Jesus Himself," *LifeSiteNews*, agosto 29, 2019.

a su universal recepción por ésta, como lo hizo tan claramente el Concilio de Trento? En resumen, es difícil concebir dos visiones más opuestas de la liturgia que la de Trento y la de Montini.

Finalmente, el papa usa como justificación una de sus palabras favoritas, "pastoral", y expresa su deseo de que "los fieles participen en el misterio litúrgico con mayor comprensión, de un modo más práctico, más agradable, y más santificante". Esto me suena a mí a lenguaje de planificación urbana y de ingeniería social. Qué curioso, pues, que se refiera a "la Palabra de Dios que vive y resuena en todos los siglos", esa misma Palabra cuya actual encarnación en el desarrollo orgánico de la liturgia es repudiada, y opina a continuación que los fieles "participarán mejor en la mística realidad del sacrificio sacramental y propiciatorio de Cristo", a pesar de que el *Novus Ordo* ha expurgado la liturgia de su palpable misticismo y de su inconfundible acentuación del sacrificio propiciatorio del Calvario. El discurso refleja a Montini entero: fría lógica, modo duro, tono abrumador, ocasionales floraciones poéticas maritainianas y, sobre todo, un desconcertante olvido de la mera magnitud de lo que está haciendo, como si dejar caer bombas fuera un juego de ajedrez.

AUDIENCIA GENERAL DE 26 DE NOVIEMBRE DE 1969

Una semana después, el papa prosigue con su *apologia*. Adviértase, una vez más, cuán implacablemente Pablo VI subraya la novedad de aquello que está imponiendo a la Iglesia. En la primera frase habla de "la innovación litúrgica del nuevo rito de la Misa". La frase "nuevo rito" es mencionada siete veces; las palabras "nuevo", "novedad", o "renovación", otras siete veces; "innovación" dos veces; y dos veces "invención". Todo ello suma dieciocho veces.

Con clásico estilo montiniano, su segundo párrafo prolonga lamentablemente la consideración de lo que se ha de perder:

> Un nuevo rito de la Misa: un cambio en una venerable tradición que ha perdurado durante siglos. Esto es algo que afecta a nuestro patrimonio religioso hereditario, que parecía gozar del privilegio de la intangibilidad y estabilidad, y que parecía traer a nuestros labios la oración de nuestros antepasados y darnos el consuelo de sentirnos

fieles a nuestro pasado espiritual, que manteníamos vivo para transmitirlo a las nuevas generaciones. Es en momentos como éste cuando alcanzamos una mejor comprensión del valor de la tradición histórica y de la comunión de los santos.

Aunque parezca increíble, ¡el papa parece decir que, cuando renunciamos a nuestro patrimonio religioso hereditario, sentimos más hondamente el valor de la tradición y la comunión de los santos, con quienes hemos orado en común! Esto me parece como una maniobra sadística; es como decirle a un niño: "Vas a apreciar más a tu madre si te la quitamos y no la vuelves a ver nunca más". Y prosigue, retomando temas de su discurso de marzo de 1965: "Este cambio afectará las ceremonias de la Misa. Nos daremos cuenta, quizá con una sensación de molestia, que las ceremonias del altar ya no serán más realizadas con las mismas palabras y gestos a los que estábamos acostumbrados, y quizá tan acostumbrados que no nos dábamos cuenta de ellas. Estos cambios también alcanzan a los fieles: lo que se quiere es interesar a cada uno de los que están presentes, sacarlos de sus devociones personales acostumbradas o de su usual letargo".

Si no me equivoco, Pablo VI sostiene aquí que la estabilidad ritual lleva a que la gente deje de prestar atención a lo que está haciendo y a replegarse en el subjetivismo o la flojera. Si esto fuera cierto, se explicaría la obsesión de los liturgistas modernos por cambiarlo todo constantemente: alguna vez hice ver, recordando a Heráclito, "no se puede asistir al mismo *Novus Ordo* dos veces". Pero según la experiencia de mucha gente, la estabilidad en el ritual hace posible una honda intimidad con la oración de la Iglesia, y por lo mismo repele el perjudicial subjetivismo, privado a colectivo"[25].

---

25   Ver mi artículo "The Fixity of Liturgical Forms as an Incentive to Prayer and Lectio Divina," *NLM*, enero 23, 2017. ¡Cuánto más saludable fue la actitud de los miembros más conservadores del Movimiento Litúrgico! "Sería gravemente tensional si cada vez que nos aproximáramos a Dios tuviéramos que pensar cómo hay que hacerlo: consideraríamos abrumadora la responsabilidad y excesivamente grande la exigencia emocional, especialmente en momentos en que no nos sintiéramos muy religiosos sino que nos volviéramos a la oración directamente desde el tráfago diario. Una de las funciones del ritual, por tanto, es canalizar nuestra oración, asegurarnos frente a los

En todo caso, el papa parece no hacerse ninguna ilusión sobre el terremoto cuando escribe en los párrafo 4 y 5: "Debemos estar preparados para estos múltiples contratiempos. Es el tipo de alteración causado por toda novedad que interrumpe nuestros hábitos. Advertiremos que las personas piadosas serán las más alteradas, porque tienen su propio y respetable modo de oír Misa, y sentirán que sus pensamientos habituales se sacuden y que son obligadas a seguir los de otros. Incluso los sacerdotes experimentarán molestias en este punto... Estas novedades no son poca cosa, pero no debemos dejarnos alterar por la naturaleza, o incluso la molestia, de sus formas exteriores".

Pablo VI no hubiera jamás tenido éxito como vendedor. No sorprende que tantos católicos hayan dejado de ir a Misa, y que una oleada de sacerdotes y religiosos sufrieran desorientación espiritual al ver que su supremo Pastor consideraba una buena idea causar, especialmente a la gente piadosa y a los sacerdotes, "múltiples inconvenientes", "alteración", "perturbación", "malestar", "molestia", en su lucha por entender qué diablos estaba pasando con las "formas exteriores" –para no mencionar el espíritu interior– de la liturgia de la Iglesia. Es también digna de atención la denigración de los hábitos que hace el papa. Cuán diferente fue la actitud de Jacques Maritain, acorde con la perenne sabiduría de Santo Tomás: "Los hábitos son, se puede decir, cartas metafísicas de nobleza, y tal como los talentos innatos operan la desigualdad entre los hombres, el hombre con hábitos tiene en sí una cualidad cuya ausencia nada puede compensar, no se puede reemplazar con nada. Los demás hombres están indefensos, y él tiene una armadura, pero esta armadura es la armadura viva del espíritu"[26].

---

altibajos de nuestro ánimo y a las rebeldes vulgaridades de la moda. Un ritual formado por una larga tradición, que encierra las verdades más profundas de nuestra religión de un modo digno de su grandeza, nos arrastra en su ímpetu; conduce y forma nuestra oración en un molde sagrado, en vez de esperar alguna explosión de inspiración personal. Está ahí ya, listo, y sólo tenemos que entrar en él, tomarlo y procurar hacerlo nuestro". John Coventry, *The Breaking of Bread: A Short History of the Mass* (New York: Sheed & Ward, 1950), 2.

26 Jacques Maritain, *Art and Scholasticism with Other Essays*, trad. J. F. Scanlan (New York: Charles Scribner's Sons, 1924), 9.

Ante este desafío que se venía encima, ¿qué recomendaba Pablo VI? Como intelectual soñador, alejado de los cristianos ordinarios, el papa sugiere que tenemos que prepararnos para "esta ocasión especial e histórica" nada menos que redoblando nuestro estudio de los libros y artículos que explican los motivos para "estos graves cambios". Reconociendo nuevamente la inherente debilidad de su posición, invoca la "obediencia al Concilio" –bien conoce él la propaganda totalitaria de que lo único que se requiere para convertir una falsedad en verdad, es repetir las mismas mentiras con calma, descarada y frecuentemente–, y encima de todo agrega la "obediencia a vuestros obispos". Confía el papa en que todos los obispos se alinearán con el debido ultramontanismo (o, habría que decir, "ultramontinianismo")[27]. En un momento casi de *afflatus* Montiniano, concluye diciendo en el párrafo 6: "Es la voluntad de Cristo, es el soplo del Espíritu Santo que llama a la Iglesia a efectuar este cambio. Está teniendo lugar un momento profético en el Cuerpo Místico de Cristo, que es la Iglesia. Este momento sacude a la Iglesia, obligándola a renovar el misterioso arte de su oración".

En los párrafos 7 a 14 –la más extensa sección temática del discurso– Pablo VI lleva a cabo una defensa de la abolición del latín en la práctica[28]. El papa parece sentir todavía el escozor causado por el libro de 1965 de Tito Casini, *La tunica stracciata* (La túnica rasgada), en que este popular autor italiano ataca la introducción del vernáculo en la Misa[29].

El punto de partida del papa en esta sección es el argumento de que porque "los fieles están revestidos con el "sacerdocio real" . . . están calificados para la conversación sobrenatural con Dios"(§6). De esta verdad –que nadie negó jamás, ni en teoría ni en la práctica– Pablo VI deduce la necesidad de reemplazar el latín por la lengua vulgar, porque, de otro modo, el pueblo no puede

---

27 Esto fue antes de la heroica postura tomada por el arzobispo Marcel Lefebvre, que había de dar lugar a que saliera a flote lo peor de Pablo VI. Pero esa historia es para otra oportunidad.

28 Ver también el discurso del Angelus de 7 de marzo de 1965 citado en la nota 180 de la página 119, que es como un compendio de la audiencia que estamos comentando.

29 La traducción de este libro al inglés fue reeditada en 2020 por Angelico Press.

conversar sobrenaturalmente con Dios (¿?). El papa comienza son su habitual rutina, en que, primero, nos dice qué gran pérdida nos causará el nuevo rito:

> La introducción del vernáculo va a ser ciertamente un gran sacrificio para quienes conocen la belleza, el poder y la expresiva sacralidad del latín. Estamos abandonando la lengua de los siglos cristianos, nos estamos transformando en algo así como intrusos profanos en el reducto literario de las palabras sagradas. Vamos a perder una gran parte del gregoriano, estupenda e incomparable obra artística y espiritual. Tenemos por cierto razones para lamentarlo, incluso para desconcertarnos. ¿Con qué podemos reemplazar esa lengua de los ángeles? Estamos abandonando algo de inapreciable valor. Pero ¿por qué? ¿Qué hay más precioso que los más altos valores de nuestra Iglesia?

Es aquí donde Pablo VI muestra sus cartas, invocando una especie de nudismo epistemológico o de filosofía "libre y sencilla": "La respuesta parecerá banal, prosaica. Pero es una buena respuesta, porque es humana, porque es apostólica. Comprender la oración vale más que los ornamentos de seda en que está envuelta. La participación del pueblo vale más, especialmente la participación del pueblo moderno, tan amante de lenguaje sencillo, que se entiende fácilmente y se convierte en habla cotidiana"[30].

Como dijimos en nuestra cita anterior de Dietrich von Hildebrand, vemos aquí una comprensión humanística, horizontal y

---

30 En una homilía pronunciada cuatro meses después, el 27 de marzo de de 1966, en la parroquia de María Inmaculada, en Roma, Pablo VI habló del "notable sacrificio del latín, el invaluable repositorio del tesoro de la Iglesia", para lo que invocó una justificación conciliar, insultando, de paso, a muchas generaciones de católicos: "El Concilio ha tomado la posición fundamental de que los fieles tienen que comprender lo que el sacerdote dice y participar en la liturgia, y no ser espectadores pasivos de la Misa sino almas vivas... Ya no tendremos más el triste fenómeno de personas que saben y hablan de casi cualquier tema humano, pero que permanecen silenciosas y apáticas en la casa de Dios... De este modo, la Misa dominical no es una mera obligación sino un placer, no para ser cumplido como un mero deber, sino reivindicado como un derecho" (*DOL* n. 33, p. 125). Como vemos que hizo una y otra vez, Pablo VI no fue selectivo, en este caso, en su cita y reconstrucción de enseñanzas del Concilio que convinieran a sus propósitos.

antropocéntrica de la liturgia que contradice, paradójicamente, la efectividad de la propia liturgia como medio de transformación espiritual, atrayendo las almas hacia Dios infinito y hacia la comunión con el Cuerpo Místico de Cristo, pasado, presente y eterno. La lengua latina es efectiva precisamente por su "belleza, poder y sacralidad expresiva", por su "habla sagrada", por su "inapreciable valor", por la altura de sus asociaciones, y por aquello "estupendo e incomparable" que la reviste de música, el canto gregoriano.

La participación, en el sentido de una comprensión inmediata del "lenguaje sencillo, fácilmente comprensible, del habla cotidiana", es el menor y más bajo de los sentidos en que los fieles participan en los tremendos misterios de Cristo. Los sociólogos han observado que los rituales religiosos densos, impenetrables, y en cierta medida desmesurados, son una motivación poderosa de la creencia y de la devoción. Aidan Nichols escribe: "La noción de que mientras más inteligible es el signo, más efectivamente ha de entrar en la vida de los fieles, es implausible para la imaginación sociológica... Es esencial una cierta opacidad para la acción simbólica"[31]. Los psicólogos dicen que el simbolismo arquetípico expresado por los gestos, el vestido y otros fenómenos físicos, para no decir nada del lenguaje suprarracional de la música, son tan comunicativos, al menos, como las palabras, e incluso más. El poder de la liturgia de afectar el alma depende, en gran medida, de estos elementos no verbales y del sutil factor que puede llamarse, a falta de mejor término, atmósfera o ambiente.

Sí, los fieles debieran tener cierta comprensión del contenido del Misa (y, naturalmente, tener alguna familiaridad con más

---

[31] Aidan Nichols, *Looking at the Liturgy: A Critical View of Its Contemporary Form* (San Francisco: Ignatius Press, 1996), 61. Ver también Uwe Michael Lang, *Signs of the Holy One: Liturgy, Ritual, and Expression of the Sacred* (San Francisco: Ignatius Press, 2015); Michael Fiedrowicz, *La Misa tradicional. Historia, forma y teología del rito clásico romano* (Carthusianus Verlag, 2021), 197-235. Sorprende que Pablo VI haya podido formular tales afirmaciones en una época en que la popularidad de Carl Jung alcanzaba nuevas cumbres, por medio de Joseph Campbell. Si hay alguien que alguna vez haya leído mal "los signos de los tiempos", ciertamente fue Montini, que construyó un enorme santuario a la modernidad precisamente en el momento en que la post-modernidad estaba logrando imponerse.

de la liturgia católica que sólo la Misa, que es la fuente y culminación, pero no lo es todo); en esto, Dom Guéranger y la *pars sanior* del Movimiento Litúrgico tenían razón[32]. Pero lo que atrae a los hombres al culto litúrgico es la perspectiva de un encuentro con lo misterioso e inefable, con lo extrañamente bello, que abre nuestra alma a lo trascendente y ofrece un atisbo del cielo. Por eso es que fue exactamente *anti-apostólico* invertir las prioridades de la Iglesia y poner una superficial noción de compromiso popular por encima de la inmersión más profunda en la oración que la antigua liturgia, debidamente celebrada, había siempre ofrecido –y todavía lo hace– a los fieles.

En una de las declaraciones más inquietantemente irónicas de la historia de los papas, Pablo VI dice, con cierta melancolía, en su Exhortación Apostólica *Evangelii Nuntiandi* de 1975: "El hombre moderno está harto de discursos, obviamente cansado de oír y, lo que es peor, impermeable a las palabras"[33]. Esta declaración se hizo apenas cinco años después de que él mismo impusiera a la Iglesia una liturgia notable por su incontenible verbosidad, por enormes dosis de Sagrada Escritura, por falta de silencio y por su pobreza de ritos no verbales.

En su discurso de 1969, el papa Pablo procede a enterrarse en un hoyo: "Si la divina lengua latina nos mantuviera separados de los niños, de la juventud, del mundo del trabajo y de los negocios; si fuera un cortinaje negro, no una clara ventana, ¿sería correcto que nosotros, pescadores de hombres, lo retuviéramos como la única lengua de la oración y de los intercambios religiosos?"

La caída más dramática de la asistencia a Misa, en la década después del Concilio (o sea, desde la primera introducción del

---

32 Es angustiante ver hoy que algunos presuntos defensores de la tradición exaltan "la devoción de la ignorancia" y una estricta bifurcación entre la espiritualidad laica y los ritos del templo. Sobre este tema, ver "When Piety Is Mistaken for Passivity, and Passivity for Piety," en mi libro *Ministers of Christ: Recovering the Roles of Clergy and Laity in an Age of Confusion* (Manchester, NH: Crisis Publications, 2021), 141-51; cf. Peter Kwasniewski, *Noble Beauty, Transcendent Holiness: Why the Modern Age Needs the Mass of Ages* (Kettering, OH: Angelico Press, 2017), 89-94, 205-8 y mi artículo "Living the Vita Liturgica: Conditions, Obstacles, Prospects," *NLM*, abril 16, 2018.

33 *Evangelii Nuntiandi* §42.

vernáculo y del *versus populum* hasta la imposición del *Novus Ordo*), tuvo lugar precisamente entre los trabajadores, como lo ha demostrado el sociólogo inglés Anthony Archer[34]. Además, no está en absoluto claro que el "mundo de los negocios" haya jamás favorecido la reforma litúrgica. Ya he mencionado a Casini, von Hildebrand, Waugh y Buckley, pero la señal más embarazosa de la falta de apoyo por parte del público culto se dio en 1971, con la petición en que se urgía la preservación de la Misa tradicional, firmada por cincuenta y seis de las más eminentes figuras culturales de Gran Bretaña –"muchos de los principales escritores, críticos, académicos y músicos del momento, como también muchos políticos de los tres principales partidos políticos de Gran Bretaña, y dos obispos anglicanos"[35], que el cardenal John Heenan entregó al papa Pablo VI, y que condujo al "Indulto Inglés" (llamado a veces "Indulto Agatha Christie"), por el cual se otorgó la autorización para seguir usando la antigua Misa. Este fue, en retrospectiva, el primer paso en un largo camino por el que fueron retrocediendo los añejos argumentos dados en pro de esa "nueva era" que habría de ser iniciada por la reforma litúrgica[36]. Finalmente, la mención que hace Pablo VI de "los niños

---

34   En su libro *The Two Catholic Churches: A Study in Oppression* (London: SCM Press, 1986); ver Joseph Shaw, "A sociologist on the Latin Mass," weblog *LMS Chairman*, junio 26, 2013.

35   Joseph Shaw, ed., *The Case for Liturgical Restoration: Una Voce Studies on the Traditional Latin Mass* (Brooklyn, NY: Angelico Press, 2019), 213-16. Hubo, en efecto, dos peticiones casi simultáneas, una limitada a cincuenta y seis firmantes del Reino Unido o residentes en él y otra, publicada en italiano, que añadio otros cuarenta y dos firmantes de todas partes del mundo. Ver Joseph Shaw, "50 Years Ago: Non-Catholics Petitioned the Pope for the Latin Mass," *OnePeterFive*, noviembre 8, 2021, https://onepeterfive.com/ non-catholics-petition-pope-latin-mass/; Shaw, "Other Petitions in Favour of the Ancient Mass," *Gregorius Magnus* 12 (Winter 2021): 41-44, https:// issuu.com/gregoriusmagnus/docs/gads1591_gregorius_magnus_12_winter_web_ 2021_ame/s/13650010; el mismo número contiene varios textos adicionales relacionadas con estas perticiones.

36   Las etapas cruciales en este proceso son bien conocidas: el Indulto Inglés de 1971, *Quattuor Abhinc Annos* de 1984 (astutamente titulado así para que pareciera una respuesta y sustitución de *Tres Abhinc Annos* de 1967), *Ecclesia Dei Adflicta* de 1988, *Summorum Pontificum* de 2007, y *Universae Ecclesiae* de 2011. Trágicamente, este proceso, de lentitud glacial, se interrumpió

y la juventud" nos recuerda lo que es, quizá, la más aguda ironía de todo esto: mientras que el promedio de niños que nacen en la corriente mayoritaria del catolicismo y la perseverancia de los jóvenes son alarmantemente bajos, la cantidad de familias numerosas en el movimiento pro Misa tradicional y su juventud son prueba de una historia muy diferente en lo que atañe a qué los atrae hacia Cristo y qué los aleja.

En los párrafos 13 y 14, el papa ofrece un pañuelo para secar las lágrimas de los amantes del latín: les recuerda que el nuevo rito de la Misa *permite* que la gente cante en latín el Ordinario de la Misa, autorización que casi nunca se ha materializado en la práctica, y agrega que el latín seguirá siendo la lengua oficial de los documentos vaticanos. Magro consuelo, a decir verdad. Sin, al parecer, querer ser irónico, dice el papa: "El latín seguirá siendo... la clave de nuestro patrimonio religioso, histórico y cultural, y si es posible, volverá a florecer en su esplendor". Pero si el latín es verdaderamente la clave de nuestro patrimonio católico, ¿por qué llevamos a cabo acciones perfectamente calculadas para destruir su presencia viva en la Iglesia? ¿Cómo puede semejante cosa ayudarlo a "florecer en su esplendor"?

En el párrafo 15, Pablo VI vuelve al tema, de la semana anterior, de que la Misa en realidad no ha cambiado, porque "el esquema fundamental de la Misa sigue siendo el tradicional, no sólo teológicamente sino también espiritualmente". Si por "esquema fundamental" se quiere dar a entender que primero viene algo de carácter penitencial; que luego tiene lugar, hacia la mitad, algún tipo de plegaria Eucarística, y que algún tipo de gesto indica que el término de la ceremonia se aproxima, se puede coincidir con el planteamiento del papa. Los modos en que la estructura, la teología y la espiritualidad del nuevo misal difieren o se desvían del misal antiguo son prácticamente innumerables, y se los ha descrito en muchísimos libros y otros textos[37]. Pero basta con

---

abruptamente por *Traditionis Custodes* de 2021, de Francisco, que va a tener, según predicen algunos, corta vida.

37 Esto queda claro, en todo caso, a quienes los comparan, aunque uno puede preguntarse cuán bien conocía Pablo VI todos los libros litúrgicos publicados a sugerencia suya. Según el arzobispo Bugnini, por una parte

simplemente asistir al *usus antiquior* para comenzar a ver por sí mismo que la aplicación del término "tradicional" a los ritos litúrgicos reformados de Pablo VI es, precisamente, el tipo de "abuso del lenguaje, abuso del poder" sobre el que el filósofo Joseph Pieper, que vivió en Alemania durante el régimen Nacional Socialista, ha escrito con tanta elocuencia[38].

A continuación, Pablo VI tiene la ingenuidad o la desfachatez de afirmar: "En realidad, si el rito es celebrado como se debe, se verá que el aspecto espiritual será más rico. La mayor sencillez de las ceremonias, la variedad y abundancia de los textos de las Escrituras, la unidad de las acciones de los ministros, los silencios con que se destaca varios momentos profundos en el rito, todo ello ayudará a producir este resultado".

Y agrega que en la medida en que todos "participen profundamente", la Misa "será más que nunca una escuela de profundidad espiritual y una pacífica pero exigente escuela de sociología cristiana. La relación del alma con Cristo y con los hermanos alcanza, así, una nueva y vital intensidad". En párrafos como éste vemos cómo Pablo VI se abandona del todo a esa "fantasilandia" que ya mencionamos.

Los últimos tres párrafos, 17 a 19, constituyen una estrambótica coda que nos transmite, incluso después de medio siglo, algo del atarantamiento y del caos casi descontrolado que rodeó a toda la reforma litúrgica: "Pero resta todavía una dificultad práctica,

---

Pablo VI leyó cada borrador del *Ordo Missae* con infinito cuidado, subrayándolos con diferentes colores y haciendo anotaciones al margen con letra pequeña (Chiron, *Bugnini*, 135); pero por otra parte devolvió el texto del nuevo leccionario con una nota en que decía que no había podido estudiarlo, pero que suponía que los expertos habían hecho bien su trabajo. Ver Annibale Bugnini, *The Reform of the Liturgy 1948–1975*, trad. Matthew J. O'Connell (Collegeville, MN: The Liturgical Press, 1990), 420; cf. mi artículo "Who Was Captain of the Ship in the Liturgical Reform? The 50th Anniversary of an Embarrassing Letter," *NLM*, junio 24, 2019.

38   Vemos otro espectacular ejemplo de esto en el discurso de Pablo VI a los cardenales, de 24 de mayo de 1976: "Ellos [los tradicionalistas] desacreditan la autoridad de la Iglesia en nombre de una Tradición a la que se respeta sólo material y verbalmente... En nombre de la misma Tradición pedimos a todos nuestros hijos y a todas las comunidades católicas que celebren, con dignidad y fervor, los ritos de la liturgia renovada".

que la excelencia de lo sagrado vuelve no poco importante [¡Qué expresión!, *PK*]. ¿Cómo se puede celebrar este nuevo rito cuando todavía no tenemos un misal completo, y existe todavía tanta incertidumbre sobre lo que hay que hacer?".

Buena pregunta, Santo Padre. Es una pregunta que había rondado al clero y a los fieles durante gran parte de los quince años transcurridos, ya que las rúbricas, textos, música, lenguaje y casi todo lo demás seguía evolucionando casi año tras año. Lo que advertimos en esta locura de reforma sacramental, que comienza lamentablemente con Pío XII, es la negación misma de la correcta actitud católica frente a la tradición, que es la del jardinero, no la del industrial o del planificador urbano que demuele la antigua mansión para hacer lugar a departamentos modernos. Se podría adaptar algunas recientes palabras del Padre John Hunwicke: el papa necesita "recordar la intuición del Beato John Henry Newman, de que el servicio propio de la Iglesia romana en la *oikumene* es ser una barrera, una rémora, contra la introducción de erróneas novedades. O sea: transmitir la Gran Tradición sin adulteraciones. En una época en que el adjetivo "negativo" tiene populares vibras, necesitamos reapropiarnos, al más alto nivel en la Iglesia, de la importancia central, fundamental de un papado negativo y preservador. *Tradidi quod et accepi* implica *Quod non accepi non tradam*"[39].

Hecha la mencionada pregunta, Pablo VI la contesta con más detalles técnicos que los que se esperaría en una audiencia general. Lo sustantivo es que la liturgia en latín definitivamente se va, y ello por voluntad expresa del papa. Desde el 28 de noviembre de 1971 ya no deberá haber más liturgias en latín, ya sea que se use el antiguo misal o el nuevo. Y si un sacerdote planea viajar a varios lugares, sea que celebre la Misa solo, sea con una congregación de fieles, más vale que invierta en un vehículo con suficiente capacidad para acarrear todos los libros litúrgicos que va a necesitar. Los viejos tiempos en que para celebrar Misa lo único que se necesitaba era un misal de altar, se han ido para siempre, en nombre de "una mayor sencillez de los ritos"[40].

---

39 "'The worst pope ever'?" *Fr Hunwicke's Mutual Enrichment*, marzo 16, 2019.
40 Para emplear el lenguaje del Sínodo de Pistoia -y de Pablo VI-.

El discurso concluye –una sutil ironía final– con una cita de uno de los autores preferidos de Pablo VI, el sacerdote y teólogo suizo Maurice Zundel (1897-1975), tomada del prefacio a la segunda edición de *Le Poème de la Sainte Liturgie* de 1934, publicado en inglés en 1939 con en título *The Splendor of the Liturgy*: "La Misa es un misterio que hay que vivir muriendo de amor. Su realidad divina supera a todas las palabras... Es la Acción por excelencia, el acto mismo de nuestra Redención, en el Memorial que hace presente"[41].

No sé que pensaría Zundel, muerto en 1975, del *Novus Ordo Missae*, pero puedo decir con seguridad que quien lea *The Splendor of the Liturgy* –profunda obra de teología mística que, de comienzo a fin, está empapada en las oraciones y ceremonias del rito romano clásico– entrará en un mundo de luminosa maravilla y de ardiente devoción, epítome de una Iglesia enraizada, con firmeza y confianza, en su tradición. Ese mundo fue condenado por el Misal ínterim de 1965, y desterrado por el engañosamente llamado *Missale Romanum* de 1969. Al pobre laico o al sacerdote presentes en la audiencia general de 19 de noviembre o a la de 26 de noviembre de aquel fatal año, debe haberles parecido que estaba a punto de perderse aquel mundo glorioso e íntimo descrito por Zundel o, también, por Prosper Guéranger, Nicholas Gihr, Pius Parsch, Fernand Cabrol, Ildefonso Schuster o cualquier otro de los muchos comentadores litúrgicos de los siglos XIX y XX, que trabajaron incansablemente por hacer progresar la comprensión –y reanimarla– de la participación en la liturgia de la Iglesia, en su forma tradicional (o sea, transmitida), y no en la forma reinventada por unos ingenieros en unos laboratorios[42].

La revisión de estos discursos más de cinco décadas más tarde es importante por muchas razones, pero quisiera mencionar una

---

41 La formulación verbal de las primeras frases que cita el papa es algo diferente de lo que se encuentra en la edición inglesa publicada por Sheed & Ward: "La Misa es un misterio, que debe convertirse para nosotros en una experiencia vivida. Y esa experiencia es nada menos que una muerte de amor".
42 Para un incisivo recuerdo de los sentimientos de aquellos años, ver Bryan Houghton, *Unwanted Priest: The Autobiography of a Latin Mass Exile* (Brooklyn, NY: Angelico Press, 2022).

en particular. Los partidarios de la "Reforma de la Reforma", sin duda de buena fe, se aferran a un relato en que el *Novus Ordo Missae* salió todavía tibio de las prensas del Vaticano, revestido de latín, listo para celebrarse con esplendor y solemnidad al son de las nobles notas del canto gregoriano, cumpliendo perfectamente la constitución conciliar *Sacrosanctum Concilium*, siendo posteriormente la Misa secuestrada por los "progresistas" europeos y norteamericanos, que contradijeron frontalmente las buenas intenciones de Pablo VI[43].

El problema fundamental de este relato es que es falso. Las tres audiencias generales indican que Pablo VI jamás pensó o quiso que el *Novus Ordo* fuera ampliamente celebrado en latín; jamás esperó que el canto gregoriano sobreviviera en las parroquias; nunca quiso que "nuestra Misa" luciera o sonara como la liturgia romana heredada. El papa tranquilamente advirtió que el latín y el canto gregoriano iban a desaparecer, que el modo antiguo de celebrar la Misa podía desaparecer también de la faz de la tierra. Una señal de que no se pretendía que el canto llano fuera una parte integral del rito romano moderno –contrariando la declaración explícita del Vaticano II en *SC* 116– fue que la nueva Misa de Pablo VI fue lanzada en 1969, cinco años antes de que los monjes de Solesmes publicaran en 1974 un nuevo *Graduale* para ella. Esta es una señal entre muchas de que lo que se tomó como modelo fue la Misa rezada: liturgia reducida a sólo texto, contrariamente a su origen y estructura[44]. Nadie que tuviera interés en la integridad del rito o

---

43 Una prueba de que no estoy inventando nada: ver el artículo de Dr. Philippa Martyr "The Novus Ordo was meant to be a Latin Mass," *The Catholic Weekly* online, julio 11, 2021.

44 El paradigma de la liturgia tradicional es la Misa pontifical solemne, de la cual la Misa solemne (con sacerdote, diácono y subdiácono) es una reducción, y la Misa *cantata* (con sólo un sacerdote) es una ulterior simplificación, siendo la Misa rezada el destilado final. En el *Novus Ordo*, en cambio, la Misa rezada con un solo sacerdote es tomada como el modelo, y se efectúa extrapolaciones y adaptaciones según estén o no presentes otros ministros. El modo tradicional recuerda la liturgia obispocéntrica de los tiempos apostólicos, en tanto que el modo moderno, irónicamente, brota de la muy detestada Misa privada devocional de origen medieval (una de las muchas ironías de la "reforma", especialmente si se considera el estímulo que dio el Concilio a la solemne liturgia cantada, *SC* 112-113).

en mantener alguna forma de continuidad se hubiera apresurado a dar curso a un misal para el cual los correspondientes cantos no estaban todavía listos. A juzgar por sus audiencias, Pablo VI, al menos, buscó la ruptura, no la continuidad de que se hizo portavoz su sucesor Benedicto XVI[45]. Pablo VI hubiera endosado con entusiasmo las palabras del influyente liturgista y miembro del *Consilium*, Joseph Gelineau, sj: "Que quienes, como yo, conocieron y cantaron con gregoriano y en latín la Misa solemne, lo recuerden, si es que pueden. Que comparen con aquello la nueva Misa que tenemos ahora. No sólo las palabras, las melodías y los gestos son diferentes. A decir verdad, es una liturgia de la Misa totalmente diferente [*c'est une autre liturgie de la messe*]. Hay que decirlo sin ninguna ambigüedad: el rito romano, tal como lo conocimos, ya no existe [*le rite romain tel que nous l'avons connu n'existe plus*]. Ha sido destruído [*Il est détruit*]"[46].

Es evidente que el principio operativo de Pablo VI fue el acomodacionismo: la liturgia debe acomodarse a la mentalidad y supuestas necesidades del Hombre Moderno[47]. Ante este voraz Moloch de la modernización tiene que rendirse cualquier otra consideración: de hecho, la primera ofrenda sacrificial que se depositó en su boca fue la Constitución del Concilio sobre la Sagrada Liturgia. No hace falta un exceso de inteligencia para darse cuenta de que algunas

---

45   La única excepción fue el consejo de Pablo VI a los religiosos y religiosas a quienes (como vimos en la carta apostólica *Sacrificium Laudis*) animó a conservar su canto en latín del Oficio Divino. Sin embargo, jamás puso en vigor esa idea, de acuerdo con su modo de gobernar débil y ambivalente, y se limitó a observar, desde las estancias papales, como colapsaban todas las grandes órdenes religiosas, llevándose con ellas a la tumba el Oficio coral y la Misa cantada.

46   Cita de *Demain la liturgie: Essai sur l'évolution des assemblées chrétiennes* (Paris: Cerf, 1976), 9-10. Gelineau prosigue: "Algunos muros del antiguo edificio han caído, en tanto que otros han cambiado de apariencia, hasta el punto de que hoy aparecen como una ruina o una subestructura parcial de un edificio diferente".

47   Sobre los motivos de la reforma y sobre su naturaleza revolucionaria, ver de Michael Davies *Pope Paul's New Mass* (Kansas City, MO: Angelus Press, 2009) y de Anthony Cekada *Work of Human Hands: A Theological Critique of the Mass of Paul VI* (West Chester, OH: Philothea Press, 2010), que siguen siendo indispensables, aunque haya que complementarlos con publicaciones más recientes.

de las provisiones más claras e importantes de *Sacrosanctum Concilium* no sólo fueron ignoradas sino mucho más: negadas. Quizá Martin Mosebach es demasiado benévolo al juzgar *SC* como un documento modesto, pero su opinión es seguramente la misma de los Padres que votaron por ella: "El Concilio Vaticano Segundo confirmó una vez más, de modo comprehensivo y expreso, la teología de la Misa que habíamos recibido; reconoció solemnemente la lengua sagrada, la música sagrada –el canto gregoriano que planea entre Oriente y Occidente y no pertenece exclusivamente a ningún tipo de cultura–; y sólo promovió cautelosamente una revisión de los libros litúrgicos, como había sido la práctica desde algunos cientos de años"[48].

En un acto de hiperpapismo que no tiene equivalente en la historia y probablemente no lo tendrá jamás, Pablo VI actuó unilateralmente contra las disposiciones votadas por 2.147 obispos y superiores mayores[49]. De esta forma , el papa mostró una megalomanía extrema que podría resumirse en una frase: *L'église, c'est moi*. La persona más influyente en la destrucción del rito romano no fue Bugnini ni ningún otro liturgista, sino el propio Pablo VI, sin cuyo apoyo constante las dañadas ideas del *Consilium* hubieran muerto igual que la mayor parte de las teorías académicas y de los planes pastorales.

Mosebach, cuya obra admiro tanto y con el cual lamento tener que discordar, ha sostenido que la liturgia reformada de Pablo VI fue inocente de la mentalidad anti-latín, anti-gregoriano y anti-*ad orientem* que se impuso al final de la década de 1960. Escribe Mosebach, por ejemplo:

---

48   Martin Mosebach, *Subversive Catholicism: Papacy, Liturgy, Church*, trad. Sebastian Condon y Graham Harrison (Brooklyn: Angelico Press, 2019), 105.
49   Como recuerda el arzobispo Robert J. Dwyer de Portland (que estuvo presente en las cuatro sesiones): "¿Quién hubiera pensado aquel día [cuando se promulgó *SC*] que en pocos años más, menos que una década, el pasado latino de la Iglesia habría de ser casi totalmente expurgado, que sería reducido a un recuerdo perdido en la lejanía? Tal pensamiento nos hubiera horrorizado, y nos pareció tan fuera del campo de lo posible como para ser considerado ridículo. Y así le quitamos importancia entre risas". *Twin Circle*, octubre 26, 1973. Citado por Michael Davies, *Liturgical Timebombs in Vatican II* (Rockford, IL: TAN Books, 2003), 65.

Es indiscutible que los padres conciliares consideraron el Canon romano como absolutamente obligatorio. La celebración de la liturgia *ad orientem*, de cara al Señor que ha de volver, fue también algo incontestado para la mayoría de ellos. Incluso quienes emprendieron la reforma paulina de la Misa y barrieron con la voluntad de los padres, no se atrevieron a tocar esta antigua e ininterrumpida práctica. Fue el espíritu de la revolución de 1968 la que tomó el control de la liturgia y quitó el culto a Dios del centro del rito católico, instalando en su lugar una interacción clérico-didáctica entre el sacerdote y los fieles congregados. Los padres conciliares tampoco quisieron cambios en la tradición de la música de la Iglesia. Se lee con incredulidad algunos pasajes de la Constitución sobre la Sagrada Liturgia por cuanto su claro sentido fue perfectamente tergiversado por los entusiastas defensores del "desarrollo" post-conciliar[50].

Esto puede ser verdad hasta cierto punto, desde una interpretación y uso de los libros litúrgicos lo más conservadora posible, cuyas ediciones normativas son siempre en latín, con rúbricas que suponen orientación *ad orientem*[51] y con unas pocas páginas, aquí y allá, de anotaciones de canto llano. Sin embargo, la clara intención del legislador apunta en la dirección opuesta. Los tres discursos de Pablo VI que hemos analizado aquí dejan en claro, sin lugar a duda alguna, que su intención fue ver el final de 1600 años de reinado del latín, el final de la centralidad del canto llano, y ver también los altares "vueltos hacia el pueblo". El papa dio un poderoso ejemplo desde el trono de Pedro; proporcionó la necesaria racionalidad espuria; dio rienda suelta a los episcopados nacionales en su necia búsqueda de relevancia y accesibilidad; y obró vigorosamente para suprimir la "resistencia" de la tradición. No se puede comprender los libros litúrgicos reformados sin mirarlos con los lentes de su hacedor, de su gobernador, de su juez.

Estos tres discursos ilustran también una tendencia más

---

50 Mosebach, *Subversive Catholicism*, 93; cf. 80-81. Ver mi artículo "*Sacrosanctum Concilium*: The Ultimate Trojan Horse," *Crisis Magazine*, junio 21, 2021.

51 Ver Kwasniewski, "The Normativity of *Ad Orientem* Worship According to the Ordinary Form's Rubrics," *NLM*, noviembre 23, 2015.

general. Podemos encontrarles un perfecto paralelo en el modo en que el Vaticano, luego del Concilio, desanimó a las naciones culturalmente católicas en la preservación del reconocimiento constitucional de la Iglesia, y lo encontramos también en la desastrosa política hacia los países comunistas, conocida como *Ostpolitik*, que ha reaparecido con el papa Francisco y su total rendición al gobierno chino. Lo encontramos asimismo en el horrible arte moderno, que tiene, como prominente muestra, el aula Pablo VI, inagurada en 1971. Lo encontramos en la desincentivación de los ropajes clericales y de las familias numerosas. En otras palabras, somos testigos de un generalizado programa de secularización y de conformidad con el mundo liberal de Occidente, forjado en la Ilustración anticlerical y re-etiquetado, luego de la Segunda Guerra Mundial, como humanismo optimista. Este fue el ethos que definió al período del Vaticano II, tal como lo definió y alentó Pablo VI en su época. Y se trata de algo que es y fue contrario a las exigencias fundamentales de la cristiandad, según lo dice San Pablo en la Epístola a los Romanos: "No os conforméis a este mundo" –el mundo hecho por los ángeles caídos y los hombres pecadores, en su rebelión contra Dios– "sino que transformaos por la renovación de la mente, para que sepáis discernir cuál es la voluntad de Dios, buena, grata, perfecta" (Rom. 12, 2).

El gran escritor católico norteamericano del siglo XIX, Orestes Brownson, escribía en julio de 1846:

> La Iglesia no está aquí para seguir el espíritu de la época, sino para controlarlo y dirigirlo, y a menudo para luchar contra él. Le hacen un gran daño quienes buscan desconocer su glorioso pasado y modificarla todo lo posible, para adaptarla a los métodos de pensar y de sentir que hoy prevalecen. Son amigos suyos celosos pero equivocados, los que, guiados por una política miope, y aconsejándose con el mundo que los rodea, buscan, como ellos dicen, *liberalizarla*, ponerla más en armonía con el espíritu de los tiempos, ante los cuales nosotros, como buenos católicos, debiéramos siempre rogar *Libera nos, Domine*[52].

---

52 "Newman's Development of Christian Doctrine," *Brownson's Quarterly Review* 3.3 (julio 1846).

Martin Mosebach habla del "defectuoso desarrollo litúrgico que fue promovido por una mentalidad antagonista de las realidades espirituales"[53]. Esto es, de hecho, lo que vemos en Pablo VI: una mentalidad tan preocupada por la modernidad, la evangelización y la accesibilidad, que termina siendo antagonista de las realidades espirituales –lo sagrado como algo separado; la primacía de Dios y de las cosas de Dios; el itinerario ultramundano de Cristo en su pasión, muerte, resurrección y ascensión; y la conquista de este mundo por Cristo Rey, arrebatándolo al imperio de Satanás, y santificándolo, como dice el Concilio de Trento, con sus "místicas bendiciones. . . derivadas de la disciplina apostólica y de la tradición"-[54]. Como observa acertadamente Johann Adam Möhler: "Si no se pudiera confiar en la tradición, los cristianos con razón desesperarían de conocer lo que el cristianismo realmente es, y desesperarían con razón de que haya un Espíritu Santo que llena la Iglesia, de que existe un espíritu común y un conocimiento seguro del cristianismo. . . Tal es el estado en que se encuentran quienes rechazan la tradición, y no puede haber para ellos algo así como un cristianismo objetivo"[55].

---

53   Mosebach, *Subversive Catholicism*, 95.
54   Concilio de Trento, Sesión 22, cap. 5.
55   Citado por Antoine Arjakovsky, *What is Orthodoxy? A Genealogy of Christian Understanding* (Brooklyn: Angelico Press, 2018), 267–68.

El problema del nuevo Misal reside en su abandono de un proceso histórico que fue siempre continuo, antes y después de S. Pío V, y en la creación de un libro que es completamente nuevo, aunque sea una compilación de material antiguo, cuya publicación fue acompañada de una prohibición de todo lo que hubo antes que él, y que, además, es inaudita en la historia del derecho y de la liturgia. Y puedo afirmar con seguridad, basado en mi conocimiento de los debates conciliares y en mi reiterada lectura de los discursos pronunciados por los Padres Conciliares, que esto no corresponde a las intenciones del Concilio Vaticano II.

Joseph Ratzinger (1976)

Por tanto, incluso cuando estuvo asistido por la tradición, Benedicto XVI tuvo que disfrazar sus acciones con subterfugios. Así, la antigua Misa pudo ser restaurada sólo mediante su descripción como "Forma Extraordinaria" del rito romano (una frase cuya esperanza de vida es muy corta), y con el pretexto de que es más la "Misa del Beato Juan XXIII" que la liturgia del pasado católico. Estas señales ejemplifican el abismo que sigue existiendo en la Iglesia entre realidad y declaraciones oficiales; pero ninguna institución puede sobrevivir con pretextos, y la Iglesia de Cristo, menos que ninguna. Tarde o temprano, la realidad eterna recuperará su ley, porque no existe ningún otro parámetro, fuera de ésta, al cual la Iglesia pueda conformarse.

Henry Sire (2015)

⟨ 5 ⟩

Dos "Formas": ¿Hecho litúrgico o fiat canónico?

TODOS LOS CATÓLICOS EN EL MUNDO -OJALÁ lo supieran- están en deuda con el papa Benedicto XVI por "liberar" la Misa tradicional mediante el *motu proprio Summorum Pontificum*, aun cuando este *motu proprio* haya sido descortésmente ignorado estando su autor vivo y alojado en la vecindad. Porque, en verdad, los efectos positivos del *motu proprio* han sido numerosos y profundos, y sobrevivirá al contratiempo temporal de *Traditionis Custodes*.

Como ha advertido Martin Mosebach, se puede uno quejar de varias cosas obradas por el papa Benedicto que pensamos no debieran haber sido hechas, pero no debemos jamás dejar de agradecerle por el valiente paso que dio en una materia en que casi toda la jerarquía de la Iglesia se le oponía[1]. Imponer algo que no iba a ser bien recibido por al menos una gran cantidad de obispos es algo que contrariaba profundamente su modo de ser, y en esta acción se encontró prácticamente solo. El *motu proprio* ha sido causa del florecimiento de muchas flores, de las que se ha cosechado innumerables frutos. En este capítulo no es mi deseo ni alabar ni denigrar al papa Benedicto, sino analizar un supuesto operativo del *motu proprio*, a saber, que el *Missale Romanum* de 1969 de Pablo VI (el *Novus Ordo*) es, o pertenece al, mismo rito que el *Missale Romanum* codificado por última vez en 1962 o, más claramente, que el *Novus Ordo* puede ser llamado "rito romano" de la Misa. Demostraré que esta aserción no resiste una inspección

---

1   Ver el prólogo de Mosebach al libro de Peter Kwasniewski, *Noble Beauty, Transcendent Holiness: Why the Modern Age Needs the Mass of Ages* (Kettering, OH: Angelico Press, 2017), "For Pope Benedict XVI, On His Ninetieth Birthday." Para una crítica de las debilidades del *motu proprio* de Benedicto, ver mi conferencia "Beyond *Summorum Pontificum*: The Work of Retrieving the Tridentine Heritage," *Rorate Caeli*, julio 14, 2021.

crítica. Aunque voy a referirme especialmente al misal romano y a la Misa, mi argumentación puede aplicarse, *mutatis mutandis*, a los ritos de los demás sacramentos, a las bendiciones y rituales, y al Oficio Divino y a su sustituto, la Liturgia de las Horas.

Antes de comenzar debiéramos definir los términos rito y uso, ya que tienen un papel importante en toda interpretación de *Summorum Pontificum*[2]. Fuera de ciertos enrarecidos círculos litúrgicos, muy pocos católicos hablan jamás de "usos", y tendemos más bien a llamar "rito" a una cantidad de fenómenos diferentes: (1) una familia de liturgias relacionadas, como en la afirmación "el rito romano incluye al uso de Sarum"; (2) un miembro determinado de esa familia, como cuando decimos que "el Misal de Pío V contiene el rito romano de la Misa", o "el rito dominico está actualmente regresando"; (3) cualquier ceremonia litúrgica, como cuando hablamos del "rito del bautismo" o del "rito de la confirmación". Estos modos de hablar son aplicaciones analógicas de la palabra *ritus*, que significó en un principio simplemente "ceremonia", especialmente una de tipo religioso[3].

La distinción entre "rito" y "uso" no ha sido nunca oficialmente establecida en el derecho eclesiástico, pero podemos decir con seguridad que el término "rito" es el más amplio de los dos, y se refiere a una constelación, propia de cierta Iglesia, compuesta por liturgia, doctrina, espiritualidad, historia, cultura, lenguaje y derecho[4]. Un "uso", en cambio, es una variación o tradición local *al interior* de un determinado rito. Por ejemplo, en el rito bizantino, existen una

---

2 Soy deudor, en este párrafo, de Dom Cassian Folsom, OSB, "Two 'Laws of Praying,' One 'Law of Believing': A Reflection on the Motu Proprio *Summorum Pontificum*," *Antiphon* 24.1 (2020): 19-30, como también de Gregory DiPippo, "The Legal Achievement of *Summorum Pontificum*," *NLM*, julio 5, 2017.

3 Suetonio equiparaba *ritus* con *caeremonia*. Forcellini da la siguiente definición de *ritus*: "*mos et approbata consuetudo, et praecipue in sacrificiis administrandis*." Ver William W. Bassett, *The Determination of Rite: An Historical and Juridical Study* (Rome: Gregorian University Press, 1967), 22-23.

4 Me inspiro en el útil can. 28 nº 1 de Código de Cánones de las Iglesias Orientales de 1990: "Un rito es el patrimonio litúrgico, teológico, espiritual y disciplinar, así como la cultura y las circunstancias históricas, de un determinado pueblo, a través del cual se manifiesta su modo propio de vivir en una Iglesia *sui iuris*".

tradición griega y una tradición eslavónica, que difieren bastante en sus rasgos, pero ambas son claramente bizantinas, como se aprecia en su adhesion a las Divinas Liturgias de San Juan Crisóstomo y San Basilio Magno y a la Liturgia de los Presantificados. En el ámbito occidental o latino de la cristiandad, la historia ha conocido una variedad de usos que pueden ser considerados variantes, en términos generales, del rito romano, tales como el uso de Sarum, el de Lyon, el de Braga y los usos de las órdenes religiosas como los cistercienses, los cartujos y los dominicos[5]. Se podría comparar un rito con una especie floral, y uso con una variedad de ella, o quizá una variación en color, debido al tipo de suelo.

Para identificar un determinado uso como perteneciente al rito romano, se necesita solamente verificar que estén presentes las principales características de dicho rito. Esto incluiría la estructura del Oficio Divino y la estructura del *Ordo Missae* (no sólo el Canon, sino también el Introito, Kyrie, Gloria, Colecta, Epístola, Gradual, Alleluia, etc.). Con algunas variantes menores –normalmente de orden, más que de textos– gran parte del voluminoso material será el mismo en uno y otro uso[6]. Y si se mira cada Misal o antifonario que haya sido alguna vez usado por cualquier uso del rito

---

5   Antes de la reforma Tridentina, las variantes se referían casi siempre a "usos". Por ejemplo, en la portada del misal de Sarum se lee: *"Missale ad usum insignis et celeberrimae ecclesiae Sarum"*. Después de Trento, el término "uso" se hizo raro, y se usó "rito" en su lugar.

6   Como consecuencia de esto, cualquier Propio de la Misa o del Oficio escritos para un uso puede ser transpuesto a cualquiera de los otros sin ninguna dificultad. Por ejemplo, Santo Tomás de Aquino escribió el Oficio y la Misa de Corpus Christi de acuerdo con el uso francés, seguido por la orden de Predicadores: nueve responsorios en Maitines, en vez de ocho; un versículo entre Maitines y Laudes, etc. No hizo falta hacer casi nada a fin de adaptar estos textos al "uso de la Curia romana", que se convirtió en la base del Misal y del Breviario de San Pío V. En cambio, cuando la misma Misa se añadió al *rito* ambrosiano, tuvo que hacerse todo tipo de ajustes: la adición de una primera lectura, la antífona después del Evangelio, la *oratio super sindonen*, y el *transitorium*, ambos inexistentes en el rito romano, así como también la supresión de la Secuencia, que no ha existido nunca en el rito ambrosiano. Viceversa, si se quisiera tomar la Misa ambrosiana en honor de San Ambrosio y transponerla al rito romano histórico, habría que mutilarla muchísimo, añadiendo un versículo de salmo y el Gloria a la *ingressa*, suprimiendo la primera lectura, la antífona después del Evangelio, la *oratio super sindonen* y el *transitorium*, etc.

romano, se encontrará el Introito *Ad te levavi* en el primer domingo de Adviento, *Populus Sion* en el segundo, etc., y en todos habrá melodías muy parecidas. Además, reconociendo que hubo muchos acentos regionales o toques locales, es obvio que la doctrina, espiritualidad, historia, cultura, lengua y derecho propios de la Iglesia romana permeó todos estos usos litúrgicos en Europa occidental.

Lo que normalmente llamamos hoy "rito romano" no es sinónimo de todos los diversos usos litúrgicos latinos[7] sino que se designa así, más bien, el uso de la Curia romana que formó la base del Misal de San Pío V. En el resto de este capítulo, la expresión "rito romano" se referirá al uso de la corte papal que se extendió a todo el mundo católico con la Bula *Quo Primum* de 1570, que cumplió los deseos del Concilio de Trento y que, por esa razón, es denominado a menudo liturgia "tridentina", cuya adopción fue obligatoria en aquellas situaciones en que no pudiera demostrarse la existencia, por más de doscientos años, de un uso litúrgico proprio.

EL PROBLEMA

Ahora bien, todos estamos conscientes de que el papa Benedicto afirmó, o estableció o propuso, en *Summorum Pontificum* y en la carta adjunta a los obispos *Cum grande fiducia*, que existen "dos formas" del rito romano y que la forma nueva existe en continuidad con la anterior. El papa habla también de un "doble uso del único rito" y de "dos usos del único rito romano". Agregó que "no hay contradicción entre las dos ediciones del Misal romano. En la historia de la liturgia hay crecimiento y progreso, pero no rupturas". ¿Qué significa realmente esta afirmación de unidad y continuidad? ¿Puede ser defendida?

Comenzaré diciendo lo obvio. Nunca antes en la historia de la Iglesia romana había habido dos "formas" o "usos", simultáneos y con el mismo estatus canónico, *del mismo rito litúrgico local*. Que

---

7 Los usos de Braga, Lyons y Sarum siguen siendo ocasionalmente empleados en la Misa o en el Oficio Divino; el uso premonstratense ha desaparecido; el uso cartujo existe en una condición más o menos reformada. El uso dominicano está experimentando un renacimiento entre las generaciones más jóvenes de religiosos.

el papa Benedicto pudiera decir que el uso más antiguo no había sido jamás abrogado *demuestra* que la liturgia de Pablo VI es algo nuevo más que una mera revisión de lo anterior, aunque les pese a los progresistas que nos quieren hacer creer que no fue más que una nueva versión de lo que había antes; y aunque le pese a Pablo VI, quien parecía creer que el nuevo *Missale Romanum* iba a reemplazar al antiguo *Missale Romanum*, tal como todas las ediciones anteriores desde 1570 fue reemplazadas por una posterior *editio typica* (como, en nuestros tiempos, la edición de 1920 fue reemplazada por la de 1962)[8]. Cuando Benedicto XVI reconoció que el Misal anterior no había sido jamás abrogado y que se podía seguir usándolo *ad libitum*, hizo más claro el parecido de Pablo VI con un autócrata: nunca antes un papa había osado cambiar el rito romano hasta el punto de que un papa posterior pudiera tratarlo, para todos los efectos prácticos, como una nueva liturgia, y no como una revisión o nueva edición de lo ya existente. Como vimos en el capítulo anterior, el propio Pablo VI proporcionó considerable apoyo a esta opinión. Joseph Shaw da un argumento decisivo basado en el lenguaje del *motu proprio*:

> La Misa tradicional es llamada "tradición litúrgica antecedente [anterior, más antigua]": *traditio liturgica antecedens* (en el Artículo 5). Esta tradición no está expresada por el *Novus Ordo*; si lo estuviera, quienes adhieren a ella adherirían al *Novus Ordo*, pero no es ése el sentido del texto. Por el contrario, parece que ésta es una tradición litúrgica *diferente*: hay efectivamente dos tradiciones, una más antigua y una más nueva. El hecho de haber algunas diferencias importantes entre la tradición más antigua y el *Novus Ordo* está implícito de un modo más importante en la afirmación de *Summorum Pontificum* de que el Misal de 1962 no ha sido jamás abrogado (*nunquam*

---

8   Una edición importante de un libro litúrgico se conoce como *editio typica*. El *Missale Romanum*, en la forma promulgada por Pío V en 1570, ha conocido cinco *editiones typicae* posteriores: 1604 (Clemente VIII), 1634 (Urbano VIII), 1884 (León XIII), 1920 (Benedicto XV) y 1962 (Juan XXIII). Las ediciones del Missale Romanum desde 1924, 1939, 1953, etc, son llamadas *editiones post typicam*, es decir, que contienen modificaciones menores. Del mismo modo, los cambios aprobados en 1964 y 1967 podrían considerarse variaciones del Misal de 1962.

abrogatam, Artículo 1). Cada edición del Misal romano es normalmente reemplazada por la siguiente; que esto ocurrió con el Misal de 1962 fue un argumento muy común de los canonistas antes de 2007, y ésa fue la razón de que se supusiera que las celebraciones hechas con él requerían un indulto o permiso especial. *Summorum Pontificum* dice que esto no ocurrió. No se da una explicación explícita en el documento, pero ella es bien clara: el Misal de 1970 no es simplemente una nueva edición del *Missale Romanum* como todas las anteriores (y también las posteriores). Ocurrió algo diferente: se trató de un nuevo Misal, en el sentido de ser un nuevo comienzo, una nueva tradición, y por tanto no reemplazó ni excluyó al Misal anterior[9].

Es para dar un respingo oír este claro oxímoron de una "tradición nueva", noción filosóficamente incoherente[10].

Y así, mientras Benedicto afirma que no hay contradicción aquí ni ruptura, al mismo tiempo, y de manera sorprendente, permite la coexistencia de *dos* formas canónicamente iguales de un mismo y único rito litúrgico, situación sin precedentes e ininteligible desde muchos puntos de vista. Como hemos visto, siempre ha habido muchos "usos" diferentes en la Iglesia latina, pero que el uso de Roma se duplicara, es algo que jamás se vio anteriormente. Tal contradicción en la Iglesia puede ser asimilada a un caso de desorden identitario disociativo.

---

9   Joseph Shaw, "Is the Novus Ordo an Authentic Expression of the Tradition?," *LMS Chairman*, diciembre 14, 2013. El Misal de Pablo VI aprobado en 1969 no tuvo su primera edición completa sino en 1970, y de ahí que el Dr. Shaw mencione este último año.

10   Un canonista alemán, Markus Graulich, sostiene que hay una diferencia entre abrogación y derogación de los libros litúrgicos, y la supresión del permiso dado a un clérigo para utilizar un libro: ver "Vom Indult zum allgemeinen Gesetz: Der Gebrauch des Messbuchs von 1962 vom Zweiten Vatikanischen Konzil bis *Summorum Pontificum* in kirchenrechtlicher Perspektive," en *Zehn Jahre Summorum Pontificum: Versöhnung mit der Vergangenheit-Weg in die Zukunft*, ed. Graulich (Regensburg: Verlag Friedrich Pustet, 2017), 13-54. Puede ser que un argumento tan extremadamente sutil explique lo que el papa Benedicto creyó que estaba haciendo en *Summorum*: luego de admitir que el antiguo misal no había sido jamás abrogado, el papa concedió un permiso o facultad universal a todo clérigo que estuviera en las condiciones adecuadas para que lo usara. En mi opinión, esta distinción no es suficiente para llegar al fondo de los temas involucrados.

De hecho, como lo sostuvo Mons. Klaus Gamber hace muchos años en un libro alabado por el cardenal Ratzinger[11], *no se puede considerar* el rito moderno como rito romano ni como un uso de éste, a pesar de lo que Pablo VI, Benedicto XVI o cualquier otra persona pueda desear. Desentrañar el significado de esta afirmación requerirá una crítica del inadecuado modo de hacer teología de la liturgia que ha dominado en Occidente desde hace varios siglos, y nos ha impedido reconocer nuestros errores, arrepentirnos de nuestras locuras y restaurar nuestras auténticas tradiciones.

EL REDUCCIONISMO NEOESCOLÁSTICO

La principal objeción a cualquier afirmación de ruptura entre el rito clásico y el moderno tendrá posiblemente esta forma: "Todas las diferencias que Ud. señala son secundarias; después de todo, si tiene lugar la consagración, estamos ante el sacrificio de Cristo, y todo lo demás es adorno". Esto se resume en la banal afirmación "Después de todo, la Misa es la Misa". Pues bien, esta objeción se sustenta sobre la base de una reducción neoescolástica de la liturgia Eucarística al momento de la consagración. Este reduccionismo ahistórico y racionalista debe ser rechazado porque no toma en consideración el papel constitutivo de la tradición históricamente articulada en la auto-revelación de Dios a la humanidad[12]. Tal reduccionismo destruye toda noción de familia identificable de ritos, derivados de las iglesias apostólicas con textos venerables, cánticos, gestos y ceremonias transmitidos al interior de tradiciones, irreductiblemente distintas, de

---

11   Publicado en inglés como *The Reform of the Roman Liturgy: Its Problems and Background.*
12   Como observé en el capítulo 1, "tradición", en su sentido más amplio, abarca incluso a la Sagrada Escritura, que registra los hechos y palabras históricos de Israel (antiguo y nuevo), y se transmite al interior de la Iglesia. Toda la revelación de Dios a la humanidad se da en forma de *paradosis* o tradición que desciende al pueblo desde lo alto y pasa de una a otra generación. El error que analizamos aquí tiene radicales ramificaciones: ver mi artículo "'All That Matters at Mass is Jesus': Responding to Liturgical Heresy," *OnePeterFive*, febrero 16, 2022; cf. Peter Kwasniewski, *Reivindicación de nuestros derechos hereditarios como católicos: Genio y actualidad de la Misa tradicional* (Brooklyn: Angelico Press, 2022), 187-98, 257-59.

teología, espiritualidad y costumbres. Estas enriquecen, y contextualizan, la ofrenda sacrificial, instruyendo y alimentando al mismo tiempo a los fieles que toman parte en ella. *Todo esto* -los ritos, su contenido específico, y la visión y modo de vida que los acompañan- merece religioso respeto y preservación, como deferencia hacia nuestros antepasados y como caridad para con nosotros mismos y nuestros descendientes. En palabras de Joseph Ratzinger: "El "rito", esa forma de celebración y oración que ha madurado en la fe y la vida de la Iglesia, es una forma condensada de la Tradición, en la que quienes lo usan expresan toda su fe y oración. Y al mismo tiempo la hermandad de las generaciones se vuelve experimentable, hermandad con hombres que oraron antes y que orarán después de nosotros. Así, el rito es un bien que se da a la Iglesia, una forma viva de paradosis, de transmisión de la Tradición"[13].

En oposición a esta visión holística se ubica el reduccionismo neoescolástico, que define la "esencia" de la Misa en términos de una "consagración válida", lo cual puede ser considerado como una de las premisas mayores o prerrequisitos del progresismo litúrgico. Cada vez que se habla de si se puede o si se debiera cambiar el rito de la Misa, y hasta qué punto, el partidario de la tradición se enfrenta a la siguiente objeción: "Ud. no puede demostrar que el *Novus Ordo* [o cualquier liturgia fabricada, experimental] es malo. Contiene las palabras de la consagración". Si se acepta esta visión reduccionista de la Misa, no quedará nada de la liturgia *como tal*. La "esencia" será identificada con una especial fórmula y acto de Dios, y la sustancia en que reside la esencia, junto con la multitud de accidentes por los que esa esencia expresa todo su significado y poder, se perderá[14]. Esto es como definir al hombre por su intelecto, no por ser un compuesto de cuerpo y alma, de un determinado sexo y raza, que existe en un espacio y tiempo determinados. Análogamente a la persona

---

13 Prólogo a Dom Alcuin Reid, *The Organic Development of the Liturgy*, 2ª ed. (San Francisco: Ignatius Press, 2005), 11.
14 Ver el capítulo 1, donde se expone este argumento in extenso, y el capítulo 6, sobre las consecuencias.

humana, la liturgia es un compuesto hilemórfico, no una descarnada consagración[15]. Ratzinger, una vez más, identifica el problema con su habitual perspicacia, alertándonos

> contra al erróneo camino por el que podríamos ser
> conducidos por la teología sacramental neoescolástica,
> que está desconectada de la forma viva de la liturgia.
> Partiendo de aquí, se podría reducir la "substancia" a
> la materia y la forma del sacramento y decirse: Pan y
> vino son la materia del sacramento; las palabras de la
> institución son su forma. Sólo estas dos cosas son nece-
> sarias; todo lo demás es mutable... Mientras los dones
> materiales estén presentes, y se pronuncie las palabras de
> la institución, todo lo demás es de libre elección. Desafor-
> tunadamente hay muchos sacerdotes hoy que obran de
> acuerdo con este lema; y las teorías de muchos liturgistas
> se mueven, lamentablemente, en la misma dirección: lo
> que quieren es superar los límites del rito como algo fijo
> e inmóvil, y construír los objetos de su propia fantasía,
> supuestamente "pastorales", en torno a ese resto, a ese
> centro que se ha respetado y que es, de este modo, o bien
> relegado al ámbito de la magia, o bien pierde absolu-
> tamente todo significado. En realidad, el Movimiento
> Litúrgico procuró superar ese reduccionismo, resultado
> de una teología sacramental abstracta, y enseñarnos a
> comprender la liturgia como una red viva de Tradición
> que tomó una forma concreta, que no puede ser desme-
> nuzada en fragmentos sino que debe ser vista y experi-
> mentada como un todo. Cualquiera que, como yo mismo,
> haya sido impactado por esta percepción, en tiempos del

---

15 Lamentablemente, la influencia del reduccionismo litúrgico ha hecho correr al Oficio Divino la peor suerte, ya que el Oficio no tiene nada que se parezca a la confección de un sacramento según una determinadas forma y materia. Debido a que es solamente un conjunto de textos que hay que cantar o recitar, la corrupción y deformación pueden llegar ser infinitas. *Lo único* que podría detener la mano violenta es el respeto por la tradición, e.g., el que tales y cuales salmos han sido siempre rezados en determinadas horas y días. Sabemos que ese respeto no fue una característica de los revolucionarios litúrgicos, y que faltó incluso en la revisión extrema de Pío X a comienzos del siglo XX. La Liturgia de las Horas promulgada por Pablo VI tiene, en el mejor de los casos, un vago parecido con el Oficio Divino tal como se rezó durante gran parte de la historia de la Iglesia -en el peor, no se le parece en nada-.

Movimiento Litúrgico, y en vísperas del Concilio Vaticano Segundo, no puede sino contemplar, con profundo dolor, las ruinas de aquello mismo que les preocupaba[16].

Puesto que casi todos los asistentes al Concilio Vaticano Segundo y quienes trabajaron en el *Consilium* fueron criados en este reduccionismo neoescolástico, se sintieron con la libertad de destrozar y reconfigurar el rito romano siempre que se conservara (más o menos) intactas las palabras de la consagración. Desde esta perspectiva, se trataba de técnicos comprometidos enteramente con el objetivo de tener una Misa válida, sin sentirse éticamente atados por ningún contenido o proceso determinado. De hecho, la arrogancia de los reformadores no pudo detenerse en el umbral del santo de los santos, sino que avanzó incluso hasta meter las manos en la fórmula de la consagración del vino, quitando de ella la frase *mysterium fidei*, aunque estas palabras se habían dicho en ese momento desde que existen registros históricos escritos de la Misa –lo cual explica que Santo Tomás de Aquino en el siglo XIII pudiera concederles plausiblemente un *pedigree* apostólico–[17].

Reducir la Misa a una consagración válida es como reducir el acto nupcial a la exitosa concepción de un hijo. Confío en que no haya nadie tan necio como para *definir* el acto nupcial como la concepción de un hijo. Dicho acto está naturalmente ordenado a la concepción de un hijo, por cierto; pero tiene su realidad propia, su propio significado, que comprende más que la sola concepción; es una expresión de amor esponsal, diseñada para culminar en una nueva vida. Por institución divina, se supone que la vida proviene del amor; *ambos elementos* –el unitivo y el procreativo– se

---

16   Reid, *Organic Development*, 11. Ratzinger dice, en una parte de ese prólogo, que "los modernistas y los tradicionalistas" están de acuerdo en este reduccionismo. No sé qué quiere decir exactamente con esto. Sin duda, antes del Concilio la doctrina de los sacramentos era expuesta por todo el mundo de un modo neoescolástico reductivo, pero una vez que quedó claro que los progresistas se habían lanzado a un proceso de demolición y reconstrucción que no respetaba ninguna de las formas existentes, nació un genuino movimiento *tradicionalista* que entendió con la máxima seriedad las dimensiones orgánica, holística, estética e histórica de la liturgia. Viene inmediatamente a la mente la figura de Dietrich von Hildebrand, como también la del sabio P. Franck Quoëx.

17   Ver el capítulo 9.

incluyen en la definición del acto. Si el único significado o valor de la unión de un hombre y una mujer fuera un zigoto viable, la Iglesia no tendría razón alguna que oponer a una fertilización *in vitro*. De modo similar, la Misa es un microcosmos privilegiado de oración unitiva que tiene una finalidad Eucarística. La presencia de la víctima sacrificial que ha de ser nuestro divino alimento es concebida, por así decirlo, por la liturgia en su totalidad. Aunque la consagración tenga lugar en un determinado momento[18], éste ha sido preparado, y será luego seguido, por una manifestación de amor que es la adecuada para recibir al Señor y para regocijarnos en su presencia. Cuando esto no ocurre, lo que tenemos es el espectro de lo que podría llamarse "transubstanciación *in vitro*". Los técnicos de laboratorio, como parece implicar Ratzinger, no tendrían objeción alguna que oponerle[19].

En resumen, el problema con el enfoque reduccionista neoescolástico es que falsea la realidad del rito litúrgico como una encarnación concreta de la tradición apostólica que ha existido a lo largo de la historia; una historia rebosante de sentido y de valía, que establece una *lex credendi* (ley de la fe) acumulativa para las sucesivas generaciones. Se permite a los fieles el acceso a esta herencia con la condición de que sean receptores humildes, cosa

---

18 Como tomista, sostengo que hay *un momento* de la consagración: ver Peter Kwasniewski, *Holy Bread of Eternal Life: Restoring Eucharistic Reverence in an Age of Impiety* (Manchester, NH: Sophia Institute Press, 2020), 53-56. Pero si se mira la *Summa Theologiae* III, q.83, se verá que Santo Tomás está lejos de ser un reduccionista litúrgico. Su método de comenzar con la complejidad de la Misa tal como se le presenta, y de discernir el significado y valor de *cada una de sus partes*, sugiere el respeto con que debe ser tenida por quienes con ella rinden culto. La precisión escolástica *no tiene por qué que convertirse* en un reduccionismo neoescolástico.

19 Geoffrey Hull expone bien el problema: "Una de las consecuencias más perniciosas que ha tenido en el Occidente latino el mirar en menos la *theologia secunda* ha sido su preocupación por la validez, producto automático de la ortodoxia doctrinal, conducente al descuido de la autenticidad, fruto natural de la ortopraxis. Dicho de otro modo, se da al texto la importancia suprema y se hace del contexto algo indiferente. En realidad, la mayor parte de la discusión católica sobre la revolución litúrgica se ha centrado en la cuestión de si el nuevo texto oficial hace o no válida la Misa y los demás sacramentos, relegando con esto el empaque cultural de esos ritos al ámbito de las 'exterioridades' relativamente poco importantes". Geoffrey Hull, *The Banished Heart: Origins of Heteropraxis in the Catholic Church* (New York: T&T Clark, 2010), 38.

que se aplica especialmente al clero. En el instante mismo en que alguien osa plantarse ante un rito litúrgico con aires de maestro y dueño, pierde su derecho a los frutos del mismo.

Cada rito tiene sus claras características propias, que lo hacen ser irreductiblemente sí mismo. Nadie pensaría siquiera en definir la Divina Liturgia bizantina de San Juan Crisóstomo en términos de una "esencialmente" válida consagración, a la cual se ha agregado una multitud de floridas plegarias e himnos a fin de dar algo que hacer a los diáconos y al pueblo. Del mismo modo, nadie con un mínimo de sentido común podría definir el rito romano de la Misa como algo separado del Canon romano, que es su rasgo definitorio, ni insistir en la inserción en él de una *epiclesis* explícita cuando ella nunca ha existido ni ha tenido nunca necesidad de existir. Estos ritos son como son, y gracias a Dios por ello.

¿QUÉ ES LO QUE HACE QUE EL RITO ROMANO SEA LO QUE ES?

Por consiguiente, hace falta partir de nuevo, haciendo mejores preguntas. No debiéramos preguntar "¿Qué es lo que hace que tenga lugar la transubstanciación?", sino "¿Qué es lo que hace que una liturgia sea liturgia cristiana?". Más importante, todavía: "¿Qué hace que este rito litúrgico sea lo que es –romano, ambrosiano, mozárabe, bizantino, siro-malabar, etc.– y no otro?". Cuando son preguntas como éstas las que tratamos de responder, encontramos ricas respuestas que nos muestran la adecuación, y la bella complejidad y suficiencia de todo rito de ascendencia apostólica y, por tanto, exponemos a la luz la naturaleza anti-litúrgica, anti-ritual y, al cabo, anti-católica de la reforma litúrgica.

Obviamente, hay ciertos elementos que son más o menos centrales en todo rito: la lista de ellos puede ser más larga o más corta dependiendo de cuán detallado sea el estudio que hagamos. Hay algunas cosas que pertenecen al centro mismo de la identidad de un determinado rito, aunque no sean exclusivas de ese rito y se encuentren también en varios otros ritos o, incluso, en todos los ritos cristianos tradicionales[20].

---

20   Esto es lo que planteé en el capítulo 2 al contrastar el *Novus Ordo* con *cualquier* liturgia tradicional.

¿Qué es, pues, lo que pertenece a la "personalidad", la identidad o núcleo central, de la Misa del rito romano? Sostengo que hay al menos nueve elementos cruciales: (1) el Canon romano; (2) el uso del latín; (3) el canto gregoriano; (4) el leccionario; (5) el calendario; (6) el ofertorio; (7) la postura *ad orientem*; (8) el paralelismo de la acción litúrgica; (9) la comunión separada del sacerdote. Los seis primeros son, en su contenido, específicos del rito romano, aunque todos los ritos tradicionales, orientales u occidentales, tienen elementos análogos, en tanto que los últimos tres elementos, que describen no tanto el contenido como el modo del culto –postura hacia oriente, paralelismo de la acción y la comunión separada del sacerdote– se encuentran *en todos* los ritos litúrgicos tradicionales. Estos tres merecen incluírse aquí porque ellos también diferencian drásticamente el rito romano de su impostor moderno. Desarrollaré un poco, a continuación, cada uno de estos elementos.

El primero y más importante, el Canon romano, la única anáfora de todos los usos del rito romano por más de 1.500 años, cuyos elementos datan de los siglos más antiguos. Es tan monolítica la relación entre esta anáfora y este rito que se puede, con seguridad, formular la siguiente regla: donde hay rito romano, necesariamente habrá Canon romano; y –excepto el caso especial de la diócesis de Milán[21]–, donde hay Canon romano, hay rito romano. Sin Canon romano no hay rito romano[22].

Segundo, el uso del latín, que comenzó en Occidente a mediados del siglo II, y se completó en el siglo IV con el papa Dámaso. En vez de referirnos a este proceso como la "vernacularizacion" de la liturgia originalmente en griego –como lo hacen los liturgistas modernos[23]– sería mucho más adecuado hablar de la "occidentaliza-

---

21   El rito ambrosiano también exhibe el Canon romano. Todavía no hay un total acuerdo entre los investigadores sobre si este Canon se usó siempre en él o si fue "importado" a él en algún momento, para reemplazar una anterior anáfora específicamente ambrosiana. Nuestras fuentes históricas sobre el rito ambrosiano son mucho menores y más tardías que las que tenemos para el rito romano.

22   Ver capítulo 8.

23   Este modo de hablar es engañoso, porque pareciera que las formas latinas se desarrollaron más o menos independientemente de las formas griegas, y porque el latín mismo usado fue un latín cristiano especializado,

ción" o aun "romanización" de la liturgia, cuando ésta dejó de estar amarrada al mundo griego antiguo y se implantó firmemente en el mundo romano, desarrollándose como cosa diferente del Oriente[24]. Desde ahí en adelante, las liturgias occidentales siguieron siendo latinas por más de 1.600 años, tal como convenía a una cultura y una civilización que mantuvieron siempre una fundamental unidad al interior de su maravillosa diversidad (así, hablamos elocuentemente de lenguas "romances" y de América "Latina"). El uso de una única lengua de culto en todo el ámbito del catolicismo romano reflejó su unidad y la fortaleció continuamente, expresando una auténtica comunión e imprimiéndola en los pueblos, donde quiera que vivieran éstos y cualquiera fuera el vernáculo que hablaban[25].

Tercero, el canto gregoriano, "vestimenta" litúrgica, que no es un mero añadido o adorno, sino que es la liturgia cantada, la liturgia en tonos, ritmos y cadencias. El canto llano es, en relación con la liturgia, como carne de su carne y hueso de sus huesos. Los cantos del Ordinario y del Propio articulan la forma del rito, lo colman, sostienen su espiritualidad y garantizan su sustancial continuidad en la Iglesia, de una época a la siguiente. Sin la presencia, que no es negociable, del gregoriano en la liturgia cantada, sin un cuerpo estable e identificable de textos cantados para los Introitos, Graduales, Alleluias, Tractos, Ofertorios y Comuniones,

---

desarrollado específicamente con este propósito, y dotado de un elevado registro hierático y de un literalismo bíblico; no fue en absoluto la lengua corriente o "vulgar" del pueblo. Ver Christine Mohrmann, *Liturgical Latin: Its Origins and Character* (London: Burns & Oates, 1959); Michael Fiedrowicz, *La Misa tradicional. Historia, forma y teología del rito clásico romano* (Carthusianus Verlag, 2021), "La lengua sagrada," 161–85.

24   Como escribe Patrick Owens: "El elevado registro del latín cristiano terminó por reemplazar al griego en los ritos sagrados de Occidente, en parte porque era más aceptable al paladar de la élite romana culta que el griego o que el latín vulgar. La evangelización de la aristocracia cultural romana fue el motor principal del desarrollo de una lengua litúrgica propiamente romana". En Roberto Spataro *In Praise of the Tridentine Mass and of Latin, Language of the Church*, trad. Zachary Thomas (Brooklyn, NY: Angelico Press, 2019), 8.

25   Es verdad que en algunos pocos casos raros la liturgia latina existió en formas no latinas, e.g., la Misa glagolítica, la Misa eslavónica, y la Misa en *iroquois*. Pero éstas son raras excepciones que confirman la regla. El latín siempre fue la costumbre dominante y casi exclusiva, y fue siempre celosamente protegida y valorada como tal.

se puede concluír, con certeza, que no estamos ya en presencia del rito romano[26].

Cuarto, el ciclo de lecturas, es decir, las lecciones y Evangelios de la Misa[27]. Este es un tema sobre el que se ha escrito mucho en los últimos años. Aquí baste decir que el leccionario romano, casi tan venerable como el Canon romano por su antigüedad y universalidad, fue suplantado por el leccionario de varios años inventado por "expertos" para el Misal de Pablo VI. El antiguo leccionario y el nuevo coinciden sorprendentemente poco como libros litúrgicos[28].

Quinto, el calendario, con su conjunto propio de santos romanos y su ritmo de domingos, días de fiesta, días de témporas y de rogativas, vigilias, octavas y diversos tiempos, que incluyen el tiempo de Epifanía, el de Septuagésima, el de Pasión, el de Ascensión, los ocho días de Pentecostés, y los domingos después de Pentecostés. Aunque es verdad que el calendario tuvo un largo desarrollo[29], se desarrolló orgánicamente de un modo específicamente romano, que se conservó siempre, hasta que diversas reformas en el siglo XX lo mutilaron hasta hacerlo irreconocible, comenzando con la abolición de la mayor parte de las octavas y vigilias por Pío XII en 1955, y finalizando con la imposición de un nuevo calendario en 1969[30].

---

26 Incluso la Misa rezada conserva el eco de esta obligatoriedad de los cantos de la Misa solemne al exigir la recitación de los textos de los cantos, aunque esto sea como un dibujo bidimensional comparado con una escultura tridimensional. Un modo más positivo de considerar la Misa rezada sería verla como una especie de *lectio divina* comunitaria, sacramental.

27 Para un detenido análisis y crítica del nuevo leccionario, ver mi conferencia "The Reform of the Lectionary," en *Liturgy in the Twenty-First Century: Contemporary Issues and Perspectives*, ed. Alcuin Reid (New York: Bloomsburg, 2016), 287-320; publicada también (sin notas) en *Rorate Caeli* en mayo 24, 2019, con el título "When the Yearly Biblical Readings of Immemorial Tradition Were Cast Away."

28 Ver mi prólogo, "Not Just More Scripture, But Different Scripture," en Matthew P. Hazell, *Index Lectionum: A Comparative Table of Readings for the Ordinary and Extraordinary Forms of the Roman Rite* (n.p.: Lectionary Study Press, 2016).

29 Ver Dom Gregory Dix, *The Shape of the Liturgy* (New York: Continuum, 2005), cap. 11, "The Sanctification of Time," 303-96.

30 La situación ha empeorado todavía más con las constantes "adaptaciones" que se permite hacer a las conferencias episcopales. Para tomar dos conocidos ejemplos en los Estados Unidos, es simplemente mero nominalismo

Sexto, el gran ofertorio de la Misa, que se originó en la Edad Media (entre sus oraciones más antiguas está el *Suscipe, sancta Trinitas*, cuya existencia se registra por primera vez en el Sacramentario de Echternach de 895). Por "ofertorio" se entiende aquí, por supuesto, un ofertorio verdadero y adecuado, caracterizado por la prolepsis, por el cual la inmolación sacramental de la víctima se anticipa en el lenguaje oblativo, que separa los dones para un uso exclusivamente sagrado y declara la firme intención del sacerdote de ofrecer un sacrificio expiatorio en honor y gloria de la Santísima Trinidad. La prolepsis es un modo de hablar que da por realizado algo antes de que ello haya sucedido efectivamente: así, el ofertorio habla de una "víctima inmaculada" mientras se alza el pan sin consagrar. Tal modo de hablar es universal en la tradición litúrgica: en la antífona cantada que se ha llamado siempre "Offertorium"; en las oraciones Secretas; en el Canon, antes de la consagración[31]. Tomadas en su conjunto, las oraciones del ofertorio romano son únicas. Ningún otro uso tiene las tres oraciones. El *Suscipe, sancta Trinitas* es la más usada de todas. Aunque las palabras varían, la sustancia es siempre la misma. El ofertorio romano coincide profundamente con el genio del rito y fue universalmente recibido y mantenido de modo inflexible. A la luz del principio del desarrollo orgánico, puede ser comparado a una rama exitosamente injertada en el árbol, de modo que pierde su carácter ajeno y se transforma en una parte importante del organismo que florece. Su supresión en 1969 no fue como un corte de pelo, sino como la amputación de un brazo o de una pierna: su reemplazante –una presentación semi judaica de los dones, en

---

litúrgico los "traslados" de la Ascensión y de la Epifanía a los domingos más próximos. Por revelación divina sabemos que la Ascensión de Nuestro Señor tuvo lugar cuarenta días después de su Resurrección, y por tanto en un día jueves. La Epifanía se celebra doce días después de Navidad. Una cosa es celebrar las fiestas en sus días propios y añadir después las llamadas "solemnidades externas" en un domingo cercano, pero otra cosa totalmente diferente es abolir los días propios y simplemente trasladarlos al domingo más próximo. Esto es el equivalente litúrgico de reescribir la historia; es hacer violencia a la naturaleza de las cosas.

31 Los ritos bizantinos usan la prolepsis de un modo casi extravagante: ver Gregory DiPippo, "The Theology of the Offertory, Part 4: An Ecumenical Problem," *NLM*, marzo 28, 2014.

que se recuerda sus orígenes divinos, naturales y humanos, y la aclamación general con que responde el pueblo- no se parece a nada que se haya visto jamás en la historia de la liturgia cristiana.

Séptimo, la postura *ad orientem*. No tenemos forma de saber cuán tempranamente se hizo obligatoria esta norma, pero sí sabemos que, para la época en que la Iglesia emergió de la persecución y fue aceptada por el Estado romano, la postura *ad orientem* ya era una práctica universal en Oriente y Occidente, cosa que no habría ocurrido jamás si no hubiera tenido un origen apostólico, como adujeron efectivamente los Padres de la Iglesia. Por ejemplo, San Basilio Magno en su tratado "Del Espíritu Santo" (375) explica que debemos tomar en serio la divinidad del Espíritu Santo *por la misma razón* que tomamos en serio la celebración de la liturgia hacia oriente, es decir, por habernos sido transmitida desde los Apóstoles, por lo que no puede ser materia de discusión. En otras palabras, ¡Basilio toma la postura *ad orientem* como un fundamento indiscutible para apoyar la defensa de la discutida divinidad de la Tercera Persona de la Santísima Trinidad! La celebración de la oración litúrgica de cara al Oriente es algo que pertenece a la configuración original de todos los grandes ritos de la cristiandad. Sin ella, la liturgia ya no está realmente en continuidad con la tradición apostólica, por mucho que tenga técnicamente una validez del tipo reductivo mencionado anteriormente.

Octavo, el paralelismo de la acción litúrgica[32]. Así como la orientación hacia el Este se encuentra en todas las liturgias de la cristiandad, tanto Oriental como Occidental, así también se encuentra en todas ellas acciones de diversos tipos de clérigos y laicos que se sobreponen en varios estratos. Puesto que la liturgia es una acción de Dios en el hombre y del hombre hacia Dios más que una actividad humana dirigida al pueblo, con frecuencia no se busca que sus oraciones y ritos sean vistos u oídos por los fieles, sino ofrecidos directamente a Dios. La liturgia tradicional no es lineal, discursiva y modular, sino circular, intuitiva y orgánica.

---

32   Ver Jared Osterman, "Twentieth-Century Reform and the Transition from a 'Parallel' to a 'Sequential' Liturgical Model: Implications for the Inherited Choral Repertoire and Future Liturgical Compositions," *Sacred Music* 142.1 (Spring 2015): 8–21.

Hay una progresión desde el principio hasta el final, pero es la progresión de un pueblo diferenciado que va hacia la ciudad celestial, o sea, la imagen de una sociedad jerárquica que se mueve hacia su ideal. El rito moderno es secuencial, como una agenda para una reunión de negocios (o sea, normalmente sólo una cosa ocurre en un determinado momento, y en ella está fija la atención de todos); el rito clásico va poniendo un estrato de acción sobre otro, dirigido a los ojos y oídos de Dios[33]. El rito moderno es un círculo cerrado sobre sí mismo, racional y verboso, en que siempre alguien lo tiene todo a su cargo; el clásico es excéntrico, extático, suprarracional, en que hay muchos actores ocupados, cada uno en su tarea, sin que nadie esté por encima de todo el grupo.

Noveno, la comunión del sacerdote antes que la del pueblo, y de un modo ceremonial diferente. La comunión del celebrante *es un requisito* para que el sacrificio quede completo; la del pueblo es deseable, pero opcional. Una vez más vemos aquí la misma distinción entre la comunión de los clérigos y la de los laicos que existe en todos los ritos. Ella expresa la verdad dogmática de que el sacerdote actúa in *persona Christi capitis* por virtud del carácter sacramental del sacerdocio, que lo separa del simple bautizado y lo pone jerárquicamente sobre él[34]. La comunión ritualmente bifurcada de sacerdote y pueblo es el modo cómo la liturgia representa la distinción dogmática entre la "redención objetiva" que Cristo cumplió totalmente en la Cruz –representada en el Cuerpo y la Sangre ofrecidos y consumidos por el ministro del Señor, completando así el sacrificio en y por sí mismo (no se necesita que nadie más esté presente)–, y la "redención subjetiva" de los cristianos, que tiene lugar por la aplicación de los méritos de la

---

33 No niego, naturalmente, que haya partes de la liturgia que son para el pueblo, pero no hay ninguna parte que sea *sólo para el pueblo,* al modo como está diseñada la "Liturgia de la Palabra" en el nuevo rito. La manera cómo la antigua liturgia satisface las necesidades del pueblo es orientándolo sin descanso hacia lo divino. Ver mi artículo "'Moments of Liturgical Action': Recovering the Sacramentality of Biblical Lections," *NLM*, enero 24, 2022.
34 Ver mis comentarios sobre la importancia del "Confiteor" antes de la comunión de los fieles, como algo que señala una bien definida *caesura* en el rito: "Why the Confiteor Before Communion Should Be Retained (or Reintroduced)," *NLM*, mayo 27, 2019.

pasión de Cristo a todas las almas que buscan la comunión con El, para lo cual es suficiente la distribución de las hostias[35].

No hace falta decir que la liturgia es mucho más que una colección de textos reunidos en un libro, cuya ortodoxia doctrinal se pudiera evaluar en una especie de vacío filosófico. La liturgia incluye las melodías con que se ha cantado los textos durante siglos; las vestimentas, ceremonias, gestos, posturas, acciones. Por ejemplo, es parte de su naturaleza la celebración *ad orientem*, parte del conjunto de símbolos que constituyen el rito: no es un accidente superficial o indiferente. Una liturgia *versus populum* sería una liturgia diferente, aunque los textos fueran los mismos.

EL RITO MODERNO NO ES EL RITO ROMANO

Ahora bien, a nadie le ha de pasar desapercibido, en relación con los elementos anteriores, el hecho de que el rito moderno de Pablo VI es un impactante quiebre con el rito romano. Es posible celebrar el moderno de un modo que observe algunos de los precedentes del rito romano (nunca todos ellos), pero es igualmente posible que se lo celebre de tal forma que se aparte de todos dichos precedentes. Hay una gran cantidad de celebraciones, ciertamente la mayoría de ellas, que se alejan de la tradición romana, porque

• no se usa el Canon romano;

• no se celebra la Misa en latín;

• los textos litúrgicos no son recitados ni cantados; e.g., los Propios y el Ordinario faltan, o se los ha destrozado, o se los comunica de un modo incoherente con sus orígenes;

• se usa el leccionario para varios años, esa novedad de novedades;

• se sigue un calendario drásticamente reducido;

• falta el ofertorio tradicional;

• la Misa no se dice *ad orientem*;

• la liturgia es secuencial, señal segura de la influencia del racionalismo ilustrado, y

• se mezcla la comunión del sacerdote con la de los fieles.

---

35   Ver Santo Tomás, *ST* III, qu. 80, art. 12, ad 2 y ad 3.

Quienes proponen el "mutuo enriquecimiento" o la "Reforma de la Reforma" podrían objetar que estoy pintando el peor escenario posible. Por cierto, si el *Novus Ordo* se celebrara *ad orientem*, con el Canon romano y el Ordinario y los Propios cantados, ¿no estaríamos quizá ante un rito reconocible como romano? Mi respuesta es que tendríamos (hasta cierto punto) *una apariencia* de rito romano, pero no la esencia interior del mismo, y ello por dos razones. Primero, se seguiría privilegiando lo secuencial por sobre lo paralelo, seguiría faltando un adecuado y verdadero ofertorio, y se seguiría usando un calendario nuevo y un nuevo leccionario. Segundo, y más importante: se lograría esa apariencia de continuidad sólo gracias a una *elección* hecha por el celebrante. O sea, la continuidad sería elegida como una posible forma de realizar el rito, más que como el deber de respetar una norma de orar recibida y necesaria. De este modo, la acción litúrgica seguiría siendo el producto voluntarista de sus usuarios, aun si sus "exterioridades" fueran tomadas en préstamo a la tradición romana con impecable buen sentido. Se podría formular este argumento de un modo ligeramente diferente: ya que el misal moderno permite no sólo el Canon romano (aunque en forma modificada[36]) sino también formas de vida extrañas, como la "Plegaria Eucarística por la Reconciliación", hay que juzgar el misal moderno por las desviaciones que oficialmente permite, no por la ilusión de continuidad que puede tener en manos generosas, como las de los Oratorianos. Esto no es más que la aplicación del proverbio "la cadena no resiste más que el más débil de sus segmentos". No debemos evaluar el misal de Pablo VI por un *Novus Ordo* Oratoriano, con un Canon romano, etc., sino por la celebración más rupturista que *sus rúbricas hacen todavía posible* (e.g., una celebración hecha *versus populum*, en vernáculo, sin Propios, sin Confiteor, con la Plegaria Eucarística II, con comunión en la mano, etc.). Una Misa así *no es menos perfectamente Novus Ordo* que la más gloriosa Misa *Novus Ordo* con incienso y campanillas. Dicho de otro modo, lo que es más característico del *Novus Ordo* no es ésta o aquella configuración

---

36 Ver capítulos 8 y 9.

específica, sino la posibilidad que admite de ser configurado *ad libitum*. Sólo por este motivo no tiene derecho a estar en la familia del rito romano y es, por el contrario, el rito papal moderno, que suele permitir, como opcionales, el Canon romano y otras cosas más.

Otra forma de ver la misma verdad es examinar lo que los expertos gustan de llamar el "material eucológico" de los misales, es decir, el contenido de las oraciones: Colectas, Secretas y Postcomuniones. Como hemos dicho antes, sólo 13% de las Colectas del antiguo *Missale Romanum* sobrevivió sin cambios en el misal de Pablo VI[37]. Consideremos esto un momento. Si mi cuerpo perdiera 20% de sus partes, todavía podría yo seguir vivo, siempre que esas partes fueran miembros exteriores; pero si mi cuerpo perdiera 87% de sus partes, yo dejaría de existir. Una liturgia que ha perdido 87% de su material eucológico ya no es el mismo rito anterior; es una entidad diferente. O se podría argumentar desde la analogía del ADN: nada en un rito litúrgico es puramente "externo", como tampoco la cara, la voz o el color de piel de una persona son meramente externos. Todas estas cosas surgen de nuestro ADN, que contiene detalladas instrucciones de acuerdo con las cuales somos producidos[38]. Si obtuviéramos el perfil forense del ADN propio de "las dos formas del rito romano", ¿encontraríamos verdaderamente que son hermanos gemelos? ¿Podría una corte judicial establecer el parentesco?

Por otra parte, nada cambiaría incluso si cada una de las oraciones incorporadas al *Novus Ordo* hubieran sido tomadas intactas de algún antiguo sacramentario (lo cual, por cierto, no es el caso: nada se tomó que no fuera modificado; además, se suprimió o rebajó todo lenguaje que pareciera "negativo" o "difícil", y muchos elementos específicos fueron fabricados a partir de cero; pero mantengamos la hipótesis, para exponer nuestro punto). Porque, en efecto, seguiría existiendo una ruptura y discontinuidad con

---

37 Ver Matthew Hazell, "'All the Elements of the Roman Rite'? Mythbusting, Part II," *NLM*, octubre 1, 2021.
38 El fenotipo deriva de la interacción del genotipo con las condiciones ambientales. Toda la dimensión física es, además, la contraparte metafísica del alma racional de un individuo, que se expresa a través de ella.

la Iglesia en oración, con la Iglesia real, encarnada, tal como ha existido y sigue existiendo, con su *lex orandi*, con las auténticas disposiciones del Espíritu Santo. Seguirían existiendo los destrozos causados por un anticuarianismo artificial y arbitrario; seguiría existiendo el rechazo de la liturgia tal como maduró en la vida de fe de la Iglesia[39]. Si nos pusiéramos en el mejor de los escenarios posibles, podríamos condenar una reforma semejante como inadecuada, no católica, no tradicional, no romana. Pero lo que de hecho ocurrió en el *Consilium*, ese matadero, no fue el mejor de los escenarios posibles, sino el peor.

Podríamos también recurrir aquí a alguien tan bien informado como Michael Davies, o apelar al dato, bien documentado, de que la mayoría de quienes estuvieron íntimamente involucrados en la reforma litúrgica no hicieron esfuerzo alguno por ocultar su regocijo (Bugnini, Marini, Braga, Gelineau, et al.) o su pesar (Bouyer, Martimort, Antonelli) cuando se acabó con el clásico rito romano y se lo reemplazó, en tanto que quienes amaban profundamente este rito (Lefebvre, Gamber, Dobszay, etc.) deploraron la clara ruptura y discontinuidad evidente en los nuevos libros litúrgicos[40]. Martin Mosebach comenta:

> Es imposible hacer que nadie que tenga ojos y oídos desconozca lo que sus propios sentidos le muestran: estas dos formas son tan diferentes que su teórica unidad resulta enteramente irreal. Mi experiencia me dice que no se puede debatir desapasionadamente los pro y los contra de la "reforma de la Misa" en la Iglesia. Los dos bandos en disputa en este tema se han enfrentado largo tiempo con una resolución igualmente fija e irreconciliable: no hay aquí debate posible. Quienes rehusan aceptar que lo que había sido *todo* es ahora *nada* formaron un pequeñísimo círculo: como dice Karl Rahner,

---

39 Ver los capítulos 2 y 7 sobre el papel que tuvo el falso anticuarianismo en la reforma litúrgica.

40 A fin de encontrar confesiones temerarias y jactanciosas sobre la naturaleza revolucionaria de los cambios, todo lo que se necesita es leer los libros de Annibale Bugnini, de su amanuense Piero Marini, y de liturgistas como Andrea Grillo y John Baldovin. Quienes hayan calado más hondo en los libros litúrgicos y en su historia podrán darse cuenta de que no estamos en presencia de sólo ajustes superficiales.

son "fracasos humanos tragicómicos, periféricos". Se hizo mofa de ellos y, al mismo tiempo, se los consideró altamente peligrosos[41].

DESMONTAJE DEL MITO

Tal es, pues, el mito de "las dos formas del rito romano"[42]. Cuando los católicos asisten al *Novus Ordo*, asisten a una Misa, pero no a una Misa del rito romano. A lo que asisten es a lo que Klaus Gamber llamó "el rito moderno", cuya génesis y ámbito se describen bien por el liturgista John F. Baldovin: "La implementación de la reforma, bajo la tutela de Bugnini y con el concurso de docenas de expertos en historia, teología y práctica pastoral, condujo a una completa vernacularización de la liturgia, a una reorientación del ministro presidente de cara a la asamblea, con una extensa y aun radical reforma del *ordo* de la Misa, y una importante revisión del año litúrgico, además de una completa revisión de cada liturgia sacramental y de la oración litúrgica diaria"[43].

Es bueno tener en cuenta que Baldovin no es en absoluto opuesto a la reforma, por lo que no trata de exagerar, de manera polémica, los cambios postconciliares[44]. La investigación de

---

41   Martin Mosebach, *The Heresy of Formlessness: The Roman Liturgy and Its Enemy*, ed. rev. (Brooklyn, NY: Angelico Press, 2018), 163.

42   DiPippo ("The Legal Achievement of *Summorum Pontificum*") defiende la inventiva de Benedicto XVI haciendo ver que, lo que quiso, fue una solución canónica estable a un problema casi imposible de manejar. Si hubiera declarado que había dos *ritos* romanos, la liberalización del *Vetus Ordo* habría inmediatamente concedido facultades birrituales a 400.000 sacerdotes, pero llamarlos *usos* habría falsificado el empleo histórico del término. Por lo tanto, el papa inventó el nuevo concepto de "forma", como reconociendo una situación absolutamente anómala en que dos ritos o usos tienen, genéricamente, mucho en común, pero son radicalmente diferentes en los detalles.

43   "The Twentieth-Century Reform of the Liturgy: Outcomes and Prospects," *Institute of Liturgical Studies Occasional Papers* 126 (2017): 1–13, at 4–5; citado en el brillante artículo de Tomasz Dekert, "Tradition, the Pope, and Liturgical Reform: A Problematization of Tradition in the Catholic Church and Catholic-Orthodox Rapprochement," *Nova et Vetera* (edición inglesa) 20.1 (2022): 101–31.

44   Para otras declaraciones de este tipo de Baldovin, ver más arriba, p. 78–79.

Baldovin apoya la declaración a la prensa hecha por Annibale Bugnini el 4 de enero de 1967:

> Una reforma del culto católico no puede hacerse en un día o un mes, ni siquiera en un año. El problema no es simplemente retocar, por decirlo así, una valiosísima obra de arte: en algunos ámbitos, son ritos enteros los que tienen que reestructurarse *de novo*. Esto requiere, ciertamente, restauraciones, pero, al cabo, yo casi lo llamaría un hacer algo de nuevo y, en ciertos casos, crear algo nuevo. ¿Por qué un trabajo tan radical? Porque la visión de la liturgia que el Concilio nos ha dado es completamente diferente de lo que habíamos tenido antes... No estamos trabajando con una pieza de museo, sino que apuntamos a una liturgia viva, para los hombres que viven en nuestro tiempo[45].

La mentalidad que opera aquí ha sido penetrantemente descrita por Louis Bouyer: "Si hay una fantasía que tiene absortos a los modernos, es la de la pura futuridad. Quisiéramos creer que el futuro, un futuro sin trabas, creativo, lo es todo, y a fin de poder alcanzarlo estamos listos para sacrificar alegremente todo nuestro pasado"[46]. O, como lo dice más sucintamente el obispo Rob Mutsaerts of 's-Hertogenbosch: "Queremos ser relevantes, aparentemente, a expensas de nuestra propia identidad"[47].

Nos guste o no nos guste este rito moderno, debiéramos ponernos de acuerdo, al menos, en no llamarlo "rito romano". Llamar a algo lo que no es, es un abuso de lenguaje, que surge de un abuso de poder y lo perpetúa[48]. Llamar a algo lo que no es, significa fortalecer la mentalidad relativista de nuestro tiempo, que piensa que es real cualquier cosa que pueda ser *pronunciada*. Se alimenta así la ilusión de que el *poder decir* las palabras "2 + 2 = 5" hace verdadera

---

45   *DOL* n. 37.
46   Citado por Keith Lemna, *The Apocalypse of Wisdom: Louis Bouyer's Theological Recovery of the Cosmos* (Brooklyn, NY: Angelico Press, 2019), 52.
47   "For the Record-Dutch Bishop: 'In the synod, nonsense that would embarrass Luther and Calvin: and the Pope is looking on,'" *Rorate Caeli*, octubre 23, 2019.
48   Ver Josef Pieper, *Abuse of Language, Abuse of Power*, trad. Lothar Krauth (San Francisco: Ignatius Press, 1992).

a esta proposición[49]. Como dice el filósofo Charles de Koninck: "Uno puede decir y escribir cosas que uno no puede pensar. Uno puede decir "Es posible ser y no ser al mismo tiempo y desde el mismo punto de vista" y "la parte es mayor que el todo", aunque no se puede pensar semejantes cosas. Con todo, se trata de oraciones gramaticalmente correctas. Poder trascendente del lenguaje: se puede decir tanto lo pensable como lo impensable... Puedo decir: "No existo". Y con ello puedo fundar "Yo existo" sobre el puro no-ser. ¡Lo he dicho! ¿Quién podrá detenerme?"[50].

Podemos ver cuán real y extenso es el daño provocado por la mentalidad del reduccionismo neoescolástico. El es la única atmósfera en que podía surgir, en la década de 1960, la absurda empresa de crear un rito moderno. Esta mentalidad, con el paso del tiempo, se ha propagado también a otros ámbitos de la vida católica. Por ejemplo, el que la gente pueda preguntar hoy si los adúlteros y sodomitas pueden recibir la Comunión, como si la respuesta no fuera ya obvia por la sola tradición católica, demuestra que el Santísimo Sacramento se ha reducido, en la mente de muchos, a un mera señal de pertenencia, a una comida para "la mesa de la abundancia", y no es un misterio sobrenatural que exige un total compromiso de la mente, del corazón, del alma y de todas las fuerzas con Jesucristo, realmente presente, contra quien se comete pecado mortal si se lo recibe indignamente[51]. Un semejante reduccionismo moral y disciplinario no debiera sorprender a nadie, si se toma en cuenta el telón de fondo del reduccionismo

---

49 Sobre la idea del P. Antonio Spadaro de que en teología 2+2 pueden sumar 5, ver George Weigel, "Theology Isn't Math; But It Is Theology," *First Things* online, enero 25, 2017.

50 Charles De Koninck, *On the Primacy of the Common Good*, trad. Sean Collins, *The Aquinas Review*, vol. 4 (1997), 86-87.

51 "Recibirlo dignamente" no quiere decir que ya somos perfectos (lo cual nunca será el caso en esta vida), sino, como explica Juan Pablo II en *Ecclesia de Eucharistia*, que estamos libres de pecado mortal porque nos hemos confesado y porque tenemos la intención de vivir de acuerdo con todos los mandamientos de Dios. El mismo papa reafirma en *Veritatis Splendor* la enseñanza de Trento de que sólo la gracia de Cristo -recibida en el bautismo, fortalecida por la oración diaria, recuperada por la penitencia- puede hacernos capaces de vivir según este estándar. Tal es el verdadero sentido de la *novedad* de la Nueva Alianza, como enseña Santo Tomás (*ST* I-II, qq. 106-8).

litúrgico que lo precede, ícono de lo cual es la supresión, hecha en el nuevo leccionario, de la advertencia de San Pablo sobre las comuniones indignas en 1 Corintios 11, 27-29, que fue y es leída, en cambio, al menos tres veces en el año, en el rito romano tradicional[52]. Nuestra época nos ha proporcionado una demostración casi científica del axioma *lex orandi, lex credendi, lex vivendi*.

Es más necesario que nunca que los católicos trabajen por conseguir dos grandes bienes que van siempre juntos: la recuperación de una sana teología Eucarística y el restablecimiento del verdadero rito romano de la Misa[53]. La buena teología y una liturgia auténtica combinan sus esfuerzos para descubrir a los ojos de la fe la presencia de Nuestro Señor Jesucristo en *toda* la liturgia[54] y, sobre todo, en el milagro de la hostia y del cáliz, de un modo tal que los católicos puedan una vez más experimentar la terrible belleza y el gozo de la comunión Eucarística, y luchen por ordenar sus vidas y sociedades de acuerdo con lo que El exige.

---

52   Ver *Holy Bread*, cap. 13: "The Omission That Haunts the Church," 181-95.

53   He apuntado al reduccionismo neoecolástico, pero ¿qué ocurre con Santo Tomás de Aquino? ¿No tiene acaso alguna responsabilidad por esta reducción de la Misa o de la Eucaristía a la transubstanciación, sobre la cual habla extensamente, defendiendo en detalle la proposición de que "las palabras de la consagración" son la única causa del milagro (*ST* III, qq. 75 y 78)? Santo Tomás tiene una mente metafísica que estaba cualificada de un modo único para penetrar en las más espinudas dificultades de la teología sacramental, pero no niega el contexto más amplio, bíblico y patrístico, de toda la discusión; de hecho, demuestra estar consciente de él (como en III, q.83, sobre el rito de la Misa), aun cuando está mucho más interesado en profundizar en las perplejidades filosóficas. En todo caso, es importante no tomar sin más a Santo Tomás como todo lo que se puede decir en teología. El es el Doctor Común, nuestro guía en la disciplina de la teología, pero él mismo sería el primero en mandarnos a sentar a los pies de los autores de la Sagrada Escritura y de los grandes Padres de la Iglesia, a quienes miraba constantemente como los puntos de referencia. Sto. Tomás no se limita a repetir lo que ellos han hecho, sino que lo desarrolla en un sistema de principios y conclusiones que resultan apoyadas por ellos. Siempre tendremos necesidad del *dato original en el modo original de su proclamación*. La escolástica nos ayudará en nuestra búsqueda de la verdad, enfocando nuestra mente y purificándola; pero no será un sustituto de un largo aprendizaje de la liturgia, de la Biblia y de los Padres.

54   Este tema se encuentra en todos los escritos de Mosebach: ver *Heresy of Formlessness* y *Subversive Catholicism*.

POSITIVISMO VERSUS TRADICIÓN

La división fundamental en la actualidad es entre una comprensión positivista y una comprensión tradicional de lo que es la liturgia y de qué *es lo que la constituye como* liturgia. Si se adopta el positivismo, puede uno tragarse el *Novus Ordo* o cualquier cosa que le lancen, siempre que sea realizada por la llamada "autoridad legítima". Si se apega uno a la tradición, jamás se podrá aceptar el *Novus Ordo* como un uso del rito romano, y adherirá uno al rito digno de llamarse romano.

Alguna vez vi un anuncio en una carretera, que tenía impreso en letra chica el nombre de un puñado de denominaciones cristianas y, en el centro, con letras más grandes, "¿Cuál es el verdadero Jesús?" (evidentemente, el número de teléfono gratis tenía el propósito de conectar con el verdadero Jesús, o al menos con quienes presumían de hablar por El). Y me puse a pensar en un anuncio parecido que contuviera un puñado de ritos litúrgicos, antiguos, nuevos, e imaginarios, con la pregunta "¿Cuál liturgia es la verdadera?". No tenemos un número de teléfono al que llamar gratis, así es que ¿cómo sabremos cuál es la verdadera liturgia? ¿Cómo podríamos saberlo sino por la tradición? Incluso el papado es algo que está contenido y transmitido a lo largo del tiempo por la tradición. Si una liturgia no puede ser rastreada en su desarrollo gradual, paso a paso, a lo largo de los siglos, podemos reconocer que es una ruptura, un constructo, una impostura, y no una verdadera liturgia en el pleno sentido de la palabra.

Esta evaluación negativa, aunque susurrada más que abiertamente proclamada, se está extendiendo cada vez más entre los católicos pensantes, quienes han comenzado a reaccionar. Por ejemplo, el número de localidades que han regresado, tranquilamente, a la celebración de la Semana Santa pre-1955, constituye un asombroso avance que nadie se hubiera imaginado hace quince años. *Summorum Pontificum* ha puesto en marcha una reforma, cuyos principios lógicos han de conducir a la época anterior a Pacelli y a Bugnini.

Tenemos, en realidad, que volver atrás. A diferencia de la modernidad, el cristianismo no se basa en la verdad, supuestamente evidente, de que debemos siempre "ir hacia adelante". La fe cristiana está en una permanente tensión entre, por una parte, el recuerdo -*hoc facite in meam commemorationem*-, que se prolonga más allá de la vida de Nuestro Señor y entra en el misterio transtemporal de su vida histórica, efectiva, encarnada, conservando en cada etapa nuestro vínculo con lo que nos ha sido transmitido; y, por otra parte, la mirada hacia un futuro no hecho por el hombre, sino constituído por la segunda venida de Cristo desde el Oriente. La idea moderna de progreso es ajena al cristianismo, e incluso antitética con él. Como creyentes, luchamos siempre para estar a la altura de nuestro pasado, para ser humildes y agradecidos legatarios del mismo; no somos mejores que nuestro pasado, y pensar que lo somos sólo redundará en hacernos culpables del pecado de soberbia. John Newman dice abiertamente:

> Es un pecado de esta época (no tenemos nada que ver con los pecados de otras épocas) despreciar el pasado cuando lo comparamos con el presente. No hay casi publicación que se pueda abrir, de las más livianas y populares de la actualidad, sin tropezar con algún panegírico de nosotros mismos o de la ilustración y humanismo de esta época, o con negativos comentarios de la sabiduría y virtudes de épocas pasadas. Ahora bien, es cosa muy saludable, ante esta tentación del autoengaño, que se nos recuerde que en todas las más altas evaluaciones de la excelencia humana, hemos sido superados por mucho por hombres que vivieron hace muchos siglos; que se estableció, en aquellos tiempos, un estándar de verdad y santidad que es probable que jamás alcancemos, y que, en lo que toca a creernos más sabios y mejores o más aceptables a Dios que lo que fueron ellos, se trata de un mero sueño[55].

Mientras miramos a nuestros *antecessores*, que corrieron la carrera antes que nosotros y van, por tanto, adelante de nosotros, luchamos por preparanos para la venida del Señor y la llegada de un nuevo cielo y una nueva tierra (cf. Apoc. 21, 1) que son *Su* prerrogativa, no un producto *nuestro*. Esta continua preparación o receptividad, por la que permitimos que se cultive y siembre

---

55 "Use of Saints' Days," *Parochial & Plain Sermons*, vol. 2 (1835), Sermon 32.

el terreno de nuestra alma con el don de la religión cristiana, es lo que nos hace dar fruto -treinta por ciento, sesenta por ciento, ciento por ciento- en la medida en que recibimos, y transmitir luego lo que hemos recibido, aumentándolo con las ofrendas que el Señor nos permite añadirle. Ciertamente es posible un desarrollo fructífero, pero sólo por nuestra fidelidad, nuestra reverencia y nuestro respeto por lo recibido. Me viene a la mente un adagio oído en alguna parte: "Sólo puede verdaderamente conocer algo quien lo observa con respeto".

Los reformadores litúrgicos rechazaron muchas oraciones (e.g., el ofertorio) como inútiles adiciones; las consideraron sin sentido, o incluso equivocadas y, por tanto, dañinas. Esta actitud -y las acciones que produjo- es reprehensible, un distintivo de la falta de sabiduría. En realidad hay que decir que tales acciones son, en el mejor de los casos, una descortesía hacia el Espíritu Santo y a su obra en los diecinueve siglos anteriores, y en el peor, un tipo de blasfemia. "Por sus frutos los conoceréis" (Mateo 7, 20). El *Novus Ordo* se ha visto afligido por un espíritu narcisista, por sequedad y tedio, por una asombrosa falta de frutos, por una abrumadora escasez de vocaciones sacerdotales y religiosas en relación con la cantidad de católicos y sus necesidades[56]. ¿No podemos considerar

---

56 Negar a Dios el honor que le es debido, despojando a los ritos de la Iglesia de las oraciones y ceremonias que les son propios, es un continuo insulto, condenado al fracaso. Porque una cosa es faltar esas oraciones y ceremonias en una etapa anterior, y otra totalmente distinta suprimirlas una vez que se han establecido firmemente. Lo primero es una ausencia no intencional, pero lo segundo es una intencional omisión. Es como la diferencia que hay entre carecer de la tecnología para nutrir e hidratar a un paciente y privar de ella a un paciente una vez que se le ha aplicado. Lo primero es falta de medios para ayudar a una persona a seguir viviendo, y lo segundo es privarla de los medios, conduciéndola así a su muerte. De modo análogo, que el rito romano haya carecido de oraciones de ofertorio durante el primer milenio es falta de perfección de un rito que, posteriormente, llegaría a su plenitud; pero positivamente suprimir esas oraciones de la liturgia constituye un caso de mutilación, de deformación, de evisceración. Si el *Novus Ordo* es el rito romano, es un rito romano violentamente dañado, que priva al Señor de señales de reverencia, que priva al celebrante de su alimento espiritual, y que priva al pueblo de oportunidades de rendir homenaje a la Divina Majestad. Ver Jeremías 17, 5-8, que contrasta el árbol estéril con el fértil, y que gira en torno a si ha de confiarse en la prudencia del hombre o en la providencia de Dios.

esto como el justo y debido castigo por el repudio de los ritos que
Él inspiró a su Iglesia? Tanto a los amantes como a los enemigos
de la tradición litúrgica puede con acierto aplicarse las palabras del
salmista: "Con el piadoso muéstrate piadoso; íntegro con el íntegro.
Sincero con el sincero, y sagaz con el perverso astuto. Pues tú sal-
vas al humilde y humillas los ojos altaneros" (Salmo 17, 26-28). El
hecho de que las vocaciones y las familias grandes abundan donde
quiera que florece la liturgia tradicional *debiera ser* causa suficiente
para un reexamen de todo el enfoque de los últimos sesenta años,
con su vana búsqueda de relevancia contemporánea. El abuso de
poder, tal como el abuso del lenguaje que lo reviste y desinfecta, no
puede durar por mucho tiempo; es como un hombre sentado sobre
una rama de árbol que se dedica a aserruchar. Si el Señor quiere
que la Iglesia perdure en este mundo, ha de llegar el momento en
que se reivindique la tradición y se exponga el proyecto de modernización como el satánico complot que ha sido siempre.

Lleguemos ahora a algunas conclusiones.

No es la autoridad de ningún papa lo que hace que la liturgia de
la Iglesia *sea realmente de Ella*. La autoridad del papa puede decidir
cuál es la edición de un determinado libro litúrgico para que exista
uniformidad de uso, pero *es la tradición* la que hace que la liturgia
sea liturgia. Sabemos que esto es así porque por más de 1.500 años
los cristianos celebraron su liturgia sin que ningún papa legislara
jamás sobre el misal en ese lapso. El hecho de que San Pío V legislara sobre el misal revisado de 1570 no quiere decir que los papas
hayan siempre tenido implícitamente la autoridad para establecer
o revocar la liturgia a su voluntad o que, después de 1570, hayan
tenido explícitamente la autoridad para hacerlo. Por el contrario, lo
que hizo San Pío V fue codificar *un rito apostólico ya existente*, con
algunas modificaciones menores que se estimó ser pastoralmente
necesarias. No se suscitó jamás la cuestión de una total reformulación del rito, partiendo desde cero; nadie hubiera imaginado
posible semejante cosa; hubiera sido literalmente impensable, y
así lo sigue siendo[57]. Como dice Michael Fiedrowicz:

---

57 Ver Joseph Shaw, "St. Pius V and the Mass," *Voice of the Family Digest*
(online) no. 24, octubre 6, 2021.

Ni siquiera la autoridad suprema de la Iglesia puede cambiar a voluntad la antigua y venerable liturgia de la Iglesia. Hacerlo constituiría un abuso de poder (*abusus potestatis*). La autoridad de la bula de promulgación *Quo Primum* se fundamenta especialmente en el hecho de que, con ella, un papa legisló sobre la liturgia existente con la suma de su potestad papal y en completo consenso con el voto de un concilio ecuménico y, adicionalmente, estuvo de acuerdo con la ininterrumpida tradición de la Iglesia romana, así como también, en lo que se refiere a las partes fundamentales del Misal, de acuerdo con la Iglesia universal. El hecho, sobre todo, de que el *Missale Romanum* de 1570 tuvo la intención de ser la expresión litúrgica más perfecta de la enseñanza sobre la Eucaristía, que el Concilio de Trento definió para siempre en contra de los errores protestantes, es un argumento importante en el sentido de que el Misal mismo, así como la definición dogmática de Trento, deben permanecer para siempre sustancialmente inalterados[58].

Lo hecho por Pablo VI fue hecho *ultra vires papae*, sin legítima autoridad papal[59]. Este papa creó una pseudoliturgia o una paraliturgia que se asemeja al rito romano, pero "no revisó el rito romano" de ningún modo; simplemente *reemplazó* el rito romano con un nuevo ritual que conserva la validez sacramental pero carece de una ascendencia respetable. Con los argumentos expuestos, se puede considerarlo un servicio de oración con consagración,

---

58   Michael Fiedrowicz, *La Misa tradicional. Historia, forma y teología del rito clásico romano* (Carthusianus Verlag, 2021), 46-47.

59   Algunos, como Karl Rahner, distinguen entre autoridad legal y autoridad moral, y dicen que un papa puede legalmente crear un nuevo rito de la Misa totalmente desconectado de ritos anteriores, pero que pecaría gravemente si lo hiciera, porque no tiene autoridad moral para obrar fuera de la tradición, que él ha recibido y debe promover. Se podría cuestionar esta distinción: si la autoridad existe para fines buenos, sus límites no pueden ir más allá de lo que es bueno/moralmente correcto. Ver Peter Kwasniewski, "The Pope's Boundedness to Tradition as a Legislative Limit," en Kwasniewski, ed., *From Benedict's Peace to Francis's War: Catholics Respond to the Motu Proprio* Traditionis Custodes *on the Latin Mass* (Brooklyn, NY: Angelico Press, 2021); John Lamont, "Is the Mass of Paul VI Licit?" *Dialogos Institute*, marzo 20, 2022.

que confecciona el Cuerpo de Cristo de un modo extra-ordinario y no como el punto culminante de un rito litúrgico auténticamente histórico, de ascendencia apostólica. En este sentido, sería mucho más acertado llamar al Misal de Pablo VI la "forma extraordinaria" y al Misal de Juan XXIII la "forma ordinaria", ya que este último está todavía, en gran medida, en continuidad con las ediciones anteriores del misal, en tanto que el primero se aparta de la tradición del misal[60]. La clásica Misa romana es un verdadero rito litúrgico, con todas los requisitos o propiedades necesarias para merecer este honroso título; la Misa moderna es un sistema de entrega sacramental compuesto de partes manufacturadas por un comité, y cada vez configurada nuevamente por el conjunto de elecciones que hace el celebrante.

Igual que toda la Iglesia, el papa también *recibe la liturgia* como una herencia, y tal como se supone que debe conservar y defender la doctrina en fe y moral, así también, y por las mismas razones, se supone que conserva y defiende los ritos litúrgicos. Así, la diferencia entre Pío V y Pablo VI se reduce a lo siguiente: Pío V *reconoció* un rito como perteneciente a la Iglesia, en tanto que Pablo VI intentó *constituír* un rito como perteneciente a la Iglesia. Es a la Iglesia a quien corresponde *reglamentar* los ritos, pero *no crearlos*, como reconoce Joseph Ratzinger: "Después del Concilio Vaticano II, surgió la impresión de que el papa podía verdaderamente hacer cualquier cosa en materias litúrgicas, especialmente si lo hacía por mandato de un concilio ecuménico. Poco a poco, la idea de que la liturgia es algo que está dado, el hecho de que no se puede hacer con ella lo que se quiera, se borró de la conciencia pública de Occidente... La autoridad del papa está atada a la Tradición de la fe, y eso se aplica también a la liturgia. Esta no es "manufacturada" por las autoridades... La autoridad del papa no es ilimitada, sino que está al servicio de la Sagrada Tradición"[61].

---

60 Esto queda indicado por la omisión, por primera vez desde Pío V, del texto de *Quo Primum*; lo cual es admitir que esta edición del misal no está en continuidad con todos sus antecesores.
61 Joseph Ratzinger, *Spirit of the Liturgy*, trad. John Saward (San Francisco: Ignatius Press, 2000), 165-66; comm. ed., 179-80; Collected Works, 11:102-3.

HERMENÉUTICA PENTECOSTAL

Lo anterior me lleva a formular una amplia tesis final. El Concilio Vaticano Segundo fue etiquetado como "nuevo Pentecostés". Pero un nuevo o segundo Pentecostés es imposible. Pentecostés es el misterio de la identidad y vitalidad de la Iglesia a través de todas las épocas hasta que Cristo vuelva en gloria; Pentecostés no es un acontecimiento humano, como un espectáculo de fuegos artificiales el 4 de julio, repetible a voluntad, sino un dinamismo permanente, que se expresa en el perenne frescor de la liturgia, sobre la cual "el Espíritu Santo... sopla con tibio aliento y, ah, con brillantes alas"[62], cálidamente recordado en todos esos domingos después de Pentecostés que llenan el calendario romano auténtico con su verde brillante. Al abad Anscar Vonier parecen faltarle palabras suficientemente elocuentes como para recordarnos esta verdad:

> El advenimiento del Espíritu es algo tan completo en el primer Pentecostés como lo será la venida del Hijo de Dios en la gloria del Padre al fin del mundo... Es debido a esta plenitud de presencia desde Pentecostés que puede decirse, con razón, que el Reino de Dios está con nosotros en la tierra, porque el Espíritu mora con nosotros en la plenitud de su divinidad, no en una economía transitoria y provisional... Nadie vino jamás con tal plenitud como lo hizo el Espíritu, nadie llegó jamás con tal propósito de morar para siempre como lo hizo el Paráclito. Porque está en la naturaleza misma de su venida el que El habite con nosotros... Vino finalmente, totalmente, permanentemente, estableciendo el Reino de Dios que no tendrá fin... El carácter final de la venida del Espíritu es una de las verdades ejes que hacen del catolicismo lo que es... El Espíritu Santo, como la Palabra, vino una vez; no vendrá una segunda vez; después de su venida, El mora en la Iglesia, y es esta continua presencia suya lo que renueva permanente la vida; no habrá una nueva venida como la de Pentecostés[63].

---

62 Gerard Manley Hopkins, "God's Grandeur."
63 Anscar Vonier, *The Collected Works of Abbot Vonier* (London: Burns Oates, 1952), vol. 2, pp. 9, 10, 13, 69. Ver también cardenal Charles Journet, "The privileges of the Apostles as founders of the Church," en *The Theology of the Church*, trad. Victor Szczurek (San Francisco: Ignatius Press, 2004), 116-22, 156-57.

Sólo puede haber un nuevo Pentecostés si el primero fracasa, y del mismo modo, sólo puede haber una nueva liturgia si la antigua fracasa[64]. Si puede haber un nuevo Pentecostés, puede haber una nueva forma de catolicismo, con nuevas doctrinas, nueva moral, nueva liturgia, para una nueva humanidad en una nueva creación, cosas todas que pueden estar en abierta contradicción con sus contrapartes antiguas[65].

Martin Mosebach hace un elocuente diagnóstico:

> Comenzó a oponerse el "espíritu del Concilio" al texto literal de las decisiones conciliares. De modo desastroso, el cumplimiento de los decretos conciliares quedó atrapado en la revolución cultural de 1968, que había estallado en todo el mundo. Ello fue ciertamente la obra de un espíritu, pero de uno sumamente impuro. La subversión política de todo tipo de autoridad, la vulgaridad estética, la demolición filosófica de la tradición no sólo diezmaron las universidades y envenenaron la atmósfera pública, sino que al mismo tiempo tomaron posesión de amplios círculos dentro de la Iglesia. Comenzó a cundir la desconfianza ante la tradición, la eliminación de la tradición justo en el lugar, válganos, cuya esencia misma consiste totalmente en tradición, y ello hasta tal punto que se puede decir que la Iglesia no es nada sin tradición. Y así, la batalla postconciliar contra la tradición que comenzó en tantos lugares no fue sino un intento de suicidio por parte de la Iglesia, un proceso nihilista, literalmente absurdo.
>
> Todos podemos recordar cómo los obispos y los profesores de teología, los pastores y los funcionarios de las organizaciones católicas proclamaron con un tono confiadamente triunfal que con el Concilio Vaticano Segundo había llegado a la Iglesia un nuevo Pentecostés, cosa que jamás pretendió ninguno de aquellos famosos

---

64 De hecho, una "nueva liturgia" es una contradicción en los términos; la Iglesia no tiene el encargo de instituir semejante cosa. Incluso los Apóstoles desarrollaron su liturgia a partir de los rituales preexistentes del Templo y la sinagoga y de la Pascua, modificada por Cristo. No hay ningún verdadero rito que sea obra de un comité que trata todos los hechos litúrgicos previos como una materia prima, sobre la que se puede emitir un juicio superior y controlarla.

65 Ver el análisis del "catolicismo nietzscheano" en el capítulo 11.

concilios históricos que moldearon tan decisivamente el desarrollo de la fe. Un "nuevo Pentecostés" significa nada menos que una nueva iluminación, posiblemente una que supera a la recibida hace dos mil años. ¿Por qué no avanzar inmediatamente a ese "Tercer Testamento" del libro de Gotthold Ephraim Lessing,"La educación de la raza humana"? Según aquellas personas, el Vaticano II significó una ruptura con la Tradición, tal cómo ésta existió hasta entonces, y este quiebre fue saludable. Quien quiera que escuche esto podría pensar que la religión católica sólo vino encontrarse a sí misma después del Vaticano II. Todas las generaciones anteriores, a las que nosotros, que estamos aquí, les debemos nuestra fe, permanecieron, supuestamente, en un atrio exterior de inmadurez[66].

Lo que hemos visto en las últimas seis décadas es un torpe renacimiento de la herejía joaquinista medieval, según la cual la Iglesia habría entrado en la tercera y última época, una nueva era del Espíritu, que deja atrás la Alianza del Padre, representada por las Tablas de la Ley y los sacrificios de animales, y la Nueva Alianza del Hijo, representada por la unión constantiniana de la Iglesia y del Estado y por el Santo Sacrificio de la Misa. La nueva era avanza ecuménica e interreligiosamente, dejando atrás los mandamientos, la Cristiandad y el culto divino tradicional. Con la reforma litúrgica de Pablo VI, hemos dejado atrás la tradición litúrgica heredada. Con los encuentros de Asís de Juan Pablo II, dejamos atrás la absoluta diferencia que hay entre la verdadera religión y las falsas. Con *Amoris Laetitia* de Francisco y con la Declaración de Abu Dhabi, dejamos atrás los rígidos límites del Decálogo y de los Evangelios.

Tantas y tan grandes novedades tienen la apariencia de una nueva religión, y toda nueva religión no puede ser sino una religión falsa. Los rasgos peculiares del "nuevo Pentecostés" o de la "nueva primavera" son manifestaciones de una herejía neo-joaquinista, incompatible con la confesión católica. El colapso de la Iglesia en nuestra época ha sido el sello divino de desaprobación puesto en el deliberado alejamiento y en la pasiva deriva que nos

---

66 Mosebach, prólogo a Kwasniewski, *Noble Beauty*, xii-xiii.

aparta de la Escritura, de la Tradición y (sí) del Magisterio [67], a lo largo de estas décadas en que la amnesia ha reemplazado la anamnesis y el sacrilegio ha tomado el lugar de lo sagrado. Con haber sido tan obvio este colapso –que amenaza con volverse más sísmico con cada año que pasa– hay muchos de ojos ciegos y oídos sordos que no se dan cuenta de nada sino de su interés propio institucional, mezquinamente armado. Quienes han advertido y respondido al desarrollo del castigo que ha caído sobre la Iglesia son los fieles equipados con el *sensus fidei*, por el cual se puede discernir la ortodoxia de la heterodoxia, y el culto recto de sus desviaciones[68]. Como advierte un escritor online:

> Es la generalizada falta de confianza que inspira gran parte de los medios católicos oficiales y las casas editoriales lo que ha convertido los *blogs* en algo tan popular. Esto es especialmente así en relación con la obvia disonancia cognitiva que todo católico serio experimenta entre la placidez y regocijo de los medios oficiales, y la realidad que se comprueba en terreno, que va desde el abuso de niños hasta el abuso de los sacramentos, desde el abuso de la liturgia hasta el abuso de confianza, desde la promoción de disidentes hasta el ocultamiento de las estadísticas sobre el colapso general de los datos demográficos y de la práctica católica en gran parte del mundo; colapso que está teniendo lugar desde que comenzó la más invernal de todas las primaveras[69].

Hoy la Iglesia en la tierra sufre de un mal cardíaco, y está aletargada por tejido graso y arterias obstruidas. La Iglesia necesita de un transplante cardíaco, pero en vez de un *corazón diferente*, lo que necesita es librarse del corazón artificial y mecánico que

---

67 Ver mi artículo "How Protestants, Orthodox, Magisterialists, and Traditionalists Differ on the Three Pillars of Christianity," *OnePeterFive*, mayo 26, 2022.

68 Ver Roberto de Mattei, "Resistance and Fidelity to the Church in Times of Crisis," en *Love for the Papacy and Filial Resistance to the Pope in the History of the Church* (Brooklyn, NY: Angelico Press, 2019), 105-30; Peter Kwasniewski, *La verdadera obediencia en la Iglesia: Guía de discernimiento para tiempos recios* (Lincoln, NE: Os Justi Press, 2021), 34-42.

69 "Alternative Catholic Media: Into the Catacombs," *Rorate Caeli*, mayo 2, 2014.

le instalaron doctores mal informados, y recuperar el corazón de carne de la tradición, con el que ella creció. Cuando esto suceda, podremos ver no un *nuevo* Pentecostés sino una renovación del antiquísimo y siempre joven culto cristiano de Dios en espíritu y en verdad, tal como lo profetizó Nuestro Señor y nos lo dio con su infalible Providencia. Dom Paul Delatte, abad de Solesmes desde 1890 hasta 1921, escribió lo siguiente sobre la sagrada liturgia tradicional de la Iglesia: "En ella el Espíritu Santo ha conseguido la concentración, eternización y difusión, por todo el Cuerpo de Cristo, de la inmutable plenitud del acto de la redención, de las riquezas espirituales de la Iglesia en el pasado, en el presente y en la eternidad"[70]. No debe asombrarnos, pues, que Dom Guéranger haya dicho que "el Espíritu Santo... ha hecho de la liturgia el centro de su obra en el alma del hombre"[71]. *Este es el lugar* donde puede encontrarse nuestro Pentecostés; aquí es donde la Iglesia renace perpetuamente en su juventud, teniendo a la mano una lengua común con la cual alabar, bendecir, glorificar y adorar al Rey celestial, hasta que vuelva, desde Oriente, en su gloria. "Llegaré al altar de Dios, del Dios que es la alegría de mi juventud".

---

70   *The Rule of St. Benedict: A Commentary by the Right Rev. Dom Paul Delatte*, trad. Dom Justin McCann (London: Burns Oates & Washbourne, 1921), 133.
71   *The Liturgical Year*, vol. 1: *Advent*, 17.

La infalibilidad del papa no significa en absoluto que goce de un poder ilimitado y arbitrario en materias de gobierno y de enseñanza. El dogma de la infalibilidad, al definir un privilegio supremo, está contenido por precisos límites, que permiten la existencia de la infidelidad, del error y de la traición. De otro modo, no sería necesario orar por el Supremo Pontífice *"non tradat eum in animam inimicorum eius"* (para que no caiga en manos de sus enemigos). Si fuera imposible para un papa irse al campo del enemigo, no sería necesario orar para que ello no suceda. La traición de Pedro es el ejemplo de la posibilidad de infidelidad que ha amenazado a todos los papas en el curso de la historia, y que los amenazará hasta el fin de los tiempos. El papa, aunque sea la suprema autoridad en la tierra, está suspendido entre la cumbre de la fidelidad heroica a su cometido y el abismo de la apostasía, que está siempre presente.

Roberto de Mattei

La ley de la oración es la ley de la fe: la Iglesia cree según lo que ora. La liturgia es un elemento constitutivo de la Tradición, santa y viva. Por esta razón, ningún rito sacramental puede ser modificado o manipulado a voluntad por el ministro o por la comunidad. Incluso la suprema autoridad de la Iglesia no puede cambiar arbitrariamente la liturgia, sino que lo puede hacer sólo en obediencia a la fe y con religioso respeto por los misterios de la liturgia.

Catecismo de la Iglesia Católica

⸬[6]⸬

¿Cuánto puede el papa cambiar nuestros ritos, y por qué podría hacerlo?

EN LAS DISCUSIONES SOBRE SI EL PAPA tiene o no autoridad para cambiar radicalmente la liturgia de la Iglesia, cierto popular charlista católico, apoyándose en la hipótesis de que los primeros cristianos usaron todos pan con levadura para la Eucaristía y de que en cierto momento fue un papa el responsable de que Occidente cambiara a pan ácimo, formuló la siguiente objeción a mi punto de vista: "Si un papa puede cambiar de pan con levadura a pan ácimo y además limitar la recepción a una especie –¡cosas ambas que pertenecen a la substancia del sacramento!–, puede también, naturalmente, cambiar cualquier otra cosa al rito por el cual el sacramento es confeccionado". Quisiera explicar por qué este argumento es un *non sequitur.*

Pero antes, quisiera recordar que no existe ninguna prueba histórica sólida de que todas las liturgias antiguas usaron pan con levadura hasta que un papa decidió poner a prueba su musculatura papal y declarar: "¡Ya no más! Los latinos debemos ser diferentes". El completo artículo "Acimos", por el historiador de la Iglesia Dom Fernand Cabrol, en el reconocido *Dictionnaire d'Archéologie Chrétienne et de Liturgie* (vol. 1, cols 3254-60) no dice nada acerca de tal cambio papal[1]. Hay que tener cuidado de no caer en la trampa de la idea, bastante común(que en el campo de la liturgia es totalmente injustificada), de que todo lo Oriental es más antiguo que todo lo Occidental, y de que el Oriente nunca cambia; por lo que si Oriente usa pan con levadura, y Occidente lo usa ácimo, ello

---

1 Puede leers el artículo en https://gallica.bnf.fr/ark:/12148/bpt6k3044526w/f901.item.r=a zymes.

debe ser porque la costumbre más antigua y "original" fue usar pan con levadura, y Occidente debe haberla cambiado. En todo caso, no hay pruebas que apoyen la idea de que todo cambio que ha ocurrido se ha debido a un simple *fiat* papal[2]. La historia de la Iglesia primitiva es generalmente mucho más complicada y polimórfica –y es bueno para la humildad recordar que está mucho menos documentada– que lo que nosotros, con nuestros bien ordenados hábitos mentales de académicos, quisiéramos que fuera.

Sea ello como fuere, supongamos, para seguir con el argumento, que un papa pudiera hacer tal cambio de materia en el sacramento. Podría, del mismo modo, permitir o no permitir la comunión con ambas especies; podría añadir o no añadir el *Filioque*; y realizar una cantidad de otros cambios discretos del mismo estilo. La pregunta interesante que surge es: ¿cuánto importa todo ello, y qué se prueba con ello?

PAN DE VIDA, PAN DE VERDAD

Si recibo pan con levadura consagrado, recibo a Jesús. Si recibo pan ácimo consagrado, recibo a Jesús. Ambos panes son adecuados por diversas razones. Si recibo la Comunión con las dos especies, recibo a todo Jesús entero. Si recibo la Comunión con sólo la especie de pan, recibo a todo Jesús entero. Nada falta en el don divino, el Pan de Vida. Ninguno de estos casos afecta al sacramento de la Eucaristía, que es el "eje" o "centro" de la Divina Liturgia. Los dos escenarios son, en substancia, el mismo.

---

2 La antigua *Catholic Encyclopedia*, en la entrada "panes de altar", incluye el siguiente pasaje, que da una idea de la variedad de opiniones existente: "Es probable que Cristo usara pan ácimo en la institución de la Sagrada Eucaristía, porque a los judíos no se permitía tener en sus casas pan con levadura durante los días de los Acimos. Algunos autores piensan que hasta el siglo X tanto las Iglesias de Oriente como de Occidente usaron pan con levadura; otros sostienen que el pan ácimo se usó desde el principio en la Iglesia de Occidente; otros piensan que se usó indistintamente pan con levadura y pan ácimo. Santo Tomás (*Sent*. IV, Dist. xi, qu.3) sostiene que, en el principio, se usó pan ácimo tanto en Oriente como en Occidente; que cuando surgió la secta de los Ebionitas, que querían que la Ley Mosaica fuera obligatoria para todos los convertidos, se empezó a usar pan con levadura, y que cuando terminó esta herejía, los latinos usaron de nuevo pan ácimo, y los griegos retuvieron el uso de pan con levadura".

Pero en un rito litúrgico hay mucho más que el sacramento al que hospeda: de hecho, como lo sabemos todos, hay liturgias que no son sacramentales, como el Oficio Divino, que han sido siempre consideradas de la mayor importancia en la Iglesia. Si queremos entender qué está bien y qué está mal en términos de ritos –el Pan de la Verdad, por decirlo así– debemos ver cómo transmiten la verdad de la fe, cómo imparten doctrina, cómo doxologizan.

Imagínese una liturgia Eucarística que ha madurado lentamente hasta alcanzar su plena perfección. Esa liturgia prodiga alabanzas a la Santísima Trinidad y al Verbo hecho carne; invoca frecuentemente a la Madre de Dios y a los santos; expresa claramente que la Misa es un verdadero y propio sacrificio, que se ofrece en propiciación por nuestros pecados y por el bien de los vivos y de los muertos. Sus oraciones expresan todos los dogmas de la fe, sin abreviación ni embarazo: hablan de méritos, intercesiones, milagros, apariciones de los santos, de despego de los bienes terrenales y anhelo de los eternos; de la lucha contra la herejía y el cisma, de la conversión de los infieles, y de la necesidad de regresar a la Iglesia católica y a la verdad no adulterada; de la ira de Dios contra el pecado y de la posibilidad de la eterna condenación[3]. En sus lecturas, el rito no esquiva los pasajes difíciles de la Escritura, incluso la advertencia contra la Comunión del Cuerpo de Cristo indigna. Finalmente, el rito venera profundamente el altar, el tabernáculo, el crucifijo y los relicarios, y prodiga signos de adoración del Santísimo Sacramento, no sólo en el momento de la consagración, sino en la preparación previa y en la posterior distribución. En todos estos aspectos, el rito presenta la doctrina, plenamente bíblica y tradicional, de la fe, configurando la mente cristiana y preparando el alma para la digna y fructífera recepción de Cristo.

Ahora, imagínese otra liturgia Eucarística que ha sido rápidamente compuesta por un comité, usando material antiguo y también otro recién inventado, filtrado por algunas inciertas

---

3 Sigo aquí el lenguaje de Michael Fiedrowicz, "They Do Not Even Know What Has Been Taken from Them," *Rorate Caeli*, agosto 30, 2021.

hipótesis académicas y fundadas en una teoría de lo que la gente necesita en un determinado momento de la historia. Esta liturgia disminuye drásticamente la mención de la Santísima Trinidad y los gestos hacia Ella, la Encarnación, la Madre de Dios y los santos, cuyas fiestas disminuye muchísimo; silencia en gran parte las ideas de altar, sacrificio y propiciación, y prefiere hablar de mesa, comida y comunidad. Su oración por los muertos es más alegre que solemne. Sus oraciones conservan sólo una fracción de las oraciones tradicionalmente usadas, y pone en su lugar oraciones que omiten temas fundamentales de carácter místico y ascético, y desenfatizan claramente doctrinas católicas estimadas difíciles u ofensivas. Las lecturas bíblicas han sido, igualmente, editadas para evitar pasajes "difíciles", como la advertencia sobre la Comunión indigna. Se restringe drásticamente los signos de veneración y adoración. En general, el rito no presenta la doctrina de la fe en su plenitud bíblica y tradicional. Debido a todas estas cosas reunidas, quienes asisten a esta liturgia no se forman tan bien en la fe, ni se preparan tan adecuadamente para recibir digna y fructíferamente la Santa Comunión.

¿Podría desconocerse que la transición desde la primera liturgia a la segunda –aun cuando ambas fueran válidas– es algo mucho más drástico, más influyente, que la transición desde pan con levadura a pan ácimo, o desde comunión con dos especies a comunión con una? Es el rito litúrgico el lugar donde la realidad teológica y espiritual-moral del Pan de Vida se hace clara: o sea, lo que debemos creer y profesar a su respecto, cómo debemos comportarnos ante él, cómo debemos prepararnos para la comunión, y cuáles son los efectos que se espera de este don divino. El tipo de pan de trigo o las especies con las cuales se distribuye la comunión significan mucho menos que la totalidad de las oraciones, gestos, lecturas, cánticos, incienso, etc., que nos indican qué es lo que, verdaderamente, estamos realizando.

Un rito litúrgico que comunica inadecuadamente la fe de la Iglesia –inadecuación que puede resultar de una cantidad de causas: omisiones, ambigüedades, exceso de material, ausencia de útiles repeticiones– podría llevar, con el paso del tiempo, a la pérdida de la fe ortodoxa por parte del pueblo. La atenuación del dogma, el silenciar las verdades difíciles, el testimonio débil de la Presencia Real: todas estas cosas pueden socavar la fe, que es el fundamento de la activa participación y de la fructífera recepción de los sacramentos.

CÓMO SE SABOTEA LA FE CATÓLICA

Para continuar con nuestra línea argumental, hagamos un experimento mental.

Si un grupo de saboteadores quisiera socavar la fe en la Presencia Real de Cristo, comenzaría por des-centrar la Misa de la Eucaristía y re-centrarla en la "comunidad que celebra", o en "quien preside" y en la "asamblea", de modo que no fuera ya evidente que todo se focaliza en El en el altar[4]. El ominoso silencio del Canon romano que nos ayuda a estar conscientes de que algo extraordinario y sobrenatural está teniendo lugar, tendría también que desaparecer, y con este fin, el mantra "todos debieran oír y entenderlo todo" resulta sumamente práctico[5]. Con el engañoso pretexto de "suprimir las inútiles repeticiones", los saboteadores disminuirían los besos que han de darse al altar, las genuflexiones hacia el Santísimo Sacramento, las reverencias y signos de la cruz, el triple "Señor, yo no soy digno. . .", las oraciones que debe decir el sacerdote para prepararse para la Comunión. Con el pretexto de "simplificar los ritos" (¿debido quizá a que el Hombre Moderno es demasiado ocupado y está impaciente en la iglesia, o quizá a que es demasiado estúpido para seguir algo que sea un poco complejo y no linear?), suprimirían los

---

4 La razón por la que Cristo merece recibir toda la atención es que sólo El es quien nos hace ser un Cuerpo Místico en unión con El mismo. Si no rindiéramos culto a Cristo y si El no viniera realmente a estar en medio de nosotros, seríamos simplemente un grupo de personas realizando algún tipo de terapia de "construcción de comunidad" y de "autoayuda", que concluiría en un nivel puramente natural. Lo cual, si se piensa bien, es el modo cómo lucen muchos servicios modernos de culto.

5 Esto último implicaría no prestar atención al hecho de que casi nada en la Misa puede ser perfectamente entendido por nosotros; y por ello ¿para qué fomentar la ilusión? (a menos, claro, que lo que se buscara fuera debilitar la fe en lo sobrenatural y convertir el cristianismo en una religión natural puramente racional).

muchos incisivos pasajes de la Escritura que se encuentra en el *Ordo* de la Misa y que acentúan la seriedad del acto de culto, partiendo con el salmo 42 al principio y concluyendo con el Prólogo de Juan al final. Con la excusa de "volver a la antigua práctica", echarían por la borda uno de los más elocuentes signos de fe en la Presencia Real en la liturgia occidental, es decir, arrodillarse en la barandilla del altar para recibir el Cuerpo de Cristo en la lengua, algo que jamás haríamos por un alimento ordinario o si se tratara un mero símbolo. En lugar de ello, insistirían en que todos deben permanecer de pie y tomar la hostia con la mano y luego administrársela cada uno a sí mismo, una muy tentadora enormidad, si es que estamos por desacralizar [6]. Si quisieran socavar la fe en la Misa como la misteriosa re-presentación del Sacrificio de la Cruz, despojarían a la liturgia de toda mención de sacrificio, oblación, inmolación, víctima, propiciación y cosas

---

6   Nadie mejor que Mosebach ha explicado el porqué de este ímpetu destructivo: "Arrodillarse es medieval, dicen. Los primeros cristianos oraban de pie. Estar de pie alude a Cristo resucitado, dicen, y es la actitud más apropiada para un cristiano. Se supone también que los primeros cristianos recibían la comunión en la mano. ¿Qué tiene de irreverente el que los fieles hagan con sus manos un "trono" para la hostia? Puedo garantizar que quienes dicen estas cosas lo hacen con absoluta seriedad. Pero resulta clarísimo que los pastores de almas están, en estas materias, a una increíble distancia del mundo; los argumentos académicos son completamente inútiles en cuestiones de liturgia. Estos peritos están siempre preocupados sólo del aspecto histórico de la sustancia de la fe y de las formas de devoción. Sin embargo, si pensamos correcta e históricamente, nos daremos cuenta de que lo que es una expresión de veneración en un determinado período puede ser expresión de blasfemia en otro. Si quienes durante mil años han estado arrodillándose súbitamente se ponen de pie, no piensan 'Estamos haciendo como los primeros cristianos, que permanecían de pie durante la Consagración': no, ellos no tienen consciencia de estar regresando a una forma especialmente auténtica de culto, sino que simplemente se levantan, se sacuden el polvo de las rodillas de los pantalones y se dicen a sí mismos: 'Así que no era algo tan serio, después de todo'. Todo lo que tiene lugar en las celebraciones de este tipo implica lo mismo: 'No era algo tan serio, después de todo'. En estas circunstancias, hablando desde la antropología, es totalmente imposible que la fe en la presencia de Cristo en el Sacramento tenga ninguna significación espiritual, aun cuando la Iglesia la siga proclamando o aunque los participantes en esas celebraciones lleguen, incluso, hasta afirmarlo explícitamente". Martin Mosebach, *The Heresy of Formlessness: The Roman Liturgy and Its Enemy*, ed. rev. (Brooklyn, NY: Angelico Press, 2018), 14-15.

parecidas, para que no hubiera en ella nada que pudiera ofender a un calvinista de mente amplia[7].

Podría ampliarse el párrafo precedente hasta convertirlo en un libro que describiera todos los cambios que los saboteadores de la fe católica pueden hacer, si quieren destruir la fe tradicional de los católicos, tal como está dogmáticamente definida en el Concilio de Trento.

Afortunadamente, semejante libro ya ha sido escrito, y varias veces. Mencionaré aquí sólo tres de ellas: el libro de Michael Davies *Pope Paul's New Mass*; el de Anthony Cekada *Work of Human Hands*; y el de Michael Fiedrowicz *La Misa tradicional*. Porque la terrible verdad es que la reforma litúrgica realizada después del Vaticano II hizo realidad cada una de las cosas que mencionábamos más arriba. Incluso antes de que entrara en vigencia el *Novus Ordo*, los cardenales Bacci y Ottaviani firmaron una carta que contenía un breve estudio de las deficiencias de dicho *Ordo*, la famosa "Intervención Ottaviani", y demostraron cómo él desorientaría a los católicos, cómo era incapaz de expresar claramente la fe de la Iglesia o cómo la habría de comunicar deficientemente. Se podría decir que Bacci y Ottaviani predijeron, con mucha anticipación, que, con el régimen *Novus Ordo*, se erosionaría la fe en la Presencia Real, cosa que hemos podido comprobar con el *Pew Research Study* de 2019, que muestra que un impresionante 69% de quienes se autodescriben como católicos en los Estados Unidos –y 37% de los católicos que *van a Misa semanalmente* (!)– no creen en la Presencia Real (seguramente se obtendría igual resultado, o peor, si se preguntara a la gente si la Misa es un verdadero y auténtico sacrificio). La reacción a esta investigación no debiera haber sido, como fue, una escandalizada sorpresa, como tampoco llamados a hacer mejores videos de catequesis –igualmente impermeables que los anteriores–, sino que debiera haber conducido a saco y ceniza, a masivas quemas de libros y a sesiones de aprendizaje de la Misa tradicional.

---

7 Ver Sharon Kabel, "Catholic fact check: Jean Guitton, Pope Paul VI, and the liturgical reforms," https://sharonkabel.com/post/guitton/, diciembre 7, 2020.

No olvidemos, tampoco, que la primera y más básica forma de participación activa es la presencia física de los fieles en los bancos de la iglesia. Durante el período de volátiles cambios litúrgicos, los fieles comenzaron su éxodo desde las iglesias, y a pesar de la insistencia de Pablo VI de que el nuevo rito habría de renovar al Pueblo de Dios, no ha cesado desde entonces la hemorragia, y cada vez menos fieles se presentan a realizar la "plena, consciente y activa participación, que es su derecho y su deber" (*SC* 14). Puede que Pablo VI haya sido profeta en lo relativo a la contracepción, pero no lo fue en lo relativo a la liturgia: "Mediante un intenso y prolongado movimiento religioso, la liturgia, coronada y canonizada por el Vaticano II, ha logrado una nueva importancia, dignidad, accesibilidad y participación en la conciencia y en la vida espiritual del pueblo de Dios y predecimos que ello continuará así mucho más en el futuro"[8].

EL RITO ES EL LOCUS DE LA CATOLICIDAD

Supuesto el análisis precedente, nadie debiera sorprenderse de los resultados –o del fenómeno paralelo del incremento de las colectividades de Misa tradicional (al menos en los casos en que no se usa la violencia para suprimirlas)–. Si el nuevo rito rebaja nuestro nivel a lo horizontal, no tendrá poder de permanencia frente a la cultura secular, que atrae mucho más exitosamente a nuestra caída naturaleza humana. Si el otro rito nos atrae hacia arriba, "verticalmente", hacia el culto del trascendente Dios Uno y Trino y nos compele a rendir homenaje a Cristo Nuestro Rey, lo que hace es enamorarnos y ganar los anhelos de nuestro corazón por lo divino y por la redención de este mundo de pecado.

---

8 Audiencia General en Castel Gandolfo de 13 de agosto de 1969 (*DOL* 45). Ello fue una fantasía a la cual el papa cedió innumerables veces. Otro ejemplo: "La oración en coro del Cuerpo Místico, que es la Iglesia, está alcanzando y removiendo al pueblo de Dios, que se está convirtiendo conscientemente en una comunidad, y experimentando un aumento de fe y de gracia. Por tanto, se está despertando la fe sobrenatural, la esperanza escatológica está guiando la espiritualidad eclesial, y la caridad está recobrando su primacía activa y dadora de vida. Y todo esto ocurre en un siglo mundanal y pagano, sordo a los gritos del alma" (Audiencia General en Castel Gandolfo de 3 de septiembre de 1969 [*DOL* 47]).

¿Por qué, durante el período del pánico por el COVID y de los confinamientos, fueron principalmente los sacerdotes tradicionales los que permitieron que siguiera habiendo Misas, incluso en secreto, si era necesario, y fueron los fieles tradicionales los que hicieron lo imposible por llegar a Misa, en tanto que el mundo *Novus Ordo* (en general) entró en estado de hibernación? ¿Por qué fueron los laicos adherentes a la tradición quienes estuvieron dispuestos a ir a Misa en persona y, si el obispo prohibía la Comunión en la lengua, dispuestos a no recibir el Cuerpo de Cristo por un profundo respeto hacia lo que es correcto y adecuado? ¿Por qué, cuando los obispos declararon que ya no había obligación de ir a Misa el domingo, los tradicionalistas procuraron seguir yendo a Misa, a menudo a pesar de serios inconvenientes? Y ¿por qué una vez que se asentó el polvo y se reimpuso la obligación, las iglesias pertenecientes a la mayoría no recuperaron la asistencia pre-COVID, en tanto que las comunidades tradicionales tuvieron que agregar sillas plegables por la cantidad de gente?

El *Novus Ordo*, producto de la simplificación y la banalización, se presta a ser cancelado. La lógica del reduccionismo es severa y no discrimina: todo el que toma las tijeras, morirá por las tijeras. El considerar las oraciones antiquísimas como inútiles repeticiones, conduce a mirar las Misas privadas como inútiles repeticiones y, al cabo, a mirar la vida sacramental misma como una inútil repetición.

En esta materia contemplamos *resultados concretos y prácticos* de dos diferentes liturgias: una de ellas claramente centrada en el Santo Sacrificio y en la Presencia Real, y la otra, des-centrada de ambas cosas. El clero cree y se comporta según cada una de estas liturgias lo forma, y lo mismo pasa con el laicado. A la hora de la prueba, aparecen los instintos y hábitos formados durante décadas. "La crianza habla".

Si se cambia el rito de la Misa –el contenido de sus oraciones, sus ceremonias, su música y su silencio, etc.–, se cambiará la fe del pueblo, lo que el pueblo cree que la Misa es y lo que hace (o no hace) en ella. Esto es exactamente lo que ocurrió en las décadas de 1960 y 1970, y el *fallout* no ha cejado, como tampoco ha cambiado el remedio obvio para ello.

LO QUE, MÁS ALLÁ DE LA SUPERFICIE, HAY DE TRADICIÓN COMÚN

Durante mi vida he asistido con frecuencia a la Divina Liturgia bizantina. Mirada superficialmente, es muy diferente de la Misa tradicional, que es la mía propia, como herencia de católico romano.En el rito bizantino, se recibe la Comunión de pie, después de hacer una profunda reverencia, pero sólo el sacerdote –sólo él– administra el Cuerpo y la Sangre preciosos, bajo la forma de pan con levadura mojado en vino y puesto en una cuchara, directamente en la boca del fiel. En el rito romano, uno se arrodilla para recibir en la lengua el Cuerpo de Cristo en la forma de una hostia de pan ácimo. En ambos casos se recibe al Señor y Salvador para el perdón de los pecados y para la vida eterna.

Lo que, con el tiempo, me quedó perfectamente claro es que los ritos tradicionales de Oriente y Occidente, aunque difieran mucho en apariencia, están profundamente unidos por sus cualidades tradicionales: seriedad y solemnidad del acto de culto, tal como éste es comunicado en los textos, en la música y en el ceremonial; vibrante ortodoxia de sus oraciones; claro teocentrismo de sus ritos; ofrenda a Dios de un santo sacrificio, y sentido de la irrupción de su Reino Celestial en nuestro mundo. Motivado por todo esto, publiqué un artículo en *New Liturgical Movement* con el título *"The Bizantine Liturgy, the Traditional Mass, and the New Ordo: Two Brothers and a Stranger"*[9].

En todo rito tradicional, adoramos a Dios en la belleza de la santidad, en la verdad de la ortodoxia, en la adecuada (aunque no perfecta: ésta queda para el cielo) expresión de los misterios que estamos recibiendo y poniendo por obra. Llegué así a darme cuenta, con el paso de los años, de que, trágicamente, no es esto lo que sucede con el *Novus Ordo*. De éste están inherente y fundamentalmente ausentes los rasgos de la liturgia tal como fue practicada por la cristiandad apostólica; peor, todavía: está configurado de tal modo que obra como un disolvente, con el tiempo, de la fe del pueblo, a menos que se hagan esfuerzos suplementarios

---

9 Este artículo aparece como capítulo 10 de este libro, con un título ligeramente diferente.

heroicos para llenar desde afuera los vacíos[10]. El *Novus Ordo* es inadecuado para cumplir su tarea.

Mi propia "investigación en terreno" fue realizada entre los bancos de la iglesia (o, más frecuentemente, desde el coro, allá arriba) en los cuales me senté por décadas, y me llevó a una conclusión y una resolución hace ya varios años: sea lo que fuere que decida hacer, no puedo promover activamente ni apoyar pasivamente el *ersatz* de liturgia que está socavando la fe católica. Sólo hay, y sólo debe haber, un culto tradicional. Y ningún papa tiene autoridad para abolirlo.

Por consiguiente, para un papa es tarea mucho más grave cambiar radicalmente un rito litúrgico –la *lex orandi* alberga y fomenta la *lex credendi*– que cambiar el tipo de pan de trigo o las especies con las que se dará la Comunión. Y por eso es que, de que el papa tenga autoridad para hacer esto último, no se sigue que tenga autoridad para hacer lo primero. La autoridad del papa es

---

10   Puesto que sabemos que Dios "quiere que todos los hombres sean salvos y vengan al conocimiento de la verdad" (1 Tim. 2, 4), sabemos también que El ha de encontrar o crear los medios para volver los fieles a la verdad, si la Iglesia los hubiere confundido, y volver a los medios de salvación, si se los hubiere descuidado. Esto, me parece, explica varios de los fenómenos característicos del catolicismo postconciliar. Debido a que el *Novus Ordo* fue evidentemente inadecuado para traer a la mente de los fieles el Sacrificio de la Misa y unirlos a él, la Divina Providencia ha echado mano del rosario de la Divina Misericordia: "Padre Eterno, te ofrezco el preciosísimo Cuerpo y Sangre, el Alma y la Divinidad, de tu querido Hijo, Nuestro Señor Jesucristo, en propiciación por nuestros pecados y por los de todo el mundo"; "Por su dolorosa Pasión, ten piedad de nosotros y de todo el mundo". Estas oraciones cultivan el sentido de la seriedad del misterio central de la historia de la salvación, y por tanto mantienen viva una creencia que la liturgia no está comunicando correctamente. De igual modo, los Misterios Luminosos traen las bodas de Caná y la institución de la Eucaristía a primer plano, cosas ambas descuidadas en la nueva liturgia (ver mis artículos "Basking in the Glow of Epiphany: The Wedding Feast at Cana," *Rorate Caeli*, enero 13, 2018, y "Why We Should Revive the Octave of Corpus Christi in the *Usus Antiquior*," *NLM*, mayo 31, 2021). Asimismo, el redescubrimiento e incremento de la Adoración Eucarística fuera de la Misa ha sido un medio enviado por el cielo para sostener la fe en la Presencia Real, cuando la liturgia misma cumplía vergonzosamente su tarea en este tema. Hay razones para criticar algunas de estas devociones paralitúrgicas o el modo en que se las realiza, pero no debiéramos dejar de advertir cómo ellas han sido usadas por Dios para mantener la fe, a pesar de las desviaciones de la Iglesia oficial.

para construír, no para destruír. El decreto *Laetentur Caeli* (1439) del Concilio de Florencia dice, elocuentemente: "Definimos que el Cuerpo de Cristo es verdaderamente confeccionado sea que el pan de trigo sea ácimo o tenga levadura; y que los sacerdotes deben confeccionar el Cuerpo del Señor con uno o con otro, es decir, siguiendo cada uno la costumbre de su Iglesia, sea Occidental u Oriental"[11]. Adviértase que lo que es obligatorio es precisamente la *tradición*, en este caso la costumbre litúrgica, siendo la cuestión del pan ácimo o con levadura decididamente secundaria. Lo que los sacerdotes deben hacer –no menos que los papas– es seguir su propia tradición y lo que ésta dispone.

Durante los años que viví en Austria, solía ver un popular cartel que decía: "*Der Weg ist das Ziel*", "el camino es la meta". Esta afirmación ha sido atribuída a Confucio, aunque suena a lema de algún alemán postmoderno y relativista que practica Yoga los fines de semana y que, habiendo despreciado a los Cardenales Marx de este mundo, canaliza su impuesto religioso para subvencionar a los Estados Unidos. Si, además, se es suficientemente afortunado para poseer un Audi, un Mercedes, o un BMW, como es el caso de muchos alemanes y austríacos, se podría tener la tentación de conducir sin querer ir a ningún lugar en particular. Pero aquí quisiera sugerir, quizá inesperadamente, que este lema permite una especial aplicación a la liturgia católica.

A diferencia de un viaje de negocios en que lo que se quiere es llegar a una reunión o conferencia y en que el viaje mismo representa algo entre un mal necesario y una incomodidad, la liturgia no consiste sólo en obtener determinado resultado o producto. "Resultados" puede haber, por cierto: se puede confeccionar la Eucaristía, se puede recibir la Comunión, puede salir de la iglesia una pareja de recién casados, un nuevo sacerdote puede emerger de ella, un cuerpo puede ser conducido al cementerio. Pero tales resultados no agotan, ni mucho menos cancelan, las

---

11   Ver Heinrich Denzinger, *Enchiridion symbolorum definitionum et declarationum de rebus fidei et morum*, 43a. ed., ed. Peter Hünermann, Robert Fastiggi, Anne Englund Nash (San Francisco: Ignatius Press, 2012), n. 1303.

razones *intrínsecas* de por qué damos culto ni las necesidades inherentes de ese culto ni sus exigencias.

La liturgia –el *cultus* público, formal, solemne de Dios, por el que la Iglesia, a nombre de toda la humanidad y de toda la creación, adora, bendice, glorifica y da gracias a la Santísima Trinidad– es la razón de por qué hacemos liturgia. El camino es la meta. Si la liturgia es verdaderamente nuestra participación en el culto celestial de los ángeles y santos reunidos alrededor de su Sumo Sacerdote en aquel santuario no hecho por manos humanas, participaremos en este culto celestial *ahora*, y, según *cómo* demos culto, estaremos participando bien o mal. Lo que Nuestro Señor espera de nosotros en el culto no es que logremos algo o lleguemos a cierto lugar sino que *estemos* de cierto modo en su presencia, que lo conozcamos y amemos de cierto modo. Esta es la precondición para ser dignos de recibir cualquier don que El quiera darnos, especialmente su Cuerpo en la Eucaristía. En este sentido, si no tomamos en serio *el camino*, no estaremos tampoco tomando en serio la meta. No alcanzamos la meta sino por el camino que lleva a ella y, en el ámbito de lo espiritual, nuestro comportamiento o actitud en el camino determina nuestra dignidad o preparación para llegar a la meta, tanto aquí como en el más allá.

La liturgia refleja nuestra peregrinación terrenal. Si esperamos llegar al cielo, el único factor decisivo es cómo vivimos nuestra vida *mientras vamos en camino*. No es como que pudiéramos vivir una vida disipada y morir una muerte sin Dios y pretender luego ser premiados con la beatitud. No es como si fuéramos a tener otra oportunidad después de la muerte[12]. Al modo cómo vivimos, así morimos. Si vivimos para Dios *ahora*, incluso en un ahora inmediato a la muerte, ya habremos alcanzado la meta: unión con Dios en el amor. Como dice León XIII en su encíclica *Divinum Illud Munus*, la diferencia entre un alma en estado de gracia y un alma en estado de gloria es que en el primer caso Dios está oculto: en esta vida, su inhabitación es invisible para nosotros, en tanto que en la próxima lo vemos cara a cara en la visión beatífica. Pero en ambos

---

12   Ver Dom Pius Mary Noonan, *Whilst It Is Day: Shedding Light on the Eternal Stakes of Life* (Colebrook, Tasmania: Cana Press, 2020).

estados El está verdaderamente presente en nosotros, y nosotros en El. En un sentido, pues, se puede decir de la vida cristiana como un todo lo que se puede decir de la liturgia: el camino es la meta.

El lugar donde se ve más espléndidamente esta verdad es el Oficio Divino, que es incienso verbal, quemado en presencia del Señor y en homenaje a El. Lo cual no quiere decir que nosotros no nos beneficiemos con él, muy por el contrario: Santo Tomás de Aquino dice bien claramente que, ya que nosotros no podemos mejorar a Dios con nuestro culto, cualquier beneficio que éste produzca es para nosotros[13]. Pero el beneficio consiste en el acto mismo de dar culto, no en algo diferente de hacerlo. Quizá esta es la razón por la que el Oficio Divino está pasando por tan malos tiempos: para gentes tan pragmáticas, materialistas y utilitaristas como somos nosotros, los occidentales modernos –incluso, a veces, a pesar de nuestras mejores intenciones– el Oficio "no produce bienes". ¿Dónde está *aquello* que conseguimos al terminarlo? ¿Cenizas, ramas de palma, hostia, unción con óleo, el boletín? Tendemos a ver el Oficio con los anteojos de la Misa y encontramos que algo le falta, porque parece incapaz de competir con los resultados sacramentales de la Misa.

Lo que necesitamos es, por el contrario, mirar la Misa con los anteojos del Oficio. Necesitamos ver la Misa como un sacrificio de alabanza, de suave aroma, que se ofrece con salmos, himnos y cánticos espirituales, dando gracias a Dios por su gran gloria, adorándolo, aplacándolo, suplicándole. Sólo a continuación adquiere sentido el verla como un banquete al que somos invitados. Somos invitados a un sacrificio del que, a continuación,

---

13 *ST* II-II, qu. 81, art. 7: "Damos honor y reverencia a Dios no en su beneficio (ya que El está por Sí mismo lleno de gloria y ninguna criatura puede agregarle nada), sino para nuestro propio bien, porque por el mismo hecho de reverenciar y honrar a Dios, nuestra mente se le somete, que es en lo que consiste la perfección de ella, ya que una cosa se perfecciona si se somete a la que le es superior, por ejemplo, el cuerpo se perfecciona al ser controlado por el alma, y el aire al ser iluminado por el sol". Ver también qu. 91, art. 1: "Usamos palabras, cuando hablamos a Dios, ciertamente no para darle a conocer nuestros pensamientos, ya que El escudriña los corazones, sino para hacernos reverenciarlo nosotros mismos y nuestros oyentes. Por consiguiente, necesitamos alabar a Dios con nuestros labios, no por El, sino por nosotros, ya que al alabarlo se despierta nuestra devoción por El".

podemos participar si estamos en disposición apropiada; cosechamos frutos espirituales en proporción a cuán bien nos hemos preparado por la misma acción litúrgica en que participamos[14].

No termina de admirarme el que haya católicos que, habiendo sido expuestos a la liturgia tradicional o teniendo cierta conciencia de que existe y es más rica que su aerodinámica contraparte moderna, sigan encogiéndose de hombros y diciendo "no es para tanto". El único modo en que puedo entender esta extraña actitud es suponer que aceptan en su alma, implícita o explícitamente la concepción reduccionista de la Misa, que la equipara con la consagración: todo lo que importa es que tengamos a Jesús en la Eucaristía[15].

Lo cual parece plausible; pero no lo es, por varios motivos.

La Misa no es un procedimiento diseñado para maximizar la eficiente entrega de ciertos bienes. La Misa, como tal, no es un Servicio de Comunión, sino que es una compleja ceremonia de penitencia, adoración, petición y acción de gracias, con un sacrificio sacramental en su centro. Ella nos fue dada por Nuestro Señor y por su Iglesia como la más alta forma de oración, que nos prepara para el don de su preciosísimo Cuerpo y Sangre, en el cual culmina y por el cual damos gracias. Pero no comienza y termina con ese don.

Así, pues, el primer problema con el *Novus Ordo Missae* es que, debido a su contenido y ceremonial empobrecidos, no tiende a cultivar y alentar actos de arrepentimiento, adoración, petición y acción de gracias tan bien como lo puede hacer la antigua Misa. El siguiente problema, íntimamente vinculado con el anterior,

---

14 Ver mi artículo "The Priority of Religion and Adoration over Communion," *NLM*, octubre 9, 2017.

15 Más sobre este tema en el capítulo precedente; ver también Peter Kwasniewski, *Reivindicación de nuestros derechos hereditarios como católicos: Genio y actualidad de la Misa tradicional* (Brooklyn: Angelico Press, 2022), 99-106, 192-96. Algún lector podría achacarme que soy injusto al sugerir que los católicos que asisten al *Novus Ordo* sufren de este tipo de mentalidad; pero lo he comprobado mil veces en muchas discusiones: "Si la Eucaristía está presente, ¿qué más piden? ¿Qué más necesitamos?". El hecho de que esto sea una reacción tan común sugiere un problema sistémico en nuestro modo de pensar, ya que la Iglesia no ha sostenido jamás semejante reduccionismo.

es que no nos prepara para la recepción de la Sagrada Eucaristía tan bien como lo hace el rito antiguo. De ahí que falle incluso si vemos la Misa desde un punto de vista más restringido, como oportunidad para recibir la Comunión sacramental[16].

Piénsese en ello del siguiente modo: si uno fuera María de Betania, sentada a los pies de Jesús y absorbiendo sus palabras, ¿querría uno sentarse allí sosegadamente por un buen tiempo, preparándose para un profundo matrimonio espiritual con Él –"han llegado las bodas del Cordero, y su esposa está dispuesta" (Apoc. 19, 7)–, o preferiría oír por unos minutos, levantarse de un salto, dar a Jesús un abrazo y un beso, e irse a hacer alguna otra cosa? Peor, todavía: ¿qué tal sería si lo saludara con una sonrisa, le dijera "Tengo que terminar un asunto, vuelvo en un momento", se entretuviera con unas cuantas cosas más, y luego volviera con unos *hors d'oeuvre*, a fin de "participar activamente" en este coloquio? Entre tanto, Jesús seguiría, paciente y humildemente sentado, esperando que María terminara su distracción y se sentara. En la Iglesia contemporánea hay principalmente, Marta, y muy poca María; principalmente ocupación, poca contemplación: eficiencia en vez de dispendioso amor.

Además de este punto de vista devocional, hay que considerar la Misa en su continuidad diacrónica. La Misa se nos ha transmitido desde la tradición apostólica, desarrollada a lo largo de siglos de fe por la vida real de devoción del Pueblo de Dios. Es, por tanto, como un organismo viviente, que respira, que crece, que refleja y, de algún modo misterioso, comparte la vida humana y divina del Hijo de Dios y de su Cuerpo Místico. La Misa es algo que *recibimos* agradecida y humildemente, tal como recibimos nuestra naturaleza humana en la concepción y nuestra vida sobrenatural en el bautismo. Y así, aunque *per impossibile* la Misa no fuera más que un Servicio de Comunión glorificado, no tendríamos por ello derecho ni autorización para deconstruir y reconstruir la forma heredada de este servicio en el rito romano, un repositorio de

---

16 Para un detenido análisis de lo que planteamos en este párrafo, ver mi serie "Time for the Soul to Absorb the Mysteries" en *NLM* (diciembre 4, 11, 18, y 27, 2017; enero 3, 2018), y *Reivindicación de nuestros derechos hereditarios*, cap. 19, "Buena y mala formación litúrgica dada por los padres," 249-59.

oración lleno de fe que la Iglesia ha considerado siempre su deber conservar y proteger.

Fue y es un crimen que los líderes de la Iglesia hayan tratado las tradiciones de la Iglesia de un modo tan desdeñoso; fue y es una pérdida incalculable para la vitalidad espiritual y la santificación de sus miembros; fue y sigue siendo la causa principal de la crisis de fe por la que estamos atravesando en las décadas posteriores al Concilio. El único modo de restaurar una vida íntegramente católica es una liturgia íntegra, la liturgia que el Espíritu Santo edificó a lo largo de veinte siglos con las piedras vivas del clero, de los religiosos y de los laicos, con el pan de sus oraciones, de sus lecciones y cánticos, con el fuego del Espíritu derramado sobre la Iglesia en Pentecostés. Independientemente de cuán válido sea un nuevo rito sacramental, nadie puede crearle una historia *ex nihilo*, nadie puede convertirlo en un tesoro que ha sido heredado cuando, en verdad, no lo es. Independientemente de su validez, tal rito es defectuoso en lo relativo *al modo* de dar culto, y lo será también en lo relativo a conducir al pueblo hacia *la finalidad* del culto. Una buena finalidad no santifica ni justifica necesariamente, separada de los medios. El camino y la meta no pueden estar separados: "Lo que Dios ha unido, no lo separe el hombre (ni ningún comité)".

En suma: la Misa no gira sólo en torno a la Comunión, sino que es una ceremonia de oración con muchas facetas, que incluyen una cuidadosa preparación para la Comunión y la acción de gracias que sigue[17], y es una oración que nos ha sido transmitida por la línea de tradición apostólica a la que pertenecemos. Por estas dos razones, un nuevo rito de la Misa despojado, torpemente redactado y modificado, no puede sino llamárselo una mala cosa para la vida de la Iglesia y de cada uno de los católicos, sin que importe si la consagración es válida o no.

Consideremos este hecho. Hubiera sido mucho más "sencillo" que Jesús se hubiera quedado entre nosotros con su apariencia natural hasta el fin de los tiempos. El ciertamente pudo haberlo hecho así; la Ascensión no fue necesaria, en el sentido lógico estricto de

---

17 Ver Peter Kwasniewski, *Holy Bread of Eternal Life: Restoring Eucharistic Reverence in an Age of Impiety* (Manchester, NH: Sophia Institute Press, 2020), 87–88.

"necesidad". Con todo, Él eligió partir y comunicarnos su gracia y su verdad por otras vías; vías específicamente sacramentales, litúrgicas, eclesiales, que merecen, por tanto, nuestra confianza, nuestro homenaje, nuestros mejores esfuerzos, nuestra gratitud.

La liturgia no es un mero envoltorio para la Presencia Real, como una custodia desde donde se exhibe la hostia, ni es un mero envase para cierto producto, como un tubo lleno de pasta de dientes, sino que es *el modo privilegiado en que Él se nos hace presente a nosotros y nosotros a Él.* Y ese modo no es una super-carretera moderna por la que avanzamos a toda la velocidad que podemos para llegar a nuestro punto de salida, prestando poca atención al camino, sino que es un sendero *a lo largo de cuya extensión* somos santificados y preparados para alcanzar dignamente nuestra meta[18].

Permítanme derivar un corolario del análisis precedente. Un rito litúrgico *está constituído* por su específica textura y contenido de cánticos, textos, ceremonias, lenguaje que se ha apropiado, posición del sacerdote, movimientos de los ministros, etc. Estas cosas no son un complemento o una decoración de la liturgia, sino que, sencillamente, *son* el rito litúrgico. Por eso se puede decir con certeza que el *Novus Ordo* no es una forma del rito romano, no es la misma liturgia que constituye al rito romano. Es posible realizar una celebración *Novus Ordo* en que *casi nada* de lo que se dice o hace tenga algo en común con lo que se dice y hace en el rito romano, tal como ha existido históricamente: se puede usar diferentes antífonas de Propio (o ninguna en absoluto), diferentes oraciones, diferentes lecturas, una anáfora diferente, la postura del sacerdote en sentido contrario, etc.; y aun cuando las opciones "correctas" fueran elegidas, seguirían siendo esencialmente "una opción" y, por tanto, algo no inherente al rito ni constitutivo de él.

Así, pues, la próxima vez que alguien diga "No importa a qué Misa se asiste, "Forma Ordinaria" o "Forma Extraordinaria": Jesús está presente en ambas" (cosa que se dice siempre con una triunfal seguridad de que con esto se pone fin a la discusión, cuando

---

18 Ver, para una aplicación al *usus antiquior*, "Two Modest Proposals for Improving the Prayerfulness of Low Mass," *NLM*, noviembre 12, 2018.

en realidad ésta ni siquiera ha comenzado todavía), pídasele desacelerarse y explicar cuál es su concepción de Misa. ¿Podría estar reduciéndola a la consagración y Comunión? Podríamos enfrentarnos aquí con un tipo de católico paralelo a la popular noción protestante de "salvación por la sola fe", es decir, "liturgia por la sola Eucaristía". A la frecuente pregunta fundamentalista "¿Has aceptado a Jesucristo como tu Señor y Salvador personal?", correspondería la pregunta sacramentalmente reduccionista "¿Ha habido en tu Misa transubstanciación del pan y del vino?" Si esta postura fuera la verdadera, el *Novus Ordo* en su versión final –el *Novissimus Ordo*– comenzaría con un sacerdote que, inmediatamente después de la bienvenida, se pone frente al pan y al vino, dice inmediatamente las palabras de la consagración, distribuye la Comunión y despide a los fieles con una bendición. Todo no se demoraría más de tres minutos (especialmente si se recurre a un ejército de "ministros extraordinarios de la Comunión") y, recuérdenlo, "tenemos a Jesús". ¿Qué más se podría pedir?[19].

Nuestro Señor mismo nos da un principio de respuesta: "Yo he venido para que tengan vida, y la tengan abundante" (Juan 10, 10). Esta abundancia es el jardín de los misterios de su vida humana y divina, desplegada y elaborada, hecha presente entre nosotros en la sagrada liturgia desarrollada y transmitida durante veinte siglos. Los fieles hijos de la Iglesia no deben conformarse con nada menos, y deben continuar resistiendo el brutal reduccionismo de la reforma litúrgica.

---

19 De hecho, sería incluso mejor –desde una perspectiva reduccionista– si el sacerdote consagrara un kilo o dos de hostias en determinado lugar, y permitiera a continuación que los ministros laicos repartieran la comunión diariamente durante varios meses. Esto solucionaría instantáneamente el problema de la escasez de sacerdotes y, *además*, empoderaría al laicado con nuevas formas de participación. Dejando de lado lo absurdo, lo que aquí vemos es que la fe católica exige que la figura y la función del sacerdote siga siendo lo que es y que celebre el culto que se nos ha encargado en el bautismo. Por tanto, estamos obligados a buscar la forma litúrgica que refleje en plenitud la identidad sacramental y la actividad exclusiva del sacerdote, y resistir todo lo que la diluya o extienda a quienes no les pertenece.

Porque así como sería culpable de falsedad quien, en nombre de otra persona, profiriera cosas que no le han sido confiadas, así también incurriría en la pena de falsedad quien, a nombre de la Iglesia, diera culto a Dios contra el modo establecido por la Iglesia o la autoridad divina y por la costumbre eclesiástica... La existencia de diversas costumbres de la Iglesia en el culto divino no es en absoluto contraria a la verdad, por lo que debemos observarlas, y violarlas es ilegal.

Santo Tomás de Aquino

A la luz de la invasión del secularismo, de la atrofia de la vida espiritual, de la desaparición de las vocaciones, de la vasta pérdida de influencia sufrida por la Iglesia, la conclusión, en términos prácticos, debe ser que los modernizantes se equivocaron. Se equivocaron por la agresiva imposición de sus políticas; se equivocaron por sus prioridades ideológicas a costa de las genuinas preocupaciones pastorales; se equivocaron porque su reformismo fue destructivo de la ortodoxia y de la tradición; se equivocaron en su pseudo-ecumenismo que ignoró la tradición Oriental de la Cristiandad; y se equivocaron, sobre todo, por su decisión de difuminar la línea que hay entre la fe católica y su negación por los protestantes.

Henry Sire

⟬ 7 ⟭
¿Crecimiento o corrupción?
EL MODELO MODERNISTA CATÓLICO VERSUS EL MODELO MODERNISTA PROTESTANTE

ESDE UN CIERTO PUNTO DE VISTA, LA liturgia es una obra humana libremente diseñada –en realidad, un gigantesco conjunto de obras– que cambia con el tiempo debido a las decisiones concretas que van tomando los individuos. Estas decisiones pueden ser buenas o malas, pueden evaluarse como mejoras o como corrupciones, dependiendo de sus méritos y deméritos. El hecho de que no estamos frente a un fenómeno espontáneo puramente natural, como el crecimiento de una planta o de un animal, excluye toda ingenua aplicación literal de los términos "orgánico" e "inorgánico" a la historia de la liturgia[1]. ¿Cuál es, entonces, la base objetiva de la ya antigua costumbre de usar tales términos en este ámbito?

Sugiero aquí que "orgánico" es una metáfora de un conjunto de cualidades. En un famoso texto que citábamos anteriormente, San Vicente de Lérins compara el "crecimiento de la religión" con el "crecimiento del cuerpo": la identidad personal, la estructura y la finalidad siguen siendo las mismas, aunque las partes se han hecho más grandes y se han refinado[2]. Ahora bien, claramente el desarrollo de la doctrina no es algo que tenga lugar automática,

---

1   Ver Gregory DiPippo, "Against 'Organic Development,'" *NLM*, diciembre 3, 2021; "Rethinking 'Organic Development,'" *NLM*, diciembre 8, 2021. Ver tambiée "On Liturgical Development and Corruption" in Peter Kwasniewski, *Tradition and Sanity: Conversations and Dialogues of a Postconciliar Exile* (Brooklyn, NY: Angelico Press, 2018), 43-51.

2   San Vicente de Lérins, *Commonitorium*, cap. 23, nn. 55-56, trad. C. A. Heurtley, en *Nicene and Post-Nicene Fathers*, Segunda Serie, vol. 11, ed. Philip Schaff and Henry Wace (Buffalo, NY: Christian Literature Publishing Co., 1894), rev. y ed. para New Advent por Kevin Knight, citado más arriba, p. 52.

espontánea e involuntariamente, como lo es el crecimiento de un cuerpo. Pero la metáfora es útil porque, en la historia de la Iglesia, es *como si* ciertos desarrollos se dieran con una inevitabilidad que recuerda al crecimiento de un organismo. En medio de las disputas trinitarias y cristológicas, nadie hubiera dicho "esto es un proceso orgánico" porque, en aquella época, la discusión se parecía más a una trifulca de bar que a otra cosa; pero mirando retrospectivamente las grandes líneas de los debates, se puede ver un tránsito, de un tema al siguiente, que parece convincentemente lógico, casi inevitable.

Una vez que se planteó determinada cuestión sobre Cristo, era inevitable que alguien planteara la siguiente, y la luego subsiguiente. ¿Hay dos naturalezas en Cristo? Sí. Bien, entonces ¿hay dos voluntades en Cristo? Sí. Entonces, ¿hay dos energías en Cristo? Se puede ver cómo se van desplegando aquí las líneas de pensamiento igual que en muchas otras áreas de la doctrina cristiana. El desarrollo es perfectamente lógico –excluyamos posibles sorpresas como guerras, desastres y hambrunas–, puesto que quienes están involucrados son agentes humanos libres; por eso, mirando con perspectiva, se puede ver por qué los desarrollos tuvieron lugar en la forma y tiempo en que lo hicieron. Debido a esto es que Newman pudo escribir su *Essay on the Development of Christian Doctrine*. Cuando, pues, se contempla todo esto con la ventaja de un punto de vista posterior, el crecimiento de la doctrina y del dogma se asemeja al crecimiento de un organismo: tiene el aspecto de un crecimiento correcto, proporcionado y necesario, a pesar de la intervención de tantas voluntades humanas. Y esta es la razón de por qué la comparación de San Vicente puede entenderse y aprobarse, aun cuando, si se le exige demasiado y se la toma demasiado literalmente, se viene abajo.

Quizá la raíz profunda de esta metáfora es nuestra convicción de que la Iglesia es el Cuerpo Místico de Cristo, un organismo místico que tiene un principio interior de animación y reposo, de movimiento hacia sus metas y descanso en ellas (al menos, descanso parcial; el descanso eterno no es de este mundo). No son sólo el papa, los obispos y los concilios los que realizan esta operación de jardinería; es la Providencia el jardinero último que cuida y poda esta viña mística, compuesta por seres racionales, pero gobernada por Dios que, sin violar sus libertades, puede guiarlos por los caminos que El ha dispuesto con anterioridad, aunque permita también que ocurran males.

Entrando ahora en el ámbito de la liturgia, me parece que lo que queremos decir con "orgánico" no es "sin espíritu" o "necesario", sino, más bien, "de acuerdo con los principios inherentes de la realidad" y, por tanto, explicable por su propia naturaleza. Es crucial, para la eficacia de esta metáfora, que la velocidad del cambio, o al menos de la mayoría de ellos o de los cambios percibidos, sea medida en siglos, como fue el caso del rito romano anterior a Pío X, y no en décadas o años, como ocurrió en el siglo XX, que conoció reformas cada vez más apresuradas y extensas. Cuando tienen lugar, sólo de vez en cuando, cambios importantes debido a la intervención de algunas inteligencias individuales y a decisiones libres que toman –como la introducción de alguna Secuencia o alguna nueva fiesta (piénsese en Corpus Christi, añadido en el siglo XIII)– el cuadro general será de un proceso suave y gradual, al modo como a los árboles les nacen hojas, y luego capullos y finalmente frutos. Cada día trae un poco más de crecimiento, pero no se lo advierte. No es como el farol mágico de *The Magician's Nephew*, que vemos crecer, delante de nosotros, desde el suelo y en tiempo real.

En suma, lo que es orgánico no es tanto un cambio específico a la liturgia, cuanto la trayectoria completa de cambios que tiene lugar durante largos períodos. En vez de decir "la fiesta de Cristo Rey fue un desarrollo orgánico" –sabemos perfectamente que fue Pío XI, coronado hace sólo cien años, quien quiso insertar una nueva fiesta en el calendario (fenómeno de la voluntad, no de la naturaleza)– debemos aplicar el calificativo "orgánico" a los ciclos temporal y santoral del rito romano en su generalidad, los cuales se han desarrollado durante 16 siglos, pero que siempre han conservado los elementos centrales y los han embellecido apropiadamente (o, al menos, no inapropiadamente) según el espíritu original y el propósito de tales ciclos. La devoción a Cristo Rey es, como lo dice Pío XI en *Quas Primas*, algo que está presente en la

Escritura y en la Tradición y se puede ver en innumerables obras de arte de todas las épocas, por lo que esta inserción litúrgica, hecha en un momento determinado y por determinadas razones, está en continuidad con elementos anteriormente presentes. De hecho, ella los acentúa, no los hace desaparecer ni los desvirtúa. En cambio, lo que Pablo VI hizo con estos ciclos (ni mencionemos lo que le hizo a la fiesta de Pío XI...) no puede reconciliarse con el espíritu ni el propósito ni con el debido respeto que los católicos han instintivamente considerado que hay que dar a los resultados de la historia por la que esos ciclos han atravesado[3].

Tomemos ahora un ejemplo más controvertido: la Comunión recibida en la boca y de rodillas. El doble cambio de estar de pie a estar de rodillas, y de recibir en la mano a recibir en la boca es, ciertamente, un cambio que debió ser deseado por varias iglesias locales antes de que se convirtiera en costumbre universal, pero la racionalidad que está detrás de esto es fácil de ver. La política de la Iglesia en lo referido a la recepción de la Comunión se guió siempre por la más profunda reverencia por Nuestro Señor en el Santísimo Sacramento, y a medida que creció y se extendió la conciencia de que hay mejores formas de expresar ese respeto y de evitar peligros en el manejo del sacramento, las nuevas práticas se consolidaron y universalizaron. Esto ocurrió, en otras palabras, no porque un todopoderoso papa en Roma le dijera a cada Iglesia local: "Debéis recibir la comunión de tal o cual modo" –antes del siglo XVI la Iglesia no legislaba universalmente en esa forma sobre liturgia–, sino porque, aquí y allá, surgió una costumbre con evidentes beneficios, una *lex orandi* con mejores posibilidades de comunicar la *lex credendi*, y se extendió de una Iglesia local a otra[4] por su propia e inherente conveniencia, por su superioridad sobre lo que se había estado haciendo antes.

---

3   Sobre cambios significativos, ver mis artículos "Should the Feast of Christ the King Be Celebrated in October or November?" *Rorate Caeli*, octubre 22, 2014; "Between Christ the King and 'We Have No King But Caesar,'" *OnePeterFive*, octubre 25, 2020; cf. Michael P. Foley, "A Reflection on the Fate of the Feast of Christ the King," *NLM*, octubre 21, 2020.

4   Sobre todos estos puntos, ver Peter Kwasniewski, *Holy Bread of Eternal Life: Restoring Eucharistic Reverence in an Age of Impiety* (Manchester, NH: Sophia Institute Press, 2020), 89-145.

Este es el tipo de desarrollo que, mirado retrospectivamente, se puede considerar "orgánico": aunque es resultado de la voluntad humana, surge aquí y allá como producto de semillas que brotan, y se difunde como por semillas llevadas por el viento, y cubre al cabo todo el mundo católico, de un modo que parece inevitable. Nos damos cuenta de que esto es *dignum et justum.* Jamás hay razón alguna para retroceder artificialmente y reanudar prácticas anteriores que fueron acertadamente descartadas[5].

Veamos un ejemplo más: el "sacerdotalismo" de los antiguos ritos, en que el clero –obispos, sacerdotes, diáconos, subdiáconos y quienes tienen órdenes menores o sus reemplazantes– son claramente los agentes primarios que realizan la ceremonia, a la que los fieles asisten o, para usar un término antiguo, a la que "van" de un modo mayormente sosegado y aparentemente pasivo. Los liturgistas modernos unánimemente deploran algo que ven como una forma de clericalismo y una separación o exclusión del pueblo en la acción litúrgica. Sin embargo, no aciertan a captar la paradoja –frecuentemente experimentada por quienes asisten a los ritos tradicionales– de un intenso involucramiento espiritual, de una atracción e incluso fascinación causada por la hierática "distancia" a que está el clero en el presbiterio, por los límites arquitectónicos y las divisiones que transforman los espacios en símbolos, y por la realización de los ritos por hombres que exteriorizan el culto a Dios con sus vestimentas ceremoniales, con palabras preestablecidas, y con sus emociones cuidadosamente contenidas. En otros términos, no es en absoluto anti-participativo ni anti-comunitario un fenómeno como éste, al cual se le achaca, por rutina, tales cualidades. El desarrollo "sacerdotalizante" que tuvo lugar históricamente, acentuó rasgos que ya estaban claramente presentes en el Antiguo Testamento y que continuaron en el Nuevo Testamento, que fue anticipado en una sala privada de un segundo piso, que se consumó en una colina separada de la ciudad, que implicó la torturante separación del cuerpo y de la sangre,

---

5 Peter Kwasniewski, *Reivindicación de nuestros derechos hereditarios como católicos: Genio y actualidad de la Misa tradicional* (Brooklyn: Angelico Press, 2022), cap. 10, "El problema del falso anticuarianismo," 144-55.

que se prolongó en el *Nolite me tangere* del Señor resucitado, que debe ascender por encima de nosotros para que podamos seguirlo: *Trahe me, post te curremus*[6]. No hay que confiar demasiado en los ejemplos de corrupción que proporcionan los liturgistas modernos.

Hay casos igualmente obvios de cambios que requieren ser descritos con la metáfora "inorgánico". En el siglo XVII, el papa Urbano VIII, poeta clasicista que despreciaba los versos medievales, ordenó que se hicieran 952 "correcciones" a los 98 himnos que contiene el Breviario. Un estudioso del tema escribe:

> El legado más duradero de Urbano no es su nepotismo, o sus extravagancias, o su condenación de Galileo, sino el daño infligido a los himnos latinos del catolicismo, que fueron revisados y reescritos, no sólo por orden de Urbano, sino con su activa participación... El repertorio de himnos que fue víctima de la desatinada revisión de Urbano contenía material que había estado en uso más o menos continuo por casi mil años... Se reescribió totalmente algunos himnos, y muchos pensamientos e ideas contenidos en el texto original se perdieron del todo. En ocasiones la reescritura hecha por Urbano y sus asociados parece tan verdaderamente innecesaria que la lógica que la apoya resulta totalmente incomprensible... Hoy se acepta, casi universalmente, que la revisión hecha en el siglo XVII del himnario latino fue un error, y que no se puede defender ni justificar el expolio que sufrieron esos antiguos himnos. Las mal llamadas "mejoras" hechas a los textos no fueron, en realidad, mejora alguna. Un comentarista ha observado, sabiamente, que "Ambrosio y Prudencio tomaron lo clásico y lo hicieron cristiano; los revisores y sus imitadores tomaron lo cristiano y

---

6 "No me toques" (Juan 20, 17); "Arrástranos tras de ti, corramos" (Cantar 1, 3). Ver Peter Kwasniewski, *Ministers of Christ: Recovering the Roles of Clergy and Laity in an Age of Confusion* (Manchester, NH: Crisis Publications, 2021), passim; *Reivindicación de nuestros derechos hereditarios*, 27–31, 55–57, 169–72; y mis artículos "How the Clergy's 'Distance' from the People Facilitates the Laity's Offering," *OnePeterFive*, septiembre 1, 2021; "The Priest Praying for Himself at Mass," *OnePeterFive*, septiembre 8, 2021. Puede verse dos ejemplos "selváticos" del punto de vista de los liturgistas modernos en Jeffrey Moore, "Liturgical Participation," https://frmoore.com/2020/02 /01/february-02-2020-liturgical-participation; Timothy P. O'Malley, "Assessing the Council's Liturgical Reforms," *Our Sunday Visitor*, febrero 21, 2022.

trataron de hacerlo clásico. El resultado puede ser pedantería y a veces, quizá, poesía; pero no es piedad"... Aunque tuvo la mejor de las intenciones, y aunque él y sus colegas estaban claramente capacitados para la tarea que se impusieron, la revisión de los himnos fue un trágico error. Todo lo que logró el papa Barberini fue imponer a las futuras generaciones de católicos una concepción de la poética latina propia del siglo XVII[7].

¿Hay alguien que pueda sostener seriamente que el cuerpo de himnos latinos propios de la Iglesia necesitaba ser reescrito en un estilo clásico? Es decir, ¿existe en el cristianismo un principio en cuya virtud el antiguo verso pagano de Roma debiera tenerse por modelo obligatorio? ¿O fue esto simple pasatiempo de un determinado papa que abusó de su autoridad papal para promover sus personales preferencias poéticas? Nuestra respuesta está en el hecho de que, citando el privilegio de exención, los benedictinos, cistercienses, cartujos y dominicos rehusaron cambiar el texto de sus himnos cuando Urbano lo impuso al resto de la Iglesia, y cerca de 350 años más tarde, cuando se publicó los nuevos himnos latinos por el Vaticano, se restauró los textos originales (desgraciadamente, para entonces ya casi nadie usaba el latín, por lo que se trató de una corrección que se demoró demasiado y llegó tarde). Hasta el día de hoy, el clero tradicional y los religiosos que usan el Breviario de Pío X están encadenados por la himnodia neopagana del papa Urbano, lo cual es un incentivo más para hacerse oblato benedictino y poder rezar el oficio monástico...

Podríamos decir algo parecido del totalmente frustrado "salterio Bea" (llamado así por el cardenal Agustín Bea, s.j.), una versión latina nueva y supuestamente más "elegante" de los salmos que Pío XII introdujo con la intención de desplazar la antiquísima traducción de San Jerónimo, que fue rezada por innumerables monjes, religiosas y clérigos. Los críticos dijeron: "*adauget latinitatem, minuit pietatem*" ("crece la latinidad, disminuye la piedad")[8].

---

7   Vincent Lenti, "Urban VIII and the Revision of the Latin Hymnal," *Sacred Music* 120.3 (Otoño 1993): 30-33.
8   Sobre el "salterio de Bea", ver Yves Chiron, *Annibale Bugnini: Reformer of the Liturgy*, trad. John Pepino (Brooklyn, NY: Angelico Press, 2018), 37-39.

Tengo la impresión de que nadie mirará jamás hacia atrás para decir "La imposición hecha por Urbano VIII de los himnos clásicos y la introducción hecha por Pío XII de un salterio clasicista fueron cambios incitados, o incluso exigidos, por la naturaleza interna del culto católico, que quedó así mejor expresado".

En el capítulo 2 formulábamos cinco leyes del "desarrollo litúrgico orgánico": (1) los ritos litúrgicos experimentan un desarrollo real; (2) el desarrollo auténtico comienza con lo que el Señor confió a los apóstoles y a ello permanece fiel; (3) la "verdad" hacia la que el Espíritu Santo guía a la Iglesia incluye el desarrollo de su liturgia; (4) a medida que la liturgia se desarrolla, se hace más plena y más perfecta; (5) en la medida que la liturgia se perfecciona, los cambios se hacen proporcionalmente más adjetivos o accidentales. La cuarta ley tiene tres corolarios: (i) la velocidad del cambio litúrgico disminuye con el tiempo, a medida que los ritos alcanzan la plenitud que les ha fijado la Divina Providencia; (ii) es esperable que un rito, llegado cierto momento, sea relativamente permanente e inmóvil, por lo que es un elogio más que una crítica decir de él "que casi no ha cambiado durante varios siglos"; (iii) el clero que celebra, y los fieles que asisten, a un determinado rito, pueden darse cuenta de que es apropiado que un rito tenga las cualidades de permanencia e inmovilidad.

Más arriba hemos citado a San Vicente de Lérins en el tema del desarrollo doctrinal, y luego hemos aplicado su enseñaza a la liturgia. Alguien podría objetar que la doctrina es un tipo de cosas y la liturgia es otro; la doctrina, por su naturaleza, se refiere a la verdad, que no puede cambiar nunca, en tanto que la liturgia se refiere a acciones prácticas, que pueden y aun debieran cambiar con el paso del tiempo. Sin embargo, como debemos recordar siempre a esos excesivamente ansiosos apologistas papales, nada que sea significativo en la liturgia puede considerarse "cuestión de mera disciplina"; la liturgia siempre acarrea un contenido o testimonio doctrinal. Por tanto, los cambios en la liturgia tienen

---

Junto con celebrar Juan XXIII las ceremonias pre-55 del Viernes Santo, en vez de usar la "Solemne acción litúrgica vespertina" de Pío XII, el papa dejó caer en el olvido el salterio de Bea.

implicancias doctrinales, sea para bien, sea para mal, como lo probó de modo memorable Michael Davies en su obra *Cranmer's Godly Order*. La comparación con un cuerpo que crece se aplica del mismo modo al dogma y a la liturgia, punto que Newman reconoce al pasar:

> Pareciera, pues, que ha existido un cierto tipo general de Cristiandad en cada época, por el cual se la reconoce a primera vista; Cristiandad que difiere de sí misma sólo al modo en que lo joven difiere de lo maduro, o al modo en que se la halla en Europa y en América, por lo que se la reconoce de inmediato y sin vacilación, tal como las formas naturales son reconocidas por los expertos en las ciencias naturales; o tal como el crítico puede atribuír una obra literaria o de arte a su verdadero autor, por más difícil que sea analizar la impresión específica que le permite hacer tal atribución. Y parece que el tipo general a que nos referimos ha permanecido entero de comienzo a cabo, a pesar del proceso de desarrollo que, *a las doctrinas, ritos y usos en que consiste la Cristiandad*, parece atribuírseles por todas las opiniones, para bien o para mal. En otras palabras, los cambios que han tenido lugar en la Cristiandad no han sido tales como para destruír ese tipo, o sea, no han sido corrupciones, ya que son coherentes con el tipo[9].

Dado lo anterior, creo que se puede decir que la premisa final de SC 23 ("no debe haber innovaciones a menos que el bien de la Iglesia las exija genuina y verdaderamente; y debe cuidarse de que cualquier nueva forma que se adopte crezca, de algún modo, orgánicamente de las formas ya existentes"), aunque bien intencionada o, al menos, diseñada para dar seguridad a algunos obispos nerviosos de que no se les pedía votar contra la tradición católica, es absolutamente implausible, si se considera el contexto general. Cuando un concilio pide muchas revisiones simultáneas (recuérdese la frecuente letanía "hay que crear un nuevo rito" en este caso y en aquél[10]) y, a continuación, la institución encargada

---

9   John Henry Newman, *Essay on the Development of Christian Doctrine* (London: Longmans, Green, and Co., 1909), cap. 7, p. 323, énfasis añadido.
10   Ver *SC* 13, 21, 58, 68, 69 (dos veces), 71, 80, 89, 98, 101.

de realizar esos encargos hace mil cambios más en el curso de unos pocos años –todos ellos a una escala, cuantitativa y cualitativa, jamás vista en ningún proceso natural, excepto en el caso de erupciones volcánicas y explosiones atómicas, a los cuales, de aplicarse una analogía con la realidad humana, habría que pensar en la de épocas de grandes conmociones políticas, como la Revolución Francesa (a la cual efectivamente comparó el cardenal Suenens al Concilio Vaticano II)–, es perfectamente obvio que tal *affair* no podría *jamás* parecerse a un crecer "orgánicamente de las formas ya existentes". Con esto ya se deja totalmente atrás cualquier remota comparación con un cambio "como" proceso natural; no hay ficción alguna que pueda hacer parecer "orgánico" el trabajo realizado por *Consilium*, por mucho que se use las más elásticas metáforas. Por el contrario, el cambio parece decididamente violento, lo que, según demuestra Aristóteles, es lo opuesto de lo natural[11]. Y ahí está el motivo por el que el cardenal Joseph Ratzinger pudo escribir el famoso pasaje siguiente en el prólogo al libro de Dom Alcuin sobre este tema:

> No es posible el crecimiento a menos que se conserve la identidad de la liturgia... El verdadero crecimiento es posible solamente si se presta cuidadosa atención a la interna estructura lógica de este "organismo": tal como un jardinero cuida una planta a medida que ésta se desarrolla, atendiendo debidamente al poder de crecimiento y de vida existentes en la planta y a las leyes que obedece, así la Iglesia debe cuidar respetuosamente la liturgia de tiempos inmemoriales, distinguiendo las acciones que ayudan y curan de las que son violentas y destructivas... En relación con la liturgia, él [el papa] tiene la tarea de un jardinero, no la de un técnico que construye nuevas máquinas y arroja las viejas a la basura[12].

Esa cita plantea que al menos una de las causas de que se use el término "orgánico" es diferenciar la liturgia de una máquina, o sea, destacar el contraste entre algo que está vivo y sigue sus

---

11 Aristóteles, *Física*, Libro. 4, cap. 8; Libro 5, cap. 6; Libro 8, cap. 4.
12 Dom Alcuin Reid, *The Organic Development of the Liturgy*, 2a. ed. (San Francisco: Ignatius Press, 2005), 9, 11.

propios principios internos y algo que está construído sólo por nuestras ideas y que estamos listos para arrojar a la pila de los desechos cuando fabricamos algo nuevo. Porque, en realidad, la liturgia es una realidad viva, no porque sea en sí misma un organismo sino porque tiene al Dios viviente por autor y animador, y hace a Dios presente entre nosotros y nos une con El en alabanza y en sacramento.

También es viva la liturgia porque lleva dentro de sí un contenido que fue producido por el Dios viviente en cada etapa de la vida de la Iglesia a lo largo del tiempo. Desde este punto de vista y en este sentido específico, no se puede decir que la liturgia "reformada" después de Vaticano II, que repudia tanto de la historia, esté viva o tenga al Dios viviente por autor. Tiene, claro, a Dios por autor en el sentido general en que todo ser -tal como la bala de un criminal y su vuelo por el aire hacia el corazón de la víctima inocente- tiene a Dios por autor, y tiene también a Dios por autor por la validez de la acción sacramental concebida en sentido estricto.

Aquí el paralelo con la doctrina es evidente: podemos hablar del "Magisterio viviente" en el sentido de la autoridad docente que es una y la misma, coherente consigo misma a través de todas las épocas porque emana de Cristo siempre vivo. Pero no podemos hablar de un "Magisterio viviente" en el sentido de "Magisterio del momento", perpetuamente cambiante a fin de reflejar los caprichos de quien, de momento, ocupa la cátedra.

El elefante en la cristalería es aquí, sin duda, la centralización de la autoridad en manos del papa y del Vaticano. Los papas han hecho siempre contribuciones a la liturgia, pero la historia de este tema muestra que, hasta el período tridentino, lo que hizo Roma quizá fue reaccionar a los cambios ocurridos en otras partes más que inducirlos (e.g., sabemos que Roma recibió de vuelta su propio rito enriquecido por su estancia entre los carolingios, y que Roma agregó el Credo más bien tardíamente, después de que todos los demás ya lo habían hecho). Lo más importante es que los papas no tenían la costumbre de cambiar constantemente las cosas, y ciertamente no "por el bien de todos", con esa arrogante actitud populista que dictamina qué es lo que le hace bien a la gente, lo sepa ésta o no.

El simple hecho de que, durante gran parte de la historia de la Iglesia, los libros litúrgicos tuvieron que ser trabajosamente copiados a mano y fueron, por tanto, escasos y caros, junto con la lentitud de las comunicaciones, significó que la costumbre local tendía a hacerse tenaz. Una nueva costumbre litúrgica tenía que luchar por un espacio; si se la encontraba atrayente para la piedad consuetudinaria de una comunidad, se la acogía netamente en los márgenes o entre líneas del misal de altar, que probablemente tenía ya varios siglos de antigüedad. La invención de la imprenta, junto con la masiva reafirmación de la soberana autoridad papal durante la revuelta protestante, abrió la posibilidad de intrusear, que se hizo cada vez peor con el paso del tiempo, como una picazón que aumenta al rascársela.

Después de los problemas que llegan con la centralización, el segundo gran tema, que se pasó por alto, fue la sumisión del papa a la tradición, lo que quiere decir que el papa tiene la obligación moral, en virtud de su oficio, de recibir y conservar los ritos heredados, tenga o no imprenta a su alcance. He tratado este punto extensamente en otra parte, por lo que no me voy a extender en él aquí[13].

La historia litúrgica no consiste en un continuo excogitar nuevas ideas, en ensayarlas y reaccionar según tengan o no éxito, sino que es, especialmente a medida que el tiempo avanza, un conservar y transmitir lo que ya está ahí, acumulado a lo largo de las épocas. Estaría mal y sería posiblemente ilícito que un papa, por ejemplo, aboliera el subdiaconado o creara "ministras" mujeres. Las cosas nuevas se van agregando al modo que se pone adornos en un árbol de navidad, un árbol que permanece. Lo que ocurrió en la reforma de Pablo VI fue, más bien, como plantar un árbol nuevo que se parece un poco al antiguo, y construir a continuación un muro para mantener a la gente alejada del árbol anterior.

---

13 Ver Peter Kwasniewski, "The Pope's Boundedness to Tradition as a Legislative Limit," en Kwasniewski, ed., *From Benedict's Peace to Francis's War: Catholics Respond to the Motu Proprio* Traditionis Custodes *on the Latin Mass* (Brooklyn, NY: Angelico Press, 2021), 222-47.

En realidad, vale la pena destacar que la imagen que más a menudo se viene a la mente en el tema del crecimiento orgánico en la liturgia es la de un árbol. A diferencia de los animales que crecen rápido y que mueren luego de unos cuantos años, los árboles pueden vivir por centenas y aún miles de años, y crecen mucho más lento que los animales, y tanto, que su crecimiento es imperceptible a corto plazo. Además, aunque producen más ramas y hojas y frutos, permanecen siempre enraizados en el mismo lugar.

Toda analogía es imperfecta, por cierto, y ello se advierte en la comparación de la liturgia con un árbol; pero hay también notables semejanzas. La liturgia se enraíza en la revelación divina y en la tradición apostólica; sigue siendo la misma aunque crezca y se desarrolle; como la semilla de mostaza, sus comienzos son modestos, pero su forma final, plena y perfecta, es masiva y grandiosa, con un follaje enriquecido con los aportes de la cultura, como vemos en las grandes catedrales, con sus baldaquinos y sitiales de coro, los vasos de oro y plata, los paramentos recamados, el canto llano y la polifonía, etc. Es siempre lo mismo, pero más sí mismo que nunca antes. Podemos aquí ver de nuevo por qué la reforma litúrgica moderna no podría jamás ser llamada orgánica: se ha movido en la dirección opuesta (bueno, proclama que desea ir en esa dirección, aunque es sumamente incoherente en su búsqueda de la autenticidad paleo-cristiana). Como ha dicho, de modo memorable, Hugh Ross Williamson: "El regreso a lo "primitivo" se basa en una curiosa teoría de la historia, llamada a veces "En pos de la bellota": hay algunos que, cuando ven una gran encina, no disfrutan con su fuerza y su frondoso crecimiento, sino que empiezan a buscar una bellota compatible con la encina de donde nació, y a decir: "Así es como la encina debiera verse""[14].

Con todo, la verdad es exactamente lo opuesto: como dice Jean Borella, "La más objetiva verdad de la semilla es el árbol en que ella se ha transformado"[15]. Y ello es así porque pertenece a la esen-

---

14   Citado por Joseph Pearce, *Literary Converts: Spiritual Inspiration in an Age of Unbelief* (San Francisco: Ignatius Press, 2000), 353.

15   Jean Borella, *Love and Truth: The Christian Path of Charity*, trad. G. John Champoux (Brooklyn, NY: Angelico Press, 2020), 71.

cia de una cosa internamente susceptible de cambiar el apuntar a su meta o propósito (*telos*), es decir, aquello con que logra su perfección y reposo. La finalidad o causa final es la "causa de las causas": es la razón por la que algo comienza a moverse, la razón por la que tiene su materia y forma específica. Y por ello es que la semilla, por potente que sea, es considerada imperfecta, en tanto que el árbol es perfecto: la primera está inherentemente ordenada al segundo, como la potencia al acto, como la promesa al cumplimiento.

Por todas estas razones, estoy convencido de que el lenguaje de "orgánico" y "no orgánico" conserva su valor en la medida en que reconocemos que es metafórico y no metafísico, o sea, en la medida en que reconocemos que es descriptivo de patrones (como en el caso de las leyes sociológicas o económicas) y no determinístico (como lo son las leyes científicas).

El argumento de que la reforma litúrgica de Pablo VI fue "protestante" o "protestantizante" es algo que los críticos de esa reforma aducen frecuentemente, y que es arduamente resistido por los partidarios de ella. A algunos tradicionalistas les basta con señalar la presencia de observadores protestantes en el *Consilium*; otros encuentran apoyo en la impactante admisión que el papa hizo a su muy cercano amigo, Jean Guitton, un respetado filósofo, que declaró en una conversación:

> Primero que nada, la Misa de Pablo VI es presentada como un banquete, y pone mucho énfasis en el aspecto participativo de un banquete, y mucho menos en la noción de sacrificio ofrecido a Dios, con el sacerdote mostrando su espalda. Por eso no creo equivocarme al decir que la intención de Pablo VI y de la nueva liturgia que lleva su nombre es pedir al fiel más participación en la Misa, y hacer más lugar a la Escritura y menos a todo lo que es, según dirían algunos, mágico, y otros llamarían consagración transubstancial, que es lo que dice la fe católica. En otras palabras, Pablo VI tenía la intención ecuménica de suprimir en la Misa, o al menos de corregir o disminuír, lo que era demasiado católico,

en el sentido tradicional, y repito, acercar la Misa católica a la Misa calvinista[16].

Con todo, parece que los observadores protestantes del *Consilium* tuvieron un papel bastante menor, y participaron más activamente sólo en las discusiones del leccionario aumentado[17]. Además, para ser escrupulosamente justos, no se debe aceptar acríticamente la interpretación que hace un hombre de las motivaciones de su amigo.

Sin embargo, es imposible negar la fundamental concordancia de visión histórica de los reformadores litúrgicos modernos con los reformadores protestantes. Ambos grupos consideraban la historia post-constantiniana de la Iglesia católica como un progresivo oscurecimiento y una recaída en el paganismo, una desviación de la pura, simple y auténtica primavera de los primeros cristianos que se reunían en las casas para "partir el pan" y recordar a Jesús, el carpintero de Nazaret obrador de prodigios. Esta desviaciones, según tales reformadores, alcanzaron su nadir en la Edad Media, que transmitió luego un culto supersticioso a los siglos siguientes, embelleciéndolo en el camino con los usos cortesanos del barroco, hasta llegar a ese necio espectáculo clerical conocido como Misa Tridentina, con la que se alcanzó el máximo de rigidez. El ardiente soplo del espíritu de Pentecostés derritió este paradigma y lo reemplazó con formas de culto más acordes con la fe viva de los cristianos: primero en la Reforma, y después, mucho más tarde, en el período del Vaticano II y de las amplias reformas que introdujo.

No hay prácticamente ningún libro sobre liturgia, representativo de las corrientes mayoritarias del catolicismo, desde más o

16 Yves Chiron, con François-Georges Dreyfus y Jean Guitton, "Entretien sur Paul VI" (Niherne: Éditions Nivoit, 2011), 27–28, incluído por Kabel en "Catholic fact check: Jean Guitton, Pope Paul VI, and the liturgical reforms." Cuán cercana fue la amistad de Pablo VI con Jean Guitton puede inferirse del hecho de que el primero le pidió al segundo sugerir ideas para su encíclica inaugural y, un par de años después, le pidió (junto con Jacques Maritain) redactar varios "mensajes" que el papa había de enviar al final del Concilio Vaticano II. Ver Yves Chiron, *Paul VI: The Divided Pope*, trand. James Walther (Brooklyn, NY: Angelico Press, 2022), cap. 7.
17 Ver Chiron, *Bugnini*, 162–65.

menos 1965 hasta alrededor de 1985, que no exprese este punto de vista, con diversos grados de burla del pasado y de confianza en el futuro del culto en vernáculo, accesible y con los laicos incluidos. Se trata sencillamente de un compendio acrítico del lugar donde ha estado la Iglesia y del punto hacia el que se dirige.

Pues bien, este relato es todo lo protestante que un relato puede serlo. Cierto amigo mío me señaló el siguiente pasaje de un popular libro protestante para *homeschooling, World History and Culture in Christian Perspective*, publicado por Abeka:

> Los infieles que inundaron la Iglesia del imperio [después del Edicto de Milán], la llenaron con sus creencias, prácticas y tradiciones paganos. El culto público fue descrito por el mártir Justino en el siglo II como una sencilla reunión de creyentes, en el día del Señor, para escuchar las Escrituras y su explicación, además de cantar himnos, ofrecer oraciones, celebrar la cena del Señor, y recibir dones.
>
> La influencia del paganismo comenzó a transformar la reunión del culto en complicados ritos y ceremonias, con todas las exterioridades del culto de un templo pagano. Los presbíteros se transformaron en *sacerdotes* que ofrecían el cuerpo y la sangre del Señor como sacrificio por los vivos y los muertos. Poco a poco, estos errores y distorsiones crecieron y se desarrollaron como falsas enseñanzas y prácticas en la iglesia medieval... Algunos seguidores devotos incluso compraban y veneraban reliquias...
>
> Las exigencias de su religión condujeron al pueblo a considerar a Cristo como un severo e inmisericorde Juez más que como un Salvador compasivo y amante. Y buscaron aplacar la ira del Hijo por los pecados orando a su Madre, la Virgen María, cuya intercesión pedían. Debido a que incluso María parecía a veces distante, oraban también a los apóstoles, ya muertos hacía mucho, y a otros santos (es decir, cristianos muertos reconocidos oficialmente por la Iglesia como santos a causa del martirio, de los milagros u otros méritos). Pero la Biblia enseña claramente que hay sólo un Mediador entre Dios y el hombre, Jesucristo (1 Timoteo 2, 5).

Podemos gemir y llorar con esta caricatura del antiguo catolicismo, pero es elocuente descubrir algunas versiones templadas de ella en autores del siglo XX del Movimiento Litúrgico, que pavimentaron el camino a *Sacrosanctum Concilium* y a la reforma de Pablo VI. Los cardenales Ottaviani y Bacci, en su "Breve Estudio Crítico", y el cardenal Ratzinger en su conferencia Fontgombault de julio de 2001, reconocen, cada uno a su modo, esta protestanti- zación del pensamiento litúrgico católico. Ratzinger advierte que casi ningún teólogo académico en Europa defiende ya la noción de la Misa como un verdadero y auténtico sacrificio. Incluso los católicos han venido a concordar con Martín Lutero[18].

No es, pues, exagerado decir que la reforma litúrgica postcon- ciliar se apoya en una comprensión protestante de la historia de la Iglesia y de la liturgia. Esto significa aceptar, en mayor o menor medida, su fundamento en la visión del catolicismo propia de un libro de texto protestante, una visión que presenta una historia de oscurantismo, mistificación, ritualismo clerical y sistemática exclusión de la libertad del Evangelio; en otras palabras, una his- toria de corrupción. El camino para dejar atrás esta corrupción es presentado como un "volver a la forma más antigua, más simple, que tenían los primeros cristianos". Dom Prosper Guéranger dice:

> Todos los sectarios, sin excepción, comienzan procla- mando los derechos de la Antigüedad. Lo que desean es liberar a la cristiandad de todo lo que la ha hundido en la falsedad y se ha hecho indigno de Dios debido a los errores y pasiones del hombre: todo lo que desean es lo primordial, y sostienen el argumento de que están regresando a la cuna de las instituciones cristianas. Para este fin cortan, destruyen y podan. Todo cae ante sus golpes; quien con ansias quiera ver el culto divino en su pureza original se ve asediado por nuevas fórmulas que no tienen más de un día y son innegablemente creación de hombres, puesto que sus autores viven todavía[19].

---

18   Joseph Ratzinger, "Theology of the Liturgy," en *Theology of the Liturgy: The Sacramental Foundation of Christian Existence (Collected Works of Joseph Ratzinger*, vol. 11), ed. Michael J. Miller (San Francisco: Ignatius Press, 2014), 11:542-49.

19   *Institutions liturgiques* I (Paris [i.a.]: Société générale de librairie catholi- que, 1878), 399, citado por Michael Fiedrowicz, *La Misa tradicional. Historia, forma y teología del rito clásico romano* (Carthusianus Verlag, 2021), 216.

Guéranger identifica limpiamente la ironía de que se proclame que se está reviviendo una liturgia prístina cuando, de hecho, se trata de la creación de una nueva liturgia que jamás existió y que tiene poco que ver con la verdadera historia de la Iglesia en oración. En este sentido, se trata de una mera novedad que pierde todos los beneficios de una antigüedad intemporal y anónima.

Se puede decir que un problema recurrente en el protestantismo (admito que estoy pintando aquí con brocha gorda) es que no valora positivamente la obra del Espíritu Santo en la historia, a lo largo del tiempo. Pareciera que el testimonio del tiempo, la suma de las contingencias, el curso del desarrollo, no tienen un peso inherente. Cualquier cosa buena relacionada con el tiempo o la historia es puramente coincidencia, algo ajeno. Por ejemplo, en un determinado año, como 1780 o 1843 o 1921, puede que en algún lugar se dé un *revival* colectivo, lo cual es bueno en sí, pero no tiene nada que ver con la religión cristiana en cuanto tal, porque para los protestantes todo el dinamismo se da al nivel del hombre individual, en lo interior del corazón, donde se mueve el Espíritu; no hay relación entre el Espíritu y una Iglesia visible como un todo temporal/transtemporal. La historia, en este sentido, es irrelevante, excepto, quizá, como un espacio vacío en que las conversiones o los carismas tienen lugar, vinculados causalmente (quizá...) a la conjunción de un predicador y su audiencia.

El católico, en cambio, considera la fe como algo histórico, social, visible, realidad encarnada que vive una vida que se desarrolla y se despliega, y que, aunque crezca y las supere, conserva dentro de sí las fases anteriores. Esta es la razón por la cual la idea a que llegó John Henry Newman en su ensayo *Essay on the Development of Christian Doctrine* está tan profundamente alejada del protestantismo:

> El siguiente Ensayo se dirige a la solución de la dificultad que ha sido planteada, es decir, aquella dificultad que, en la medida que existe, reside en el modo en que usamos en las controversias el testimonio de nuestro informante más natural en lo relacionado con la doctrina y el culto de la Cristiandad, viz. la historia de mil ochocientos años. La visión en que se inscribe ha sido

implícitamente adoptada, quizá en todas las épocas, por los teólogos y, me parece, ha sido ilustrada recientemente por distinguidos escritores en el Continente, tales como De Maistre y Möhler: viz. el incremento y expansión del credo y del ritual cristianos, y las variaciones que han acompañado el proceso en el caso de escritores e Iglesias específicas, son necesarios acompañantes de toda filosofía o política que se adueña del intelecto y del corazón, y han tenido amplios y extensos dominios; dada la naturaleza de la mente humana, es necesario el tiempo para la plena comprensión y la perfección de las grandes ideas; las más altas y más maravillosas verdades, aunque fueron comunicadas al mundo de una sola vez por los maestros inspirados, no pueden ser comprendidas todas de inmediato por quienes las reciben sino que, siendo recibidas y transmitidas por mentes que no están inspiradas y a través de medio humanos, requieren de un tiempo más prolongado y de un pensamiento más profundo para ser plenamente elucidadas[20].

Para ser justos, hay que suponer que muchos, o la mayor parte, de los católicos involucrados en la reforma litúrgica habrían estado de acuerdo con Newman y no con una visión puramente protestante; pero a nadie se le escapa que su actitud es, en el mejor de los casos, *semi-protestante*, en el sentido de que piensan y actúan sobre la base de un profundo escepticismo respecto de gran parte de la historia de la Iglesia, desde mediados del primer milenio hasta el final del segundo, período del cual creyeron poder descartar libremente todos los rasgos que consideraron "corruptos" o "redundantes" o "obscuros" o "anticuados". Por ejemplo, un escritor progresista de *PrayTell*, que compara la liturgia con una ventana por la que podemos divisar a Dios, dice: "Por cierto, la ventana misma no es ni irrelevante ni carece de importancia. Una ventana sucia o empañada puede distorsionar u oscurecer la vista. La reforma de la liturgia promovida por el Concilio Vaticano Segundo tuvo el propósito de limpiar la ventana luego de siglos de suciedad"[21].

---

20 Newman, *Essay*, Introduction, §21 (p. 29).
21 Elizabeth Harrington, "Liturgy Lines: Liturgy is a Window," *PrayTell*, abril 17, 2018.

En otras palabras, la concepción que tienen de fe *no es* la confianza encarnada y pneumatológica de la tradición que los católicos han tenido siempre, sino que, como los protesantes, que buscan los estremecimientos del corazón en la reunión de *revival*, dan importancia a una serie de criterios subjetivos fundados en lo que estiman "efectivo" o "relevante". De este modo, están en una postura de fundamental escepticismo hacia la tradición, que es incompatible con el catolicismo. Calza aquí muy bien una página de Vladimir Soloviev:

> Cuán poco razonable es quien, viendo que en la semilla no hay ni tronco ni ramas, ni hojas ni flores, y concluyendo, por tanto, que todas las demás partes sólo se añadirán posteriormente y desde afuera, artificialmente, y que la semilla no tiene vigor para producir esas partes, niega totalmente que el árbol aparecerá en el futuro, y admite la existencia sólo de esa semilla. Igualmente poco razonable es quien niega las formas o manifestaciones más complejas en que la gracia aparece en la Iglesia, y sólo desea regresar a la forma de la primitiva comunidad cristiana[22].

Es paradojal sólo en apariencia el que el anticuarianismo y el modernismo vayan de la mano. El cardenal Newman advirtió esta conexión cuando afirmó que el protestantismo dogmático, que se justificaba con su proclamación del Evangelio "original e incorrupto", tendía, debido al subjetivismo hermenéutico, a degenerar en el protestantismo liberal que, a su vez, tiende a degenerar en el racionalismo ético, el naturalismo agnóstico y el secularismo ateo. O sea, el protestantismo tiene su modo de autodestruírse. Una vez que se comienza este camino cuesta abajo, se llega hasta el fondo, a menos que se sea afortunadamente incoherente, o se sea rescatado por intervención divina. De aquí que si la reforma litúrgica adoptó el mismo contexto mental, en relación con el catolicismo histórico y tradicional, que el protestantismo dogmático adoptó en el siglo XVI, es sólo cuestión de tiempo el que esta nueva versión de catolicismo entre en su edad adulta liberal y siga, desde ahí, hacia una decrepitud ética, agnóstica y atea.

---

22 Citado por el cardenal Charles Journet, *The Theology of the Church*, trad. Victor Szczurek (San Francisco: Ignatius Press, 2004), 145.

De hecho, bien puede sostenerse que, como la filmación acelerada de un árbol que pierde sus hojas en otoño, la Iglesia (en su mayor parte) ya ha pasado por la segunda fase, y va bien adelantada en la fase final. Cuando un papa prioriza el medioambientalismo ético, concede entrevistas a periodistas comunistas ateos, y eviscera a las Escrituras de su sentido sobrenatural, ya estamos viendo la temible perspectiva de una Iglesia de los Socinianos de los Ultimos Días[23]. Les llevó a nuestros hermanos separados varios siglos el separarse de Cristo como Dios, de Dios como verdadero y, finalmente, del hombre como hombre. Los católicos después del Vaticano II, movidos quizá por un complejo de inferioridad, han hecho el recorrido en cuestión de décadas.

Los modernistas, contra los que batallaron los papas Pío X y Pío XI, tenían su propia versión del "argumento de la corrupción". Para ellos, sin embargo, no fue la inadecuación de la Iglesia medieval sino la de la cristiandad premoderna *en su totalidad*, desde la muerte del último Apóstol hasta el advenimiento del primer paleontólogo, lo que promovió un cambio fundamental en la comprensión y en la práctica. En respuesta a un sacerdote excluído del sacerdocio, a quien llama "Padre G.", Teilhard de Chardin escribió el 4 de octubre de 1950: "En el fondo, considero, como Ud., que la Iglesia (como cualquier realidad viviente luego de cierto tiempo) alcanza un período de "mutación" o de "necesaria reforma", luego de dos mil años; es inevitable. La humanidad está experimentando una mutación, y ¿cómo podría el catolicismo no estar experimentando lo mismo?"[24].

Esta mutación del catolicismo, desde su esencia dogmático-litúrgica a un deísmo terapéutico moral, vagamente definido en pantomimas simbólicas, ha tenido lugar, lo está teniendo y lo seguirá teniendo mientras sigan dominando en el Vaticano, en las

---

23 El socianismo, nacido en el caos de la Revuelta Protestante y bautizado así en memoria de Lelio y Fausto Sozzini (este apellido en latín es Socinus), es una herejía del siglo XVI que niega la Trinidad y, por tanto, la divinidad de Cristo, y puede ser considerado como una de las raíces históricas del Unitarismo.

24 Para ésta y otras citas, ver mi artículo "Teilhard de Chardin: Model of Ambiguity for a Future Pope," *OnePeterFive*, enero 16, 2019.

academias, las cancillerías, y en el altar de nuestras parroquias, la desconfianza protestante en la eclesiología encarnacional y el escepticismo moderno respecto de la divina revelación y la tradición apostólica.

Sin embargo, existe una solución para la Iglesia de rito latino, una solución tan obvia como exigente: dejar atrás el falsamente antiguo, cripto-protestante y genealógicamente moderno[25] rito papal de Pablo VI, y regresar confiada, total y exclusivamente a la liturgia tridentina, rico fruto de un desarrollo continuo, orgánico, milenario, providencial y Pentecostal.

---

25   Estos tres calificativos no son una descalificación sin base, sino que son simplemente lo que los arquitectos del *Novus Ordo* dijeron y lo que sus defensores actuales repiten: que este rito, despojado de sus acrecencias medievales y barrocas, es más como el culto de la Iglesia primitiva (e.g., Primera Apología, de San Justino Mártir), que es exactamente lo que los reformadores protestantes querían para *sus propios* ritos revisados; y además, en curiosa coincidencia, que esta reforma responde perfectamente a la mentalidad del público europeo occidental, lo que sorprende, si se considera cuán lejos esta mentalidad está del ascetismo y misticismo litúrgico de los Padres. Para ver ejemplos de estos argumentos en favor del *Novus Ordo*, ver Anthony Cekada, *Work of Human Hands: A Theological Critique of the Mass of Paul VI* (West Chester, OH: Philothea Press, 2010), 13-47; Michael Davies, *Pope Paul's New Mass* (Kansas City, MO: Angelus Press, 2009), 71-145; Kwasniewski, *Reivindicación de nuestros derechos hereditarios*, 144-74.

El Canon es, por su origen, antigüedad y uso, venerable, inviolable y sagrado. Si alguna vez alguna oración de la Iglesia nació como una especial inspiración del Espíritu Santo, ella es, con toda seguridad, la oración del Canon.

Nicolas Gihr

Considero el Canon como parte del complejo de tradiciones que ha caracterizado la vida de la Iglesia, tal como fue emergiendo durante los siglos de persecución: una norma compartida de fe en los credos, una norma compartida de lo que constituye la Sagrada Escritura, una norma compartida del orden sagrado, y una norma compartida de oración. No me parece que exista nadie en la Iglesia, en los siglos posteriores, que tenga autoridad alguna para alterar estos cánones.

Michael Moreton

La primera característica de la herejía anti-litúrgica es el odio de la tradición tal como ésta se encuentra en las fórmulas usadas en el culto divino. No se puede evitar encontrar esta característica especial en todos los herejes, desde Vigilantium hasta Calvino, y la razón de ello es sencilla: todo sectario que desea introducir una nueva doctrina se topa de modo frontal, inevitablemente, con la Liturgia, que es Tradición en su sentido más fuerte y mejor; y no puede descansar hasta que ha silenciado esa voz, hasta que ha rasgado esas páginas que recuerdan la fe de los siglos pasados. De hecho, ¿cómo es que el luteranismo, el calvinismo y el anglicanismo pudieron establecerse y sostener su infuencia sobre las masas? Todo lo que tuvieron que hacer fue sustituír los antiguos libros y fórmulas por libros y fórmulas nuevos. Con eso, lograron su propósito.

Dom Proper Guéranger

8

El Canon romano:
PILAR Y FUNDAMENTO
DEL RITO ROMANO

D E TODAS LAS ORACIONES CON QUE LA
Iglesia de rito latino ofrece a Dios Todopoderoso el
sacricio de alabanza, la que se destaca, como la base de
la fe divina, la fundación de la roca inconmovible, el tesoro de
todas las edades, es el Canon romano, la única anáfora o plegaria
Eucarística de la Iglesia romana (y eventualmente del patriarcado
de Occidente en general), desde los brumosos siglos anteriores a
San Gregorio Magno († 604), hasta su fatal término en la década
de 1960. Guy Nichols escribe lo siguiente de este notable Canon:

> Hay pocos fenómenos o instituciones humanas, cuya
> historia se remonte a cerca de 2.000 años, que no hayan
> cambiado constantemente, o al menos frecuentemente,
> durante la mayor parte de ese lapso. La Iglesia católica,
> vista desde esta dimensión de la historia, es una de esas
> instituciones. Ha cambiado en muchas maneras, y fre-
> cuentemente, durante el curso de su vida; pero en la vida
> humana de la Iglesia hay un corazón divino, que es lo
> que no cambia, y el aspecto humano desearía hacer suya
> esa inmutabilidad. El corazón de la Iglesia, su *fons et cul-
> men*, es la Sagrada Liturgia, en la que *terrestris caelestia,
> humana divinis iunguntur* [las cosas terrestres se unen con
> las celestiales, y lo humano con lo divino]. Existe, por
> tanto, en todos los miembros humanos de la Iglesia un
> profundo instinto que los hace encontrar en la Sagrada
> Liturgia las señales de ese culto celestial al que la Iglesia
> aspira en la tierra, y en el que comparte este *pignus futurae
> gloriae* [prenda de la gloria futura]. Por tanto, en el orden
> natural de las cosas, se puede esperar encontrar en el
> centro más sagrado de este sacratísimo lugar de encuentro
> entre Dios Todopoderoso y el hombre redimido, un punto
> inmóvil en un mundo en movimiento. El Canon romano

de la Misa ha tenido este papel simbólico por prácticamente mil quinientos años. Lo cual es un hecho notable cuando se tiene presente que él está en el corazón de algo que se hace, que se realiza muchas veces al día, en diferentes circunstancias, en todo el mundo. No es como un megalito o pirámide, que permanece virtualmente igual por el hecho de ser un artefacto. La liturgia de la Misa, y especialmente el Canon romano, debiera, humanamente hablando, cambiar tal como cambia el habla humana, a veces rápidamente, a veces imperceptiblemente, pero siempre inexorablemente, de una generación a la otra[1].

El Canon romano fue, y ha sido siempre, un legado apostólico que se debe recibir con amor, se debe conservar celosamente y debe ser transmitido diligentemente. Podemos imaginárnoslo como una especie de sagrada "posta" que se pasa de una generación a la siguiente, para asegurar la continuidad de la carrera que estamos corriendo tras las huellas de los Apóstoles Pedro y Pablo, esforzándonos por alcanzar el premio celestial.

Esta es la "posta" con la que los herejes protestante no quisieron tener nada que ver. Para ellos, el Canon romano era la encarnación de todo lo que había de supersticioso, corrupto, centrado en las obras, regresivamente pagano, papista y medieval. Consciente de esta actitud de desprecio (histórica y teológicamente insostenible, por lo demás), el Concilio de Trento se esforzó por alabar el Canon romano en palabras que hemos citado más arriba, pero que vale la pena repetir:

> Y siendo conveniente que las cosas santas se manejen santamente; constando ser este sacrificio el más santo de todos; estableció muchos siglos ha la Iglesia católica, para que se ofreciese, y recibiese digna y reverentemente, el sagrado Cánon, tan limpio de todo error, que nada incluye que no dé a entender en sumo grado, cierta santidad y piedad, y levante a Dios los ánimos de los que sacrifican; porque el Cánon consta de las mismas palabras

---

1 Guy Nicholls, "The History of the Prayers of the Roman Canon," en *Theological and Historical Aspects of the Roman Missal*, Proceedings of the Fifth International Colloquium of Historical, Canonical, and Theological Studies on the Roman Catholic Liturgy (Kingston & Surbiton: CIEL UK, 2000), 29-52.

del Señor, y de las tradiciones de los Apóstoles, así como también de los piadosos estatutos de los santos Pontífices[2].

En suma, el Canon romano es un monumento y repositorio de todo lo que es más verdadero, más santo, más antiguo y más eficaz en la Iglesia fundada por Cristo. Un pilar puede ser el símbolo de la doctrina, ya que el pilar se levanta para sostener las bóvedas allá arriba y apunta hacia el cielo, hacia las perennes verdades de nuestra fe, en tanto que el suelo puede servir de imagen a la sana moral, sobre la cual se apoya la vida cristiana y sin la cual todo no es más que viento.

Este capítulo tiene dos partes. La primera y más importante se focaliza en doce verdades dogmáticas transmitidas por el Canon romano; verdades que están, o bien totalmente ausentes de las neo-anáforas de la Misa del Pablo VI, o bien puestas en ellas, elocuentemente, en sordina[3]. Esto demostrará hasta qué punto el Canon es, verdaderamente, un pilar de la doctrina. La segunda parte considerará algunas implicancias *morales* del haberse cambiado el piso del culto católico, al hacerse opcional el Canon romano, casi hasta el punto de total olvido.

I. VERDADES DOGMÁTICAS

En cada una de las verdades dogmáticas, procederé a declarar la verdad en cuestión, a citar el pasaje pertinente del Canon, y a hacer luego un comentario.

1. *La unidad de la Iglesia y otras perfecciones son dones que pedimos a Dios que nos otorgue.*

> *Te igitur, clementissime Pater, per Iesum Christum, Filium tuum, Dominum nostrum, supplices rogamus ac petimus: uti accepta habeas, et benedicas hæc ✠ dona, hæc ✠ munera,*

---

2 Concilio de Trento, Sesión 22, cap. 4.

3 Se podría añadir otros elementos a estas doce. Cualquiera de las secciones que siguen puede expandirse hasta convertirse en un tratamiento a fondo de su tema, tal como encontramos éste en todos los libros litúrgicos del *usus antiquior*, y como brillan por su ausencia en los del *usus recentior*. Las traducciones al castellano están tomadas del Misal Diario y Vesperal de Dom Gaspar Lefebvre.

hæc sancta ✠ sacrificia illibata: in primis quæ tibi offerimus pro Ecclesia tua sancta catholica; quam pacificare, custodire, adunare, et regere digneris toto orbe terrarum.

[Suplicámose, pues, y te pedimos, oh Padre clementísimo, por Jesucristo, tu Hijo, Señor Nuestro, que aceptes y bendigas estos ✠ dones, estos ✠ presentes, estos ✠ santos sacrificios sin mancilla. En primer lugar los ofrecemos por tu santa Iglesia católica. Dígnate darle paz, defenderla, mantenerla unida y gobernada por toda la redondez de la tierra].

El comienzo mismo del Canon combina una profunda humildad con una intensa petición de que el Padre reciba esta ofrenda solemne de la Iglesia y la haga, por su paternal y todopoderoso mandato, ser los *sacrificios* sin mancilla de Cristo (adviértase el plural, señal de la gran antigüedad de esta oración, porque los primeros cristianos, cuando se referían a la Misa, hablaban de "los misterios", "los sacrificios" y "los sacramentos" –este uso posterior reaparece en las oraciones de ablución–, mientras que los autores más tardíos tienden a hablar del misterio, del sacrificio, y del sacramento).

El Canon romano prioriza el propósito de la ofrenda declarando, desde el comienzo, que se hace *por* el Cuerpo Místico *para* el Cuerpo Místico, y no de un modo vago, sino tomando en cuenta su estructura jerárquica, cosa que falta en las anáforas últimamente compuestas, que retardan el propósito eclesial de la ofrenda hasta después de la consagración. De hecho, los críticos pseudocientíficos del Canon romano de mediados del siglo XX se quejaron de que el Canon comenzara con la Iglesia y su estructura, en vez de con algo "más teológico", como la Trinidad, o más "grandioso", como el plan de salvación, o más "históricamente relacionado", como la Ultima Cena. Estas críticas evidencian poca consideración por la centralidad de la Iglesia como verdadero Cuerpo que ofrece y es ofrecido, en unión con su Cabeza y Señor, Jesucristo, que se hizo hombre para derramar la Iglesia desde su costado herido; poca consideración, también, por la Iglesia como el locus en que el misterio de la Trinidad se revela y glorifica; poca consideración por la Iglesia como el principio subyacente de continuidad en la historia de la salvación, como lo demostró San Agustín en "La Ciudad de Dios". Más prosaicamente, el Canon refleja tanto la sabiduría filosófica griega, que dice que la causa final es la "causa de las causas" (es decir, la causa que explica todas las otras causas), como la teología Patrística, que pone siempre énfasis en el contexto eclesial de la liturgia. Este es el sacrificio *de* la Iglesia, *para* la Iglesia, siempre en unión con su Cabeza, Nuestro Señor Jesucristo, que es al mismo tiempo sumo sacerdote, víctima y altar.

El Canon romano habla de "tu santa Iglesia católica", la única Esposa del Señor; y, sin embargo, el sacerdote pide al Padre que la mantenga unida, la defienda, la gobierne y le dé paz. Se podría pensar que tales peticiones eran innecesarias. ¿No es ya indestructible la Iglesia? ¿No está constantemente y para siempre defendida y guiada por la Divina Providencia? ¿Podría jamás abandonarla Dios? Estas son preguntas graves en tiempos como los nuestros, en que la unidad de la Iglesia parece más amenazada que nunca, en que el daño inferido al Pueblo de Dios es extenso y claro, y en que el gobierno de la barca de Pedro no parece ser mejor que el del *Exxon Valdez*, con amenaza de similares resultados catastróficos.

El Canon transmite aquí una elocuente doctrina: no hay que "dar por supuesto" que la Iglesia habrá de ser bien gobernada en este mundo; que seguirá el recto sendero con paz; que permanecerá intocada por los males de la ignorancia, del error y del pecado; ni siquiera que permanecerá visiblemente unida. Decir que "la Iglesia es indefectible" no significa que son indefectibles el alma del cristiano, o la iglesia local, o la institución regional que fuere. El alma de un cristiano puede perderse para siempre; esta o aquella iglesia local pueden ser devoradas por los musulmanes, o los ateos militantes, o lo activistas homosexuales, o puede ser paralizada por las potestades civiles; una conferencia episcopal puede rodar por el acantilado hacia la más clara herejía. Todo esto está perfectamente dentro de las posibilidades, tal como las ramas pueden caerse del árbol sin que éste perezca. El Canon nos dice que la paz, la protección, la unidad y el sabio gobierno son bienes que hay que *pedir*, suplicar y obtener del Señor en su misericordia, y mediante la Cruz, no sólo mediante el sacrificio de la Cruz objetivamente representado en la Misa, sino también cargando nosotros esta Cruz por medio de la oración, la penitencia, la conversión y la fidelidad[4].

Todos estos bienes son un don de Dios, que puede, en su Sabiduría y Justicia, privar de ellos a la Iglesia en la tierra si los fieles o sus gobernantes fueran tan desafortunados como para volverse tibios en realizar el opus Dei[5], o mundanos en sus actitudes, o cobardes en su predicación. La Iglesia tendrá siempre auténtica existencia en este mundo hasta el fin de los tiempos, pero puede desaparecer de la vida de este o aquel cristiano, en este o aquel país, en esta o aquella jerarquía nacional. Piénsese en los obispos que Enrique VIII, con sus amenazas, derribó como palitroques. En cosa de unos pocos años, la jerarquía en Inglaterra había prácticamente desaparecido.

Como ocurre en general en la Cristiandad antigua, esta anáfora exhibe una total ausencia de presunción. Los miembros de la Iglesia en la tierra no presumen ser ya perfectos, como la Esposa sin mancha de Cristo, sino que, más bien, suplican tener esas cualidades (el mismo tipo de oración vemos de nuevo en el "*Domine, Jesu Christe*", después de *Agnus Dei*: "no mires mis pecados, sino la fe de tu Iglesia; y dígnate pacificarla y aunarla, según tu voluntad").

2. El Sacrificio se ofrece por los católicos que profesan la verdadera fe y que son sus beneficiarios.

> "...*una cum famulo tuo Papa nostro N., et Antistite nostro N., et omnibus ortodoxis, atque catholicae et apostolicae fidei cultoribus*".

---

4 Del mismo modo, la forma tradicional del Prefacio de los Apóstoles, que data, al menos, desde el Sacramentario de Verona, que contiene material de los siglos V y VI, dice "suplicarte humildemente, Señor, que no desampares, Pastor eterno, tu rebaño, sino que por la intercesión de tus santos Apóstoles, lo guardes con tu continua protección". Los reformadores litúrgicos de la década de 1960 reescribieron el texto de modo que, en vez de ser deprecatorio, se vuelve meramente indicativo: "Señor, no abandones tu rebaño sino guárdalo con tu protección", como si se tratara de algo que pudiera darse por supuesto. El cambio de mentalidad es decisivo y elocuente. Ver John Hunwicke, "The Preface of the Apostles," *Fr Hunwicke's Mutual Enrichment*, enero 25, 2022.

5 O sea, el culto litúrgico de Dios.

[... juntamente con tu siervo nuestro Papa N., y nuestro obispo N., y todos los ortodoxos, que profesan la fe católica y apostólica]⁶.

Siguiendo con la misma petición, el sacerdote declara que ofrece el sacrificio por los jerarcas de la Iglesia y, por cierto, por todos los católicos ortodoxos; una implícita petición de que seamos católicos ortodoxos y lo seamos siempre.

Aquí es digno de atención el énfasis puesto en la ortodoxia doctrinal que, para los antiguos cristianos que primero rezaron esta oración, era, sin comparación posible, lo primero y más importante que había que conocer de alguien: ¿Adhiere a la verdadera fe? Lo importante no era ¿Es una persona agradable, paga sus cuentas y colabora como entrenador de fútbol y recicla su basura?, sino ¿Profesa la fe universal que nos viene desde los Apóstoles?⁷ Aun la pregunta por la caridad viene en segundo lugar, ya que la verdadera caridad, la virtud teológica infusa, exige la virtud infusa de la fe como su fundamento. De otro modo no es más que mera filantropía, buenismo, amabilidad, o una virtud pagana, y ninguna de éstas heredará el reino de los cielos.

De ahí que el Canon romano ponga énfasis en *la ortodoxia como la condición básica de la membrecía de la Iglesia*, en vez de ponerlo en las cuasi-virtudes semi-morales con que se la sustituye hoy día. Esta parte del Canon enseña que el Santo Sacrificio se ofrece no vagamente por una hermandad universal de los hombres o por una alianza ecuménica, sino por los católicos ortodoxos que profesan la fe que se nos ha legado. Esto nos plantea el desafío de

---

6 Como me lo ha hecho ver John Pepino, el *atque* es una conjunción fuerte que añade algo (por lo general una mayor especificidad) a lo que la precede; no se trata de un simple sinónimo de *et*. Es como si el texto dijera que estamos en comunión con todos los que profesan la verdadera fe y, además, con los que la promueven activamente. Esto bien podría ser un eco de la crisis arriana.
7 La Divina Liturgia de San Juan Crisóstomo expresa exactamente la misma idea: "De nuevo oramos por el pueblo aquí presente, que espera en tus grandes y abundantes dones; por aquellos que han sido bondadosos con nosotros, y por todos los cristianos ortodoxos". Y más adelante: "Que el Señor Dios os recuerde a vosotros y a todos los cristianos ortodoxos en su reino, ahora y siempre y por los siglos de los siglos". También: "Te imploramos, oh Dios, que recuerdes a todos los obispos ortodoxos que enseñan correctamente la Palabra de tu Verdad".

tomar la verdad dogmática tan en serio como lo han hecho todos los santos; estar dispuestos a entregar nuestras vidas antes que disentir en una sola coma del *depositum fidei*. No hay sacrificio que se pueda ofrecer por nuestra salvación, y de hecho no nos salvaremos, si somos rebeldes, heréticos, cismáticos, apóstatas o infieles[8].

Todo esto tiene otra derivación, que es particularmente pertinente en nuestra época. El Canon no afirma que el papa o el obispo local *son ortodoxos*, como si el nombrarlos en este momento del Canon significara, de un modo mágico, que no pueden jamás apartarse de la fe. Por el contrario, lo que hacemos es rogar por ellos *en tanto que son* ortodoxos. O sea, ofrecemos el sacrificio por todos "*los ortodoxos en su credo*, y que *profesan* la fe católica y apostólica". En la Iglesia antigua fue una práctica común que los obispos suprimieran los nombres de otros obispos que se habían apartado de la fe y caído en la herejía. Un obispo que hubiera excomugado a otro obispo, omitiría su nombre en los dípticos, como para decir: "No estamos orando por ti, ni lo haremos, hasta que te arrepientas y vuelvas a la ortodoxia". Esto es el "amor severo" que se practicaba en la Iglesia primitiva, la época heroica de los mártires, de los grandes teólogos, y de los monjes del desierto.

No tengo claro cómo los obispos podrían hoy poner en práctica este sentido común sobrenatural que considera que la oración pública se ofrece sólo por los ortodoxos y no por los herejes o cismáticos. Pero el caso es que ya no podemos *suponer*, cuando oramos con el Canon romano, ya sea en la diócesis más insignificante, ya sea en la más poderosa, que estamos orando eficazmente por el individuo que ocupa la sede del lugar. Sólo nos atrevemos a esperar que así sea. Por cierto, mientras no haya una decisión eclesiástica de algún tipo, como el dictamen de un concilio ecuménico o incluso el de un concilio imperfecto, sólo Dios sabe si se puede ofrecer la Misa por las personas nombradas en el Canon, o si están fuera de la Iglesia que ora y recibe, a su vez, el beneficio de la oración. Hay que seguir orando en comunión con el

---

8   La omisión, en las neo-anáforas, de toda referencia a la fe "ortodoxa, católica y apostólica" es sumamente elocuente: el rasgo más básico del Modernismo es *su negación de que exista* algo parecido, siquiera, a una fe "ortodoxa, católica y apostólica".

ocupante reconocido de la sede local, u orando por él, hasta el día que muera, a menos que haya sido depuesto o reemplazado.

Puede que el lector se pregunte: ¿Qué beneficio espiritual produce el pensar en estas cosas? El siguiente: debemos reconocer, con total seriedad y sobriedad, que la Iglesia, en su oración pública, *no da por supuesto* que tendrá paz, ni que será unida, bien gobernada y orientada en la dirección correcta. Ella *suplica* por estas cosas. Y debemos imitarla, debemos internalizar la misma actitud. Constante y sinceramente pedimos al Señor estos bienes, y Su respuesta depende, en parte, de la fe y el fervor con que se las pedimos. El Canon nos advierte que, a menos que adhiramos con fuerza a la fe católica y ortodoxa, entera e inviolada, no podemos salvarnos, ni pueden salvarse nuestros pastores.

La tradicional Letanía de los Santos contiene peticiones que confirman la interpretación precedente que hemos hecho: "Que te dignes gobernar y conservar a tu Santa Iglesia, te rogamos, óyenos... Que te dignes conservar al papa y a los órdenes eclesiásticos en la santa religión... Que te dignes dar paz y unidad a todo el pueblo cristiano...". La segunda de estas peticiones es especialmente interesante: pedimos a Dios que conserve al papa en la virtud de la religión, o en la fe católica. No tendría sentido pedir esto si no se tratara del tipo de cosa que puede faltar o perderse debido a los pecados de los hombres y al justo juicio de Dios.

3. La fe y la devoción son prerrequisitos para participar en la Misa.

> "*Memento, Domine, famulorum famularumque tuarum* N. *et* N., *et omnium cicunstantium, quorum tibi fides cognita est et nota devotio, pro quibus tibi offerimus, vel qui tibi offerunt, hoc sacrificium laudis...*".

> [Acuérdate, Señor, de tus siervos y siervas N. et N., y de todos los aquí presentes, cuya fe y devoción te son conocidas, por los cuales te ofrecemos, o ellos mismos te ofrecen, este sacrificio de alabanza].

Aquí el Canon identifica dos cualidades que *deben estar presentes* en cualquiera que desee asistir sin pecado al Santo Sacrificio: la fe y la devoción. Según Santo Tomás, el peor pecado, hablando en términos sencillos, es el de infidelidad, el rechazo a someter la propia mente a la Revelación de Dios[9]. La fe es el techo que cubre a la totalidad de la vida cristiana: sin fe, es imposible agradar a Dios (Hebreos 11, 6). Adviértase que no es que sea "difícil" o "más difícil" agradar a Dios sin fe, sino que *es imposible*. La salvación no está al alcance de aquéllos que no profesan la fe cristiana. La primera línea del Símbolo Atanasiano dice: "Quien quiera ser salvado debe, antes que nada, profesar la fe católica. Porque a menos que el hombre conserve esta fe entera e intacta, sin duda se perderá para siempre". Por ello el Canon singulariza, coherentemente, esta virtud al recordar a los vivos, como lo hará después, al recordar a los muertos.

Además, el Canon menciona la "devoción", porque, como lo explica Santo Tomás, nadie puede ofrecer dignamente el Sacrificio de la Misa ni recibir la Sagrada Comunión sin *auténtica devoción*. "Auténtica" significa aquí una actitud consciente en el momento mismo, más que una mera posibilidad de ella fundada en un hábito. Lo explica del siguiente modo:

> Puesto que el sacramento nos perfecciona uniéndonos al fin [de todos los sacramentos, es decir, Cristo]... a fin de que pueda producir su pleno efecto en aquél que lo recibe debe haber verdadera devoción al momento de recibirlo. Y porque a veces se puede impedir la verdadera devoción sin un pecado mortal, ya que varias distracciones la impiden y el pecado venial destruye el acto de las virtudes, el efecto de este sacramento puede impedirse *sin* pecado mortal, de modo que quien [se acerca a comulgar] *no recibe un aumento de gracia*, pero no cometería por ello un pecado mortal, aunque quizá sería culpable de pecado venial, por el hecho de desaprovechar el sacramento por falta de preparación adecuada[10].

Así, pues, es al menos un pecado venial ofrecer o recibir con una mente totalmente distraída, ya sea por rutina o por mera convención, sin fe explícita en la Presencia Real, acompañada

---

9   Ver *ST* II-II, qu. 10, art. 3; aunque Tomás argumenta también que, desde ciertos puntos de vista, peor que el descreimiento son la desesperación, el odio de Dios y el cisma (cf. II-II, qu. 20, art. 3; qu. 34, art. 2, ad 2; qu. 39, art. 2, ad 3).

10   In *IV Sent.*, dist. 12, qu. 2, art. 1, qu. 3.

de algún acto de adoracion que surja de nuestra devoción por los misterios. El Canon nos urge a pensar cómo la liturgia misma debiera ofrecernos los medios para prepararnos adecuadamente para acercarnos a tan gran sacramento.

4. *María es perpetuamente Virgen, y Cristo es verdadero Dios.*

> *"Communicantes, et memoriam venerantes, in primis glorio-sae semper Virginis Mariae, Genitricis Dei et Domini nostri Iesu Christi...".*

> [Unidos en la misma comunión, veneramos la memoria, en primer lugar, de la gloriosa siempre Virgen María, Madre de Jesucristo, nuestro Dios y Señor..."].

Como conviene a su antiguo origen, el Canon nos recuerda el dogma de la perpetua virginidad de Nuestra Señora, *semper Virgo –virgo ante partum, in partu, post partum,* virgen antes del parto, durante el parto, y después del parto–, un rasgo que falta en las nuevas Plegarias Eucarísticas[11].

Sin embargo, más importante aun es el clamoroso testimonio que da de la divinidad de Cristo: "Jesucristo, *nuestro Dios* y Señor". Aunque las frases "Cristo nuestro Señor" o "Cristo tu Hijo, nuestro Señor", se encuentran todavía abundantemente en las oraciones modernas, en ninguna de ellas se ha conservado esta clásica expresión anti-arriana, lo cual es una pérdida, que se corresponde con la supresión del *Novus Ordo* de muchas oraciones del *usus antiquior* que se dirigen directamente a Cristo como Dios[12]. Cristo no es solamente nuestro Redentor, nuestro Salvador, nuestro Maestro, nuestro Hermano: El es nuestro Dios, Dios de Dios, Luz de Luz, verdadero Dios de Dios verdadero, a quien damos culto con la adoración de *latria* que se reserva sólo para Dios. Como lo deja en claro la gran oración *Suscipe, Sancta Trinitas* del antiguo ofertorio (y como no queda en claro en el *Novus Ordo*), el sacrificio de la Eucaristía se ofrece no simplemente al Padre, sino al Dios Uno y Trino, que es inseparablemente Padre, Hijo y Espíritu

---

11   Y que, afortunadamente, todavía está en el neo-Confiteor.

12   Para un análisis más detallado, ver Peter Kwasniewski, *Resurgimiento en medio de la crisis: Sagrada liturgia, Misa tradicional y renovación en la Iglesia* (Brooklyn: Angelico Press, 2019), 121-38.

Santo. De este modo, el venerable rito romano coincide de nuevo con la tradición bizantina: "Eres Tú quien ofrece y Tú quien eres ofrecido; eres Tú quien recibe y Tú quien eres dado, oh Cristo, nuestro Dios" (frase pronunciada en el Himno de los Querubines de la Divina Liturgia de San Juan Crisóstomo).

5. Somos protegidos por Dios debido a los méritos de los santos.

> "...*et omnium Sanctorum tuorum, quorum meritis precibusque concedas, ut in omnibus protectionis tuae muniamur auxilio*... *Intra quorum nos consortium, non aestimator meriti, sed veniae, quaesumur, largitor admitte*".

> [...y de todos tus santos; por cuyos méritos y ruegos te suplicamos nos concedas que en todas las cosas el auxilio de tu protección nos defienda...en cuyo consorcio te pedimos nos recibas, no como apreciador de méritos, sino como perdonador que eres de nuestras culpas].

Todas las anáforas aprobadas mencionan la comunión e intercesión de los santos, pero sólo el Canon romano especifica que son sus méritos los que obtienen para nosotros la protección del Señor. Este elemento contrabalancea lo que se dice hacia el final del mismo Canon: "no como apreciador de méritos", en implícito contraste con los méritos de los santos. Con excepción de una referencia en la Plegaria Eucarística II ("que... merezcamos... compartir la vida eterna"[13]), la noción de mérito está extrañamente ausente de los textos litúrgicos postconciliares, muy probablemente debido a que fue minimizada en interés del ecumenismo, ya que dicha noción es uno de los temas en que más profundamente divergen católicos y protestantes[14].

Vale la pena recordar, a propósito de esto, las dos largas listas de santos que hay en el Canon romano. Estas listas, a las que dio forma final San Gregorio Magno, están cuidadosamente construídas, tanto en su número como en su combinación de santos

---

13   Esta frase se suprimió en la "traducción" original al inglés de ICEL, que, a menudo, no es más que una paráfrasis libre.

14   Con una *lex orandi* tan defectuosa, ¿no resulta más fácil de entender la absurda declaración del papa Francisco de que "católicos y luteranos coinciden en lo relativo a la justificación", al tiempo de que se hace mucho menos fácil reconocerla como veneno?

de importancia universal y de santos locales venerados en Roma, como para acentuar la universalidad del *logos* que atrae hacía sí a todos los hombres cuerdos que buscan a Dios (Salmo 13, 2), y para acentuar también el "escándalo de lo particular"[15]. En el Canon romano, se recuerda e invoca a cuarenta santos amados por la antigua Iglesia de Roma: veinticinco santos antes de la consagración (a cuyo nombre se añadió el de San José en 1962), y quince después. Además de la Virgen, que tiene una clase para sí sola, y de San José, la lista antes de la consagración incluye dos grupos de doce santos cada una. Primero, los Apóstoles: Pedro y Pablo, Andrés, Santiago, Juan, Tomás, Santiago, Felipe, Bartolomé, Mateo, Simón y Judas; luego los mártires: Lino, Cleto, Clemente, Sixto, Cornelio, Cipriano, Lorenzo, Crisógono, Juan y Pablo, Cosme y Damián. Esta lista doble tiene un esquema numérico deliberado: 12 más 2 son 24, que es el múmero de ancianos que están ante el trono de Dios y del Cordero; multiplicando 12 por 12 se obtiene 144, lo que nos recuerda los 144.000 hijos sellados de Israel que se menciona en el Apocalipsis (7, 4)[16].

---

15 Ver cardenal Charles Journet, *The Theology of the Church*, trad. Victor Szczurek (San Francisco: Ignatius Press, 2004), 128-29, para la relación Encarnación-Eucaristía-Papado. Por "escándalo de lo particular" me refiero a que somos salvados no por abstracciones o fórmulas sino por un Salvador de carne y hueso llamado Jesús de Nazaret, que vivió en determinado lugar y época, y a quien encontramos hoy en ritos muy bien definidos que han sido transmitidos de generación en generación. Un bello ejemplo de la "sensación lugareña" que encontramos en el Canon romano lo vemos en la frase que describe el cielo en el Memento de los muertos: "*locum refrigerii, lucis, et pacis*", un lugar de frescor, de luz, de paz. *Frescor*, porque esta oración surge en el clima cálido del Mediterráneo, en el que todo el mundo busca lo fresco; de hecho, el manípulo se usó primeramente como un pañuelo para enjuagarse el sudor del rostro. *Luz*, porque en un mundo pre-industrial, lo más valioso de todo es la luz del día, en la que los hombres viven y trabajan. *Paz*, porque el mundo del imperio romano tardío fue volátil, lleno de guerras y de bandidaje, con poquísima paz.

16 En las Escrituras doce es el número de las tribus de Israel, la plenitud del pueblo de Dios. Cuando este número se eleva al cuadrado, se solidifica, por decirlo así, su plenitud. Multiplicado por mil apunta a la vastedad inimaginable de los ciudadanos de la ciudad celestial. La inclusión de San José en esta lista es problemática, porque altera la armonía (ambos Mementos tienen un líder y después, dos grupos iguales), y es el único en la primera lista a quien no se atribuye el martirio.

En la segunda lista, después de la consagración, Juan Bautista es el primer mencionado, y se lo considera cabeza de este segundo coro de santos, debido a su relación única con la Iglesia de Roma, como patrono de la catedral laterana del papa. Siguen dos grupos: siete varones (Esteban, Matías, Bernabé, Ignacio, Alejandro, Marcelino, Pedro) y siete mujeres (Felicidad, Perpetua, Agueda, Lucía, Inés[17], Cecilia, Anastasia). Puesto que el número 7, tal como el 12, significa perfección, plenitud, completitud, se nos presenta aquí toda la compañía de los santos, varones y mujeres. Multiplicando $7 \times 7 = 49$, se nos recuerda la totalidad del reino hecho santo por el descenso del Espíritu Santo en Pentecostés ($49 + 1$, en que el 1 apunta hacia Dios, que santifica a los santos y es engrandecido en ellos).

De este modo, el Canon pone dos veces ante nuestros ojos la comunión entera de los santos: aquéllos cuya fiesta celebramos, aquéllos que son mencionados en el Martirologio, y la multitud de aquéllos cuyos nombres sólo Dios conoce. Cada vez que se celebra la Misa tradicional, se nombra a cuarenta y seis santos: los cuarenta y uno ya mencionados, más San Abel, San Abraham, San Melquisedec, San Isaías y San Miguel Arcángel[18]. Estos santos del Antiguo y del Nuevo Testamento y del orden angélico, representan

---

17   Otra de las encantadoras "irregularidades" que hay en el rito romano clásico es la presencia de dos fiestas de Santa Inés: su fiesta principal es el 21 de enero, y su "segunda conmemoración" es el día de la octava, el 28 de enero, caso único entre los santos. En la edición de 1886 de "The Lives of the Saints", de Alban Butler, se lee: "Una segunda conmemoración de Santa Inés tiene lugar en este día en los antiguos Sacramentarios de Gelasio y de San Gregorio Magno, como también en el verdadero Martirologio, de San Beda. Quizá se trata del día de su entierro, o de una traslación de sus reliquias, o de algún notable favor obtenido por su intercesión pronto después de su muerte". Surgió la leyenda de que en este día Inés, rodeada de vírgenes resplandecientes de luz, se apareció a sus padres mientras rezaban junto a su tumba, lo que explica la elección del Introito de la Misa, *Vultum tuum*.

18   Se podría decir también que se invoca directamente, aunque no se mencione sus nombres propios, los santos a que se alude en varias oraciones que se refieren a sus reliquias puestas sobre el altar o cerca de él. Para un comentario de todos los santos mencionados en la Misa tradicional, ver Amleto Cicognani, *The Saints Who Pray with Us in the Mass* (Kansas City, MO: Romanitas Press, 2017); Neil J. Roy, "The Roman Canon: Deësis in Euchological Form," en *Benedict XVI and the Sacred Liturgy*, ed. Neil J. Roy and Janet E. Rutherford (Dublin: Four Courts Press, 2010), 181-99.

a la vasta multitud de toda tribu, lengua, pueblo y nación que canta las alabanzas de Dios en el reino de los cielos. La aparente "arbitrariedad" de estos cuarenta y seis santos, cuando se podría haber elegidos tantos otros, refuerza una de las lecciones fundamentales de la Divina Revelación: "yo hago gracia a quien hago gracia y tengo misericordia de quien tengo misericordia"[19]. Dios nos llama por nuestro nombre, no nos redime con generalidades. Los antiguos griegos llamaban al esclavo *aprosopos*, el que que no tiene rostro. Jesucristo, el rostro humano de Dios, restaura *nuestros* rostros, nuestros nombres, nuestra dignidad, en medio de nuestros hermanos y hermanas. Las neo-anáforas, en cambio, han arrasado con estas listas de santos –la *pia memoria* de la Iglesia de Roma– y, salvo la mención obligatoria de Nuestra Señora y de San José[20], reflejan a las masas sin nombre de la modernidad industrial al omitir la dignidad de los nombres de las personas individuales.

6. Dios Padre es el Paterfamilias de la Iglesia, su familia; el sacerdote es su primer servidor.

> "Hanc igitur oblationem servitutis nostrae, sed et cunctae familiae tuae, quaesumus, Domine, ut placatus accipias...".

> [Te suplicamos, pues, Señor, que te dignes aceptar aplacado esta oblación de tus siervos, que es también la de toda tu familia].

La antigüedad y *romanitas* del Canon romano puede advertirse en muchos de sus rasgos, de los cuales el *Hanc igitur* es un vívido ejemplo. Aquí Dios es el *Paterfamilias*, de cuya Palabra penden la vida y la muerte de todos los miembros de la familia. Si el Padre da una orden, tendrá lugar el sacrificio; si se digna recibirlo, el sacrificio será eficaz. Esta es la razón por la que el Canon romano no tiene epiclesis[21]. Siendo anterior a la controversia macedo-

---

19   Ex 33, 19; cf. Rom 9, 15-18.
20   La adición del último es una novedad que le debemos a Juan XXIII.
21   Ver Gregory DiPippo, "Reforming the Canon of the Mass: Some Considerations from Fr Hunwicke," *NLM*, abril 25, 2015; Peter Kwasniewski, "East-West Disagreements about the Epiclesis and Transubstantiation," *NLM*, mayo 4, 2020; Brother André Marie, "Some Thoughts on the Epiclesis in the Divine Liturgy," *Catholicism.org*, julio 10, 2019. En este aspecto debo hacer

niana sobre la divinidad del Espíritu Santo, esta idea refleja la teología Patricéntrica en que el beneplácito del Padre con su Hijo, además de su omnipotencia[22], proporcionan una suficiente explicación de por qué la oración de la Iglesia prevalece y el Cuerpo y la Sangre de Cristo se hacen presentes sobre el altar. "Para el Canon romano, la Consagración significa que ofrecemos pan y vino al Padre Omnipotente quien, al aceptarlos, los hace Cuerpo y Sangre de su Hijo de acuerdo con las palabras pronunciadas por el Verbo Encarnado. En Bizancio, el sacerdote, requerido por el diácono, invoca al Espíritu Santo para que descienda sobre los elementos, de modo que por su transformación, sean el Cuerpo y Sangre del Señor. Cada tradición tiene derecho a su propia integridad"[23].

La Iglesia es, consoladoramente, llamada "familia de Dios"[24]. El sacerdote pide al Padre que acepte complacido *hanc oblationem servitutis nostrae*, que significa, literalmente, esta ofrenda de nuestra servidumbre, es decir, una obra realizada por servidores de la casa porque se les pide que la hagan. El sacerdote en el altar es, pues, el primero de los servidores o mayordomo, el *architriclinus* que obra a nombre del Señor para beneficio de toda la familia[25]. El lenguaje

---

notar un amigable desacuerdo con la postura de Mosebach de que el "Veni Sanctificator" del Ofertorio es la *epiclesis* de la Misa romana.

22   El atributo divino de la omnipotencia tiene prominencia en el Canon romano, donde se lo menciona justo antes de la consagración de la hostia, en el *Supplices te rogamus*, y en la doxología al final. En el *usus antiquior* considerado en su totalidad, la palabra "omnipotente" (que también puede traducirse como todopoderoso) u "omnipotencia" se usa dieciséis veces en un domingo normal. En el rito moderno de Pablo VI, el número varía entre nueve, si se usa el Confiteor y el Canon romano, y seis veces, si no se los usa.

23   "The Worst Evil of Uniatism?," *Fr Hunwicke's Mutual Enrichment*, junio 30, 2019.

24   Esta expresión se encuentra sólo en el Canon romano y en la Plegaria Eucarística III. Esta última, sin embargo, sustituye el contexto romano original por la imagen algo sentimental de un padre a quien se pide "reunir . . . a todos sus hijos dispersos por el mundo".

25   Como lo explica el *Watson's Biblical & Theological Dictionary*: "*architriclinos*, generalmente traducido como mayordomo, significa, más bien, el maestro o superintendente de la fiesta; 'uno que es', como dice Gaudentius, 'el amigo del esposo, comisionado para dirigir el orden y economía de la fiesta'. El es quien da órdenes a los sirvientes, supervisa todo, dispone que

del Canon reúne jerarquía de autoridad con intimidad familiar, el lugar exaltado del sacerdote con su estatus como sirviente de la comunidad; verdades hermanas que a menudo se opone mutuamente y que, en la práctica de las desequilibradas eclesiologías de hoy, tambalean entre el populismo de la comunidad de base y la pesadez de la cumbre papista.

7. *El destino normal de la humanidad es el infierno; los elegidos son predestinados por Dios a la vida eterna.*

> "... *diesque nostros in tua pace disponas, atque ab aeterna damnatione nos eripi, et in electorum tuorum iubeas grege numerari*".

> [Dispón en tu paz los días de nuestra vida, y manda que seamos preservados de la eterna condenación, y contados en la grey de tus elegidos].

La segunda parte del *Hanc igitur* encierra la verdad sobre la salvación humana que fue enseñada por los Padres, Doctores y papas premodernos de la Iglesia, y que, por tanto, excluye la mentalidad universalista de nuestra época, que supone que todos los hombres se salvarán –la salvación como situación normal–, a menos que consciente y claramente rechacen a Dios. Por el contrario, el consenso de los teólogos católicos desde los tiempos antiguos hasta comienzos del siglo XX ha sido que el hombre, debido a su herencia del pecado original, no puede entrar en el reino de los cielos a menos que muera y resucite con Cristo en el bautismo[26], y que, por tanto, la humanidad es una *massa damnata* de la que los individuos son rescatados mediante la aplicación a sus almas de los frutos de la redención. Cristo vino al mundo a salvar los pecadores de la destrucción debida a los pecados, tanto el heredado como los propios. El único camino a la vida eterna es ser revestido de Cristo[27], incorporados a su Cuerpo Místico

---

se pongan o se retiren de la mesa los platos, como le parezca mejor: de ahí su nombre, como moderador del *triclinium*, o mesa festiva. Y también cata el vino y lo distribuye a los invitados". Tomado de www.studylight.org/dictionaries/wtd/a/architriclinus.html.

26   Incluyo aquí el bautismo de deseo y el bautismo de sangre, así como el bautismo sacramental con agua. Ver Santo Tomás, *ST* III, qu. 66, arts. 11-12.

27   Cf. Rom 13, 14, Gal 3, 27; cf. Mt 22, 12; Hechos 4, 12.

y morir en estado de gracia santificante. Como dice Scott Hans en una conferencia sobre el Evangelio de Juan, "la historia de la salvación es también la historia de la condenación": Cristo vino al mundo para juzgar, para causar separación por la revelación de la verdad y la denuncia de la oscuridad[28]. Por esta razón el Martirologio romano registra cuidadosamente no sólo el nombre de cada mártir sino también el de sus perseguidores.

Además, en total oposición al pelagianismo, la Iglesia enseña que es Dios, no el hombre, quien da el primer paso en la renovación de nuestra vida; que toda nuestra suficicencia viene de El (2 Cor. 3, 5); que ningún hombre viene a Jesús sin que el Padre lo atraiga (Juan 6, 44); que nos hacemos hijos adoptivos de Dios por su propósito de predestinarnos (Efesios 1, 5); que perseveramos por su gracia, no por nuestros solos esfuerzos. En suma, Dios tiene que contarnos en la grey de sus elegidos; El, consciente y amantemente, nos elige para ser las "ovejas racionales" de su grey[29]. Es decir, no es que ocurra que Dios nos descubre en su rebaño y expresa su agradable sorpresa, sino que El *nos lleva* allí y allí *nos mantiene*.

Todo esto lo transmite el Canon romano sucintamente con palabras tan simples como elocuentes, recordándonos que siempre la Iglesia católica, como también su Doctor Común, Santo Tomás, ha enseñado y sigue enseñando la doctrina de la predestinación[30]. La petición del *Hanc igitur* es un destilado litúrgico de la enseñanza del Apóstol Pablo, tal como se encuentra especialmente en Efesios y en Romanos:

---

28 Cf. Juan 9, 39; cf. Juan 3, 16-21, 5, 24-29; Lucas 12, 51.

29 Como lo dice el himno bizantino Akatistos.

30 Ver *ST* I, qu. 23, y el comentario *Predestinación* de Réginal Garrigou-Lagrange. Si alguien duda que la Iglesia católica siga enseñando la doctrina de la presdestinación –obviamente no la de las varias erróneas nociones protestantes de la misma, sino la verdadera noción– debería comenzar por leer el Catecismo de la Iglesia Católica nºs. 257, 600, 1007, 2012, 2782 y 2823; el nº 600 se aleja claramente de la controversia dominicana-molinista, repitiendo sencillamente muchas veces las afirmaciones de San Pablo, y agregando sólo la siguiente glosa: "Para Dios todos los instantes del tiempo son presente en su inmediatez. Cuando, por tanto, El estableció su plan de "predestinación", incluyó en él la libre respuesta de cada persona a su gracia".

y nos predestinó a la adopción de hijos suyos por Jesucristo, conforme al beneplácito de su voluntad... en El, en quien hemos sido declarados herederos, predestinados según el propósito de aquel que hace todas las cosas conforme al consejo de su voluntad (Efesios 1, 5; 1, 11).

Porque a los que de antes conoció, a ésos los predestinó a ser conformes con la imagen de su Hijo, para que éste sea el primogénito entre muchos hermanos; y a los que predestinó, a ésos también los llamó; y a los que llamó, los justificó; y a los que justificó, a ésos también los glorificó (Romanos 8, 29-30)[31].

La liturgia es testigo de la fe de la Iglesia en muchos lugares, como la Secuencia de la Misa por los difuntos (*Dies Irae*). La Secreta para el domingo vigésimo tercero después de Pentecostés expresa a la perfección la doctrina de la Iglesia: "Afirmando una vez más nuestra servidumbre, te ofrecemos, Señor, este Sacrificio de alabanza; para que sigas dándonos propicio lo que sin merecerlo nos concediste" [*ut quod immeritis contulisti, propitius exsequaris*]. La Poscomunión del *usus antiquior* en la fiesta del Santo Nombre de Jesús, una adición relativamente reciente del siglo XVI (incorporada en el calendario general en el s. XVIII), dice: "Oh Dios Omnipotente y Eterno, que nos has criado y redimido, atiende propicio a nuestros votos, y dígnate recibir benignamente el sacrificio de la Hostia saludable que hemos ofrecido a tu Majestad en honor del Nombre de tu Hijo, nuestro Señor Jesucristo; para que, por tu gracia en nosotros infusa y por virtud del glorioso Nombre de Jesús, merezcamos, a título de la eterna predestinación, que nuestros nombres sean inscritos en los cielos"[32].

---

31 No tiene mucha importancia que los pasajes de Efesios 1 y de Romanos 8 estén en el nuevo leccionario (e.g., miércoles de la semana 30 *per annum*, año I; domingo 17 *per annum*, año A; jueves de la semana 28 *per annum*, año II; Inmaculada Concepción, segunda lectura), ya que las lecturas van y vienen como pájaros en un comedero de pájaros, en tanto que el peligro de la condenacón y la divina merced de la predestinación están incorporados en la tela misma del rito romano tradicional. Además, la mayor parte de las oraciones que señalan la predestinación en el *usus antiquior* han sido suprimidas o puestas en sordina en el *usus recentior*, por lo que sería muy difícil afirmar que la liturgia revisada enseña claramente y sin ambigüedad esta doctrina de las Escrituras y de la tradición.

32 En otra muestra más de "neutralización" teológica, el Novus Ordo –de

Pero, ¿por qué esta doctrina es espiritualmente importante para nosotros?

En estos tiempos modernos se nos dice constantemente cuán buenos somos y cuán bienintencionados, y que somos las víctimas inocentes del dañino entorno que nos ha formado, lo cual nos da, por cierto, derecho a consoladoras indemnizaciones. Se nos conforta con la grandeza del hombre, con su dignidad y sus derechos. Pero corremos lamentablemente el riesgo de olvidar algunas verdades fundamentales de nuestra condición. Somos seres caídos y estamos alienados de Dios, de nuestros prójimos e incluso de nosotros mismos. No tenemos derechos que nos sostengan ante Dios; somos como los "inmundos trapos" que dice Isaías (Is. 64, 4). Dependemos en cada instante de la misericordia divina en lo relativo a nuestra existencia, a nuestra conversión al bien, a nuestro arrepentimiento del mal, a nuestro escape de la condenación y, sobre todo, al don de la vida eterna en Cristo Jesús.

Estamos parados al borde de un abismo de desgracias sin fin, en el cual podemos caer en cualquier momento por el pecado mortal, si es que se termina nuestra vida antes de habernos arrepentido de él, si el Señor, en su misericordia, no impide que caigamos o si, habiendo caído, no nos da el don del arrepentimiento. "No nos dejes caer en la tentación". No nos conduzcas al abismo. *Manda que seamos rescatados de la condenación eterna.* Esta es *la realidad,* tan opuesta a la superficial fantasía del egoísmo, al "ancho camino que lleva a la destrucción", en que nos envuelve nuestra cultura contemporánea.

También estamos al borde de otro abismo que, éste, se eleva, el de la felicidad sin fin del cielo, por el cual somos atraídos y

---

cuyo calendario la fiesta del Santo Nombre había sido inicialmente suprimida por Pablo VI, sin duda por considerársela una acreción barroca, sólo para ser reinstaurada por Juan Pablo II como una "memoria opcional"- cortésmente poda esta Poscomunión hasta convertirla una banalidad aceptable: "Que los dones sacrificiales ofrecidos a tu Majestad, Oh Señor, en honor del Nombre de Cristo, y que hemos ahora recibido, nos colmen, te pedimos, con la abundancia de tu gracia, para que nos alegremos de que también nuestros nombres están escritos en el cielo". La doctrina sigue ahí, pero está como sofocada por algodón esterilizado.

alzados fuera de nosotros mismos, en movimiento contrario a la gravedad, hacia la grandeza sobrenatural de los hijos de Dios. Esto también es un don que jamás podríamos haber merecido; sólo Cristo lo obtuvo para nosotros al derramar su Preciosa Sangre en la Cruz, en el único sacrificio supremo que se hace presente en cada celebración de la Santa Misa. Es, precisamente a punto de ofrecer nuevamente este sacrificio presente en nuestro medio, que suplicamos humildemente al Señor: *Manda que seamos contados en la grey de tus elegidos.* Cuéntanos, Señor, junto con el buen ladrón, a quien dijiste: "Hoy estarás conmigo en el paraíso".

La doctrina de la predestinación, rectamente entendida (no en la forma distorsionada de Calvino, por ejemplo), tiene como positivos efectos espirituales una actitud de profunda y duradera *acción de gracias* por las innumerables mercedes del Señor, pues El murió por nosotros mientras éramos todavía sus enemigos, para que pudiéramos convertirnos en sus amigos; una profunda *humildad* por haber sido elegidos por Dios no por nuestra belleza sino sólo para poder hacernos bellos a su vista; una sobria *vigilancia y constancia*, para que no sean borrados nuestros nombres del Libro de la Vida; y, sobre todo, un constante *recurrir a la oración*, para que podamos fundarnos cada vez más en Cristo y no en nosotros mismos, porque es "haciéndonos conformes a la imagen de su Hijo"(Romanos 28, 9) y no de ningún otro modo, como se se realiza verdaderamente nuestra predestinación. En respuesta a tan gran merced, la Iglesia pone en los labios de sus sacerdotes, al recibir la Preciosa Sangre, precio de nuestras almas, las palabras del Salmista: "¿Con qué corresponderé al Señor por todos los beneficios que de El he recibido? Tomaré el Cáliz de la salud, e invocaré el nombre del Señor. Con alabanzas invocaré al Señor, y quedaré libre de mis enemigos".

Es, por tanto, de enorme importancia, para alimentar la recta fe de la Iglesia, que los sacerdotes al ofrecer la Misa y el pueblo al participar en ella, tengan presente la doctrina de la predestinación, transmitida pura y enteramente en el Canon romano.

8. El sacrificio que ofrecemos es racional; nuestra fe es razonable.

> *"Quam oblationem tu, Deus, in omnibus, quaesumus, bene ✠ dictam, adscrip ✠ tam, ra ✠ tam, rationabilem, acceptabilemque facere digneris: ut nobis Cor ✠ pus, et San ✠ guis fiat dilectissimi Filii tui, Domini nostri Iesu Christi".*

> [La cual oblación te suplicamos, oh Dios te dignes hacerla en todo ben ✠ dita, apro ✠ bada, confir ✠ mada, razonable y agradable, a fin de que se convierta para nosotros en el Cuer ✠ po y San ✠ gre de tu amadísimo Hijo, nuestro Señor Jesucristo].

El lenguaje jurídico usado aquí, muy romano, comunica un poderoso sentido de objetividad: pedimos al Padre que nos conceda que todo se haga debidamente y se lo acepte como tal, implicando que la salvación no es cuestión de impresiones, sentimientos, estados subjetivos, pensamientos cargados de deseo, anhelos amorfos, sino un acceso concreto, definido y conocido a Dios por medio de un "sacrificio visible, como lo requiere la naturaleza del hombre"[33].

De este modo, el Canon romano destaca *la racionalidad* de la fe cristiana. El *Logos* se hizo carne para restaurar el *logos* del hombre, su razón. Se nos da el privilegio de un culto racional que, por un lado, contiene todavía la plena realidad del sacrificio (sin el cual

---

33 Trento, Sesión 22, cap. 1. Sobre esta parte del Canon, John Hunwicke comenta: "La clave para una comprensión equilibrada es aquí la suposición general del Pentateuco de que los Sacrificios de Israel necesitan ser realizados exactamente como lo ordenan los textos inspirados. Y ello se remite, a su vez, al significado mismo de la Alianza. Esto simplemente vincula la Fidelidad de Nuestro Dios como Contraparte (lo que los latinos llaman su *pietas*) con nuestra obediencia de Su Ley (lo que los latinos llaman nuestra *pietas*). Como dice Christine Mohrmann, el carácter legalista del latín litúrgico data de mucho antes del latín del siglo IV, que encontramos en los primeros Sacramentarios romanos. Mohrmann analiza 'la precisión casi jurídica' del Canon en términos de los fragmentos sobrevivientes de los textos romanos de oración pre-cristianos, preclásicos, usados en la agricultura y también en la guerra. Esta autora no vacila en hablar de esta 'monumental verbosidad dotada de precisión jurídica, que le viene tan bien a la *gravitas romana*, pero que revela también cierta escrupulosidad en lo relativo a los poderes superiores'. 'Se crea un estilo sagrado que se vincula con la antigua oración romana del culto romano oficial'". "Are the Institution Narratives of the Roman Rite legalistic? (2)," *Fr Hunwicke's Mutual Enrichment*, junio 9, 2019.

no hay religión, ni adoración, ni perdón de los pecados), y, por otro lado, es incruento y espiritual, y nos conduce desde el reino de lo sensible o terrenal al reino de lo inteligible o celestial. El protestantismo ataca al catolicismo como una superstición irracional y un prejuicio pre-científico; la posmodernidad ataca el catolicismo como una estructura de poder centrada en sí mismo, avarienta, chovinista, omnífoba, intolerante; pero el Canon romano atestigua, serenamente, la luminosa racionalidad de la fe, la majestad de su Dios, la excelencia de sus ritos, la elevada meta de su norma de vida[34].

9. *Las manos de Cristo son santas y venerables, y también lo son las del sacerdote.*

> *"Qui pridie quam pateretur, accepit panem in sanctas ac venerabiles manus suas, et elevatis oculis in caelum, ad te Deum Patrem suum omnipotentem... Simili modo postquam cenatum est, accipiens et hunc praeclarum calicem in sanctas ac venerabiles manus suas...".*

> [El cual, la víspera de su Pasión, tomó el pan en sus santas y venerables manos, y levantando sus ojos al cielo, a Ti Dios Padre suyo todopoderoso... De un modo semejante, acabada la Cena, tomando este precioso Cáliz en sus santas y venerables manos...].

Una de las más hermosas costumbres católicas es la de besar las manos del sacerdote recién ordenado, para expresar reverencia por el ministro del Señor y, especialmente, por *estos instrumentos* ungidos, por los que los sacramentos –sobre todo, el precioso Cuerpo del Señor– se confieren al pueblo.

La dignidad de Cristo Sumo Sacerdote, su intrínseca santidad, y el modo en que el ministro comparte esta dignidad y santidad, se enfatizan bellamente en el Canon romano cuando el sacerdote,

---

34 Podemos ver, de nuevo, cómo el Canon romano usa un lenguaje paralelo al de la Divina Liturgia de San Juan Crisóstomo: ésta dice, en el Himno de los Querubines, "Fuiste designado nuestro Sumo Sacerdote, y como Señor de todo, nos has legado el ministerio sacerdotal de este sacrificio litúrgico sin derramamiento de sangre"; en la Epiclesis: "Te ofrecemos este culto racional sin derramamiento de sangre".

en el momento en que toma la hostia, dice: "Tomó pan en sus santas y venerables manos", y luego usa las mismas palabras en relación con el cáliz. Las manos del sacerdote: ¿por qué hay tantos católicos que ya no las reverencian, que ya no las consideran como las únicas adecuadas para tomar el Pan de Vida? Ello se debe, ciertamente, a una masiva pérdida de fe en la Presencia Real, que reduce este don inmortal a meros trozos de pan que hay que distribuír del modo más conveniente. Si se pierde de vista a Aquel que tiene "manos santas y venerables", a Aquel que "levanta los ojos al cielo", perdemos también de vista la especificidad de su ministro, las responsabilidades que le pertenecen en cuanto *alter Christus*, y el carácter esencialmente sagrado del culto litúrgico, por el cual debemos levantar *nuestros* ojos al cielo, no dejarlos fijos en las cosas de la tierra (Colosenses 3, 2), ni fijos en los demás que forman un "semicírculo"[35], cosa que ocurre cada vez que la Misa se celebra de cara al pueblo en vez de hacerlo de cara al oriente, orientación normal hacia Cristo, nuestro Dios, quien, como nos dice la Escritura, vendrá como Juez desde el oriente.

Permítanme ilustrar el poder de estas palabras con una historia verdadera. Hubo cierto sacerdote que no usaba jamás el Canon romano sino sólo las neo-anáforas. Ocurrió que un amigo le pidió celebrar la Misa en una ocasión especial y le pidió que rezara el Canon. Llegó el día y cuando el sacerdote fue a pronunciar las palabras "tomó el pan en sus santas y venerables manos", hizo una pausa y comenzó a llorar, porque por primera vez en su vida pudo darse cuenta de que esas palabras se referían también *a sus propias manos*, como representante de Jesucristo en el altar. El sacerdote hizo una pausa para calmarse y prosiguió, hasta que llegó a las palabras: "tomando en sus santas y venerables manos este precioso cáliz", y se puso de nuevo a llorar. Ojalá que esta historia reavive nuestra maravilla por la enormidad del Santo Sacrificio y el papel único que el sacerdote tiene en él. No olvidemos nunca que lo que el sacerdote realiza en la consagración,

---

35 Joseph Ratzinger, *Spirit of the Liturgy*, trad. John Saward (San Francisco: Ignatius Press, 2000), ed. corriente, 94; ed. original, 81; *Collected Works* 11:49.

con el poder de Dios, no tiene igual en nada que se pueda hacer por el poder natural de ningún ángel de los ejércitos celestiales, ni siquiera por San Miguel Arcángel[36].

10. *Todas las Misas son místicamente el mismo y único Sacrificio del Calvario.*

> *"... accipiens et hunc praeclarum calicem in sanctas ac venerabiles manus suas..."*

> [... tomando este precioso Cáliz en sus santas y venerables manos...].

La impactante frase *HUNC praeclarum calicem* afirma con fuerza la unidad de la presente Misa con el único y suficiente Sacrificio del Calvario, que el Señor anticipó con símbolos en la noche en que fue traicionado[37]. La primera Misa del Jueves Santo, la cruenta oblación del Viernes Santo y cada una de las innumerables Misas celebradas desde entonces, es el uno y mismo sacrificio del inocente Cordero de Dios que quita los pecados del mundo. Ello es la razón por la que el sacerdote puede decir, con licencia poética y simultáneamente con exactitud metafísica, que Jesús tomó "ESTE precioso cáliz", lo bendijo y lo dio a sus

---

36 En la consagración tiene lugar un milagro. Este milagro es multifacético; no sólo está el cambio de toda la sustancia del pan en el Cuerpo de Cristo (y el del vino en su Sangre preciosa), sino que está también el modo en que tiene lugar, viz., conservándose los accidentes del pan y del vino, por el poder de Dios, sobre el corporal y en el cáliz, sin que haya sustancia alguna en la cual puedan inherir (no hay pan ni vino de los cuales puedan ser accidentes, ni son accidentes del Cuerpo o de la Sangre de Cristo). El sacerdote, al pronunciar las palabras de la consagración, es la causa instrumental de Dios en la transubstanciación misma y en la milagrosa persistencia de los accidentes sin un sujeto. Los ángeles no pueden en rigor hacer un milagro por sus poderes naturales, i.e., no pueden producir un efecto que escape al orden de toda la naturaleza creada (cf. *ST* I, qu. 110, art. 4). Ellos pueden, por cierto, por los impresionantes poderes de su propia naturaleza, producir efectos que sorprenden al hombre (ad 2), y pueden obrar como servidores de Dios cuando El obra un milagro por su Omnipotencia, e.g., reuniendo el polvo de los cuerpos en la resurrección (ad 1).

37 Se ha sugerido que el *hunc* puede indicar que en Roma se usaba el mismo cáliz de la Ultima Cena al momento de la composición del Canon. Ver Janice Bennett, *St. Laurence and the Holy Grail: The Story of the Holy Grail of Valencia* (San Francisco: Ignatius Press, 2004). Si ello fuera así, se trataría de un hermoso ejemplo de tradición humano-apostólica.

discípulos[38]. Como dice un autor moderno: "En la Misa, el espacio y el tiempo son aniquilados. En la Misa, la eternidad y el infinito son traídos a la tierra. Aunque la Misa se celebre en mil altares, no hay más que una Misa: un milagro, una venida: un Calvario, un sacrificio, en el que todo sacrificio está incluido"[39].

Además, la palabra *praeclarus* merece atención: significa "espléndido, brillante, excelente, famoso, ilustre, noble, distinguido". Esta palabra tiene una fuerza tanto causativa como explicativa. Por un lado, es debido a lo que el Señor hizo con el vino que el vaso en que está contenido adquiere nobleza. Este cáliz se hace ilustre porque la Sangre misma del Señor (junto con su Cuerpo, Alma y Divinidad) se hace presente en su interior. Por otro lado, debido a que posteriormente los seguidores de Cristo ya saben lo que ha de ocurrir con el vino en el cáliz, se esfuerzan, a través de todas las épocas, por hacer los cálices más hermosos, nobles y espléndidos que el arte humano puede crear, para que sean dignos –o, al menos, *menos indignos*– de su sagrado contenido. Así, es perfectamente conveniente que el sacerdote incline la cabeza ante, por ejemplo, un elaborado cáliz de oro incrustado con piedras preciosas y diga *hunc praeclarum calicem*; el mismo vaso que toma en sus manos, tan diferente de las copas profanas, se transforma en signo externo de una realidad interior que ningún ojo mortal puede ver: "el cáliz de la eterna salvación". Al formular a la Iglesia el desafío de hacer que su apariencia exterior apunte hacia las realidades interiores, el Canon romano eleva la vara del arte eclesiástico hasta el más alto nivel posible.

Un poco después de la consagración del cáliz, el Canon emplea la palabra *praeclarus* una segunda vez, *offerimus praeclarae majestati tuae*, "ofrecemos a tu excelsa majestad", recordando, por decirlo así, las palabras previas a la consagración del cáliz: *hunc praeclarum calicem* –lo que ha de haber dentro de este cáliz es

---

38 Tanto en la traducción ICEL de 1973 y en la que se propuso en 1998, la frase *accipiens hunc praeclarum calicem in sanctas ac venerabiles manus suas* fue "traducida" como "tomó la copa"; y eso sería todo. La traducción de 2011 tiene al menos la cortesía de traducir lo que se dice realmente en latín.
39 Michael Kent, *The Mass of Brother Michel* (Brooklyn, NY: Angelico Press, 2017), 264-65.

una sola cosa con Aquel hacia quien es elevado, y digna de El–. El Santo Sacrificio de la Misa hace colapsar la distancia entre Creador y creación, al mismo tiempo que enfáticamente afirma el abismo infinito sobre el cual sólo Cristo ha tendido un puente en su misma Persona. El Canon romano es, pues, tan radicalmente Cristocéntrico como es Patricéntrico: no recibimos ni bendición ni gracia alguna sin el Hijo, sin estar en comunión con El; verdad que es también subrayada por la elocuente repetición de *"Per Christum Dominum nostrum"*, que jalona el Canon cinco veces, en honor de las Cinco Llagas.

Estas conclusiones *"Per Christum Dominum nostrum"* son tachadas a veces de acreciones medievales que contradicen la estructura literaria y teológica de algunas antiguas anáforas. Pero esto significa no ver en absoluto su estructura y función simbólicas, señaladas incluso por Jungmann[40]. Además, repiten, como refrán –como lo hace la Oración de Jesús– que Cristo es el solo y único Mediador. No existe otro camino hacia Dios (cf. Hechos 4, 12); no hay ninguna otra religión que agrade o aplaque a Dios excepto el culto que se le ofrece en el nombre de Jesús; a Dios nadie puede acercarse sino mediante Jesús. Esto está en total contradicción con el indiferentismo religioso y el relativismo de nuestra época, y tiene implicaciones para la doctrina social, apoyando el Cristocentrismo de *Quas Primas* de Pío XI más que la plaza pública panrreligiosa de *Dignitatis Humanae*. Algunos liturgistas se quejan de las "inútiles repeticiones" de esta fórmula, pero ¿cuán inútil es? Si se la dice con sentido, se vuelve un sello de aprobación de cada oración que elevamos, una garantía de que nuestras palabras serán oídas y respondidas con fuego del cielo.

11. *Los cristianos que ofrecen este sacrificio son los verdaderos hijos de Abraham.*

> *"Supra quae propitio ac sereno vultu respicere digneris: et accepta habere, sicuti accepta habere dignatus es munera*

---

40   Ver Josef Jungmann, *The Mass of the Roman Rite: Its Origins and Development ("Missarum Sollemnia")*, trad. Francis A. Brunner (Notre Dame, IN: Christian Classics, 2012), 2:178–79, et passim.

*pueri tui iusti Abel, et sacrificium Patriarchae nostri Abra-
hae: et quod tibi obtulit summus sacerdos tuus Melchisedech,
sanctum sacrificium, immaculatam hostiam".*

[Sobre los cuales dígnate, Señor, mirar con rostro propicio y sereno, y aceptarlos, como te dignaste aceptar los
dones de tu siervo, el justo Abel, y el sacrificio de nuestro
patriarca Abraham; y el que te ofreció tu sumo sacerdote
Melquisedec: sacrificio santo, hostia inmaculada].

El Canon romano habla del sacrificio de Cristo como la culminación de una larga historia de santos sacrificios que lo pre-
figuraron, entre los que se destacan tres: la ofrenda de Abel de
"las primicias de su ganado y su grasa" (Gen. 4); la ofrenda de
Abraham de su querido hijo Isaac (Gen. 22); y la ofrenda de pan
y vino de Melquisedec (Gen. 14). A Abraham se lo llama, elocuentemente, *"nuestro* patriarca"[41].

No por la sangre, sino por la imitación de su fe, Abraham es
nuestro patriarca, el patriarca de los cristianos ortodoxos; no el
patriarca del pueblo judío como grupo étnico o religioso. Como
enseña San Pablo en Gálatas: "los nacidos de la fe ésos son los hijos
de Abraham" (Gálatas 3, 7); "a Abraham y a su descendencia fueron hechas las promesas", esto es, a Cristo (Gálatas 3, 16), y así a
todos los que pertenecen a Cristo en la fe: "Y si todos sois de Cristo,
luego sois descendencia de Abraham, herederos según la promesa"
(Gálatas 3, 29). Y en Romanos: "pues no todos los de Israel son
Israel, ni todos los descendientes de Abraham son hijos de Abraham... Esto es, no los hijos de la carne son hijos de Dios, sino los
hijos de la promesa son tenidos por descendencia" (Romanos 9,
6-8). Abraham es el patriarca de todos los que creen en Cristo, de
los hebreos como él mismo, que anhelaban al Mesías y que fueron
liberados por El del limbo de los padres, así como también de los
judíos y gentiles, desde el tiempo de Cristo hasta el presente, que
han sido bautizados en Cristo y se han hecho, así, "el Israel de Dios"

---

41   La versión inglesa de 2011 del *Novus Ordo*, mucho más certera que la
desleída versión de 1973, retiene todavía el rengueante circunloquio "nuestro
padre en la fe" para evitar el preñado término de "patriarca", por razones
de corrección política, obscureciendo con ello en parte el mensaje teológico
del texto.

(Gálatas 6, 16), la Iglesia católica. El pueblo judío, como grupo étnico o religioso, ya no es el Pueblo elegido de Dios, después de su infidelidad a su Mesías (cf. Deut. 18, 18-19; Hebreos 8, 13).

Una oración compuesta por León XIII para la consagración que hizo de la raza humana al Sagrado Corazón en el Año Santo de 1900, que el papa San Pío X ordenó hacerse anualmente, y que Pío XI dispuso que debía hacerse todos los años en la Fiesta de la Realeza de nuestro Señor Jesucristo, es testigo de esta verdad del supersesionismo: "Mirad finalmente con ojos de misericordia a los hijos de aquel pueblo que en otro tiempo fue vuestro predilecto; descienda también sobre ellos, como bautismo de redención y de vida, la Sangre que un día contra sí reclamaron".

El supersesionismo no se refiere a cómo los judíos deben ser tratados en el día a día. No hay motivo alguno para tratarlos de un modo diferente del que debe usarse con todo prójimo, es decir, con una caridad que desea para ellos la vida en Cristo y la visión beatífica. En realidad, son un pueblo que merece un respeto especial debido a la elección de que fueron objeto sus antepasados y al peso de sus profecías del Mesías, a quien siguen sirviendo independientemente de testigos (como opina San Agustín[42]). Pero en el orden sobrenatural, ellos ya no son el "Pueblo Elegido" ni "el pueblo de la alianza". Sostener lo contrario es rechazar la "unicidad y universalidad salvífica de Jesucristo y de la Iglesia"[43], es decir, rechazar a Cristo y su Iglesia, y punto final[44].

---

42 Se puede encontrar un excelente resumen con muchas citas en Thomas McDonald, "Unwilling Witnesses: St. Augustine and the Witness Doctrine," *Wonderful Things* weblog, agosto 28, 2013. Como sabemos por Romanos 9-11, los judíos retienen su relevancia en la historia de la salvación: Dios desea que vengan a la plenitud de la herencia de las promesas que El les hizo (tal como podemos decir que El desea que los Ortodoxos vuelvan a unirse a Roma, y que los católicos se reúnan de nuevo con su propia tradición). Existe la piadosa creencia de que la Parusía está siendo demorada hasta que los judíos se conviertan.

43 La cita es el subtítulo de la Declaración *Dominus Iesus* de la Congregación para la Doctrina de la Fe (agosto 6, 2000).

44 La enseñanza común de la Cristiandad queda bien expuesta en el estupendo comentario a los Salmos, recopilado por J. M. Neale, quien escribe, sobre el versículo *filii alieni mentiti sunt et claudicaverunt a semitis suis*: "Los hijos ajenos. Es decir, los judíos: hijos, en verdad, como descendientes del

12. La Misa es un sacrificio terreno unido a la eterna liturgia del cielo, con la cual nos une.

> *"Supplices te rogamus, omnipotens Deus, iube haec perferri per manus sancti Angeli tui in sublime altare tuum, in conspectu divinae maiestatis tuae: ut quotquot [osculatur Altare] ex hac altaris participatione sacrosanctum Filii tui Cor✠pus et San✠guinem sumpserimus [seipsum signat] omni benedictione caelesti et gratia repleamur. Per eundem Christum Dominum nostrum. Amen".*

> [Suplicámoste humildemente, Dios omnipotente, mandes que sean llevados estos dones por las manos de tu santo Angel a tu sublime altar, ante la presencia de tu divina Majestad; para que todos los que, participando de este altar [besa el altar] recibiéremos el sacrosanto Cuer✠po y San✠gre de tu Hijo, seamos colmados [se santigua] de toda bendición y gracia celestial. Por el mismo Cristo nuestro Señor. Amen].

En esta sublime oración, recitada por el sacerdote mientras se inclina hacia el altar, sentimos la combinación de dos fragancias, la del misticismo hebreo, como se divisa en los elaborados ritos de dedicación del templo de Salomón[45], y la del misticismo neoplatónico, que considera este mundo visible como un pálido reflejo o una sombra de participación del mundo del verdadero ser, el mundo de la inmutable realidad divina.

El sacerdote pide a Dios que mande que los dones terrestres sean llevados hasta el altar celestial, a la presencia de Dios, por el santo Angel que media entre la tierra y el cielo (por esto es que algunos comentadores ven en este "santo Angel" a Cristo mismo,

---

fiel Abraham; pero ajenos por haber rechazado a Aquel cuyo día Abraham deseó ver. Es así como casi todos los Padres interpretan el pasaje... Y no sólo se desviaron ellos mismos, sino que fueron causa de engaño de otros... San Agustín, explicando el pasaje "Muchos vendrán del oriente y de occidente, y se sentarán con los hijos de Abraham, Isaac y Jacob en el reino de los cielos; pero los hijos del reino será echados fuera", dice en relación con este texto: "Hijos, pero no míos, sino hijos ajenos, como está escrito: 'Vosotros sois de vuestro padre, el diablo'". *A Commentary on the Psalms from Primitive and Mediaeval Writers and from the Various Office-books and Hymns*, 3rd ed. (London: Joseph Masters, 1874), 1:254.

45   Ver 1 Reyes 8; 2 Crónicas 5-7.

"el ángel del gran consejo" [Isaías 9, 6], "el único Mediador entre Dios y el hombre" [1 Timoteo 2, 5][46]). Así suplicamos que nuestro sacrificio particular, limitado en el tiempo aquí abajo, sea uno con la eterna liturgia de la patria celestial; que nuestro altar pueda ser un canal por el cual podamos acceder al inmortal alimento y bebida del paraíso, el fruto del árbol de la vida. La sacratísima Víctima del altar es presentada como la *condición* para obtener toda bendición y gracia otorgadas a la raza humana (y por ello es que la oblación aromática debe ser llevada a lo alto, a la vista de Dios, que se complace en ella), y como el *contenido* último de toda bendición y gracia que recibimos.

Pero, al cabo, tenemos que concordar con el diácono medieval Florus de Lyons († 860): "Estas palabras de misterio son tan profundas, tan maravillosas y estupendas que ¿quién puede comprenderlas? ¿Quién podría decir algo que sea digno? Ellas son más para veneradas y temidas que analizadas"[47].

Estos doce rasgos nos presentan una teología específicamente romana de la Misa. La Santa Misa es un sacrificio terrenal que está unido con la eterna liturgia del cielo y con ella nos une a nosotros; todas las Misas son místicamente el mismo y único Sacrificio de Cristo en la Cruz, anticipado por la ofrenda hecha por las santas manos de Jesús en la Ultima Cena, y renovado en el altar por las santas manos del sacerdote ministerial. Dios Padre es el *Paterfamilias* de la Iglesia; su familia, los verdaderos hijos de Abraham, se acercan a El con fe y devoción, suplicando ser contados entre los elegidos que son arrebatados al infierno. El sacerdote es el primer servidor, que ofrece este sacrificio racional de nuestra fe razonable, en pro de todos los miembros de la Iglesia de Cristo que se mantienen en la verdadera fe, y a fin de

---

46 Ver Nicholas Gihr, *The Holy Sacrifice of the Mass, Dogmatically, Liturgically, and Ascetically Explained* (St. Louis: B. Herder, 1949), 696-703, quien rechaza esta opinion y prefiere dar al "ángel" el significado de un espíritu creado. Sin embargo, Santo Tomás presenta la vision crística como una possible interpretación: *ST* III, qu. 83, art. 4, ad 9; cf. Gihr, 699, n. 50.

47 Citado en Gihr, *Holy Sacrifice*, 701, n53.

obtener para ellos la unidad y otras perfecciones de manos de Dios, a través de las oraciones y méritos de los santos, sobre todos los cuales está la siempre Virgen María. ¡Cuán sólido, cuán intrincado, cuán elevado es el contenido dogmático fundamental del Canon! Los cánones y anatemas del Concilio de Trento respecto de la Misa proceden naturalmente de la teología contenida en el Canon romano, como motivados por la meditación del mismo, y por ello reafirman el principio de que toda expresión y desarrollo de la doctrina *debe fundarse* en lo que está ya dado en la tradición.

Las doce verdades que he resumido se encuentran claramente en el Canon romano, pero están ausentes, o apenas presentes, en las diez neo-anáforas incluídas en el Misal de Pablo VI, o sea, las Plegarias Eucarísticas II a IV, las dos "por la reconciliación", y las cuatro variaciones de Plegarias Eucarísticas "por varias necesidades"[48]. No se trata de una inexplicable omisión. En su franca y detallada narración de casi todos los aspectos de la reforma litúrgica, Annibale Bugnini nos cuenta llanamente que los reformadores, en nombre del "principio de la variedad", buscaron componer plegarias tan diferentes del Canon romano como fuera posible. El libro "La reforma de la liturgia" relata las palabras virtualmente blasfemas de su gerente general: "La decisión de añadir otras Plegarias Eucarísticas a la liturgia romana no fue una "intolerable audacia" sino un regreso a la auténtica tradición y un rechazo del lamentable empobrecimiento que fue el resultado de muchos siglos de decadencia litúrgica"[49]. Como gran parte de

---

48 Se puede casi oír el timbre mismo de los títulos de 1970 dados a estas cuatro plegarias, rara vez usadas: "La Iglesia en camino hacia la unidad", "Dios guía a su Iglesia en el camino de la salvación", "Jesús, el camino hacia el Padre" y "Jesús, que pasó haciendo el bien". Hay también tres Plegarias Eucarísticas para las Misas de Niños (!) que han recibido extensas y bien merecidas burlas.

49 Annibale Bugnini, *The Reform of the Liturgy 1948–1975*, trad. Matthew J. O'Connell (Collegeville, MN: The Liturgical Press, 1990), 449. Bugnini no explica, por ejemplo, cómo puede ser un "lamentable empobrecimiento" el que el Canon romano mencione en su anamnesis la "bienaventurada Pasión, la Resurrección de entre los muertos y la gloriosa Ascensión a los cielos", en tanto que la Plegaria Eucarística II, su reemplazo más popular, menciona sólo "la Muerte y Resurrección", simplemente. Los ejemplos como éste abundan.

lo que los reformadores proclamaron, esta afirmación es una falsedad histórica de primer orden; no existe ninguna prueba de ninguna clase de que el rito romano haya tenido jamás otra Plegaria Eucarística fuera del Canon romano. A fin de reparar este "empobrecimiento", Bugnini dice (hablando de lo que ahora conocemos como Plegarias Eucarísticas II, III y IV, anteriores a la adición de otras más):

> Parece conveniente que, respetando las leyes que toda anáfora debe respetar, las nuevas anáforas tengan también sus propias características espirituales, pastorales y estilísticas que las distingan tanto unas de otras como del Canon romano. Este tipo de variedad parece necesaria si la liturgia romana ha de tener las riquezas espirituales y pastorales que no pueden encontrar plena expresión en un solo tipo de texto. Así, se ha evitado, todo lo posible, los conceptos, palabras y frases del Canon romano en las tres nuevas anáforas [Plegarias Eucarísticas II-IV], y lo que se puede encontrar en una de ellas no se ha repetido en las otras dos... Sólo teniéndose tres [más] pareció posible introducir en la [sic; ¿quiso decir esta?] parte de la liturgia romana las riquezas espirituales y pastorales que se necesita hoy[50].

Así, no sólo las ya mencionadas doce verdades dogmáticas están en gran medida, cuando no totalmente, ausentes de todas las

---

50 Bugnini, 452, refiriéndose a la siguiente documentación del Coetus X: "*Ceterum libertas tria (vel quattuor) nova schemata proponendi admisit, immo suadebat diversitatem quoad singula, ita ut non idem in omnibus repeteretur, sed varietas quaedam adesset in dispositione, stilo, terminologia, et expressionibus.*" Schema 218 (De Missali 34), 19 marzo 1967, p. 46. Cipriano Vagaggini, OSB, uno de los miembros del Coetus X, tuvo al menos el buen tino, en su libro de 1966 *The Canon of the Mass and Liturgical Reform*, tran. Peter Coughlan (Staten Island, NY: Alba House, 1967), contemporáneo exacto de la redacción de las Plegarias II-IV, de declarar que la revisión del Canon romano habría "inevitablemente de llevar a una horrible confusión" (122). Sospecho que él, más que nadie, fue el motor que impulsó el trabajo del Coetus X en las nuevas Plegarias Eucarísticas, debido a que sus tres sugerencias –conservar el Canon (aunque con algunas "modificaciones menores"); producir un canon nuevamente compuesto con prefacio variable para uso *ad libitum*; producir otro canon con un prefacio fijo que contuviera la exposicion de la historia de la salvación (cf. 122-23)– son parecidas a lo que finalmente se hizo.

nuevas anáforas, sino que ello fue resultado de una decisión. Además, sería posible demostrar que todos estos temas están diluídos en todos los nuevos libros litúrgicos, mientras que son prominentes en los antiguos. Puesto que la Misa es el corazón del culto de la Iglesia católica, y el Canon es el corazón de la Misa, el hecho de que la *lex orandi* haya sido tan gravemente alterada equivale a una traición de la Tradición, en el más estricto sentido del término, y a una corrupción de la *lex credendi*, con resultados inevitables en la *lex vivendi*.

Habría que considerar también, además de estas doce verdades, a algunas doctrinas de la fe católica que, *aunque presentes* en todas las anáforas del *Novus Ordo*, *se expresan de modo completo* en el Canon romano, en tanto que tienen apenas un débil eco en las otras. Un estudio detallado nos llevaría muy lejos. Baste con tener a la vista un ejemplo crucial: el dogma *de fide* de que la Misa es un auténtico y verdadero sacrificio. Se puede decir que el Canon romano insiste en esta verdad e incluso se regodea en ella: "estos dones, estos presentes, estos santos sacrificios sin mancilla . . . este sacrificio de alabanza . . . esta oblación . . . esta oblación nuestra . . . hostia pura, hostia santa, hostia inmaculada . . . el sacrificio de nuestro patriarca Abraham . . . sacrificio santo, hostia inmaculada . . . ". Aquí hablamos más de diversos grados de énfasis que de ausencia de la idea. Aunque se puede encontrar el lenguaje de oblación y sacrificio en las neo-anáforas[51], resulta sorprendentemente exiguo en comparación con la abundancia y claridad del lenguaje del Canon romano, que identifica la acción que se está realizando con la ofrenda de un sacrificio y

---

51   Digo esto porque algunos autores tradicionalistas revelan una embarazosa ignorancia al sostener que las nuevas Plegarias Eucarísticas no expresan una teología del sacrificio. Por el contrario, lo hacen, al menos lo suficiente como para defenderse de la acusación de herejía; pero su contenido, en este aspecto, está muy lejos de lo que siempre ha sido el contenido presente en el auténtico rito romano. Además, el lenguaje usado a menudo es vago o menos claro, en una forma tal que los protestantes podrían encontrar mucho más fácil aceptarlo e interpretarlo a su modo, lo cual calza con la intención ecuménica, a menudo proclamada, de la creación del *Novus Ordo*. En todo caso, la imposición de anáforas compuestas por un comité mediante un *fiat* jurídico es ya, de por sí, un problema.

habla continuamente de una víctima por la que Dios es aplacado. En el período que rodea al Concilio Vaticano II, este último tipo de lenguaje recibió la desaprobación de los académicos y se encontró con la sorna cultural: por cierto, el Hombre Moderno no cree en un "Dios vengativo que se deleita con la sangre de las víctimas sacrificiales"... Al pensar que *tal era* la visión tradicional, los críticos se condenaron a sí mismos a una deplorable falta de comprensión teológica[52] y no lograron sino difundir opiniones superficiales sobre lo que la Misa es.

Supuesta su clamorosa proclamación de la doctrina tradicional, no es para maravillarse el que este Canon fuera, lamentablemente, blanco de críticas cada vez más audaces de parte de los *soi-disant* expertos litúrgicos, que sostenían no encontrar en él sino una enredada y desorganizada mescolanza de oraciones antiguas inadecuadas para el "Hombre Moderno" (utilísimo maniquí), como si el Canon fuera un exagerado y viejo guardarropas que merecía ser mandado a una bodega y reemplazado por otro más pulcro y eficiente, con diseño tipo Bauhaus[53].

> Esta nueva enseñanza [sobre la necesidad de una reforma
> radical de la liturgia] no es sólo un movimiento que

---

52   Para una comprensión más matizada de la Misa como sacrificio, ver el ensayo de Ratzinger "Theology of the Liturgy".

53   En su prefacio al libro de Vagaggini, el influyente liturgista Frederick R. McManus explicaba que "la plegaria eucarística en vernáculo, aunque sea deseable, ha hecho público algo que ha sido inadvertido por todos salvo por algunos expertos en liturgia y pastoral, a saber, los defectos del Canon romano", y que "las limitaciones y defectos terminarán por exigir la evolución de nuevas formas". La solución a estos problemas sería la "construcción seria de nuevas plegarias eucarísticas que reflejen el progreso de la ciencia litúrgica y de la teología y que sean comprensibles –o que puedan serlo por el estudio y la reflexión– para el cristiano del siglo XX". *The Canon of the Mass and Liturgical Reform*, 10-11. Se puede advertir que el juego de salón de "reconstruir la forma original del Canon romano" ya se venía dando desde hacía mucho tiempo, comenzando con los eruditos alemanes del siglo XX. Adrian Fortescue da por verdadero que sus oraciones fueron usadas previamente en otro orden, que se omitió del texto una *epiclesis* original, etc.; suposiciones todas que la investigación más reciente ha desmentido. Es problemático que los artículos más bien poco confiables de Fortescue en la *Catholic Encyclopedia* circulen abundantemente en internet.

aumenta y avanza, como rama que produce nuevos brotes a medida que madura y florece sino que es, literalmente, algo extremado, que se sitúa por encima y por fuera de la historia anterior de la liturgia y la teología de la Iglesia, dispuesta a enjuiciar retrospectivamente las cosas, según las nuevas formas de entenderlas. ¿Cómo podría la parte más central y más sagrada del culto público de la Iglesia occidental, sobre la que dan claros testimonios los Padres, incambiada y casi universalmente usada desde el año 600 d.C., ser acusada hoy de contener serios defectos y limitaciones? ¿Cómo podría un texto oficial de la liturgia romana ser acusado hoy de "pecar en una cantidad de formas" contra directivas promulgadas apenas nueve días después del funeral de John F. Kennedy?[54].

A mediados de la década de 1960, se decía a los católicos aprehensivos que el Canon romano, al menos, seguiría intocado y en latín; pero sólo unos pocos años después, se publicaba un verdadero batallón de Plegarias Eucarísticas manufacturadas, destinadas a ser leídas en vernáculo[55]. Esto fue prácticamente el giro en 180º que llevó a los católicos a preguntarse si los hombres de Iglesia habían perdido la razón en la era Woodstock[56], o si, quizá, no habían sido desde siempre poco más que propagadores de mitos y aprovechadores de las estructuras de poder. En todo caso, el asunto es atrozmente sospechoso: ¡se descubre de

54 Ver el artículo, en dos partes, "How Do You Solve A Problem Like the Canon?," *NLM*, febrero 11 y 16, 2022; esta cita está tomada de la parte 2. La cita interna es de *Canon of the Mass*, 90 de Vagaggini.
55 No hay duda alguna de que Pablo VI creía que *no se debía obedecer* a *Sacrosanctum Concilium* en lo relativo a la mantención del latín para diversas partes de la Misa, porque declaró en una famosa audiencia papal que, para todos los efectos prácticos, había que despedirse del latín. Ver capítulo 4.
56 Un texto de Mons. Marcel Lefebvre capta bien el espíritu de aquel tiempo: "La clave de la reforma es el ataque a las certezas. Los católicos que las tienen son calificados como avaros custodios de sus tesoros, como avarientos ególatras que debieran avergonzarse de sí mismos. Lo importante es estar abiertos a las opiniones contrarias, admitir la diversidad, respetar las ideas de los masones, marxistas, musulmanes e incluso animistas. La señal de una vida santa es unirse en diálogo con el error". *An Open Letter to Confused Catholics*, trad. Fr. Michael Crowdy (Kansas City, MO: Angelus Press, 1986), 62.

pronto que una oración que ha servido a la Iglesia católica en Occidente por más de 1.400 años es inadecuada para nuestras necesidades! Parecería que el problema es nuestro más que de la oración. En la misma línea, el que un hombre se canse de sólo una mujer y quiera probar con varias más, es mal argumento contra la monogamia.

II. IMPLICANCIAS MORALES

Alguien podría objetar mi línea argumentativa de dos modos. Primero, se podría decir: "¿Acaso no tuvo el papa Pablo VI autoridad para introducir nuevas anáforas? Y habiéndolo hecho, ¿no deberían ser válidas, lícitas y, por tanto, dignas de ser usadas?". Segundo, "¿No sigue siendo el Canon romano parte del nuevo misal, por lo que el nuevo misal es igual al antiguo, al menos en este punto?".

En lo relativo a la primera objeción, hay que negar, para hablar directamente, que el papa tenga autoridad para instituír un nuevo canon de la Misa[57], pero debe afirmárselo *secundum quid*, o en cierta forma. Hay que distinguir entre "poder" y "autoridad"[58]. El poder se refiere a la capacidad de producir un cierto efecto y de sostenerlo en el tiempo una vez producido. La autoridad (llamada a veces "autoridad moral") se refiere al *derecho a hacer algo*, y puede implicar el deber de hacerlo. El papa Pablo VI usó el poder de su oficio papal para imponer una nueva liturgia a los católicos, pero careció de verdadera autoridad para forzar semejante ruptura con la tradición: su acción fue *ultra vires*. Dicho papa –cosa que no sorprende– usó el poder de su cargo y se aprovechó de hábitos ultramontanos de obediencia, pero *no tuvo derecho moral* a meter las manos en la sagrada liturgia heredada como lo hizo, ni a sustituírla por otro rito y, *a fortiori*, careció de autoridad para

---

57   Ver capítulo 2; cf. Peter Kwasniewski, "The Pope's Boundedness to Tradition as a Legislative Limit," en Kwasniewski, ed., *From Benedict's Peace to Francis's War: Catholics Respond to the Motu Proprio Traditionis Custodes on the Latin Mass* (Brooklyn, NY: Angelico Press, 2021), 222–47, y Kwasniewski, *La verdadera obediencia en la Iglesia: Guía de discernimiento para tiempos recios* (Lincoln, NE: Os Justi Press, 2021), 27–35.
58   Ver Eric Sammons, "Power vs. Authority in the Church," *Crisis Magazine*, diciembre 30, 2021.

exigir a otros que aceptaran lo que hizo. Se podría decirlo de este modo: lo que hizo no fue tanto un *uso* de su poder papal cuanto un *abuso* del mismo. El resultado de esta forma de ejercer el poder fue un conjunto de ritos litúrgicos que operan válidamente los sacramentos y no contienen errores positivos. Esto es lo mejor que se puede decir de ellos. Esos ritos son válidos, pero ello no es razón para creer que son dignos de ser usados ni agradables a Dios. En algunos aspectos, de hecho, pueden ser desagradables a Dios y no meritorios[59].

En cuanto a la segunda objeción, no es exacto decir que "el Canon romano", tal como existió hasta mediados de la década de 1960, puede ser encontrado en el Misal de 1969 de Pablo VI. La primera y más obvia diferencia, y la que tiene más consecuencias en términos de sagrada fenomenología de la Misa, es el abandono del Canon silencioso, que ha sido la costumbre establecida en todos los ritos, orientales y occidentales, desde fines del siglo VIII, a pesar de los intentos del Emperador Justiniano de prohibirlo en 565[60]. Las pruebas patrísticas demuestran que, como rasgo familiar ya en el siglo IV, había silencio en todas las partes de la anáfora, o en algunas de ellas[61]. Una asombrosa homilía

---

59   Ver Peter Kwasniewski, "Does Pius VI's *Auctorem Fidei* Support Paul VI's Novus Ordo?" en Kwasniewski, *The Road from Hyperpapalism to Catholicism: Rethinking the Papacy in a Time of Ecclesial Disintegration* (Waterloo, ON: Arouca Press, 2022), vol. 1, cap. 9.

60   Debemos tener presente que en las antiguas liturgias posteriores al siglo IV (por lo menos), existió siempre *algún tipo* de "barrera" simbólica entre el pueblo y el clero que recitaba la plegaria Eucarística, fuere en forma arquitectónica (e.g., un ábside separado o un altar detrás de un ciborio cerrado con cortinas) o, andando el tiempo, en forma acústica (silencio), o en ambas formas.

61   Tal como vemos en general en los registros cristianos primitivos, la primera mención de algo es a menudo una referencia, hecha al pasar, que sugiere la existencia de una costumbre mucho más antigua. Por ejemplo, la primera mención de los subdiáconos en Roma proviene de una carta de 251, que indica su presencia en la jerarquía eclesiástica como algo normal. Mons. Athanasius Schneider sostiene que, debido al fuerte conservadurismo romano, resulta improbable que el subdiaconado fuera una creación reciente a mediados del tercer siglo, y es mucho más probable que datara de los tiempos apostólicos o subapostólicos. Ver Peter Kwasniewski, *Ministers of Christ: Recovering the Roles of Clergy and Laity in an Age of Confusion* (Manchester, NH: Crisis Publications, 2021), xlii, 53-55.

del poeta y teólogo sirio Narsai († 502) describe la anáfora de su tiempo del siguiente modo: "Todo el cuerpo eclesiástico guarda ahora silencio, y todos se dedican a orar intensamente en su corazón. Los sacerdotes están inmóviles, y los diáconos asisten en silencio... todo el pueblo está quieto e inmóvil, tranquilo y en calma... Los Misterios se realizan ordenadamente, los incensarios emiten su aroma, brillan las lámparas, y los diáconos se desplazan casi en vilo, moviendo [los abanicos] como si fueran vigilantes [i.e., ángeles]. Un profundo silencio y una gran calma descienden sobre ese lugar, que se llena y rebosa de brillo y esplendor, belleza y poder"[62].

Narsai continúa informando que un "heraldo" (¿quizá un diácono?) exclama: "Manteneos en silencio y temor: la paz sea con vosotros. Que todo el pueblo tema este momento en que los adorables Misterios se realizan por el descenso del Espíritu". Muchos estudiosos han notado que fue una característica de los protestantes, debido a su noción predominantemente didáctica y congregacionalista del culto divino, insistir en la total audibilidad de todas las oraciones litúrgicas[63]. La rúbrica del *Novus Ordo* de que la Plegaria Eucarística debe ser leída en voz alta, para que la gente pueda seguirla[64], socava la experiencia de la oración *en cuanto* oración (i.e. su teocentrismo), especialmente cuando se la

---

62   Citado por Charles Harris, "Liturgical Silence," en *Liturgy and Worship: A Companion to the Prayer Books of the Anglican Communion*, ed. W. K. Lowther Clarke (New York: Macmillan, 1932), 779.

63   El *Novus Ordo* no llega a abolir las oraciones privadas del sacerdote, pero las reduce a casi nada en comparación con el *Ordo Missae* del rito romano medieval codificado en 1570 (ver Peter Kwasniewski, "The Priest Praying for Himself at Mass," *OnePeterFive*, septiembre 8, 2021). Incluso en su mayor extensión, las oraciones personales del celebrante no fueron nunca tan numerosas como las de la tradición oriental, más pródiga, lo cual hace su reducción al máximo, en el misal de 1969, mucho más dañina para la vida espiritual del clero y para el espíritu general de la liturgia.

64   Ver la Instrucción General del Misal Romano (ed. de 2002), n°s. 30 y 32: "Entre las partes asignadas al sacerdote, la más importante es la Plegaria Eucarística, que es la culminación de toda la celebración... La naturaleza de los textos 'presidenciales' exige que sean leídos en voz alta y clara y que todos los oigan con atención". Para comentarios, ver Matthew S. C. Olver, "A Note on the Silent Canon in the Missal of Paul VI and Cardinal Ratzinger," *Antiphon* 20.1 (2016): 40–51.

añade a la orientación acostumbrada *versus populum*, así como también el misterio *en cuanto* misterio (i.e. la trascendencia que inspira temor y temblor a la naturaleza y la razón)[65]. Un laico católico bizantino hizo una vez la incisiva observación siguiente: "Algunos de los partidarios de rezar el Canon en voz alta alegan que esas oraciones son "para nosotros". Están en lo cierto, pero de un modo equivocado: esas oraciones son ciertamente para nosotros, pero no para nuestra educación mediante la escucha; son para nuestra salvación por la oración"[66]. Como el valor multidimensional del Canon ha sido objeto de frecuentes discusiones[67] y, como en todo caso, es la experiencia la mejor y quizá la única prueba convincente de su bondad, no me extenderé en el tema aquí.

Segundo, y no menos inquietante: las fórmulas para la consagración, tal como existieron desde siempre en la tradición romana, fueron modificadas a fin de que calzaran mejor con los datos de las Escrituras, a pesar del hecho, bien conocido, que ninguno de los ritos apostólicos históricos usa *verbatim* las palabras de los relatos de la Ultima Cena en el Nuevo Testamento, los cuales son, por cierto, *posteriores* a la celebración de la Misa en las primeras comunidades cristianas. Evidentemente un milenio y medio de ininterrumpida práctica diaria del rito romano no fue obstáculo para el afán de "mejorar" del *Consilium*. En el caso de la Hostia:

> *Vetus*: Hoc est enim Corpus meum.
> *Novus*: Hoc est enim Corpus meum, quod pro vobis tradetur.

En el caso del Cáliz:

---

65 Ver mis artículos "The Silent Canon: Is Worship Supposed to be Aweful?" *NLM*, octubre 14, 2013; "The Silence of the Canon Speaks More Loudly Than Words," *NLM*, enero 5, 2015.

66 "A Byzantine Look at the Novus Ordo," *Rorate Caeli*, julio 17, 2009.

67 Ver Michael Fiedrowicz, *La Misa tradicional. Historia, forma y teología del rito clásico romano* (Carthusianus Verlag, 2021), 288-93; Peter Kwasniewski, *Reivindicación de nuestros derechos hereditarios como católicos: Genio y actualidad de la Misa tradicional* (Brooklyn: Angelico Press, 2022), 30-31, 70-71, 142-43, 240; Joseph Shaw, ed., *The Case for Liturgical Restoration: Una Voce Studies on the Traditional Latin Mass* (Brooklyn, NY: Angelico Press, 2019), cap. 5, "Silence and Inaudibility," 31-35.

Vetus: Hic est enim Calix Sanguinis mei, novi et aeterni testamenti; mysterium fidei; qui pro vobis et pro multis effundetur in remissionem peccatorum (Haec quotiescumque feceritis, in mei memoriam facietis)[68].

Novus: Hic est enim Calix Sanguinis mei, novi et aeterni testamenti; ~~mysterium fidei~~; qui pro vobis et pro multis effundetur in remissionem peccatorum (~~Haec quotiescumque feceritis, in mei memorian facietis~~). Hoc facite in meam commemorationem).

Naturalmente, desde un punto de vista tomista, ninguno de los cambios afecta los requisitos para la validez sacramental, pero las gratuitas modificaciones hablan de toda una mentalidad. Se podría llamar la atención hacia algunos sutiles puntos en estos cambios. Aquí bastará con traer a colación el peor de los cambios, es decir, la supresión de la frase *mysterium fidei*, cuya ubicación en la fórmula consagratoria del vino se atribuye, por todos los grandes comentaristas de la Misa, incluyendo al mayor teólogo de la Iglesia, Santo Tomás, a la tradición apostólica e incluso a Cristo mismo; frase que se ha metamorfoseado en una invitación a una "aclamación conmemorativa" del pueblo, que no tiene fundamento alguno en la tradición latina y que introduce una tensión fenomenológia entre la presencia real sacramental y la anticipada presencia corporal de Cristo Juez al final de los tiempos[69].

Tercero, las listas de santos y la repetición estructural y simbólica del "*Per Christum Dominum nostrum*" son puestos entre paréntesis, como opciones, lo cual es una instrucción subliminal para suprimirlos. Se piensa a veces que el Canon romano resulta engorroso cuando se lo lee en voz alta al pueblo, lo cual no es raro: no es algo que se preste para este modo de entrega, porque está hecho para una recitación en silencio *versus Deum*.

---

68 La frase entre paréntesis no se considera parte de la fórmula, pero se dice cuando el cáliz es depositado nuevamente sobre el altar, antes de la genuflexión del sacerdote. La genuflexión inmediatamente después de cada consagración y anterior a la elevación -un gesto que no puede ser más *dignum et iustum*, como que expresa la fe sobrenatural y mueve a la devoción interior- fue abolida por el *Novus Ordo*.

69 Ver el capítulo siguiente para un examen detallado de este cambio.

Cuarto, muchas de las acciones ceremoniales del sacerdote, especialmente los signos de la cruz y las genuflexiones, han sido suprimidas (se comenzó a omitirlas ya a mediados de la década de 1960, y se continuó en el *Novus Ordo*). Debido a que la *lex orandi* de la Iglesia se expresa no sólo con palabras sino también con gestos, esta revisión del rito no deja de tener importancia. Hunwicke describe elocuentemente los gestos del comienzo del Canon:

> El sacerdote inicia la Plegaria Eucarística diciendo "Demos gracias al Señor nuestro Dios". El celebrante nos llama así a que nos unamos a él en la benéfica ofrenda de acción de gracias a Yavé que hacemos del Cuerpo y Sangre de su Hijo. En el rito tridentino el sacerdote, al llegar a estas palabras, junta las manos, señal litúrgica de humillación (tal como un cautivo o esclavo ofrecería sus manos para ser atadas). Luego eleva los ojos al cielo e inclina después la cabeza. ¡Qué lamentable es que los ritos modernos desechen este maravilloso homenaje a Yavé, nuestro Dios y Creador, el Dios de nuestros padres Abraham, Isaac y Jacob, el Dios a quien otrora ofrecíamos dos veces al día el sacrificio Tamid de un cordero en su Templo, y a quien ahora ofrecemos el Cordero Inmaculado![70].

Quinto, en el misal de 1969 toda la doxología debe decirse o cantarse en voz alta, aunque durante muchísimos siglos jamás se hizo tal cosa.

De estas cinco maneras el Canon romano, tal como aparece en el misal *Novus Ordo*, difiere del Canon romano recibido en la tradición litúrgica latina anterior a la reforma. Pero aceptemos, para continuar con el argumento, que se puede considerar que el Canon romano forma parte del nuevo misal. Ello plantea un problema mucho más grande que afecta, yo diría, a muchas virtudes morales incluídas en la virtud de religión, la más excelente de todas ellas.

Habiendo estado fundada sobre la firme roca de una sola anáfora desde los tiempos antiguos hasta la década de 1960 –o sea, un período de entre catorce y dieciséis siglos–, la Iglesia súbitamente transitó, desde un único y solemne y solemnemente único Canon

---

70   Ver "O LORD," *Fr Hunwicke's Mutual Enrichment*, marzo 26, 2018.

romano, que definía al rito romano, hacia una plétora de "Plegarias Eucarísticas" puestas para elección *ad libitum* del celebrante,
sin exigencias de cuándo o cómo debe usárselas -un rasgo que
distingue claramente la práctica romana contemporánea de la
práctica bizantina tradicional, con la cual se la compara a veces,
erróneamente-[71]. La existencia en Occidente de múltiples anáforas es una absoluta novedad, una ruptura de tal magnitud con
nuestra tradición realmente vivida que no tiene parangón en la
historia de ningún rito litúrgico. Que el Canon romano sea hoy
una opción contradice su naturaleza misma de canon, es decir,
norma fija o medida del culto de la Iglesia[72]. Se habla, por ejemplo, de un "canon de las Escrituras", con lo que queremos decir
que hay un conjunto fijo de libros recibidos por la Iglesia como
divinamente inspirados y libres de error, al que no se le puede
añadir nada ni hacerle reemplazos. Aunque el Canon de la Misa
no está inspirado del mismo modo, sabemos que se desarrolló en
el seno de la Iglesia durante los primeros siglos bajo la guía del
Espíritu Santo, hasta que se le dio los toques finales por San Gregorio y que, desde ahí en adelante, fue recibido con toda humildad
como un repositorio de fe y piedad apostólicas, algo digno de
ser venerado con religioso temor, que nadie podía osar "editar" o

---

71 Para leer más sobre cómo tuvo lugar el cambio desde un Canon a
muchas Plegarias Eucarísticas, ver Dom Cassian Folsom, "From One Eucharistic Prayer to Many: How it Happened and Why," publicado originalmente
en el Boletín *Adoremus* 2.4, 2.5, y 2.6 (septiembre, octubre y noviembre
1996; reproducido en su totalidad *online* en https://adoremus.org/1996/09/
from-one-euc haristic-prayer-to-many-how-it-happened-and-why/). Sobre
el Canon romano, el P. Cassian cita a un liturgista italiano: "su uso hoy es
tan mínimo que es estadísticamente irrelevante" (esto fue más cierto en la
década de 1990 que en la actualidad, en que el clero más joven tiende a usar
más el Canon romano, al menos a veces). Esta ruptura ilustra muy bien
lo insostenible que es afirmar que el *usus antiquior* y el *usus recentior* son
meramente dos versiones del "rito romano".

72 El Prof. Andrea Grillo, de San Anselmo en Roma, se queja amarga-
mente del "individualismo" desatado por *Summorum Pontificum*, ya que el
sacerdote puede elegir qué forma de rito usar. Sin embargo, curiosamente
no logra explicar por qué está mal elegir una forma en que todo es fijo, pero
está bien elegir una forma en que al sacerdote se da la opción de elegir entre
anáforas radicalmente diferentes (además de muchas otras opciones). ¿Por
qué es individualista el uso de un rito tradicional predeterminado y no lo
es elegir una liturgia "do-it-yourself"?

"mejorar"[73]. Ya era entonces, y estaba destinado a serlo cada vez más, un verdadero *canon*, una regla o medida que se nos impone como "un yugo suave" y una "carga ligera" de la ley de Cristo.

Me parece que la pérdida de una norma fija del culto público es uno de los muchos puntos de partida de los que desciende, luego de cincuenta años, *Amoris Laetitia*, con su socavamiento de normas morales que no aceptan excepciones. En el culto divino, se exigió otrora al sacerdote católico someterse a la ley que gobernaba estrictamente todas sus palabras y acciones. El suelo sobre el cual pisaba era suelo santo, como en el caso de Moisés ante la zarza ardiente. Sin las vestiduras protectoras de la forma tradicional de orar, el sacerdote podía demasiado fácilmente incurrir en la culpa de ser irreverente, impertinente, subjetivista y arbitrario. *Apprehendite disciplinam, nequando irascatur Dominus, et pereatis de via justa.* "Asíos a la disciplina, no sea que se enoje el Señor y perezcáis del buen camino" (Salmo 2, 12). La crisis de derecho natural y de ley divina en que el pontificado de Francisco ha precipitado a la Iglesia no apareció de repente, sino que es la última expresion de la misma soberbia que se desplegó primeramente en la violencia hecha al corazón de nuestra *lex orandi* occidental en la liturgia Eucarística heredada. Si podemos violentar esta acción, la más sagrada de todas, ¿habrá algo que no podamos violar a continuación, o manipular, adulterar y corromper? El rechazo de un centro inconmovible conduce a la desestabilización y desintegración centrífuga de todo el resto. Como ha dicho el poeta William Butler Yeats: "Las cosas se dispersan; el centro no resiste; se desata la anarquía en el mundo"[74].

El cardenal Burke ha hablado de antinomianismo, es decir, una actitud despectiva u hostil hacia la ley y su cumplimiento, como uno de las grandes tentaciones y errores de nuestra

---

73 En palabras de Raymond Winch: "La anáfora de la Misa romana es de gran antigüedad y constituye un testigo vital de la permanente tradición de la Iglesia universal... Hacer cualquier cambio en el canon a fin de "mejorar" su teología sería más reprensible que alterar los textos de los padres [de la Iglesia] con el pretexto de una superior visión espiritual". *The Canonical Mass of the English Orthodox*, citado por John Hunwicke, "The Worst Evil of Uniatism."
74 "The Second Coming" (1919).

época[75]. Permitir a un sacerdote elegir *ad libitum* de entre varias Plegarias Eucarísticas al celebrar la Misa es un antinomianismo ritualizado. El centro mismo de la liturgia Eucarística, el corazón de la *lex orandi*, se ha convertido en un *buffet* del cual cualquiera puede elegir una tajada de esto o de aquello. Por ello ya no puedo concordar con el papa Benedicto XVI en que existen "dos formas del rito romano", ni con su sucesor en que existe sólo una, es decir, el rito moderno. En realidad, lo que existe es el rito romano en la plenitud de sus dimensiones históricas, que abarcan desde la sala de la Ultima Cena hasta el papa Dámaso y, a través de los papas Gregorio y Pío V, hasta Pío X; caracterizado por un crecimiento hacia su perfección que culmina con la estabilidad de la forma y la fijeza de la práctica. Y, en seguida, existe una fabricación moderna fundada vagamente en él, la que, intencionalmente, cambia de color, como camaleón, para adecuarse al medioambiente o, como un líquido, toma la forma de cualquier vaso que lo contenga. Este impostor de muchos rostros responde a muchos nombres, pero "rito romano" no está, ciertamente, entre ellos.

Por ello no sorprende que el clero de hoy esté igualmente dividido en dos grupos desiguales: la minoría que siempre o frecuentemente ora con el Canon romano, y la gran mayoría que siempre o frecuentemente lo evita y favorece cualquiera otra Plegaria Eucarística del menú (especialmente la segunda o pseudo-Hipólito; anáforas tipo "Avance sin detenerse")[76]. En consecuencia, los fieles

---

75 Ver Raymond Leo Cardinal Burke, "Liturgical Law in the Mission of the Church," en *Sacred Liturgy: Source and Summit of the Life and Mission of the Church*, ed. Alcuin Reid (San Francisco: Ignatius Press, 2014), 389-415, esp. 393-94; Burke, "New Evangelization and Canon Law," *The Jurist* 72 (2012): 4-30, esp. 20ss.

76 Sobre la pseudo-anáfora llamada pseudo-Hipólito, o pseudo-romana, y conocida oficialmente como Plegaria Eucarística II, ver John F. Baldovin, "Hippolytus and the Apostolic Tradition: Recent Research and Commentary," *Theological Studies* 64 (2003): 520-42. No hace falta decir que no cuestiono la validez sacramental, *sensu stricto*, de ninguna Plegaria Eucarística promulgada oficialmente. Pero la validez no es la única categoría que necesitamos para pensar la liturgia, sino que es el "mínimo común denominador" de la oración pública de la Iglesia. Esto se asemeja a preguntar si un matrimonio es válido, en vez de ver si los esposos tienen hijos y se aman mutuamente, o a preguntar si un hombre tiene un trabajo en que le pagan, en vez de

que el clero tiene a su cargo reciben dos diferentes formaciones en la oración de la Iglesia. Un grupo de fieles normalmente oye, o como es el caso, no oye en alta voz, el Canon romano y, muy probablemente, tiene familiaridad con él por el uso de sus misales individuales; otro grupo jamás o rara vez se topa con el Canon en la selva, en calidad de poco avistada especie en peligro. La teología del Canon romano, tan antigua, tan exuberante, tan típicamente romana e incluso judía en su sensibilidad, promete formar un determinado tipo de mente eclesial, litúrgica y sacramental, en tanto que las neo-anáforas, tan contemporáneas, tan lógicas y tan genéricas, prometen formar una mente de un tipo diferente.

El intento de suprimir y eventualmente de marginalizar algo tan monumental y monolítico como el Canon romano, fue resultado no sólo de un juicio pobremente estético o de teorías tendenciosas sobre la historia litúrgica, sino de una creciente impaciencia con la teología "medieval, escolástica, tridentina" de la Misa y del Sacrificio Eucarístico, y de una osadía cada vez mayor en el reemplazo de su repositorio básico por casi cualquier cosa, sin excluír ni siquiera un *pastiche* de textos terminados en un café, a última hora[77].

---

preguntar si el trabajo está a la altura de su dignidad humana y es adecuado a las necesidades de su familia.

77   El P. Louis Bouyer, miembro del *Consilium*, recuerda la siguiente escena: "Se tendrá una idea, con la narración del modo cómo la segunda plegaria Eucarística fue armada, de las deplorables condiciones en que esta apresurada reforma fue despachada. En medio, por un lado, de los fanáticos arqueologizantes, sin discernimiento alguno, que querían prohibir el *Sanctus* y las intercesiones de la plegaria Eucarística, incorporando la Eucaristía de Hipólito tal cual, y por otro lado, aquéllos a quienes no podía importarles menos la *Tradición Apostólica* y querían una Misa expedita, Dom Botte y yo recibimos el encargo de armar un texto a fin de insertar estos elementos, que son ciertamente muy antiguos, ¡para ser entregado a la mañana siguiente! Con mucha suerte descubrí, si no en el texto de Hipólito, en uno que se le parecía mucho en estilo, una feliz fórmula sobre el Espíritu Santo que podía proporcionar una transición, tipo *Vere Sanctus*, hacia la breve epiclesis. Por su parte, Botte produjo una intercesión, más digna del estilo 'Al modo de . . .', de Paul Réboux, que de su propia calidad investigativa. Todavía no puedo releer la insólita composición que resultó de todo esto sin recordar la terraza del café del Trastevere, donde tuvimos que dar los toques finales a nuestro cometido, a fin de poder presentarnos con él en las Puertas de Bronce a la hora que nos había fijado nuestro patrón . . .". *The Memoirs of*

Puesto que, además, la liturgia es el máximo ícono de Cristo y de sus santos, y el Canon romano es el panel central de este gran iconostasio ritual –o quizá podríamos compararlo con el Pantocrator del ábside–, se sigue de ello que el ataque al Canon fijo fue también un acto fundamentalmente de iconoclastia, luego del cual todos los demás blanqueos, demoliciones y modernizaciones fueron cosa de menor cuantía.

Una encantadora anécdota de Pío IX (1846-78) nos muestra hasta qué punto el Canon era considerado intocable. Cuando se pidió a Pío IX que agregara el nombre de San José al Canon, respondió: "No puedo hacerlo. Yo sólo soy el papa"[78]. Pío IX tenía una clarísima idea del peso de la tradición y del papel que él tenía en la transmisión de lo que las diversas épocas habían considerado perfecto. La decisión de Juan XXIII en 1962 de insertar el nombre de San José en el Canon, que había permanecido esencialmente intocado desde la muerte de San Gregorio Magno en 604 hasta 1962, o sea, por casi 1.400 años, por mucho que esa decisión haya

---

Louis Bouyer: *From Youth and Conversion to Vatican II, the Liturgical Reform, and After*, trad. John Pepino (Kettering, OH: Angelico Press, 2015), 221-22. Hay que señalar que Bouyer no menciona la infame "servilleta" de que se hace frecuente mención (lo que no excluye la posibilidad de que se haya efectivamente usado una servilleta para escribir en ella).

78 Como me comentó Gregory DiPippo: aunque puede ser imposible encontrar una fuente original y confiable que respalde esta historia, tan a menudo repetida, podemos sin embargo darle el tratamiento de mito, en el sentido que, en una famosa explicación, Tolkien se lo expuso a Lewis, o en el que usa un personaje de *Bridge of Birds*, de Barry Hughart: "la fábula posee poderosos hombros capaces de cargar más verdad que lo que puede un hecho". El sentido de la anécdota *no es* que el Canon no puede ser cambiado: siempre hemos sabido que el Canon ha experimentado ciertos cambios en el pasado. Un personaje como Benedicto XVI, uno de los mayores peritos papales de todos los tiempos, ha escrito sobre el añadido de las palabras *"pro quibus tibi offerimus, vel"*, que faltan en el Antiguo Sacramentario Gelasiano y en otros importantes manuscritos antiguos. El punto es, más bien, que una mente católica debidamente formada tiene un horror instintivo a la idea de cambiar antiguas tradiciones sin motivos suficientes, y a las posibles consecuencias que ello tendría. Y he aquí que, después de que el Canon permaneciera intocado por muchos siglos (y sujeto sólo a alteraciones muy menores, incluso en la primera fase de su existencia), Juan XXIII agrega el nombre de San José, y menos de diez años después, Pablo VI declara (sobre la base más frívola imaginable) que es perfectamente lícito que un sacerdote del rito romano no lo use nunca más.

sido inocente *materialmente* hablando, fue una declaración *formal* de que la Iglesia podía ahora alterar su legado más sagrado[79]. Ciertamente Annibale Bugnini y otros que pensaban como él vieron este momento como una simbólica luz verde para sus prometeicas ambiciones. Junto con la extravagante reconfiguración de la Semana Santa, los católicos tradicionalistas deben ver en todo esto una razón más para ser escépticos respecto de los libros litúrgicos publicados después de la Segunda Guerra Mundial, que es cuando la furia reformadora comenzó su escalada[80].

Transcurrido ya más de medio siglo de caos, estamos en situación de apreciar la sorprendentemente franca observación que hizo el liturgista Bernard Botte en 1953:

> Debiéramos agradecer a los hombres de la Edad Media por haber conservado el canon en su pureza, no permitiendo que sus personales efusiones e ideas teológicas ingresaran en él. Se puede imaginar la absoluta confusión que tendríamos hoy si cada generación se hubiera permitido rehacer el canon a la medida de sus controversias teológicas y de sus nuevas formas de piedad. Confiemos que se siga imitando el buen sentido de aquellos hombres que, aunque tuvieron sus propias ideas teológicas, comprendieron que el canon no era una cancha de juego para ellos. A sus ojos, era, más bien, la expresión de una venerable tradición, y sintieron que no podía ser tocada sin abrir las puertas a cualquier forma de abuso[81].

A este juicio, incisivo y sonoramente verdadero, los católicos del rito latino podrían responder hoy con las melancólicas

---

79 Ver mi artículo "On the Insertion of St. Joseph's Name into the Roman Canon," *NLM*, diciembre 23, 2019.
80 Ver capítulo 12.
81 Bernard Botte, "Histoire des prières de l'ordinare de la messe," en *L'Ordinaire de la messe: Texte critique, traduction et ètudes*, ed. B. Botte y C. Mohrmann, Études liturgiques 2 (Paris: Cerf, 1953), 27; trad. Zachary Thomas. Con todo, habiendo comprendido este punto fundamental, Botte aceptó ser miembro del *Consilium* y redactar, con Louis Bouyer, la Plegaria Eucarística II, la más frecuentemente usada neo-anáfora del rito moderno, una de las más contaminadas por la mala investigación moderna y la más favorecida por las preferencias racionalistas modernas (ver Bouyer, *Memoirs*, 218–22). Tal recaída de Botte demuestra la rapidez y profundidad con que la ideología puede infectar el intelecto humano y forzar a la voluntad.

palabras del Salmista: *Salvum me fac, Domine, quoniam defecit sanctus, quoniam diminutae sunt veritates a filiis hominum.* "Salva Tú, oh Yavé, porque no hay piadosos, ya no hay fieles entre los hijos de los hombres" (Salmo 11, 2).

Los amantes de la liturgia romana clásica tienen la grave responsabilidad, el gozoso privilegio y la tarea verdaderamente evangélica de preservar el Canon romano en el culto público de la Iglesia católica. Frente a la libertad que se ha descaminado y a la autoridad abusadora, los tradicionalistas sostienen que el único camino hacia adelante, hacia una liturgia que sea una, santa, católica y apostólica, como la propia Iglesia, es la recuperación de nuestros ritos tradicionales, que no son solamente el canon o medida de la fe ortodoxa sino también nuestra patria espiritual y nuestro anticipo del mundo futuro. Con nuestro amor clarividente a la tradicion litúrgica latina, y con nuestro uso de la misma en cada vez más lugares, estamos demostrando la continuidad con el pasado, el presente y el futuro del catolicismo, en una época en que su coherencia interna está más amenazada que nunca antes.

La eliminación de las palabras *Mysterium Fidei* de las palabras de la consagración puede considerarse como un símbolo de la desmitologización y, por tanto, de la humanización del punto central de la Santa Misa.

Roberto de Mattei

La reforma de la Misa ha alentado una actitud profundamente anti-religiosa entre los católicos. El culto cristiano ya no es un don de la gracia, que hay que recibir de rodillas, sino que es una mercancía que hay que mirar con desconfianza y mala voluntad, luego ponerla a prueba, y muy a menudo, rechazarla. La Santa Misa, que antes fue un misterio herméticamente cerrado, se abrió ahora a la confusión de las opiniones. Lo que previamente se veneró como un fenómeno supra-terrenal es visto ahora como algo manufacturado, algo que se ha armado. Y lo que puede armarse, puede desarmarse. ¡Los armados ya no tienen término! Cualquiera puede presentarse con buenas ideas para cambiar la liturgia. Es extraño, sin embargo: mientras más se rehace la Misa, menos entusiasmo despierta.

Martin Mosebach

9

El desalojo del
Mysterium Fidei

L A HISTORIA DE CÓMO LAS PALABRAS DE LA
consagración que se pronuncian sobre el cáliz fueron cambiadas por el *Novus Ordo Missae* es un elocuente muestra-
rio de muchos problemas interrelacionados, característicos de
la reforma litúrgica en general: falso anticuarianismo; errónea
comprensión de *participatio actuosa*; obsesión con las prácticas
orientales, junto con desprecio por lo que es típicamente occidental; desprecio por la piedad y la doctrina medievales; falta de
humildad ante lo que no se puede comprender totalmente y falta
de respeto por lo que es misterioso; reducción mecanicista de la
liturgia al material que podemos moldear nosotros a voluntad (tal
como tratamos de hacer con el mundo natural usando la tecnología moderna); prurito por construir nuevas formas, causado por
el aburrimiento o la incomodidad con las antiguas. El ejemplo
del desplazamiento de *Mysterium Fidei* sirve como una clarísima
ilustración de los errores y vicios que permean toda la reforma
en su conjunto.

LA VISIÓN TRADICIONAL

Durante siglos, y a partir del alba de los tiempos, el sacerdote
ha pronunciado las palabras *"Mysterium fidei"* a medio camino
de las palabras de la consagración del cáliz. Estas palabras evocan
poderosamente la irrupción de Dios en medio de nosotros en este
insondable Sacramento. La consagración del vino completa el
significado del sacrificio de la Cruz, el momento en que nuestro
Sumo Sacerdote nos obtuvo la eterna redención (cf. Hebreos 9,
12), cuya re-presentación, junto con aplicarnos sus frutos, es el
propósito mismo de la Misa. Con las bellas palabras de la Madre
Mectilde del Santísimo Sacramento (1614-1698):

El sacrificio de la cruz es para todos los hombres, y el único altar es para muchos. Es decir, Jesús murió por todos los hombres en el Calvario; derramó su Sangre y su Vida por la salvación de toda la humanidad. Su intención fue que todos participaran en ella, como dice San Pablo. Sobre el altar, hay un místico derramamiento de sangre, que es derramada "por muchos", es decir, por todos aquellos que quieren hacerse dignos de ella y recibirla de un modo santo. Porque, al comulgar, la sangre de Jesús es místicamente derramada sobre nuestras almas[1].

El 2 de noviembre de 1202, el papa Inocente III envió la carta *Cum Marthae circa* al Arzobispo John of Lyon, en la que escribió:

> Habéis preguntado quién añadió a las palabras usada por Cristo mismo, cuando transubstanció el pan y el vino en su Cuerpo y su Sangre, las palabras que se encuentran en el Canon de la Misa usado generamente por la Iglesia, y que ninguno de los evangelistas ha dejado registradas... [es decir] las palabas "Misterio de fe" insertadas en las palabras de Cristo... Es verdad que hay muchas palabras y hechos del Señor que han sido omitidos en los Evangelios; de éstos leemos que los apóstoles los han suplementado con sus palabras y han expresado éstas con sus acciones... Sin embargo, se usa la expresión "Misterio de fe" porque aquí lo que se cree difiere de lo que se ve, y lo que se ve difiere de lo que se cree. Porque lo que se ve es la apariencia de pan y de vino, y lo que se cree es la realidad de la carne y de la sangre de Cristo y el poder de la unidad y del amor[2].

La respuesta del papa equivale a lo siguiente: hay muchas cosas que Cristo dio a los Apóstoles para ser transmitidas que no están registradas en las Escrituras, y ésta bien podría ser una de ellas; o podría ser que fuera una contribución de los propios Apóstoles. Escribiendo apenas setenta años más tarde, Santo Tomás de

---

1 The "Breviary of Fire": Letters by Mother Mectilde of the Blessed Sacrament, Chosen and Arranged by Marie de la Guesle, Countess of Châteauvieux, trad. de un Oblato de Silverstream Priory (Brooklyn, NY: Angelico Press, 2021), 234.
2 Esta carta se encuentra en Heinrich Denzinger, *Enchiridion symbolorum definitionum et declarationum de rebus fidei et morum*, ed. 43ª, ed. Peter Hünermann, Robert Fastiggi, Anne Englund Nash (San Francisco: Ignatius Press, 2012), at n. 782.

Aquino convierte la pregunta del arzobispo en la novena objeción a la adecuación de las palabras de la consagración del vino:
"Además, las palabras por las que este sacramento es consagrado
reciben su eficacia de la institución de Cristo. Pero ningún Evan-
gelista narra que Cristo haya pronunciado todas estas palabras.
Por lo tanto, esta forma no es la apropiada para la consagración
del vino"[3]. Y responde a la objeción del siguiente modo:

> Los Evangelistas no se propusieron transmitir las fórmu-
> las de los sacramentos, que en la Iglesia primitiva tenían
> que ser mantenidas ocultas, como observa Dionisio al
> término de su libro "De la jerarquía eclesiástica"; su pro-
> pósito fue escribir la historia de Cristo. Sin embargo casi
> todas estas palabras pueden ser seleccionadas de varios
> pasajes de las Escrituras. Porque las palabras "Este es el
> cáliz" se encuentran en Lucas 22, 20 y en 1 Corintios 11,
> 25, en tanto que Mateo dice en 26, 28: "Esta es mi Sangre
> de la Nueva Alianza, que será derramada por muchos
> para la remisión de los pecados". Las palabras añadidas,
> es decir, "eterna" y "misterio de fe" fueron transmitidas a
> la Iglesia por los Apóstoles, que las recibieron de Nuestro
> Señor, de acuerdo con 1 Corintios 11, 23: "Porque yo he
> recibido del Señor lo que os he transmitido".

Santo Tomás pudo haber hecho notar también que la Primera
Epístola a San Timoteo incluye la expresión "que guarden el misterio de la fe en una conciencia pura" (1 Timoteo 3, 9). Posteriormente, en su tratamiento de las palabras exactas de las fórmulas
de consagración, Santo Tomás reitera que estos detalles litúrgicos fueron deliberadamente mantenidos ocultos en la Iglesia
primitiva; las Escrituras no tienen el propósito de revelar el modo
preciso en que los misterios sacramentales deben ser celebrados[4].

LA ANTIGÜEDAD Y OBSCURIDAD DE LA FRASE

Ni siquiera Joseph Jungmann, sj, el gran desmitologizador
entre los liturgistas del siglo XX, trató de desechar o de reconstruir lo que él denominaba "palabras enigmáticas":

---

3   *ST* III, qu. 78, art. 3.
4   Ver *ST* III, qu. 83, art. 4, ad 2.

La frase se encuentra incluída en los más antiguos textos de sacramentarios e incluso mencionada en el siglo VII. Sólo falta en algunas fuentes posteriores. Respecto del significado de las palabras *mysterium fidei*, no hay acuerdo en absoluto. Existe un lejano paralelo en las "Constituciones Apostólicas", en que se hace a Nuestro Señor decir en la consagración del pan: "Este es el misterio del Nuevo Testamento, tomadlo, comedlo, esto es Mi Cuerpo". Tal como aquí el *mysterium* se refiere al pan en forma de un predicado, así también en el canon de nuestra Misa se refiere al cáliz en forma de una aposición... *Mysterium fidei* es una expansión independiente, sobreañadida a todo el complejo autosuficiente que precede.

¿Qué se quiere decir con las palabras *mysterium fidei*? La antigüedad cristiana no las habría referido tanto a la obscuridad de lo que aquí se oculta a los sentidos pero que es accesible (en parte) sólo a la fe (subjetiva), sino que, más bien, las hubiera tomado como una referencia al *sacramentum* cargado de gracias en que se abarca toda la fe (objetiva), todo el divino orden de la salvación. El cáliz del Nuevo Testamento es el símbolo, dador de vida, de la verdad, el santuario de nuestras creencias. Cómo o cuándo se hizo esta inserción, o qué acontecimiento exterior fue ocasión de ella, es algo que no puede fácilmente afirmarse[5].

Hay varios puntos que vale la pena considerar. La frase aparece en todas las más antiguas fuentes de la Misa que poseemos, lo que sugiere un origen más antiguo todavía. La edición crítica del Canon de la Misa, publicada por Brepols en la serie *Corpus Orationum* no muestra variación alguna de la posición del *mysterium fidei*[6]. El texto romano es citado en más de cincuenta manuscritos de diversas épocas y orígenes, sin variaciones importantes. El texto ambrosiano, producto de la romanización del

---

5 Josef Jungmann, *The Mass of the Roman Rite: Its Origins and Development ("Missarum Sollemnia")*, trad. Francis A. Brunner (Notre Dame, IN: Christian Classics, 2012), 2:199–201.

6 Tomo X (1997), empezado por Edmond Eugene Möller y continuado por Jean-Marie Clément, OSB, y Bertrandus Coppetiers 't Wallant. Dentro del cuerpo de esta obra, la parte del Canon es la *Oratio* 6265 con tres variantes mayores constatadas: 6265a es un texto romano, 6265b es el ambrosiano, y 6265c es un texto ambrosiano anómalo hallado en un solo manuscrito.

rito ambrosiano ocurrida en la era carolingia, posee sólo cinco manuscritos, pero en todos ellos ocupa el mismo lugar.

Lo raro (aparentemente) de esta inserción, y el hecho de que se la haya conservado y transmitido tan celosamente, implica que no se la consideraba un rasgo accidental del rito sino algo que pertenecía a la esencia del rito de Roma. Aunque se podría disentir con la sutil referencia de Jungmann a la interpretación de Inocencio III, es impresionante la idea de Jungmann de que el *mysterium fidei* apunta nada menos que a "toda la fe objetiva" de la Iglesia, "todo el orden divino de la salvación", localizado (por así decirlo) en el símbolo del cáliz y de su precioso contenido. El eje de toda la realidad cruza por ese vaso, inclinado sobre el altar.

El relato de Jungmann, además de los registros paleográficos, subraya fuertemente el problema fundamental que enfrentan los historiadores de la liturgia cuando no pueden conocer con certeza el origen de determinada costumbre. En ese caso, *es imposible* excluir la hipótesis de que se trata de algo de institución apostólica o subapostólica. Si ni siquiera la investigación más rigurosa puede detectar el momento de la historia en que las palabras *mysterium fidei* se añadieron por primera vez, y si poseemos un testimonio monolítico en los manuscritos que han sobrevivido, ¿no sería mucho mejor -más todavía, no sería una obligación solemne de respeto por las cosas más sagradas que poseemos- preservar la fórmula exactamente como nos ha sido transmitida? Obrar de otro modo sería correr un claro riesgo de profanación. Tal ha sido la hipótesis y la actitud de todos los católicos hasta el siglo XX.

LA CAMPAÑA PARA DESALOJAR LA FRASE

En un acto de asombrosa *hubris*, la frase fue sacada de su lugar inmemorial y transformada en la invitación a una "aclamación" que nunca existió antes en el rito romano. Aquello que había sido un secreto y un sublime reconocimiento de salvación -oculto, como el cristiano, con Cristo en Dios (cf. Colosenses 3, 3)- se transformó en un extrovertido anuncio al público en pro de la "participación", entendida reductivamente como un decir y hacer cosas. ¿Cómo exactamente ocurrió esto y por qué?

Hacia la época del Concilio Vaticano Segundo, los cirujanos litúrgicos eran presa del prurito de hundir sus escalpelos en el Canon romano, apenas la autoridad les permitiera remediar "sus defectos". En el capítulo de un libro titulado pomposamente "Los principales méritos y defectos del actual Canon romano", Cipriano Vagaggini, osb, sostuvo en 1966: "El tercer defecto importante respecto del modo en que [el Canon] relata la institución de la Eucaristía es la inserción de la frase *mysterium fidei* en medio de las palabras que se pronuncian sobre el cáliz. No hay nada parecido a esto en ninguna otra liturgia, y dentro del propio rito romano su origen es incierto y discutible su significado. Sin embargo, es obvio que en su forma actual, al menos, la inserción *mysterium fidei* fracciona e interrumpe las palabras de la institución"[7].

Bugnini nos dice, en su poderoso tomo "La reforma de la liturgia" que Vagaggini, "en tres meses de intenso trabajo en la biblioteca de la Abadía de Mont-César (Lovaina) en el verano de 1966 . . . compuso dos modelos de nuevas Plegarias Eucarísticas, que presentó al grupo para ser analizadas"[8]. Los expertos acordaron que había que hacer algo con el malhadado *mysterium fidei*:

> La adición "misterio de la fe" en la fórmula de la consagración del vino en el Canon romano no es bíblica; tiene lugar sólo en el Canon romano; es de origen y de significado inciertos. Los expertos no están de acuerdo en el sentido exacto de las palabras. De hecho, algunos le atribuyen un significado bastante peligroso, puesto que la traducen como "un signo para nuestra fe"; interrumpe la oración gramatical y hace difícil tanto su comprensión como su traducción. En francés, por ejemplo, se han visto obligados a repetir la palabra "sangre" tres veces: "Este es el cáliz de mi sangre, la sangre de la nueva alianza, misterio de fe, la sangre derramada...". Lo mismo es cierto, en parecida medida, en otras lenguas. Una vez más, muchos obispos y pastores han pedido que en las

---

7 Cipriano Vagaggini, *The Canon of the Mass and Liturgical Reform*, trad. Peter Coughlan (Staten Island, NY: Alba House, 1967), 104.

8 Annibale Bugnini, *The Reform of the Liturgy 1948–1975*, trad. Matthew J. O'Connell (Collegeville, MN: The Liturgical Press, 1990), 450. El grupo era el *Coetus* X, al cual estaba confiado el *Ordo Missae*.

nuevas anáforas se suprima la adición "misterio de la fe".
Todo esto explica el curso que se ha seguido en las nuevas
anáforas con relación a las palabras de la consagración[9].

Además, se creyó deseable que hubiera una "aclamación de los
fieles después de la consagración y elevación del cáliz": ¿por qué?
"La práctica es originaria de las Iglesias orientales, pero parece apropiado recibirlas en la tradición romana como forma de aumentar
la participación activa de los fieles. En cuanto a la forma exacta
de la aclamación, la rúbrica dice que puede usar "éstas o similares
palabras aprobadas por las autoridades territoriales". Puesto que
las aclamaciones deben ser dichas, o incluso cantadas, por los fieles, es necesario dejar suficiente libertad para que ellos las adapten
a las exigencias de las diversas lenguas y géneros musicales"[10].

En este punto del proceso, pues, la idea era quitar totalmente
las palabras "*mysterium fidei*" y dar simplemente lugar a una aclamación después de la elevación del cáliz.

El 26 de junio de 1967, el cardenal Ottaviani, como cabeza de la
Congregación para la Doctrina de la Fe, envió una carta a Annibale Bugnini expresándole cuáles eran los cambios que la Congregación preferiría que se hiciera a las cuatro Plegarias Eucarísticas
sometidas a revisión doctrinal[11]. Quienes consideran a Ottaviani
un héroe por haber puesto su nombre en el "Breve Estudio Crítico",
puede que se sorprendan y desilusionen al ver hasta qué punto se
plegaba a los planes de *Consilium*:

> Acerca de la omisión del paréntesis (inciso) "mysterium
> fidei": afirmativo.
>
> En relación con la "aclamación" inmediatamente des-
> pués de la elevación, "*Mortem tuam . . .*", preferiríamos
> un texto que exprese más claramente un acto de fe, y
> reemplace así al desaparecido "*mysterium fidei*" –[frase]

---

9   Bugnini, 454. La afirmación de que "no es bíblica" es típicamente equí-
voca: *ninguna* liturgia cristiana histórica ha usado jamás estricta y exclusivamente una fórmula de consagración registrada en el Nuevo Testamento.
Estos ritos litúrgicos son anteriores a los textos bíblicos y reflejan costumbres
particulares que tienen su propia racionalidad.

10   Bugnini, 455.

11   Prot. N. 1028/67, disponible en p. 14 of http://www.prexeucharistica.
org/_pdf/EPICLESI/PIO-Lp015-02.pdf.

ciertamente inoportuna por la posición en que se la puso,
pero obviamente indicada como un llamado a despertar
la fe en ese solemne momento-. Se ha sugerido la frase
evangélica *"Deus meus et Dominus meus"*.

Mientras que Ottaviani consentía a la supresión de la fórmula,
su sugerencia de que un texto diferente de *Mortem tuam* se usara
como aclamación fue, evidentemente, ignorada.

En el Sínodo de Obispos de octubre de 1967 -cuyos participantes fueron el primer conjunto importante de "extraños" al
que se mostró la *Missa normativa* o borrador de lo que Pablo VI
habría de llamar posteriormente *Novus Ordo Missae*[12], y a los que
se pidió a continuación que votaran sobre ella y contribuyeran
con comentarios- se hizo a los Padres sinodales, entre otras, la
siguiente pregunta, tal como cuenta Bugnini: "¿Debieran las palabras *mysterium fidei* suprimirse de la fórmula de la consagración
del vino?". De los 183 votos, 93 dijeron que sí, 48 que no, y 42 que
sí, con condiciones. En esencia, las condiciones fueron éstas: 1)
Las palabras deben omitirse también en el Canon romano. 2) Las
palabras no debieran desaparecer totalmente de la liturgia, pero
debiera usárselas como una aclamación después de la consagración
o en alguna otra formula"[13]. Si sumamos los votos negativos con
los afirmativos con condiciones (*placet iuxta modum*), vemos que
la mayoría en favor de una supresión sin condiciones fue estrecha:
93 contra 90. Sin embargo, parece que la actitud de la mayoría
fue como la de Ottaviani: ¿por qué no sacar ventaja del general
alboroto y convertir esta frase en un vehículo de participación?

No se puede evitar la impresión de estar ante personas "que
inventan cosas a medida que caminan", destituídas de todo verdadero respeto por la tradición y de temor del Señor[14]. Yacía olvidado el sabio consejo: "No traslades los linderos antiguos que
pusieron tus padres" (Proverbios 22, 28).

---

12 Consistorio de los cardenales, mayo 24, 1976: *"usus novi Ordinis Missae"*
y *"Novus Ordo promulgatus est"*-"el uso del nuevo Ordo de la Misa"; "se ha
promulgado el nuevo Ordo".
13 Bugnini, *Reform of the Liturgy*, 352.
14 Para el relato de un testigo presencial del tipo de locura reformista a
la que Bugnini se había entregado en aquel tiempo, ver la narración del

PABLO VI INSISTE EN LA REUTILIZACIÓN

El tema siguió siendo controvertido en el *Consilium*. Como cuenta Bugnini, el punto volvió una y otra vez en la décima reunión general (abril 23-30, 1968), que se congregó para discutir los seis cambios sobre los que Pablo VI había tenido la osadía (en opinión de los expertos) de insistir en relación con la *Missa normativa*. "Todo esto causó algún desánimo, ya que el papa parecía, con el uso de su autoridad para imponer soluciones, estar limitando la libertad de investigación del Consilium"[15]. El subcomité creado especialmente para tratar este tema incluyó, entre otros, a Rembert Weakland, Joseph Gelineau y Cipriano Vagaggini.

En lo relativo a ese tema, a Pablo VI -quien, como vimos en el capítulo 4, había elegido *Mysterium Fidei* como título para su encíclica de 1965, que defendía la transubstanciación y condenaba ciertas tendencias heréticas en la teología Eucarística- no le gustaba la idea de pasar directamente de la elevación a la aclamación, y había postulado: "las palabras *"mysterium fidei"* deben seguir siendo pronunciadas por el sacerdote antes de la aclamación de los fieles". Bugnini escribe:

> ¿Cuáles fueron las dificultades que el grupo de estudio encontró en lo que quería el papa? ... *Misterio de fe.* Si las palabras fueran dichas por el sacerdote antes de la aclamación de los fieles, (a) ello sería una innovación ausente de la tradición litúrgica; (b) alteraría la estructura del Canon en un momento importante; (c) cambiaría el significado de las palabras en cuestión ya que no estarían ya conectadas con la consagración de cáliz. Si se mantienen las palabras, decía el informe, deberían estar conectadas o con la fórmula de la consagración del vino o con la aclamación[16].

Arzobispo Lefebvre de una reunión que tuvo en Roma con los superiores generales a mediados de la década de 1960, en *The Mass of All Time*, ed. Patrick Troadec, trad. Angelus Press (Kansas City, MO: Angelus Press, 2007), 183-84; cf. mi artículo "What Bugnini Was Thinking When He Destroyed the Catholic Mass," *OnePeterFive*, febrero 5, 2019.

15 Bugnini, *Reform of the Liturgy*, 370. ¡Qué observación tan irónica, ya que es la sola autoridad del papa la que terminará imponiendo a la Iglesia el rito del *Consilium*! Toda la reforma es una gigantesca "solución" papalmente impuesta.

16 Bugnini, 371-72.

Al final, se impuso Pablo VI. No sorprende, pues, encontrar este cambio y sus "beneficios" pastorales anunciado en la Constitución Apostólica *Missale Romanum* de 3 de abril de 1969. Sin embargo, la ironía de su contexto inmediato merece un detenido análisis:

> En cuanto a las palabras *Mysterium fidei*, sacadas del contexto de las palabras de Cristo nuestro Señor y pronunciadas por el sacerdote, ellas abren el camino, por decirlo así, a la aclamación de los fieles.
>
> En lo relativo al Orden de la Misa, "los ritos se han simplificado, habiéndose cuidado debidamente la conservación de su sustancia...". Además, "han sido restaurados... de acuerdo con la antigua norma de los santos Padres, varios elementos que habían sufrido deterioro debido a los accidentes de la historia" (*SC*, 50).

A diferencia de la "restauración" del "salmo responsorial", que se fundamenta en un falso anticuarianismo[17] y en una teoría reduccionista de la participación[18], aquí el papa no proporciona ninguna explicación, excepto que "abre el camino, por así decir, a la aclamación de los fieles". Con todo, este cambio hecho al venerable Canon romano (que se replicó en todas las neo-anáforas), *no puede haber sido hecho* con "el debido cuidado" de "preservar [la] sustancia" de los ritos. Lejos de *"restaurar* elementos que han sufrido deterioro con los accidentes de la historia, de acuerdo con las antiguas normas de los santos Padres"[19], las antiguas normas fueron explícitamente violadas; el único deterioro sufrido fue el

---

17 Ver Peter Kwasniewski, *Reivindicación de nuestros derechos hereditarios como católicos: Genio y actualidad de la Misa tradicional* (Brooklyn: Angelico Press, 2022), 144–55.

18 Para un tratamiento extenso de "participación actual" (*participatio actuosa*) y de los errores a su respecto, ver Peter Kwasniewski, *Noble Beauty, Transcendent Holiness: Why the Modern Age Needs the Mass of Ages* (Kettering, OH: Angelico Press, 2017), 191–213; Kwasniewski, *Reivindicación de nuestros derechos hereditarios*, 54–74; Peter Kwasniewski, *Ministers of Christ: Recovering the Roles of Clergy and Laity in an Age of Confusion* (Manchester, NH: Crisis Publications, 2021), 131–51.

19 La teoría propuesta por algunos investigadores conciliares en el sentido de que *mysterium fidei* se originó en algo que el diácono decía al pueblo en el momento de la Consagración o inmediatamente después, ya había sido descartada en 1949 por Jungmann como "poesía, no historia" (*Mass of the Roman Rite*, 199). Este es un libro que *todo el mundo* había leído en aquella época.

causado por la acción del *Consilium*. Fue más bien debido a los accidentes de la reforma litúrgica postconciliar que el rito romano sufrió deterioros.

LOS CARDENALES Y LOS TEÓLOGOS PROTESTAN

Una vez que se dio a conocer el texto del *Novus Ordo* en 1969, el cardenal Ottaviani parece haber cambiado suficientemente de opinión como para poner su firma, junto con la del cardenal Bacci, al "Breve estudio crítico del Nuevo Orden de la Misa", en que encontramos, hecha por un "grupo de teólogos romanos", la siguiente crítica: "La antigua fórmula de la Consagración es, en rigor, una fórmula *sacramental* y no una mera narración... El texto de las Escrituras no fue usado palabra por palabra como fórmula de Consagración. La expresión de San Pablo *el misterio de la fe* se insertó en el texto como una inmediata expresión de la fe del sacerdote en el misterio que la Iglesia hace realidad mediante el sacerdocio jerárquico"[20].

Esto me parece una excelente intuición del beneficio ascético que recibe el sacerdote: el *mysterium fidei* está en medio de la consagración de la Preciosa Sangre como un campanazo que le recuerda tener una mayor consciencia de la tremenda realidad de lo que hace ante Dios y por el bien del pueblo -nada de vacías conmemoraciones, sino un hacerse presente el Misterio objetivo "escondido desde los siglos y desde las generaciones y ahora manifestado a sus santos" (Colosenses 1, 26)-. El "Breve estudio crítico" prosigue:

> Además, la Aclamación del pueblo que sigue inmediatamente a la Consagración -*Proclamamos tu muerte, oh Señor... hasta que vengas*- introduce la misma ambigüedad acerca de la Presencia Real, so capa de una alusión al Juicio Final. Sin siquiera una pausa, el pueblo proclama su espera de Cristo al fin de los tiempos justo en el momento en que El está *sustancialmente presente* sobre el altar, como si la *verdadera venida* de Cristo fuera a ocurrir

---

20 Alfredo Cardinal Ottaviani and Antonio Cardinal Bacci, *The Ottaviani Intervention: Short Critical Study of the New Order of Mass,* trad. Anthony Cekada (West Chester, OH: Philothea Press, 2010), 56.

sólo al fin de los tiempos más que ahora ahí, sobre el altar mismo. La segunda Aclamación opcional presenta esta idea más poderosamente todavía: "Cuando comemos este pan y bebemos de esta copa, anunciamos tu muerte, oh Señor, hasta que vuelvas". La yuxtaposición de realidades enteramente diferentes –inmolación y comida, la Presencia Real y la Segunda Venida de Cristo– lleva la ambigüedad a un verdadero extremo[21].

Aunque el "Breve Estudio" hubiera expresado esta crítica más certeramente (el lenguaje es demasiado laxo), acierta incuestionablemente al decir que desalojar una frase de tal antigüedad, de tal densidad teológica y de tanta ayuda para el sacerdote, e introducir además aclamaciones que dirigen inmediatamente la atención hacia el banquete escatológico y hacia la "asamblea", no puede sino modificar la comprensión de la acción que se realiza.

Una respuesta publicada en 1969 en *Notitiae*, el periódico oficial del *Consilium* (y después de la Congregación para el Culto Divino), dejó en claro que el transplante del *mysterium fidei* altera fundamentalmente su carácter.

> Pregunta: Cuando no hay ningún fiel presente que pueda pronunciar la aclamación después de la consagración, ¿debe el sacerdote decir "El misterio de la fe"?
>
> Respuesta: Negativo. Las palabras *El misterio de la fe*, que han sido tomadas del contexto de las palabras del Señor y puestas después de la consagración, "sirven como introducción a la aclamación de los fieles" (cf. Const. *Missale Romanum*). Sin embargo, cuando en determinadas circunstancias nadie puede responder, el sacerdote omite estas palabras, como en la Misa en que, por grave necesidad, se celebra sin ningún ministro, en que se omite los saludos y bendición al final de la Misa (*Inst. gen.*, nº 211). Lo mismo rige para la concelebración por varios sacerdotes cuando no hay ningún fiel presente[22].

En otras palabras, la frase, de ser un componente teológicamente polisémico de la fórmula de la consagración, con beneficios

---

21 Ottaviani and Bacci, 58.
22 *Notitiae* 5 (1969): 324-25, n. 3.

ascéticos para el sacerdote, se ha transformado en un mensaje dirigido a los fieles. Sin la presencia de fieles, el *mysterium fidei*, en cierto sentido, deja de existir. La respuesta de *Notitiae* es prueba de que esta frase se ha separado totalmente de la tradición.

IMPLICANCIAS MÁS AMPLIAS DE ESTE CAMBIO

El desalojo de *mysterium fidei* de su venerable posición a otra, que tiene una nueva función, tiene un efecto, al menos, cuádruple.

Primero, ratifica, una vez más, de un modo más bien dramático, la generalizada tendencia de los peritos litúrgicos modernos –no sólo Jungmann quien, como hemos visto, acierta con el *mysterium fidei*, sino incluso figuras tan eminentes como Adrian Fortescue y el cardenal Schuster– a suponer que ciertas antiguas partes del texto del Canon y de muchas otras partes de la liturgia son meros accidentes históricos o, más probablemente, errores introducidos por algunos ignorantes. Dicho desalojo es como una palmadita en la espalda de los Vagagginis del mundo: "Bien hecho, buen crítico y fiel servidor".

Segundo, suprime o, al menos, pone entre paréntesis de sospecha, la piadosa creencia en la derivación de esta fórmula desde una tradición apostólica y en la recepción medieval de dicha tradición; creencia a la que los unánimes testimonios paleográficos dan un apoyo mayor que cualquier duda que puedan tener los expertos. De este modo, hizo su contribución al socavamiento general de la piedad frente a formas litúrgicas heredadas, cosa que es, quizá, el más execrable *fallout* de la reforma.

Tercero, al modificar osadamente la fórmula usada en el momento más sagrado del Santo Sacrificio, el cambio envió un claro mensaje –más claro todavía que la inserción del nombre de San José en el Canon en 1962, que fue la precursora– de que los cambios litúrgicos realizados en la década de 1960 constituyen una revolución, no una reforma. Hay algunos cambios que no pueden plausiblemente ser considerados como refinamientos o ajustes que mantienen la continuidad con la tradición: son, simplemente, rupturas. Mientras antes reconozcamos esto, más pronto podremos apartar la cantinela de la "Reforma de la Reforma" y reanudar la continuidad perdida en los lugares de quiebre[23].

Por último, y en un plano enteramente práctico, tenemos la mera banalidad de esa "aclamación" manufacturada, que se usa en la plétora de versiones vernáculas en que el rito romano se ha balcanizado[24]. Cuando la Plegaria Eucarística se reza en voz alta en vernáculo, la atmósfera –que un sobrio *ars celebrandi* podría incluso volver devota– es hecha trizas en su momento más solemne por la nunca unánime enunciación de uno u otro texto aprobado, iniciada por el sacerdote en su papel adicional de maestro de primaria. Cuando la aclamación se canta, los resultados pueden ser mucho peores: los músicos, mal alimentados con una dieta pop-litúrgica, descienden más abajo que sus propios fracasos cuando ponen a las aclamaciones una música cliché, latigudo-caricaturesca. La inmolación del Esposo es obliterada de la mente con estas vulgares imitaciones de Broadway.

Desde una perspectiva teológica y ritual, esta aclamación no es más que una intrusión, una interrupción, una irrelevancia en el curso de la acción litúrgica, que se centra, en ese momento, en la sagrada Víctima, en la Víctima pura e inmaculada que se ofrece al Padre para la salvación de los hombres. Nuestra participación consiste en adorar en silencio, uniéndonos a Su sacrificio en la Cruz, y en esperar Sus abundantes gracias. No es el *mysterium fidei* el que merece ser rebajado a la calidad de "paréntesis", sino esa aclamación, engendro de Pablo VI y del Consilium[25].

---

23   Ver mi artículo "Why the 'Reform of the Reform' Is Doomed," OnePeterFive, abril 22, 2020.

24   En contraste con casi todas las versiones vernáculas que he oído, la aclamación en latín (*Mortem tuam annuntiamus, Domine...*) ha sido puesta en música bellamente. Con todo, el valor estético del canto no puede anular los profundos problemas que hemos mencionado en este capítulo.

25   Como si no fuera ya suficientemente mala la pérdida de *mysterium fidei* en las palabras de la consagración, las versiones en las diversas lenguas han traducido *pro multis* como "por todos", causando consternación entre los católicos suficientemente educados como para darse cuenta de que esto es limítrofe con meter mano a la fórmula misma del sacramento. Esto fue uno de los principales argumentos de aquéllos que errónea pero comprensiblemente negaron validez al *Novus Ordo*. El papa Benedicto XVI tomó medidas para que se corrigiera la traducción. Esto se cumplió en el

COMO SIEMPRE, ES LA TRADICIÓN EL CAMINO
HACIA ADELANTE

El misterio de nuestra fe está íntima e intrínsecamente ligado con el *hunc praeclarum calicem*, "con este precioso cáliz". El susurro de las palabras *mysterium fidei* está *en el corazón* de la consagración del cáliz. Su supresión es un emblema de lo que se ha hecho con la liturgia como un todo, cuando se arrancó a muchos ritos su propio corazón. Aunque las palabras *mysterium fidei* no son necesarias para significar la transubstanciación (por lo que la consagración puede ser "eficaz" y la Misa "válida" sin ellas), el desalojo de esta frase desde su ubicación secular exuda una sola actitud: nada es sagrado.

El salmo 15 usa la copa o cáliz como símbolo de la generosa preocupación de Dios por su pueblo: "Yavé es la parte de mi herencia y mi cáliz, tú eres quien me garantizas mi lote" (Salmo 15, 5). Este versículo -que es la forma en la ceremonia de tonsura y la oración para el revestimiento de la casulla- nos recuerda la naturaleza de nuestra *herencia litúrgica*. No se trata aquí del *fallout* de la veleidosa casualidad o de meras intenciones humanas, sometidas a perpetuas revisiones, sino de una tradición viva que comienza en el *Logos* de Dios y culmina en el *Logos* hecho carne, nuestro eterno Sumo Sacerdote que guía a su Iglesia por el don del Espíritu Santo. La actitud que debemos tener ante nuestra herencia -"mi lote"- es descrita en el versículo siguiente: "Cayeron para mí las cuerdas en lugares amenos, y es mi herencia muy agradable para mí" (Salmo 15, 6).

Estas dos palabras, *mysterium fidei*... que no sabemos de dónde vinieron, o por qué están donde están, imponen un inquebrantable límite de humildad a la soberbia de nuestro saber académico; el que no podamos comprender todo el ámbito de su significado o clasificarlas cartesianamente como ideas "claras y distintas", humilla la incansable vanidad de nuestras ambiciones,

---

mundo de habla inglesa con la edición de 2011 del *ritus modernus*, pero los alemanes rehusaron porfiadamente, incluso después de que el papa enviara una carta, *Pro Multis*, el 14 de abril de 2012, a la Conferencia Episcopal alemana a través de su presidente, H. E. Robert Zollitsch.

poniéndonos en el lugar de pordioseros que recogen cualquier migaja de intuición que pueda caer de la mesa celestial de nuestro maestro. Así es como somos, verdaderamente; éste es el lugar al que pertenecemos. "En esto está la paciencia y la fe de los santos... Aquí está la sabiduría" (Apocalipsis 13, 10, 18).

I. Callot fecit

La incesante celebración de la liturgia de la Iglesia, en que las verdades eternas se reafirman constantemente con siempre creciente solemnidad, es la vida normal del pueblo de Dios; pero es un fenómeno espiritual tan vasto que desafía toda descripción y no es, por tanto, objeto del historiador, sino un espectáculo que los ángeles de Dios aman contemplar: es verdaderamente vida eterna sobre la tierra.

Dom Ansgar Vonier

Lo espurio de la reforma litúrgica no es cuestión de detalles. La verdad que se impone es que las críticas hechas a los antiguos ritos fueron pedantes trivialidades, en tanto que los defectos de la práctica litúrgica moderna son fundamentales y afectan al corazón de la liturgia: incluyen la pérdida del concepto de sacrificio, de una auténtica comprensión del altar, de la separación del presbiterio, del principio litúrgico de orientación, de la celebración jerárquica y, sobre todo, de las realidades sacramentales y doctrinales sin las cuales la ciencia litúrgica no es sino pura tontería.

Henry Sire

❦[10]❧

Bizantino, Tridentino, Montiniano: dos hermanos y un extraño

L A MAYORÍA DE LOS TRADICIONALISTAS piensa, y yo me incluyo entre ellos, que la Divina Liturgia bizantina y la Misa romana tradicional son cercanos parientes espirituales, en tanto que el *Novus Ordo* se aparta tanto de la herencia que aquéllas comparten, que su parentesco es remoto y dudoso. Pero a veces se encuentra católicos que, confundidos por algunos superficiales parecidos entre la Liturgia bizantina y el *Novus Ordo* (e.g., el que ambos sean a menudo dichos en vernáculo pronunciado en alta voz) y por ciertas obvias diferencias entre la liturgia bizantina y el rito romano tradicional (e.g., el que haya mucho más silencio en este último que en la primera, y que el pueblo parece tener un papel más "activo" en ésta que en aquél), sostienen que la liturgia bizantina y el *Novus Ordo* son más afines y, así, cuando se les enfrenta a una elección, eligen el rito bizantino o el *Novus Ordo* en lugar del tridentino. De hecho, los protagonistas y apologistas de la reforma litúrgica a menudo profesan ser admiradores de la tradición Oriental, y gustan de recalcar los muchos rasgos aparentemente "Orientales" de la liturgia neo-romana.

El propósito de este capítulo es establecer con precisión en qué consiste la comunión de la liturgia bizantina con la liturgia latina tradicional, demostrando cómo el *Novus Ordo* difiere drásticamente de ambas. Podemos constatar esa comunión en los siguientes principios:

1. Tradición
2. Misterio
3. Estilo elevado

4. Integridad o estabilidad ritual

5. Densidad

6. Adecuada y reiterada preparación

7. Fidelidad

8. Jerarquía

9. Paralelismos

10. Separación

1. EL PRINCIPIO DE TRADICIÓN

Tanto la liturgia bizantina como la liturgia romana tradicional son resultado del desarrollo orgánico de un antiguo núcleo apostólico, transmitido a través de siglos de fe viva; a pesar de la atribución de tal o cual liturgia a algún santo famoso, como San Juan Crisóstomo o San Basilio o San Gregorio, el rito es, en los hechos, obra de muchos hombres santos, la mayoría anónimos. Ninguna liturgia oriental u occidental clásica es resultado de un comité de peritos *avant-garde*, desconectados del pueblo, prisioneros de teorías de moda que hace ya tiempo han dejado de serlo. A esto podemos llamar el principio de Tradición, de recibir lo que se nos ha transmitido. Dicho en forma simple: *no es que una liturgia sea buena porque la autoridad de la Iglesia la considera buena sino que, más bien, la Iglesia sabe que es buena porque la ha recibido.*

Aquí nos topamos con la raíz misma de ese excéntrico ultramontanismo (o, mejor, hiperpapismo) occidental que considera que la liturgia no es sino lo que ha sido decretado por la autoridad papal, como si la liturgia fuera una arcilla infinitamente maleable, cuya forma queda entregada enteramente a la voluntad del escultor[1]. Conozco a un filósofo católico que sostiene que la única razón por la que un rito de la Misa es legítimo, es el haberlo declarado

---

1 Ver Geoffrey Hull, *The Banished Heart: Origins of Heteropraxis in the Catholic Church* (New York: T&T Clark, 2010). Si existe un error en Hull, él sería su tendencia a contrastar la tiranía papal romana con la visión de una envidiable inmovilidad bizantina. En la medida en que Oriente ha permanecido estático, ello puede haber derivado de un diferente tipo de arqueologismo, uno hecho posible por la falta de una autoridad centralizada. No es por nada que en la "Breve historia del Anticristo", de Vladimir Soloviev, se ofrece a los Ortodoxos un magnífico Museo de Arqueología Cristiana a cambio de su fidelidad al gobierno mundial único. Antes de la Segunda Guerra Mundial, los papas parecían, en general, saber cómo enriquecer su propio rito sin destruirlo.

tal el papa, y que si el papa quisiera vaciar al rito de todo su contenido y reemplazarlo por algo totalmente diferente, se trataría de un auténtico rito católico mientras contuviera las palabras de la consagración. No se podría imaginar nada más ajeno que esto al espíritu apostólico, patrístico, histórico, y dogmático cristiano[2]. Parafraseando a Newman, "Interiorizarse profundamente en la historia, es dejar de ser hiperpapista".

Un signo palpable de la tradición en Oriente y Occidente es el calendario santoral, que crece constantemente, que rara vez es modificado y que jamás es renovado en su conjunto. La norma es aquí continuar con los queridos santos que han sido ya devotamente venerados durante siglos, e ir añadiendo santos nuevos a medida que el Señor los suscita en su Iglesia. En este aspecto, no es exagerado decir "mientras más, más alegres". Si hace falta añadir otro santo a un determinado día, la solución fácil es conmemorarlos a ambos en vez de expulsar uno de ellos a las tinieblas exteriores[3].

2. EL PRINCIPIO DE MISTERIO

Cada una de estas tradiciones litúrgicas exhibe el principio de misterio: la liturgia, como el Dios a quien se acerca, es un *mysterium tremendum et fascinans*, palpablemente sagrado, una obra,

---

2   En 1958, Louis Bouyer decía en una conferencia en Estrasburgo: "Recientemente, en una revista inglesa, un escritor católico, con la seguridad propia de un ultramontano, escribe que es una pérdida de tiempo estudiar la liturgia antigua a fin de preparar un *revival* litúrgico. Después de todo, dice, la suprema autoridad de la Iglesia no está atada por nada, y podría libremente darnos una liturgia enteramente nueva, que respondiera a las necesidades actuales, sin tener que preocuparse en absoluto del pasado. Por tanto, sólo necesitamos esperar con confianza este regalo. Rara forma, en realidad, de exaltar la autoridad de la Iglesia, que se parece muchísimo, a pesar de que no se advierta a primera vista, al enfoque apologético de los modernistas que dicen que la Iglesia está por encima de los Evangelios, puesto que éstos son fabricación suya. La lógica de esta postura, que exalta la autoridad en su propio beneficio, es la misma que la del cínico obispo anglicano del siglo XVIII, que decía que la Iglesia anglicana enseñaba efectivamente que hay una Trinidad, pero que bastaría una ley del Parlamento para hacerla Unitarista. La autoridad en la Iglesia católica está muy lejos de aceptar semejantes adulaciones que, en verdad, la perjudican". *The Liturgy and the Word of God* (Collegeville, MN: The Liturgical Press, 1959), 65.

3   Ver Peter Kwasniewski, "The Sanctoral Killing Fields: On the Removal of Saints from the General Roman Calendar," *NLM*, noviembre 16, 2020.

una maravilla que Dios obra entre nosotros, al cual se permite al hombre unirse en temor y temblor, pero al mismo tiempo con la íntima confiaza y esperanza de la salvación de sus pecados. Estas oraciones enfatizan con gran fuerza la santidad de Dios, la primacía de su acción divina, lo tremendo de lo que tiene lugar, la indignidad de los ministros, la necesidad de continua purificación a medida que nos vamos aproximando.

La liturgia tradicional es como la nube en la montaña en que la que se dice que habita Dios, y en la que Moisés desaparece, "dejando atrás todo cuidado terrenal". Su propósito es que "podamos recibir al Rey de todo, invisiblemente escoltado por los ejércitos de ángeles". No tiene aquí cabida un encuentro con agenda, dirigido por gerentes corporativos, caracterizado por una gran cantidad de lecturas y distribución de tareas. Nosotros nos postramos en el suelo sagrado, frente a la zarza ardiente de la autorrevelación divina. Al terminar, tenemos derecho a decir: "Hemos visto la verdadera luz, hemos recibido al Espíritu celestial, hemos encontrado la verdadera fe, y adoramos a la Trinidad Indivisa por habernos salvado". En cada etapa del camino, la liturgia tridentina, austera como es en comparación con otras, ora con el mismo espíritu de ellas, y crea la misma atmósfera, saturada de inefable misterio.

3. EL PRINCIPIO DE ESTILO ELEVADO

Las oraciones y lecturas de las liturgias tradicionales orientales y occidentales son o bien cantadas por cantores, diáconos, subdiáconos y coros, o bien susurradas o proclamadas en el altar por el sacerdote, pero nunca recitadas con el tono de un noticiario o de una lección escolar. Parte de la elevación del tono es el uso de lo que podría llamarse "lenguaje elevado". En Oriente, toma la forma de exquisitas composiciones poéticas; en Occidente, de venerables locuciones latinas. El latín es verdadera, propia y definitivamente la lengua de la Iglesia católica romana, así como ciertos elevados idiomas vernáculos lo son de los ritos orientales.

Hay que tener cuidado al proclamar que el "uso del vernáculo" es característico de los ritos orientales *en la misma forma* en que caracteriza al *Novus Ordo*, con su gran número de traducciones a las lenguas modernas. *Se puede usar* el vernáculo, como cuando la Divina Liturgia se celebra en inglés en los Estados Unidos; pero también existe una gran cantidad de otras costumbres más antiguas. Las iglesias/patriarcados de habla griega usan el griego litúrgico bizantino. La pequeña Iglesia italo/albanesa de Calabria y Sicilia sigue usando en gran parte de su liturgia el griego, los domingos y fiestas. Las Iglesias eslávico/ortodoxas están acostumbradas desde hace mucho tiempo al uso del antiguo eslavónico eclesiástico; los rusos todavía lo usan predominante o exclusivamente, y aunque los serbios, búlgaros, macedonios, bielorrusos y ucranianos usan mucho vernáculo, todavía usan el eslavónico. La Iglesia ortodoxa rumana usó el griego eslavónico/litúrgico desde el siglo X hasta el XVII, época en que se lo reemplazó por el rumano (que, con todo, recibió la influencia del eslavónico eclesiástico, haciéndolo parecer muy poco vernáculo). La Iglesia ortodoxa de Georgia usa el antiguo idioma literario georgiano como lengua litúrgica. Los ortodoxos coptos usan el copto literario, y aunque su empleo disminuyó durante la larga dominación musulmana, todavía sigue vivo y está siendo reintroducido. Los ortodoxos etíopes usan una "lengua muerta", el Ge'ez, en su liturgia. Las liturgias melquitas y sirias de Oriente Medio usan el sirio y el árabe clásicos. Los armenios usan el armenio literario clásico[4].

El prolongado uso del latín durante más de 1.600 años en Occidente no es un accidente casual, sino un principio constitutivo, como lo dijo nada menos que Juan XXIII en su Constitución Apostólica *Veterum Sapientia*, firmada hace sesenta años, el 22 de febrero de 1962, sobre el altar mayor de la Basílica de San Pedro, y nunca rescindida (aunque universalmente ignorada). Quienes asisten al *usus antiquior* tienen bien claro el poderoso efecto que produce en los fieles el uso ceremonial de una antigua lengua,

---

4 Además, ¿qué se entiende exactamente por "vernáculo"? El antiguo eslavónico eclesiástico, por ejemplo, fue creado para que los eslavos pudieran entender la liturgia, pero también para traducir el griego litúrgico poético, lo cual significa que jamás sonó como la lengua hablada en la calle, igual que lo que fue el caso con el latín retórico del siglo IV, en que se celebró originalmente el rito romano. En la mayor parte de las culturas, además, existió una gran distancia entre la lengua literaria y la lengua hablada, mucho mayor que la que es típica hoy, tanto porque hoy hay más gente técnicamente alfabetizada, como porque la lengua literaria estilizada ha fundamentalmente desaparecido.

que ha adquirido una fuerza numinosa con el paso del tiempo. El haberse reservado un lugar especial para esta lengua, consagrada, se puede decir, al culto público de Dios, encarna tanto objetiva como subjetivamente, al tiempo que la fomenta, la conciencia de la segregación de lo sagrado de lo profano, que está en el corazón de toda religión sacrificial.

4. EL PRINCIPIO DE INTEGRIDAD RITUAL

Tanto la Divina Liturgia como la Misa tradicional latina pre-existen a toda celebración específica en tanto que ritos determinados y plenamente articulados, que el clero y los fieles observan con humilde obediencia. Las oraciones, antífonas, lecturas, gestos y cánticos están prescritos y son fijos; sobre todo, la más sagrada de las oraciones, la anáfora, es o bien inmutable (en Occidente) o bien determinada por el calendario litúrgico (en Oriente). De este modo, las preferencias personales o elecciones del celebrante no son nunca lo que mueve la acción. Podemos también llamar a esto *el principio de la estabilidad*, ya que la integridad del ritual garantiza al clero y al pueblo una roca inconmovible sobre la cual pueden construir su vida espiritual.

Un escritor del blog progresista *PrayTell*, Liborius Lumma, describe bellamente este beneficio, tal como él lo experimenta en la liturgia oriental, al mismo tiempo que, sin darse cuenta, hace una aguda crítica precisamente a ese punto en que el moderno rito "romano" difiere del rito romano tradicional:

> Jamás he experimentado la liturgia oriental como una arena para que se enfrenten las diferentes tendencias teológicas. La liturgia occidental ofrece muchísimas opciones creativas. Por ejemplo: en una Misa romana [*sic*; quiere decir moderna] se puede (y se tiene que) elegir una de varias Plegarias Eucarísticas, uno de entre muchos himnos (aunque se puede omitirlos), componer uno mismo toda la Oración de los Fieles, escoger de entre varias opciones para el Rito Inicial, etc. Todas estas opciones permiten adaptar la liturgia a diferentes colectividades y situaciones, pero pueden también transformarla en instrumento de poder. Quienes arman la liturgia ejercen un poder sobre quienes asisten a ella, ignorantes de con

qué se van a encontrar. Los ministros occidentales de la liturgia son quienes permanentemente toman las decisiones. No hay forma de evitar este papel, y se requiere mucho conocimiento teológico y sentido de responsabilidad para cumplirlo de buena forma.

Los oficios de la liturgia oriental son, en cambio, considerados más como papeles en una escenificación sagrada. A primera vista los obispos, sacerdotes, diáconos y cantores parecen dominar ampliamente, en comparación con el pueblo. Esto da a las liturgias orientales un aspecto muy jerárquico, dominado por los varones. Pero ninguno de estos ministros toma casi ninguna decisión respecto de ningún elemento litúrgico específico. Aunque los cantores escogen las melodías para los diversos cánticos, los textos mismos permanecen los mismos, indiscutidos: les son dados, no son elegidos... Esta inflexibilidad puede tener un valor espiritual: la liturgia es un tesoro que nos es traspasado [¿entregado?] por nuestros antecesores, y se entiende que debe ser entregado a nuestros sucesores. Es como un río que fluye, al cual entramos y salimos en ciertas ocasiones, pero el río es siempre el mismo[5].

Todo lo que Lumma dice aquí sobre "los oficios de la liturgia oriental" se aplica perfectamente al rito romano clásico. En los ritos tradicionales, orientales u occidentales, está claro durante toda la acción qué se debe hacer, decir o cantar. La liturgia es una acción eclesiástica pública, no una parcela o prerrogativa de un determinado celebrante, que puede jugar a ser Dios, haciendo que la liturgia sea creada por sus manos. ¡No lo permita Dios! Los ministros son sólo eso: ministros. Ellos reciben lo que se les ha dado y lo ponen por obra de acuerdo con el ritual de la Iglesia, de quien son representantes, para beneficio de los hijos de ella. De hecho, Santo Tomás va hasta el punto de llamar al sacerdote un "instrumento animado" de Cristo, Sumo Sacerdote, un instrumento racional que pone su mente y su corazón a disposición del Señor[6].

---

5 "Things I Like About Eastern Christianity, Part 3," *PrayTell*, junio 21, 2018. Para una perspectiva desde el lejano Oriente, ver el comentario de Joseph Shaw del libro de Byung-Chul Han *The Disappearance of Rituals*: "A Post-Modern Defence of Ritual," *The European Conservative*, marzo 3, 2022.
6 Ver Peter Kwasniewski, *Ministers of Christ: Recovering the Roles of Clergy and Laity in an Age of Confusion* (Manchester, NH: Crisis Publications, 2021),

5. EL PRINCIPIO DE DENSIDAD

La antigua liturgia romana, como la antigua bizantina, está empapada con contenidos dogmáticos, morales, y ascético-místicos. Las oraciones son densas y ricas, llenas de religión. Constituyen un poético tapiz de Sagrada Escritura y de otras fuentes devotas. En comparación con esto, el *Novus Ordo* es claramente exiguo. Piénsese en los diversos himnos o *troparia* de la tradición bizantina, o en la riqueza de antífonas de Propios en el rito romano, y en las Colectas, Secretas y Postcomuniones, pocas de las cuales sobrevivieron al escalpelo purgador del *Consilium*. Carl Olson ha hecho la siguiente observación:

> Después de haber asistido a una parroquia bizantina por casi 20 años, es interesante ver que, aunque las liturgias orientales no son silenciosas al modo en que lo es la Misa latina –de hecho, hay poco silencio en una liturgia bizantina–, hay entre ellas profundas semejanzas y convergencias en lo que se refiere a la reverencia, la trascendencia y la riqueza teológica. Francamente, pierdo la cabeza al oír las oraciones que se dice en cualquier Misa *Novus Ordo*. Dicho de otro modo, la Divina Liturgia y la Misa latina hablan ambas a la inteligencia, al corazón y a los sentidos de modos misteriosos y profundos que, aunque subjetivos en algún grado, están al servicio de la verdad objetiva y de la realidad divina[7].

El pensamiento de Olson se puede aplicar a cualquiera de los ritos y usos litúrgicos "recibidos", sea Sarum o romano, dominico o premonstratense, ambrosiano o mozárabe, eslavónico o griego, copto o armenio. Imagínese a un profesor de liturgia que diera a sus alumnos la siguiente tarea (cosa perfectamente posible de cumplir en una ciudad grande como Washington, D. C.): "Durante seis domingos seguidos, asistan a liturgias cristianas históricas no occidentales, a su elección. El séptimo domingo, asistan a una Misa tridentina solemne, y el octavo, a una Misa católica

---

13-30, esp. 24; *Resurgimiento en medio de la crisis: Sagrada liturgia, Misa tradicional y renovación en la Iglesia* (Brooklyn: Angelico Press, 2019), 111-19, 161-75; *Holy Bread of Eternal Life: Restoring Eucharistic Reverence in an Age of Impiety* (Manchester, NH: Sophia Institute Press, 2020), 95-96.
7   Comentario en Facebook.

moderna. Luego escriban un informe comparando y contrastando sus experiencias". Pero, claro, ningún profesor jamás daría esta tarea, porque le saldría el tiro por la culata. Lo probable es que el profesor esté mucho más interesado en cómo la reforma litúrgica inició una nueva era de ecumenismo con nuestros hermanos y hermanas (protestantes) separados.

6. EL PRINCIPIO DE PREPARACIÓN

Estrechamente vinculado con el principio anterior está el principio de adecuada y reiterada preparación. Tanto en Oriente como en Occidente, el clero y los ministros se preparan rigurosamente para su trabajo en el altar, ya sea en la mesa lateral, preparando las ofrendas con abundantes oraciones, ya sea al pie del altar recitando el Salmo 42, el Confíteor y las demás oraciones. ¿Cómo podría, cualquiera que tiene la menor conciencia de lo que es el Santo Sacrificio de la Misa, salir de la sacristía y caminar directo hacia el altar con el aire de que no se trata, después de todo, de mucha cosa? ¿Como si se estuviera subiendo la escala de la oficina de correos, o entrando al bar de ensaladas de un restorán? He visto cómo algunos, en la graduación de la universidad, suben a la plataforma o al podio con más decoro y conciencia de la *gravitas* que al acercarse o subir al altar.

Como Catherine Pickstock ha advertido tan bien, la repetición de las oraciones en todas las liturgias genuinas es deliberada y de inmensa importancia espiritual[8]. La liturgia bizantina hace que el sacerdote frecuentemente rece en silencio de comienzo a fin mientras se prepara una y otra vez para el siguiente paso maravilloso que tiene que dar en los misterios de Cristo. La liturgia romana auténtica no es diferente en esto, con su extenso Ofertorio, sus tres oraciones preparatorias de la Comunión, las oraciones de las abluciones, el *Placeat* y el Ultimo Evangelio. Hay muchas repeticiones en la Divina Liturgia y en el *usus antiquior* romano; en la primera, hay cascadas de letanías "Señor, ten piedad" o "Concédenos,

---

8   Ver Catherine Pickstock, *After Writing: On the Liturgical Consummation of Philosophy* (Oxford: Blackwell, 1998), esp. 169-252; ver mi conferencia "Poets, Lovers, Children, Madmen – and Worshipers: Why We Repeat Ourselves in the Liturgy," *Rorate Caeli*, febrero 19, 2019.

Señor"; en el segundo, los nueve Kyries, el triple Confíteor, el triple *"Domine, non sum dignus"* (que se recita dos veces, para indicar la distinción entre la comunión del sacerdote y la de los fieles). Otra forma de repetición no menos poderosa en su valor formativo y expresivo es el uso de anticipos, continuaciones y despedidas de fiestas (en Oriente), o vigilias y octavas (en Occidente), que añaden especial énfasis a ciertas celebraciones y prolongan los misterios.

Todos sabemos que estas oraciones surgieron a lo largo del tiempo, y que el Ultimo Evangelio, por ejemplo, fue un añadido relativamente tardío[9]. Pero estas adiciones *tuvieron buenas razones*: se hicieron bajo la suave influencia del Espíritu Santo. Una cosa es que no se las haya conocido en épocas anteriores, y otra totalmente diferente *retirarlas* luego de haber sido apropiada y armoniosamente agregadas y de haberse hecho una parte fija del rito durante siglos. Lo primero es tan perdonable como la ignorancia de un profeta del Antiguo Testamento sobre las circunstancias exactas de la vida de Cristo; lo segundo es tan imperdonable como la conversión de un cristiano al judaísmo. Tal como expliqué en el capítulo 2, acabar con lo que ha sido valiosamente añadido es nada menos que un repudio de su contenido teológico y de su función litúrgica. La Constitución *Sacrosanctum Concilium* se *equivoca positivamente* al declarar que la liturgia tradicional contiene "inútiles repeticiones" que hay que purgar. Cualquiera que realice devotamente las repeticiones de la antigua liturgia comprende su finalidad, que no ha presentado jamás ninguna dificultad a los cristianos, hasta que, en los tiempos modernos, llegó el mal hábito mental del racionalismo y del utilitarismo.

Además, la disciplina del ayuno y abstinencia se comprende mejor no como un simple medio de hacer penitencia sino como un modo de asegurarse una lúcida entrega al culto de Dios y una recepción pura de los santos misterios de Cristo. El calendario bizantino contiene cuatro ayunos durante el año litúrgico: Navidad, Todos los Santos/San Pedro y San Pablo, Dormición, Gran Cuaresma. La liturgia romana tradicional conservó por mucho tiempo un gran

---

9 Entró en la liturgia a través de los dominicos del siglo XIII y se hizo obligatorio en la Iglesia con el papa dominico San Pío V.

ayuno en Cuaresma, y un ayuno menor en Adviento, aunque este último no sobrevivió a la modernidad. Pablo VI, en su campaña de implacable modernización, aprobó una liturgia que abolió completamente el único período de ayuno que quedaba todavía en Occidente[10]. Si a esto se lo denomina "mirar al Oriente" para inspirarse, quiere decir que las palabras han perdido todo significado. En realidad, la frecuente apelación de los reformadores litúrgicos a bizantinizar esto o aquello no debiera engañarnos acerca de su mañosa selectividad. Por ejemplo, algunos occidentales aprueban la costumbre oriental de tener clero casado, pero ¿están dispuestos a acoger la antiquísima disciplina bizantina de que un diácono o sacerdote, desde el día previo a cualquier liturgia Eucarística, debe abstenerse de las relaciones maritales? Por cierto que no; porque el diablo ha inducido en Occidente la estrategia de alabar todo lo que sea bizantino que pueda sintonizar con nuestras fantasías modernas o premodernas, ignorando al mismo tiempo todo lo que las contradiga, como es el caso de la disciplina ascética o la extensión y belleza de las liturgias.

7. EL PRINCIPIO DE FIDELIDAD

La *totalidad* del menaje evangélico está presente en el leccionario tradicional, incluyendo las llamadas "partes difíciles", además de las más fáciles. En el *Novus Ordo*, la Sagrada Escritura ha sido editada para amoldarla a los prejuicios modernos, ya sea suprimiendo pasajes que siempre se leyeron en el culto católico romano, ya sea amputando versículos o recurriendo a versiones abreviadas[11]. La *lex orandi* tradicional contiene y transmite, con mayor amplitud y con vigor apostólico, la totalidad de la *lex credendi* de la Iglesia católica, sin acomodarla a las sensibilidades o susceptibilidades modernas. Así, para poner un solo ejemplo

---

10 Los días de ayuno fueron reducidos de cuarenta a dos (!); la mayoría de las oraciones que mencionaban el ayuno fue eliminada; se minimizó la abstinencia; el período pre cuaresmal de Septuagésima, que tiene un paralelo exacto en Oriente, fue abolido.

11 Para un listado de artículos que critican los principios y contenidos del nuevo leccionario, ver Peter Kwasniewski, "The Postconciliar Lectionary at 50: A Detailed Critique," *NLM*, mayo 25, 2019.

entre miles, se enseña en ella inequívocamente la condenación de Judas y la posibilidad real del infierno para cualquiera de nosotros, en tanto que se emplea abundantemente los salmos imprecatorios, dirigidos a nuestros enemigos espirituales. Estas cosas son amputadas o sumamente reducidas en el *Novus Ordo*[12]. En este aspecto, éste fracasa en transmitir la plenitud de la fe, tal como la encontramos en la Escritura, en los Padres, en los Concilios y en los Doctores de la Iglesia; fracasa en su papel de *lex orandi* de la Iglesia ortodoxa.

De hecho, hay muchas doctrinas de la fe que pueden *ser vistas y oídas* en las antiguas liturgias, en tanto que en el contexto de la liturgia neo-romana tienen que ser *estudiadas* o aceptadas a ciegas porque el rito mismo no las hace evidentes. Por ejemplo, considérese la veneración que debiera darse a los santos y la *latreia* que debe darse al Santísimo Sacramento. Quien asiste a la liturgia bizantina o a la romana clásica tendrá una experiencia visceral de la venerabilidad de los santos y de la adorabilidad de la Eucaristía. En contraste con ello, el *Novus Ordo* ha sistemáticamente rebajado la contemplación de los santos[13], como también las señales de reverencia que se debe a los tremendos misterios de Cristo.

8. EL PRINCIPIO DE JERARQUÍA

En la clara división de papeles del sacerdote, del diácono, del subdiácono, de los acólitos y cantores, etc., queda manifiesta una concepción profundamente jerárquica del cosmos, de la Iglesia y de la Iglesia en oración. Esta diversidad de papeles no intercambiables queda gravemente confundida y diluída en el *Novus Ordo*, con sus normas relajadas y con los laicos que adquieren funciones en el presbiterio[14]. Ni la liturgia bizantina ni la autén-

---

12   Ver mi artículo "Damned Lies: On the Destiny of Judas Iscariot," *Rorate Caeli*, marzo 30, 2015; en cuanto a la omisión de algunos salmos, ver mi artículo "The Omission of 'Difficult' Psalms and the Spreading-thin of the Psalter," *Rorate Caeli*, noviembre 15, 2016.

13   El Canon romano, como la anáfora de la Divina Liturgia de San Juan Crisóstomo, menciona muchos santos. Las neo-anáforas reducen el homenaje y el recurso a ellos.

14   Para un tratamiento extenso de este punto, ver Kwasniewski, *Ministers of Christ*.

ticamente romana permiten que los laicos, sin estar revestidos, entren al presbiterio durante la liturgia y realicen tareas propias del clero, sobre todo en lo relativo al manejo del Santísimo Sacramento. Por el contrario, la identidad del clérigo como alguien que ofrece o ayuda al culto divino es estrictamente respetada y demostrada por la acción, y la identidad del laico como alguien que asiste activamente al sacrificio es también respetada y demostrada en la acción.

La liturgia legada por la tradición es una verdadera encarnación de la eclesiología, en vez de ser una imaginaria alternativa a ella. Jamás se podría derivar del *Novus Ordo* una exposición coherente y sólida de la naturaleza jerárquica del Cuerpo Místico, en tanto que es fácil hacerlo ya sea de la Divina Liturgia o de la Misa romana tradicional. La participación, por tanto, se comprende de un modo fundamentalmente diferente en las liturgias tradicionales y en el rito neo-romano. La concepción correcta es que la participación debe ser la apropiada a los diversos papeles de las varias partes del Cuerpo Místico, y que esta diferenciación debe ser *visible* para todos por el vestido, la actitud, la ubicación y las tareas asignadas –y también las *no asignadas*– a los participantes.

En *Sacrosanctum Concilium* la participación se vuelve ideológica porque se la exalta por sobre todos los demás principios, lo que inevitablemente causa distorsión y corrupción: "Al reformar y fomentar la sagrada Liturgia hay que tener muy en cuenta esta plena y activa participación de todo el pueblo, porque *es la fuente primaria y necesaria* de donde han de beber los fieles el espíritu verdaderamente cristiano" (nº 14). Compárese esta declaración con la de Pío X en *Tra le Sollicitudini*: "Entre los cuidados propios del oficio pastoral . . . sin duda uno de los principales es el de mantener y procurar el decoro de la casa del Señor"[15]. Quizá un término mejor que participación sería *asistencia*: todos los miembros del cuerpo asisten a la liturgia, cada uno según su lugar. Pertenecer es una categoría más básica que hacer, tal como nuestra inserción en Cristo por el bautismo es más básica para nuestra identidad que cualquiera acción que realicemos.

---

15   Sobre este contraste, ver Kwasniewski, *Ministers of Christ*, 131-40.

9. PRINCIPIO DEL PARALELISMO

Este principio está íntimamente conectado con el principio anterior de la jerarquía. En toda auténtica liturgia oriental u occidental, encontramos que hay varias cosas que suceden simultáneamente (o, para usar el término técnico, hay una "liturgia paralela"). El diácono encabeza una letanía cuando el sacerdote recita sus propias oraciones; el pueblo canta el Sanctus mientras el sacerdote empieza el Canon.

> A menudo muchas cosas suceden simultáneamente, y diferentes ministros cumplen diferentes papeles siguiendo el orden que les es propio, tal como ocurre en la realidad del cosmos, con sus jerarquías de ángeles y de hombres y su red de organismos, partículas, fuerzas y sistemas interconectados. El canto del Introito se eleva mientras el sacerdote y los ministros recitan las oraciones al pie del altar, y a medida que el sacerdote sube las gradas del altar diciendo sus oraciones privadas, comienza la cautivante melodía del Kyrie...
>
> Estas palabras y acciones que se traslapan ocurren en toda la Misa. Todo es para bien: mientras más rodeados e inmersos estemos en las oraciones, más las aspiraciones de nuestro corazón son remecidas y satisfechas; somos llevados, a pesar de la gravedad ejercida por nuestra naturaleza caída, que opone resistencia, a la oración, al recogimiento, a la meditación, al arrepentimiento, a la conversión. Estamos misteriosamente en la presencia de la Santísima Trinidad, de nuestro Señor Jesucristo, de la Virgen Madre, de los ángeles y de los santos, en una masiva densidad de hermandad y ferviente amor, a la que sirve toda la creación de Dios[16].

Quienes asisten a las liturgias bizantina o latina tradicional llegan a ver el culto cristiano como una acción de muchos niveles, compuesta por muchas acciones individuales que coinciden en una meta común. Decididamente, *no se trata* de una secuencia lógica de acciones separadas, como en el *Novus Ordo*, que es una liturgia "secuencial" o "modular" en que, normalmente, sólo se permite que sólo una acción tenga lugar en cada momento. Hay

---

16 Kwasniewski, *Reivindicación de nuestros derechos hereditarios*, 36-37.

poquísimos casos en el *Novus Ordo* en que el sacerdote hace algo mientras el pueblo y/o el coro hacen algo diferente: la oración antes del Evangelio, dicha durante el Alleluia; las cuasi-oraciones del ofertorio, cuando se canta un himno; la fracción de la hostia mientras se canta el Agnus Dei. Pero la cantidad de momentos así ha sido estrictamente disminuída, y su contenido eucológico, eviscerado.

10. EL PRINCIPIO DE SEPARACIÓN

Todas las liturgias auténticamente cristianas preservan la teología inscrita en la arquitectura del Templo del Antiguo Testamento y hacen uso ritual de ella; Templo que, como nos enseña la Epístola a los Hebreos, es recapitulado en Cristo y, por tanto, simbolizado para siempre en nuestro sacrificio Eucarístico. En Oriente, la separación del presbiterio, o "santo de los santos", de la nave es más clara debido al iconostasio, por el cual sólo el clero puede pasar. En Occidente, los cortinajes fueron reemplazados por una reja, que en muchos casos se redujo a una barandilla para la comunión; pero *siempre* el presbiterio permaneció separado, elevado, fuera del alcance del laicado. Además, se puede decir que en el ámbito occidental, el iconostasio visual cedió su lugar a un "iconostasio auditivo", en que el latín se alterna con el silencio. Tanto el lenguaje hierático como la envolvente ausencia de sonidos hacen descender un velo sobre el santo de los santos y protegen los sagrados misterios de la profanación de un tratamiento irrespetuoso[17]. Así, las liturgias tanto orientales como occidentales realizan este "velamiento de nuestros rostros en la Presencia" de diversos modos, y todas son eficientes en lograrlo,

---

17 El iconostasio oriental es a menudo sólido y se alza hasta el cielo raso, impidiendo la vista. El plan abierto, que permite una visión sin obstáculos del presbiterio, es una innovación que se coló en Occidente durante la Contrarreforma, pero la liturgia, como movida por un profundo instinto de lo sagrado, retuvo varias formas de contrarrestar la ilusión de un fácil acceso. Por influencia latina, algunos iconostasios orientales, especialmente entre los griegos católicos, recurren a rejas, listones o barras para permitir la vista hacia el santo de los santos, más allá de los íconos, pero se sigue usando los íconos y la entrada ceremonial por las puertas, lo que preserva la articulación teológica del espacio.

atrayendo poderosamente la atención del fiel hacia la oculta gloria de Dios[18].

Más allá de los principios anteriores, que apuntan evidentemente hacia la verdadera naturaleza del culto divino, hay una multitud de cosas que *no son necesariamente* características de *Novus Ordo* pero lo que lo acompañan en el 99% de su puesta por obra, como la posición *versus populum*, que se aparta de la antigua tradición de Oriente y Occidente. Después de cincuenta años en que el clero ha estado de cara al pueblo casi siempre y en todas partes, con represiones papales a quienes osan pensar de otro modo, hasta incluso al más optimista partidario de la Reforma de la Reforma se le haría difícil sostener que el *versus populum* no caracteriza al *Novus Ordo* en la mente de los arquitectos, constructores y usuarios finales.

El cuadro siguiente resume nuestras conclusiones:

Comparada con el *Novus Ordo*, la liturgia bizantina parece un rey al lado de un pordiosero, un Rembrandt al lado de una caricatura, un festín al lado de una hambruna. Pero el rito romano tradicional, con todo su intrincado esplendor y pautada solemnidad es equiparable a cualquier rito oriental, en cuestión de tradición. Se hace injusticia a la obra del Espíritu Santo en la Iglesia occidental si se habla como si la liturgia bizantina fuera la "regla de oro", cuando el rito romano, en toda su plenitud –visto, tristemente, en tan raras ocasiones–, está exactamente a la misma altura. En cambio, es al *Novus Ordo* que debiera señalársele la puerta de salida, porque no tiene derecho alguno a presentarse a la mesa de los ritos litúrgicos auténticos del Rey.

A la objeción de que el *Novus Ordo* puede ser celebrado de un modo que esté "en continuidad" con la tradición romana anterior (y por tanto de un modo no diferente de la Divina Liturgia), puedo responder que ello no es, en los hechos, verdad. Varios de los diez principios resumidos anteriormente *no están en absoluto* encarnados en el *Novus Ordo* –y esto, debido a su deliberado diseño (aquí yo incluiría, al menos, los principios 1, 4, 5, 6, 7 y 9)–; en tanto que los demás principios (2, 3, 8, y 10) *podrían quizá*

---

18   Ver Kwasniewski, *Reivindicación de nuestros derechos hereditarios*, 27-40.

	BIZANTINO	ROMANO TRADICIONAL	"ROMANO" MODERNO
Principio de Tradición	Los orígenes se pierden en el pasado; transmitida y recibida durante siglos; atribuída a grandes santos, pero de autores anónimos en su mayor parte; tiene su autoridad de la tradición.	Los orígenes se pierden en el pasado; transmitida y recibida durante siglos; atribuída a grandes santos, pero de autores anónimos en su mayor parte; tiene su autoridad de la tradición y de la legislación papal.	Fabricado por un comité en la década de 1960, a partir de trozos recolectados de las tradiciones occidental y oriental; autores/compiladores conocidos por sus nombres, sin reputación de santidad (e.g. ninguno de sus arquitectos tiene abierta una causa de canonización; el arzobispo Bugnini fue posteriormente exiliado por sus intrigas); recibe su autoridad sólo de la legislación papal.
Principio de misterio	Empapado de misterio, enfatizado por un iconostasio visual; *ad orientem*, una tradición apostólica necesariamente seguida.	Empapado de misterior, que es subrayado por un iconostasio acústico de latín, canto llano y silencio; *ad orientem*, una tradición apostólica necesariamente seguida.	Sólo en raras ocasiones se ve libre de horizontalismo y familiaridad, tiende a desconocer todos los límites; *versus populum*, practicado como costumbre casi universal.
Principio de estilo elevado	Los textos litúrgicos son cantados o susurrados, en una lengua sagrada y/o poética.	Los textos litúrgicos son cantados, susurrados o proclamados en latín hierático.	Los textos litúrgicos son en su mayor parte enunciados en voz alta, en vernáculo contemporáneo y con un tono de cotidianeidad.
Principio de densidad	Rico entretejerse de antiguas oraciones, teológicamente densas.	Rico entretejerse de antiguas oraciones, teológicamente densas.	Contenido textual tradicional y ceremonial grandemente reducido, con añadido de novedades modernas.
Principio de integridad (estabilidad)	Muestra integridad y fijeza ritual, como en las anáforas prescritas.	Muestra integridad y fijeza ritual, como en el uso diario del Canon romano.	Permite opciones, elecciones e interjecciones extemporáneas.

Principio de adecuada preparación	Las repeticiones son un rasgo común, que conduce a la devoción en la oración.	Las repeticiones son un rasgo común, que conduce a la devoción en la oración.	Se ha suprimido en gran medida las repeticiones por "inútiles" para nuestra época; la verbosidad hace difícil la oración.
Principio de fidelidad	Proclama en plenitud el mensaje cristiano de la Sagrada Escritura y de la Tradición.	Proclama en plenitud el mensaje cristiano de la Sagrada Escritura y de la Tradición.	Omite aspectos de la revelación y de la vida moral considerados "difíciles" para el hombre moderno.
Principio de jerarquía	La arquitectura eclesiástica articula los espacios simbólicos mediante límites no traspasables; el presbiterio está reservado para los ministros revestidos; papeles claramente diferentes para el clero y el laicado y, dentro del clero, para los diversos rangos.	La arquitectura eclesiástica articula los espacios simbólicos mediante límites no traspasables; el presbiterio está reservado para los ministros revestidos; papeles claramente diferentes para el clero y el laicado y, dentro del clero, para los diversos rangos.	Modelo jerárquico superficial; nivelación y confusión de papeles clericales y laicales (incluso a pesar de las instrucciones oficiales).
Principio de paralelismo	Liturgia paralela, jerárquica y polifónica.	Liturgia paralela, jerárquica y polifónica.	Liturgia secuencial (sólo una cosa en cada momento), horizontalizada y racionalizada.
Principio de separación	El Santísimo Sacramento es manejado sólo por el clero ordenado; la comunión se recibe de pie, pero en la lengua y sólo de manos del sacerdote.	El Santísimo Sacramento es manejado sólo por el clero ordenado; la comunión se recibe de rodillas, en la lengua y sólo de manos del sacerdote o del diácono*.	La comunión se recibe normalmente de pie y en la mano, de manos de quien quiera que la esté distribuyendo.

---

* El Canon 845 del Código de Derecho Canónico de 1917 dispone que el ministro ordinario de la Sagrada Comunión es el sacerdote, pero que se puede autorizar a un diácono como ministro extraordinario. Las anotaciones indican que el uso del diácono en este papel data de, al menos, 1777.

ser recogidos, -o quizá no, según quién sea el "presidente"-. En resumen, tales principios *son posibles, pero no necesarios*. Este hecho, por sí mismo, ya comprueba ese carácter profundamente anti-tradicional del *Novus Ordo*, cuya catolicidad depende más de las decisiones del celebrante que de la adhesión (tanto del rito como del celebrante) a una norma fija. Tal como una cadena no es más fuerte que lo que es su eslabón más débil, así también la liturgia llena de opciones no es mejor que la peor de tales opciones. Esa liturgia no hay que juzgarla por lo que podría ser si se tomara, improbablemente, las mejores opciones, sino por lo que ella *normalmente es* cuando se toman las opciones *acostumbradas*. Así, en tanto que el *Novus Ordo podría ser celebrado* de un modo cuasi-tradicional, las liturgias bizantina y tridentina *deben ser celebradas* de un modo tradicional, sin que haya opción alguna[19].

Gracias a esta sola diferencia podemos percibir el abismo casi infinito que separa el rito romano moderno de *todo* rito cristiano histórico y apostólico, oriental u occidental. La falta de densidad ceremonial doctrinal, moral, normativa y su estructura modular-lineal-racionalista, así como su "opcionitis", separan esencialmente al *Novus Ordo* de la esfera de cultura sagrada en que habitan por igual el *usus antiquior* romano y la Divina Liturgia bizantina. Podría adaptarse a esta situación las palabras de Abraham en la parábola del rico Dives y el pobre Lázaro: "entre nosotros y vosotros hay un gran abismo, de manera que los que quieran atravesar de aquí a vosotros no pueden, ni tampoco pasar de ahí a nosotros" (Lucas 16, 26). El "Breve Estudio Crítico" lo explica con refrescante franqueza:

> La Constitución Apostólica [*Missale Romanum* de 1969] menciona explícitamente las riquezas de piedad y de doctrina que el *Novus Ordo* supuestamente toma en préstamo a las Iglesias orientales. Pero el resultado está tan alejado -y es incluso tan opuesto- del espíritu de

---

19 Esto no quiere decir que siempre los ritos bizantino y tridentino son celebrados de un modo apropiadamente edificante o estético; pero tal cosa no se puede garantizarse en *ningún* rito, porque aquí no dejamos de enfrentarnos con las fragilidades del ser humano. Lo que decimos se refiere, más bien, al contenido objetivo y a las rúbricas propias de estos ritos.

las liturgias orientales que sólo puede dejar a los fieles de esos ritos indignados y horrorizados. ¿En qué consisten estos préstamos ecuménicos? Básicamente, en introducir múltiples textos de la Plegaria Eucarística (la *anaphora*) -ninguna de las cuales se acerca siquiera en complejidad y belleza a sus contrapartes orientales-, en permitir la Comunión bajo las dos especies y en el uso de los diáconos. A pesar de esto, el Nuevo Orden de la Misa parece haber deliberadamente eliminado todos los elementos en que la liturgia romana más se acercaba a los ritos orientales. Al mismo tiempo, al abandonar su inconfundible e inmemorial carácter romano, el *Novus Ordo* rechaza lo que había de espiritualmente valioso en su propia [herencia]. En cambio, se dan elementos que acercan el nuevo rito a ciertas liturgias protestantes, y ni siquiera a las que de entre ellas están más cerca del catolicismo. Al mismo tiempo, estos nuevos elementos degradan la liturgia romana y la alejan todavía más del Oriente, como hicieron las reformas que precedieron al *Novus Ordo*. En compensación, la nueva liturgia habrá de deleitar a aquellos grupos que planean sobre el abismo de la apostasía y que ahora, durante una crisis espiritual sin precedentes, causan caos en la Iglesia envenenando su organismo y socavando su unidad de doctrina, culto, moral y disciplina[20].

El mismo estudio proporciona los paralelos que resultan más fáciles de ver, en cuya descripción reconoceremos muchos de los principios mencionados en las páginas anteriores:

Considérese los siguientes elementos que se encuentran en el rito bizantino: prolongadas y reiteradas oraciones penitenciales; rito solemne de revestimiento del celebrante y del diácono; preparación de las ofrendas en el *proscomidia*, que es por sí mismo un rito completo; repetidas invocaciones, incluso en las oraciones de ofrecimiento, a la Santísima Virgen y a los Santos; invocaciones al coro de los Angeles en el Evangelio como "invisibles concelebrantes", mientras el coro se identifica con los

---

20 Alfredo Cardenal Ottaviani y Antonio Cardenal Bacci, *The Ottaviani Intervention: Short Critical Study of the New Order of Mass*, trad. Anthony Cekada (West Chester, OH: Philothea Press, 2010), ch. 7, pp. 69-71.

coros angélicos en el *Cherubicon*; la reja del presbiterio (*iconostasis*), que lo separa del resto de la iglesia, y separa al clero del resto de los fieles; la Consagración oculta, lo que simboliza el misterio divino al que alude toda la liturgia; la posición del sacerdote, que celebra de cara a Dios y jamás de cara al pueblo; la Comunión administrada siempre y sólo por el celebrante; las constantes señales de adoración hacia las Sagradas Especies; la actitud esencialmente contemplativa del pueblo. El hecho de que estas liturgias, aun en sus formas menos solemnes, duran más de una hora y son constantemente definidas como "temibles, inefables... celestiales, vivificantes misterios", es algo que habla por sí mismo. Finalmente, advertimos cómo tanto en la Divina Liturgia de San Juan Crisóstomo como en la Liturgia de San Basilio, el concepto de "cena" o "banquete" aparece claramente subordinado al concepto de sacrificio, tal como ha sido el caso en la Misa romana[21].

Lo realmente sorprendente, supuesto lo anterior, es ver cuántos católicos bizantinos y "expertos" en liturgias orientales –el más prominente de los cuales fue Robert Taft, sj., ya difunto– favorecen la liturgia romana "reformada", sin considerar las monumentales discrepancias o, más bien, contradicciones, entre, por una parte, los principios según los cuales fue construída y es puesta por obra, y, por otra parte, los principos que, como he mostrado, son comunes a las liturgias bizantina y latina tradicionales. No es exageración decir que el rito de Pablo VI, en su conjunto y en sus partes, es una deformación de la liturgia latina que no puede clasificarse entre los auténticos ritos católicos de la historia. Sólo por una profunda incoherencia podría un católico bizantino preferir el *Novus Ordo* debido a algunas características de segundo o tercer orden de éste, olvidando, tolerando o incluso aparentemente aprobando sus desviaciones de los principios fundamentales de la liturgia clásica. Otro contribuyente de *PrayTell*, Teva Regule, nos proporciona una brillante ilustración:

> Algunos católicos (normalmente del tipo más tradicional), al oír que soy cristiano ortodoxo, se han creído obligados a proclamar su amor por la liturgia ortodoxa y criticar

---

21   Ottaviani y Bacci, 70, n53.

los cambios a la Misa después del Vaticano II. Lamentan, principalmente, la pérdida de belleza y reverencia en el *Novus Ordo*, según su experiencia, y anhelan la Misa tridentina. Yo sonrío pero, como estudioso de la liturgia, sé que la Misa de Pablo VI tiene mucho más en común teológicamente (e.g., su más fuerte dimensión pneumatológica) y eclesiológicamente con la Iglesia oriental que con la Misa tridentina. Con todo, habiendo asistido a unas cuantas Misas (de estilo post Vaticano II) que me han parecido (en palabras de ellos) demasiado "informales" y/o "secas", siento el eco de sus preocupaciones.

Resulta interesante el que la reforma de la liturgia después del Vaticano II sea debatida también en algunos círculos ortodoxos. También algunos cristianos ortodoxos son críticos de la reforma de la Misa después del Vaticano II. En este caso, no distinguen bien entre las similaridades teológicas e históricas de mayor importe que hay entre la liturgia ortodoxa y la Misa después del Vaticano II, y acentúan excesivamente las diferencias fenomenológicas entre ambas[22].

En términos de decir algo oblicua y eufemísticamente, el párrafo anterior se lleva la corona: la Misa de Pablo VI no tiene "en común" con la Iglesia de Oriente más que aquello en que fue artificialmente orientalizada por sus arquitectos, que tenían poco o ningún respeto por su propia tradición latina y un entusiasmo sin límites por todo lo bizantino. Por ejemplo, insistieron con furor en la necesidad de una *epiclesis* para las anáforas, debido a que los estudiosos estaban demasiado atrapados por sus propias teorías como para poder admirar la antigüedad del Canon romano, que es anterior a la herejía macedonia que, en Oriente, negaba la divinidad del Espíritu Santo, y en respuesta a la cual se insertó una *epiclesis* en la liturgia de esa mitad del Imperio. Los reformadores litúrgicos evidentemente se regodeaban con manjares ricos en "antioccidentes".

El autor, a continuación –como si recién despertara–, admite que algunos ortodoxos orientales tienen *problemas* con la reforma litúrgica posterior al Vaticano II. En realidad, los cristianos

---

22   "East Meets West in Liturgy," *PrayTell*, septiembre 29, 2018.

ortodoxos bien informados entienden que ella fue un desastre de inconmensurable magnitud, una evisceración total de la tradición occidental, que la elimina de la común herencia del primer milenio. Esta es la razón por la que el patriarcado de Moscú saludó *Summorum Pontificum* con gozo. Como hemos visto, el argumento de que hay mayores similitudes teológicas e históricas entre la Divina Liturgia ortodoxa y la Misa post-Vaticano II es clamorosamente falso: la verdad es todo lo contrario, y es una dolorosa verdad. Las discrepancias entre el culto ortodoxo, de siglos de antigüedad, y el recién llegado *Novus Ordo*, son descartadas como "fenomenológicas". Sí, por cierto son fenomenológicas, pero son más *teológicas* e *históricas*, en el más profundo sentido de estos términos, que cualquier otra cosa. Y decir que las *aparentes* diferencias son exageradas, es simplemente puro racionalismo –como si nuestra experiencia de la liturgia, y del correcto enfoque y actitud ante lo numinoso, no fuera algo que proviene primero de nuestros *sentidos*, y sólo después se hace presente en nuestro intelecto, según el sano empirismo de Aristóteles-[23].

La frase siguiente es, en particular, increíblemente condescendiente: "Yo, sonrío, pero como estudioso de la liturgia, sé . . .": ¡menudo testimonio del encanto de la *gnosis*, que tienta abundantemente en el pseudo-científico culto mistérico de la liturgología contemporánea! Que el Señor en su piedad nos libre de los liturgistas profesionales[24]. Y el peligro no es puramente imaginario.

---

23   El capítulo 1 trata este tema *in extenso*.

24   Viene aquí a la memoria el intercambio de comunicaciones entre el P. Pierre-Marie Gy y el cardenal Ratzinger sobre el libro de este último "El espíritu de la liturgia". Ratzinger se había atrevido a criticar algunas de las "verdades" intocables de la reforma litúrgica, y el P. Gy, que había dedicado su vida a ese pato cojo, no lo encontró simpático: "¿Cómo osa escribir semejante libro? ¡El *no es liturgista*!". Con la misma reacción se encontró la serie de libros *Jesús de Nazaret* de Benedicto XVI, que los gurus de la tribu histórico-crítica no pudieron soportar. En realidad, con "El espíritu de la liturgia" Ratzinger realizó una obra de auténtico teólogo: lo que él escribió fue *teología* de la liturgia, sobre la base de una sólida comprensión de la historia y de los textos, pero fue mucho más allá de estos límites estrechos, hacia consideraciones teológicas y filosóficas más fundamentales, proponiendo también una evaluación más realista del verdadero costo, tanto en almas como en cordura, de las reformas postconciliares, hablando desde el punto de vista de alguien

Los liturgistas –presumiblemente inquietados por el testimonio tozudamente contrario de los católicos orientales en materias tan básicas como la orientación litúrgica, el estilo de música, las prácticas ascéticas y los dogmatismos premodernos– llevan ya décadas hablando sobre cómo emprender la "reforma" de los ritos orientales para ponerlos a tono con *Sacrosanctum Concilium* y con los planos Bauhaus de Bugnini[25].

Abordando la cuestión desde un ángulo diferente, los cardenales Cañizares y Koch han señalado que las relaciones ecuménicas legítimas con el Oriente cristiano se encaminan a un necesario fracaso si los católicos no se ponen de acuerdo entre sí sobre sus propias tradiciones litúrgicas, que se traslapan en gran medida con las de Oriente:

> En medio de las controversias [sobre *Summorum Pontificum*] se olvida a menudo que las críticas que se hacen al rito recibido de la tradición romana se puede aplicar también a otras tradiciones, y primero que nada, a la ortodoxa: ¡casi todos los aspectos violentamente atacados por los que se oponen a la preservación del antiguo misal son, precisamente, los aspectos que teníamos en común con la tradición oriental! Una señal que lo confirma es que hubo entusiastas expresiones positivas que surgieron en la ortodoxia con la publicación del *motu proprio*.
>
> Este se transforma, así, en un elemento clave para la "credibilidad"del ecumenismo porque, según la expresión del presidente del Pontificio Consejo para la Unidad de los Cristianos, el cardenal Kurt Koch, "promueve efectivamente, si podemos expresarnos así, el "ecumenismo intra-católico". Se podría decir, en consecuencia, que

con gran experiencia pastoral, de la cual carecían muchos de los teóricos de gabinete. Son, en verdad, los especialistas quienes usan anteojeras o sufren de "visión de túnel", y son los no especialistas los que pueden ver más hondo y más lejos, tal como se constata hoy que son los jóvenes quienes se sienten intintiva e intuitivamente atraídos por la tradición litúrgica, en tanto que sus mayores, sean profesores o pastores, persiguen embarazosamente la relevancia, en continua disminución, de la última novedad.

25 Ya se ha hecho un considerable daño, y se lo sigue haciendo, a los rutenos y especialmente a los maronitas. Afortunadamente, los católicos de otros ritos orientales han rechazado lo que denominan "latinización", que en muchos casos tiene más que ver con una "bugninificación".

la premisa *ut unum sint* presupone el *unum maneant* [que sean uno... que permanezcan uno] de tal forma que, como escribe el cardenal, "si el ecumenismo intra-católico falla, la controversia católica sobre liturgia se extenderá también al ecumenismo"[26].

Las energías combinadas del prejuicio en favor del pluralismo cultural, del conservadurismo inherente al Oriente, y de la falta de una autoridad central capaz de imponer gigantescos cambios litúrgicos, ha ahorrado hasta ahora a los ritos orientales los peores excesos del movimiento de reforma litúrgica del siglo XX. Pero esta frágil paz no ha de durar para siempre, especialmente si los dirigentes de la Iglesia siguen ostentando la arrogancia y miopía que los han afectado en los últimos cincuenta años. Es conveniente, por tanto, que los cristianos orientales y sus simpatizantes romanos comprendan los errores que condujeron hasta los ritos de Pablo VI y que están profundamente afincados en ellos, y se opongan a cualquier reducción, compromiso o novedad en su propia vida litúrgica.

Si el lector siente la tentación de creer que exagero la arrogancia de la mentalidad de los círculos católicos postconciliares "ilustrados", puedo ofrecer como prueba de ella la siguiente evaluación de Oriente hecha por Enzo Bianchi, fundador de la llamada "Comunidad Monástica Bose":

> El Oriente no ha experimentado la modernidad, ni el Concilio Vaticano II ni la crítica bíblica o histórica. Y esto es mucho decir. No se puede decir que el Oriente sea igual que nosotros a fines de este siglo y de este milenio. Nosotros no los entendemos a causa de su diferente ubicación en el tiempo: los orientales están muy atrás de nosotros, y ello no es su culpa... En cierto sentido, la Iglesia católica ha recibido la gracia de la modernidad. Y debiéramos estar al servicio de los ortodoxos y ayudarlos a comprender que un impacto como éste no significa el fin de la fe. Deberíamos ofrecerles ayuda, a nivel universitario y teológico, para que puedan ponerse al día. Hoy experimentamos una tremenda aceleración desde el

---

26 Prefacio del cardenal Cañizares a la tesis doctoral del P. Alberto Soria Jiménez, osb, publicada en *Rorate Caeli*, julio 16, 2014.

punto de vista cultural. El hombre moderno tiene capacidad religiosa. El Oriente debe darse cuenta de esto, en el despliegue de la compleja situación en que vive[27].

Para volver a nuestro punto de partida: tal como los católicos de rito latino se benefician inmensamente con el contacto con las riquezas de Oriente, también los ortodoxos orientales y los católicos griegos que aman su tradición litúrgica se benefician con el contacto con la tradición litúrgica occidental, preservada y transmitida en el rito romano clásico. Precisamente por amor a lo que es común a Oriente y Occidente, tanto los católicos romanos como los católicos griegos debieran evitar, a toda costa, la liturgia neo-romana de 1969, que es una ruptura con la tradición cristiana por su incoherente anticuarianismo, sus novedades modernas, y sus disonancias cognitivas. Dicha liturgia es nada menos que una contra-señal para las tradiciones griega y latina, que obra contra la expresión doxológica de antiquísimas verdades dogmáticas y morales que la liturgia ha siempre mostrado e inculcado a los fieles. Los católicos bizantinos y romanos saben que están a salvo, en buenas manos, cuando asisten a cualquiera de ambos ritos auténticos, pero nadie de entre ellos puede sentirse seguro si asiste al *Novus Ordo*. ¡Respiremos, por favor, con ambos pulmones, pero con pulmones sanos, no enfermos!

Los católicos bizantinos –o todos los cristianos de rito no latino que están en comunión con el papa de Roma– debieran poder reconocer la autenticidad de la Misa latina tradicional y rechazar la ruptura constituida por el *Novus Ordo Missae* por muchas razones. He aquí tres de ellas:

1. Si el papa de Roma tiene autoridad para cambiar radicalmente el rito de su propia Iglesia –si, en otras palabras, el único

---

27 Despacho de noticias de Zenit, de fecha mayo 9, 1999, actualmente eliminado del sitio web Zenit. La separación que percibe Bianchi entre el mundo *Novus Ordo* en que habita y el mundo de Oriente no es diferente de la separación que podría percibir entre su mundo y el de los tradicionalistas católicos. A pesar de mezclar catolicismo con protestantismo, cristianismo con judaísmo, etc., Bianchi ha recibido honores de manos de Benedicto XVI, Francisco y otros, como modelo de "nuevo evangelizador". El párrafo citado está colmado de temas familiares a los modernistas, tal como los describe Pío X. Sus implicancias litúrgicas son evidentes.

límite de lo que puede hacer en el ámbito de la liturga es la exigencia de "forma y materia" válidas–, no hay límites teoréticos a lo que puede hacer con el rito de quien quiera que se trate. Después de todo, posee, como dice el Vaticano I, *plenitudo potestatis*, jurisdicción suprema, universal e inmediata sobre cualquier persona, y tiene las llaves del reino en sus manos. O Uds. se tragan esto en teoría y quizá (no lo permita Dios) en la práctica, o tienen que concordar con los católicos romanos tradicionales que su papel es preservar la herencia de la Cristiandad apostólica y transmitirla fielmente, respetando todas y cada una de las tradiciones legítimas. No se puede aceptar ambas opciones.

2. Si Uds. aman y alaban su propia liturgia porque es antigua, venerable, perenne, de siempre, punto de referencia fijo y estable de la vida eclesial, deben tener con sus hermanos occidentales la cortesía de amar y alabar los ritos litúrgicos antiguos, venerables, perennes, de siempre, fijos y estables (tridentino, ambrosiano, mozárabe, etc.) propios de ellos. El *Novus Ordo* tiene muy poco en común con cualquiera de estos últimos. Como hemos argumentado en este capítulo, él es el "extranjero" en el grupo: ninguna investigación honesta puede desconocerlo.

3. Si el motivo por el que los latinos deben respetar a los griegos es que el Espíritu Santo hace surgir múltiples tradiciones complementarias, Uds. deben reconocer sin vacilaciones que la tradición litúrgica occidental es tan fruto de la providencia de Dios, tan fruto del Espíritu Santo, como lo es la tradición de Uds. Esta conveniente humildad excluye totalmente la opinión de los liturgistas occidentales del siglo XX –opinión aterradoramente común con la de protestantes y modernistas[28]– de que la liturgia occidental sufrió una tan tremenda corrupción durante la Edad Media y la primera modernidad que necesitaba ser masivamente restaurada y devuelta a su putativa forma original "pura" que, curiosamente, resultó ser elegantemente modernista (¡qué notable que la antigua *domus ecclesiae* presagiara el concreto, el acero y el vidrio!). Si Uds. no aceptan que su liturgia sea desfigurada de este modo, tampoco deben aceptar que lo sea la nuestra.

---

28   Ver capítulo 7.

Como escribe el siempre agudo Martin Mosebach:

> Es característico de este siglo que precisamente cuando se estaba aplicando el hacha al árbol verde de la liturgia, se daba expresión a las más profundas intuiciones de la liturgia, aunque no en la Iglesia romana, sino en la bizantina. Por una parte, hubo un papa que osó entrometerse en la liturgia. Por otra, la Ortodoxia, separada del papa por el cisma, preservó la liturgia y la teología litúrgica durante las terribles pruebas de este siglo. Para un católico que rehusa aceptar las fáciles conclusiones del cínico, estos hechos constituyen un perplejizante enigma. Se tiene la tentación de hablar de un trágico misterio, aunque el término trágico no tiene lugar en el contexto cristiano. La Misa de San Gregorio Magno, la antigua liturgia latina, se encuentra ahora en los arrabales de la Iglesia romana, en tanto que la Divina Liturgia de San Juan Crisóstomo está viva en todo su esplendor y en el corazón mismo de la Iglesia ortodoxa. La idea de que tenemos algo que aprender de la Ortodoxia no es popular. Pero debemos acostumbrarnos a estudiar –y estudiar en serio– lo que la Iglesia bizantina tiene que decir sobre las imágenes sagradas y la liturgia. Esto es igualmente relevante para el rito latino; de hecho, pareciera que sólo podemos llegar a conocer el rito latino con toda su realidad llena de Espíritu si lo miramos desde una perspectiva oriental[29].

Y de modo todavía más sucinto: "Todos los esfuerzos en pro del ecumenismo, por más necesarios que sean, deben comenzar no con encuentros con jerarcas orientales, que captan tanto la atención, sino con la restauración de la liturgia latina, que representa la verdadera conexión entre las iglesias latina y griega"[30]. La carta que viene a continuación, auténtica, nos ilustra sobre cómo el diálogo entre cristianos de diversos ritos, orientales y occidentales, debe fundarse en la fidelidad a nuestras tradiciones, profundamente bellas y muy diferentes, aunque complementarias.

---

29 Martin Mosebach, *The Heresy of Formlessness: The Roman Liturgy and Its Enemy*, ed. rev. (Brooklyn, NY: Angelico Press, 2018), 57.
30 Mosebach, 187.

Querido Dr. Kwasniewski,

He hecho, en diversas versiones, las siguientes preguntas a muchos excelentes católicos latinos desde hace años, y nunca he obtenido respuestas satisfactorias. Quizá Ud. pueda ilustrarme a su respecto.

En términos humanos, existe una ecuación entre optimización y flexibilidad. Vista desde el aspecto humano, con la liturgia ocurre lo mismo. En general, los sistemas se optimizan para ciertas condiciones, hasta que se cristalizan y, si toda la flexibilidad se ha optimizado, cualquier cambio minúsculo, en ciertas condiciones, lo echa todo abajo. Las organizaciones y colectividades se preparan para esto mediante redundancias sistémicas (e.g., planes de respaldo [o planes "B", *N. del Tr.*]), subsidiariedad, etc.

Existe un tipo de flexibilidad en el rito griego que, supongo, opera contra las "intromisiones". Las conmemoraciones diarias se acumulan, y los patriarcados, eparquías e incluso las parroquias gozan de cierta amplitud respecto de cuáles de ellas celebrar. Algunos cánones y letanías son favorecidos aquí y allá, ciertas recensiones y usos varían, incluyendo la lógica del color de los paramentos. Algunas autoridades litúrgicas que se traslapan, descentralizadas e incluso competitivas a veces, han ayudado a que el ecosistema rito griego permanezca muy conservador –en general, y ciertamente en comparación con el rito romano–.

Cuando oigo a mis amigos latinos tradicionalistas (apelación honorífica a mi juicio) decir cosas como "No se puede celebrar una Misa solemne sin un subdiácono", me quedo perplejo. Si las barreras de acceso, que se opone a los planteamientos innovadores en excelencia litúrgica, son demasiado altas a nivel local, el proceso "tradicionalizante"[31] queda en manos de especialistas o, lo que es peor, de obispos.

En cambio, cuando uno de mis hijos fue iniciado, mi parroquia no había usado, parece que nunca, el rito de tonsura. Pedí a mi

---

31 Mi corresponsal parece argumentar que si es demasiado difícil para una colectividad local posesionarse de una tradición litúrgica y ponerla por obra, esa colectividad no será capaz de vivirla o de transmitirla; esa tradición se volverá territorio de especialistas solamente, o de personas que no entienden, o a las que no les importa.

sacerdote que realizara la ceremonia completa, y. . . bajó de internet una versión perfectamente excelente de ella. De igual modo, hemos tenido que hacer que nuestra gente traduzca ciertos textos específicos, cuando ha sido necesario, desde las lenguas originales al inglés. Sé que parte de esto es una bendición *de facto* en algo que Ud., quizá, llamaría "la inocencia de la ignorancia" propia de la Iglesia de Oriente en los USA; pero mucho de ello constituye también la diferencia en cuanto al modo como la autoridad y la tradición se relacionan en las Iglesias griega y latina.

No puedo dejar de preguntarme, ¿no deriva gran parte de la crisis litúrgica actual del rito romano de un cierto tipo de sobre-regulación, que es seguida luego por una absurda reacción? ¿No se beneficiaría el rito romano con un *cierto tipo* de flexibilidad? Por cierto, no el que ahora, lamentablemente, impera. ¿Se habría oído hablar de algunas ideas ciertamente estúpidas, como el *versus populum*, si, por ejemplo, algunas diócesis hubieran "liberado presión" permitiendo el uso del color litúrgico azul (o lo que fuere)? No he podido jamás penetrar la mente del tradicionalista latino en estas cosas, aunque soy un gran partidario de ella en general. Lo pequeño es hermoso. Lo grande es siempre una tentación para lo mediocre. Lo siempre igual es frágil. Las telas más resitentes son entretejidas.

Tal es mi personal, y por cierto parcial, hipótesis de trabajo del aspecto humano de la tragedia litúrgica latina.

Dios lo bendiga.
Un católico griego.

Querido Católico Griego,

Admiro y amo la Divina Liturgia Bizantina. He recibido la bendición de poder asistir a ella varias veces a la semana mientras enseñaba en el *International Theological Institute* en Austria. Aprendí el canto, lo que me vino muy bien más tarde en Wyoming, cuando teníamos una Divina Liturgia semanal o mensual, y yo era el único que sabía cantar el *Troparion*, el *Kontakion*, el *Prokeimenon*, etc. Aun hoy día, en cada Misa romana, rezo privadamente esa gran oración bizantina: "Oh Señor, creo firmemente y profeso que Tú eres verdaderamente el Cristo, el Hijo del Dios viviente, que vino a este mundo a salvar pecadores, de los cuales soy el primero . . . ". Tanto mi hijo como mi hija recibieron (debido a razones circunstanciales y personales) el "santo misterio de la penitencia" y la Comunión en el rito bizantino. Como familia, somos tradicionalmente romanos hasta el fondo pero, precisamente por ello, amamos a nuestros hermanos orientales y sus ritos.

Lo que me parece que es perplejizante para la gente es cuán diferentes son las mentalidades de Oriente y de Occidente. Esta diferencia tiene sus raíces en el contraste entre el Imperio Romano de Occidente (y la forma cómo se convirtió en Europa), y el Imperio Romano de Oriente (y el modo como se convirtió en Bizancio, trasladándose después al ámbito eslavo). Para hablar en generalidades, la mente occidental es lógica, lineal, eficiente, sucinta y concentrada; la mente bizantina es circular, efusiva, sobreabundante, poética y difusa. Las fortalezas de cada una de ellas son también la fuente de sus debilidades, o al menos, de sus tentaciones.

Los reformadores litúrgicos de la década de 1960 se mesaban los cabellos con esta diferencia. En un sentido, querían que toda la liturgia se viera igual porque, bueno, debiera existir alguna forma de "liturgia correcta" que todos pudieran subscribir, como una especie de Esperanto. En último término, con salvaje ironía, la reforma litúrgica postconciliar creó un conjunto de ritos que, lejos de inspirarse en el Oriente o de aproximarse más a la unión con él, vino a significar una antítesis de él en casi cada aspecto de importancia: respeto por la tradición existente; continuidad interna en las lecturas, oraciones, antífonas, himnos; orientación del sacerdote; respeto en la recepción de los sagrados misterios; distinción entre clérigos y laicos, entre presbiterio y nave; y mucho más todavía. Como lo han señalado muchos, el único ecumenismo que les importó a los reformadores litúrgicos fue el acomodo con el protestantismo; a pesar de lo que se decía en contrario, tanto los ortodoxos orientales como los católicos orientales cumplieron una función meramente decorativa, agregando un toque de irrelevante exotismo.

Pablo VI endosó el racionalismo Iluminista ejemplificado por el Sínodo jansenista de Pistoia, que fracasó en el siglo XVIII pero que, con su ayuda, triunfó en el siglo XX. Esta mentalidad reformista-constructivista produjo frutos podridos en varios momentos del pasado siglo, pero su fruto final y supremo fue la reforma postconciliar, que despojó a la Iglesia latina de todo lo que era magnífico, ordenado y decoroso, poniendo en su lugar lo indusrial, modular, verboso y a la moda. Jamás el Oriente haría este tipo de jugarretas con la liturgia, pero tampoco lo hubiera hecho Occidente, de no haber caído en las redes de Pistoia.

En lugar de la obra protestantizante y racionalizante del *Consilium*, los católicos deben a Nuestro Señor y a la guía providencial de su Espíritu el respetar rigurosamente la irreductible complejidad y claridad de los "dos pulmones" de la Iglesia, y el permanecer fieles al genio inspirador, al espíritu y a las tradiciones de cada uno de ellos. El enfoque de Occidente es bueno solamente si permanece fiel a sí mismo. Mientras mantengamos nuestros ritos heredados –nuestras oraciones sobriamente talladas, llenas de diversos estratos de significado; nuestro ceremonial encantador pero marcial; nuestras insuperables melodías gregorianas; nuestro particular amor al silencio; nuestra inclinación a arrodillarnos como señal no tanto de penitencia como de humilde oración– seremos sanos. Seremos decididamente *romanos*, sin transformarnos en motivo de vergüenza ajena por nuestras imitaciones de segundo o tercer orden del mundo profano, o de la cristiandad oriental, o del protestantismo evangélico. Podemos ser lo que somos, y serlo brillantemente; eso es todo, y es más que suficiente para mantenernos felizmente ocupados. No podemos ser alguien diferente, y no debiéramos tratar de serlo, porque el fracaso aguarda a la puerta de rivalidades y envidias.

Una de las claras perfecciones del Oriente es la tranquilidad, la suavidad y relajo con que el clero realiza las ceremonias. Sabe perfectamente qué hacer, y lo hace sin esfuerzo, sin estridencias, sin enredarse en las rúbricas. Con todo, lo realiza reverentemente, ceremonialmente, no casualmente ni al azar. En Occidente, los muchos siglos en que las rúbricas se desarrollaron produjeron una situación en que todos los movimientos, posturas, posiciones e interacciones fueron cuidadosamente orquestadas y reguladas. Pues bien, pienso que esto es una perfección peculiar de la tradición latina, e insisto, si se hace bien, es algo magnífico de contemplar, como una danza sagrada, como el teatro *Noh* del Japon, como la Guardia de Su Majestad en desfile, como una bandada de pájaros en formación geométrica. Es una ciencia y un estudio, una forma de ascetismo, una ofrenda del cuerpo en sacrificio. En el instante en que se olvida el significado de todo ello –el ser una expresión exterior y un sacrificio a Dios de un alma disciplinada y subordinada a El–, puede llegar a transformarse en regimentación, formalismo, rubricismo. En otras palabras, se hace digno de caricaturización, de rechazo y de que se lo reemplace por un intento, desesperadamente malo, de naturalidad.

Occidente no puede triunfar sino siendo Occidente del mejor modo posible, tal como Oriente no puede triunfar sino siendo Oriente del mejor modo posible. Una paradoja en este aspecto es que el rito romano es el más "católico" de todos los ritos: junto con retener sus rasgos romanos originales, ha absorbido mucho de la Iglesia universal: de la Iglesia gálica, de la griega, incluso de la siria (el Agnus Dei). Las versiones más elaboradas del *Sanctus* en canto gregoriano o en la polifonía introducen al Canon (en la medida en que el Canon comienza con el Prefacio) en un modo efusivo de oración que es más característico de Oriente que nativo de Roma –una continua acción de gracias y doxología, como en las anáforas orientales–. Un Canon silencioso, en que los gestos del sacerdote son envueltos en un *Sanctus* de Palestrina, combina el sobrio "estilo jurídico" del texto, aunque sólo sea escuchado por el sacerdote, con un elemento "doxológico" que lo convierte en algo diferente de la experiencia total de un Canon dicho por San León Magno o durante la época de los primeros *Ordines Romani*. ¡Quizá se podría decir que, dentro del rito romano, lo que es griego o galicano o sirio debiera seguir siendo griego, galicano o sirio, y lo que es romano debiera seguir siendo romano!

Durante muchos siglos la liturgia latina tuvo diáconos, sub-diáconos, acólitos y otros ministros necesarios, al menos en las catedrales y monasterios y, en ocasiones especiales, en lugares menores. Todo se hacía de acuerdo con las costumbres y expectativas del lugar, a las que es bueno hacerles lugar. A medida que la centralización romana se afirmó más y más, las costumbres locales se evaporaron, y comenzó la época del legalismo. Estoy de acuerdo con Ud. en que esto ha sido una plaga para la liturgia bien hecha, porque impone el mismo conjunto de estándares ideales en todas partes, lo cual más perjudica la solemnidad que lo que la beneficia. Al cabo, la raíz de todos nuestros males es la centralización romana. Una vez que el obispo de Roma piensa que es el dueño absoluto de la liturgia latina, todo se viene abajo. Yo no diría tal cosa de Pío V, que codificó una liturgia ya existente; pero cuando se ve a Pío X cambiar radicalmente el Oficio Divino, a Pío XII cambiar radicalmente la Semana Santa, a Pablo VI cambiarlo radicalmente todo, toda *paradosis* digna de ese nombre deja de existir. Como los cristianos orientales lo han acertadamente reconocido (y como nosotros debiéramos ser tan humildes como para reconocerlo también), se sacrifica la tradición por y para un autoritarismo pastoral. Creo que cada vez hay más personas que reconocen esta desviación y tratan de hacer lo que pueden respecto a ello -al menos los que tienen una concepción ortodoxa de lo que es la liturgia y de cómo ha sido siempre transmitida, no sin desarrollo, por cierto, pero jamás puesta tampoco en la máquina moledora de las teorías académicas o de la facilidad pastoral-.

Por otra parte, espero no le moleste que le diga que me parece que la tradición oriental puede llegar a ser tan relajada que resulta difícil decir "qué es lo que hay que hacer". Lo que hay que hacer es lo conveniente, sí; pero ¿quién decide qué es lo conveniente? ¿El sacerdote del lugar? ¿Los fieles? ¿La eparquía? ¿Por qué ciertas costumbres desaparecen de territorios enteros, en tanto que se introducen algunas variaciones que, con el tiempo, pueden llegar a separar a unas iglesias nacionales de otras y a obrar en contra del mutuo reconocimiento? La flexibilidad oriental en lo relativo a la tradición ha permitido a ciertos usos locales crecer hasta tal punto que la concelebración, o incluso el mutuo respeto, se hacen a veces difíciles para los orientales. Me he enterado de que los ucranianos desprecian a veces los usos de los rutenos. Y un teólogo griego ortodoxo contaba de una reunión ortodoxa, hace algunos años, en que tenía que celebrarse dos Divinas Liturgias en habitaciones distintas porque los griegos y los serbios (o quizá también los rumanos, o todos ellos) no podían ponerse suficientemente de acuerdo como para poder concelebrar. Los usos locales pueden transformarse en su propia maldición. Además: ¿por qué hay algunos orientales tan en contra del desarrollo, debido a un arcaico purismo, que quisieran abolir algunas devociones atesoradas y amadas por los fieles, tales como la adoración y bendición Eucarísticas? Por cierto, Uds. están muchísimo más sanos que nosotros, en general; aquí no hago más que formular estas preguntas.

Gracias de nuevo por escribirme. Disfruto muchísimo con este tipo de diálogos.

Suyo, en Cristo,
Dr. Kwasniewski

Debido a mi profundo interés por todas las cosas litúrgicas, a menudo he ponderado las muchas diferencias, obvias y sutiles, entre la Divina Liturgia de San Juan Crisóstomo, a la que he tenido el privilegio de asistir con regularidad en las últimas décadas, y la Misa del rito romano, que es mi hogar espiritual. Para mis propósitos en este lugar, doy por supuesta una liturgia romana celebrada bella y reverentemente, "con todos los arreos y pertrechos"; obviamente el modo ecléctico, verboso, superficial y estéril en que a menudo se dice la Misa actualmente no permite una comparación justa de estos ritos, tal como se dan en su plenitud. Una Misa solemne en el *usus antiquior*, enriquecida con música sagrada, puede producir gozo, solaz y maravilla incluso a un católico oriental; pero, ay, ¡qué rara es una Misa así hoy día! Incluso en una ciudad importante, quizá haya sólo una o dos los días domingo, con suerte. Con todo, la liturgia latina en toda su plenitud debe ser nuestro punto de referencia para efectuar una comparación justa y plena.

Se dice normalmente que la Misa tradicional es más un intento de recordar al fiel la muerte de Cristo en la Cruz y al creyente su propia condición pecadora y su indignidad, que la Divina Liturgia, que subraya la victoria escatológica de Cristo resucitado, en cuyo triunfo el cristiano tiene parte, cada vez que participa de la Eucaristía, el alimento de la inmortalidad.

Con todo, es fácil exagerar la diferencia entre el simbolismo "de arriba abajo" de la Misa (Cristo como el redentor sufriente de los miserables pecadores cristianos) y el simbolismo de "abajo arriba" de la Divina Liturgia (Cristo como el vencedor eterno con quien los cristianos están ya sentados en sus puestos del cielo). Después de todo, ambas liturgias recuerdan frecuentemente el nacimiento, vida, pasión, muerte, resurrección y ascensión de Nuestro Señor. Aun si la Misa latina tradicional pone el énfasis en el advenimiento de Cristo como Redentor y en la re-presentación del Sacrificio del Calvario, y de este modo pone el acento en la condición pecadora del hombre y en la infinita misericordia de Dios, que lleva a la purificación y perdón de los pecados, difícilmente se podría sostener que la Misa carece de una dimensión escatológica. De igual modo, si bien la liturgia oriental tiende a poner el culto en el contexto del *Eschaton* –el reino del Espíritu Santo, en el que la vida de Cristo figura como el ejemplo de lo que los cristianos están llamados a ser nuevamente, imagen del *Logos*–, no es menos evidente que la liturgia oriental continuamente se remite al continuo drama de la redención, centrado en el sacrificio del Cordero.

Quizá el alma occidental está más agudamente consciente de lo incompleto de nuestro estado presente, de la necesidad de trabajar en nuestra salvación "con temor y temblor" (Filipenses 2, 12). La Misa tradicional expresa el sentimiento de añoranza, el anhelo de los pecadores de llegar a la patria, y eleva ante nuestros ojos la Cruz de Cristo como nuestro puente, nuestro camino, hacia el cielo. En la solemnidad, majestad, belleza y silencio de la liturgia, en su confesión de los pecados y en sus hieráticas distancias, en sus cantos melismáticos, se nos da un anticipo de la gloria del cielo mientras se nos recuerda nuestros pecados y limitaciones que obstaculizan la plenitud del reino. Así, pues, hay gran gozo y gran dolor. ¿No hemos acaso vencido con Cristo? ¿No ha resucitado El de entre los muertos y ascendido para interceder por nosotros a la diestra del Padre? ¿No está el reino de Dios *aquí y ahora*, entre quienes se han incorporado a Cristo? Sí. Y sin embargo, no se trata de un sí final *en la tierra*, libre de ambigüedades, sino de un sí mezclado con el no de la humanidad, el no del pecado y de la muerte espiritual que imperan en el reino del príncipe de este mundo, el no del rechazo a la conversión, el no del retroceso a la caída, el no de la impenitencia. Nuestro gozo es total en su Fuente, pero todavía no somos totalmente Suyos. Nuestro Señor ha resucitado, nosotros luchamos por resucitar. Nuestro Señor ascendió a los cielos, nosotros estamos todavía divididos entre cielo y tierra. Nuestro Señor está en la gloria, pero nosotros estamos cegados por su gloria, nuestros ojos no están totalmente limpios, nuestros corazones no están totalmente encendidos con el amor de Dios.

Es por esto que el católico se alegra, y llora; el sacerdote glorifica a Dios que está verdaderamente presente en medio de nosotros, y con la cabeza inclinada, se golpea el pecho en silencio; la Iglesia, que sigue en este valle de lágrimas, hace flamear la bandera de la victoria aun cuando recién comienza a tocar la trompeta de la batalla.

En la liturgia tradicional romana, la palabra "gloria" y la realidad que ella significa, está por todas partes. Uno se acostumbra a oírla, como un dulce canto que suena desde lejos: *gloria . . . gloria . . . gloria.* Toda la finalidad de la vida cristiana, y la meta hacia la que se mueve, se expresa, se evoca y se cumple en esta, la más serena de las liturgias. La sobriedad del rito, en comparación con la Divina Liturgia, tiene su propio encanto: "Por vosotros lloramos, pobres hijos exiliados de Eva, por vosotros suspiramos, nos lamentamos y lloramos en este valle de lágrimas". Es una liturgia de la lamentación, del exilio, del anhelo, llena de paz y sellada con gloria.

Porque desdichado el que desprecia la sabiduría y la disciplina; su esperanza es vana, sus afanes estériles, e inútiles sus obras... Porque horrible es el fin de una raza malvada... Pero la numerosa prole de los impíos es sin provecho; y los troncos bastardos no echarán hondas raíces ni tendrán suelo seguro; porque aunque sus ramas verdeen por un tiempo, no estando fuertemente fijas, serán sacudidas por el viento, y por la violencia del vendaval arrancadas de cuajo. Las ramas serán quebradas antes de su desarrollo; su fruto será inútil, sin sazón para ser comido; de nada servirá.

Sabiduría de Salomón

Pues vosotros sois inventores de falacias, sois médicos que nada curáis. ¡Quién diera que al menos callarais por completo; sería para vosostros contado como acto de sabiduría!... ¿Queréis, para justificar a Dios, usar de falsedad, defenderle con mentiras?... Su majestad, ¿no os aterrará, no os llenará de espanto? Vuestros apotegmas son verdades de polvo, vuestras réplicas son respuestas de barro.

El Libro de Job

Ciertamente los pones tú en resbaladero,
Y los precipitas en la ruina.
¡Cómo en un punto son asolados!
Acaban, y son consumidos por el espanto.
Son como el sueño del que se despierta,
Y tú, Señor, cuando despertares,
Despreciarás su apariencia.

Salmo 72

¿Será conocido prodigio alguno tuyo en las tinieblas,
Ni tu justicia en la tierra del olvido?

Salmo 87

11

Rescatada del hondón del olvido

ES EXTRAORDINARIMENTE RARO, AL MENOS *prima facie*, que los comités litúrgicos, los dicasterios vaticanos, los departamentos de teología, las curias episcopales, las órdenes religiosas y todo el resto del aparato burocrático posconciliar no hayan estallado en grandes cantos y bailes en abril o en noviembre de 2019. ¿Cómo pudo ocurrir que perdieran la oportunidad de conmemorar las bodas de oro de la promulgación de la nueva Misa del papa Pablo VI el 3 de abril de 1969, o de su entrada en vigencia en la mayor parte de los países el primer domingo de Adviento de ese año, que cayó el 30 de noviembre?[1].

Podría pensarse, por cierto, que si existe algo en el postconcilio que merezca un brindis, o ser festejado y digno de recibir palmaditas en la espalda, sería precisamente este monumental cambio moderno de imagen. Pero el número de actos (de menciones, siquiera) de celebración por parte de los amigos del rito de Pablo VI pueden contarse con los dedos de una mano (en contraste, el número total de las celebraciones de *Summorum Pontificum* en sus modestos aniversarios de los cinco y de los diez años alcanzó dos dígitos). Quizá la actividad más destacada –y no lo fue mucho– fue un artículo en *L'Osservatore Romano* de 6 de abril de 2019, firmado por Corrado Maggioni, SMM, subsecretario de la Congregación para el Culto Divino y la Disciplina de los Sacramentos, publicado en inglés en *PrayTell* el 17 de abril.

¿Se puede explicar este enigmático silencio? El tema condujo a un interesante intercambio de opiniones en Facebook, del cual voy a reproducir a continuación los segmentos más valiosos. El intercambio comenzó así:

---

1 Sobre la ausencia de celebración del quincuagésimo aniversario del *Novus Ordo*, ver también Clemens Victor Oldendorf, "Lessons from the Sixties: Selective Synodality and Princely Protests," *NLM*, octubre 24, 2019.

He encontrado mucha gente, que se llama católica, que no ha tenido jamás ni la menor idea de que se hubieran hecho cambios [litúrgicos], ni tiene tampoco idea de qué significa el término *Novus Ordo*; hasta tal punto ha sido total la reescritura de la historia.

Otro personaje intervino así:

Cuando estuve en la universidad, tuve una vaga conciencia de que, antes del Vaticano II, la Misa era en latín, pero supuse que era exactamente la misma liturgia que teníamos en la capilla de Steubenville, sólo que en latín. Luego asistí a una Misa tradicional por pura curiosidad y descubrí cuán equivocado estaba.

La primera persona replicó:

Yo supuse exactamente lo mismo. Fue a la fuerza que tuve que convencerme de que un comité había sencillamente cocinado, con todo descaro, algo nuevo. No fue sino cuando comparé los dos textos, uno al lado del otro, que comencé a darme cuenta de cómo habíamos sido absolutamente estafados toda nuestra vida. Luego comencé a leer a Michael Davies y todo quedó claro.

Una tercera persona aventuró:

Me convertí del anglicanismo al catolicismo a fuerza de leer. El *Novus Ordo* (aunque por muchos años no supe que se lo llamaba así) fue un verdadero *shock*, pero pensé que así eran las cosas, y tenía que aceptarlas tal como eran. Ni siquiera sabía que todavía existía la Misa tradicional. Luego me arrepentí de mi conversión, pero regresé, y siempre habré de creer que no fue mera coincidencia que la Misa a la que asistí, después de confesarme, fuera una Misa tradicional. A continuación, lo usual –lectura de Michael Davies, etc., período de ira, del estilo "He sido engañado"– y desembarqué en buena tierra. Alabado sea Dios.

Surgió una cuestión: "¿Por qué hay tanta ignorancia entre los católicos, no sólo de la historia en general, sino incluso de nuestra *historia reciente*? Cincuenta años no es tanto tiempo... Podría pensarse que una Iglesia que tiene 2.000 años querría que sus miembros supieran hasta qué punto era mala la vieja y polvorienta liturgia que fue reemplazada por un nuevo y brillante modelo". A ella se respondió lo siguiente:

> La respuesta al enigma es que ya no se supone que exista conocimiento de que el *Novus Ordo*, como tal, sigue existiendo. Se supone que es simplemente "la Misa". Se supone que, con cada año que pasa, el hecho de que hubo cambios que se hizo a la liturgia irá deslizándose hacia el hondón del olvido. Quienes recuerdan bien la antigua Misa, que saben cuán radicalmente diferente de la antigua es la nueva, y que recuerdan cuán violentamente fueron hechos los cambios, esa gente se está muriendo. O sea, los que no se rindieron ni se fueron hace mucho tiempo. No se supone que los católicos que todavía practican la fe sepan que hubo alguna vez un "rito antiguo" o que hay un "rito nuevo". El proyecto de la Revolución, en esta etapa, es negar que haya habido jamás una Fe Antigua.
>
> En todo caso, esta es la razón por la que están tan furiosos, como gatos salvajes, de que todavía existan tradicionalistas, y de que el movimiento tradicional esté ganando adeptos. Se supone que esa gente se extinguió o fue expulsada, y el hecho de que haya miembros nuevos, como yo, que nunca supe del rito antiguo, y familias que tienen doce hijos y asisten a la *Missa Cantata*, y todo el *homeschooling* y demás... Combínese eso con la capacidad de internet de permitir que todos sepan lo que realmente ocurre, con muchas hermosas fotos además, y se entenderá que se están volviendo absolutamente apopléticos.

Apopléticos, quizá; pero también extrañamente silenciosos. ¿Cuántos sitios *web* hay que adhieran firmemente a una línea *reformista*? No hay muchos. Quizá sólo uno: *PrayTell*. ¿Cuántos sitios *web* adhieren a una línea marcadamente tradicionalista? No son pocos. En suma, parece que a los progresistas se les acabó el combustible, o la confianza, o el personal embarcado, o piensan que hablar de esto conlleva el riesgo, demasiado grande, de dar acceso a todavía más católicos a los temas prohibidos y llevarlos, por ahí, a posibles defecciones. Cierto lector de *OnePeterFive* escribió al editor: "Yo ya buscaba a Dios cuando estaba en la escuela, pero la plenitud, la realidad y la belleza de la

Iglesia y de su Tradición me eran desconocidas hasta que descubrí 1P5... Afirmo que mi encuentro con la Tradición fue para mí una segunda conversión, porque mi experiencia, inmediatamente después de mi bautismo y confirmación en la Iglesia de Francisco, estuvo separada de cualquier conocimiento de que la Iglesia, antes de la década de 1960, fue diferente de lo que es hoy".

Exactamente. El éxito de la "transformación de todas las formas" (de que hablaré más adelante) depende, en último término, de cuánta gente en la Iglesia no sabe lo que existió antes de 1970, y de cuánta gente no se imagina que nuestro culto y nuestra vida podría, o debiera, ser diferente de lo que el Vaticano, la Conferencia Episcopal de los Estados Unidos, la curia episcopal o [*llénese aquí el espacio vacío*] quiere que pensemos que debe ser.

El magnífico libro de Michael Fiedrowicz *La Misa tradicional: historia, forma y teología del rito romano clásico*, resume de modo elocuente los puntos que he venido presentando:

> La celebración de la liturgia en su forma tradicional constituye, pues, un eficaz contrapeso a todos los rebajes, reducciones, diluciones y banalizaciones de la fe. Muchos que no tienen familiaridad con la liturgia clásica y conocen sólo la forma re-creada de ella creen que lo que ven y oyen en esta última es la totalidad de la fe. Casi nadie se da cuenta de que los pasajes centrales han sido quitados de las perícopas bíblicas. Casi nadie advierte que la oraciones de la Iglesia ya no atacan expresamente los errores; que ya no piden por el retorno de quienes la han abandonado; que ya no dan a lo celestial una clara prioridad sobre lo terrenal; que convierten a los santos en meros ejemplos de moralidad; que disimulan la gravedad del pecado y que identifican a la Eucaristía sólo con una comida. Casi nadie sabe lo que las oraciones de la Iglesia han dicho a lo largo de los siglos en lugar de la actual "preparación de las ofrendas", y cómo aquellas oraciones demostraban que la Iglesia entendía que la Misa es un sacrificio, que se ofrece, mediante las manos del sacerdote, por los vivos y los muertos[2].

---

2 Michael Fiedrowicz, *La Misa tradicional. Historia, forma y teología del rito clásico romano* (Carthusianus Verlag, 2021), 302-5.

Cuando, hacia el final de mi adolescencia, descubrí la Misa tradicional, me acuerdo claramente haber tropezado con importantes verdades de la fe -verdades enseñadas por las Sagradas Escrituras, por los Padres de la Iglesia, por los Concilios y, por cierto, por el misal tridentino- que se habían vuelto mudas, invisibles o incluso extinctas en el *Novus Ordo*. El estudio posterior no ha hecho más que confirmarme la extensión de este sesgo sistemático. Por eso me gusta decir (admitiendo que es un poco exagerado): "Mi misal diario me hizo tradicionalista".

Los católicos que no se abandonan con confianza a la tradición de dos mil años de la Iglesia *no tendrán contacto* con toda la doctrina y el modo de vida del catolicismo. Esto es duro de oír, pero igualmente duro es mucho de lo que enseñó el Señor: "El que quiera venir en pos de mí, niéguese a sí mismo, tome su cruz y sígame" (Mateo 16, 24). Esto es verdadero también, en cierto modo, de la tradición: tenemos que negar nuestros prejuicios modernos, tomar el bendito peso de nuestra tradición, y seguirla, a fin de ser integralmente católicos.

Joseph Ratzinger ha formulado repetidas veces y con gran impacto la idea de que el olvido de Dios es *el mayor problema* de Occidente: "Si la Liturgia aparece, antes que nada, como un taller de actividades que realizamos, se ha olvidado lo esencial: Dios. Porque la Liturgia no se refiere a nosotros, sino a Dios. Olvidar a Dios es el más inminente peligro de nuestra época. Frente a esto, la Liturgia debiera enarbolar una señal de la presencia de Dios. Pero ¿qué ocurre si el hábito de olvidar a Dios se instala en la Liturgia misma como en su casa, y si en la Liturgia no hacemos más que pensar sobre nosotros mismos?"[3].

Benedicto XVI escribió el 10 de marzo de 2009 una carta sobre el levantamiento de las excomuniones de cuatro obispos de la Sociedad Sacerdotal de San Pío X:

> En nuestros días, cuando en extensas regiones del mundo la fe está en peligro de extinguirse como una llama que ya no tiene combustible, la absoluta prioridad es hacer

---

3   Prefacio al libro de Alcuin Reid, *The Organic Development of the Liturgy*, 2ª ed. (San Francisco: Ignatius Press, 2005), 13.

a Dios presente en este mundo y mostrar a los hombres y mujeres el camino de Dios. No de un dios cualquiera, sino del Dios que habló en el Sinaí; de ese Dios cuyo rostro reconocemos por un amor que llega "hasta el fin" (cf. Juan 13, 1) en Jesucristo, crucificado y resucitado. El verdadero problema de este momento de nuestra historia es que Dios está desapareciendo del horizonte humano y, con el apagarse la luz que viene de Dios, la humanidad está perdiendo los estribos, con efectos cada vez más destructivos.

Para muchos en la Iglesia es difícil todavía darse cuenta hoy –ya sea porque son totalmente ignorantes del pasado (tal como querían los revolucionarios), o porque, siendo conscientes de él, tienen miedo de hacer su tarea y conectar entre sí todos los puntos– de que los cambios en la liturgia han en verdad contribuído, profunda y duraderamente, a la crisis del olvido de Dios, y de que la primera cura para esta amnesia habrá de ser la restauración del rito romano clásico para los católicos de rito latino.

Friedrich Nietzsche habló de la "transvaluación de todos los valores": la inversión de nuestras concepciones de bien y de mal en la era post-cristiana. Lo que siempre se entendió como bueno –la humildad, la autonegación, la obediencia, el amor a los pobres y a la pobreza, tender la mirada al mundo que hay después de esta vida– debía, en su sistema, ser considerado malo, y lo que había sido considerado malo –imponer la propia voluntad a fuerza de dominación, la satisfacción de las concupiscencias, el aplastamiento de los débiles, el rechazo de los pensamientos sobre una vida futura, el vivir el momento– serían ahora virtudes. El Übermensch o Superhombre debía ser exactamente lo contrario de un santo cristiano.

Como lo demuestra la atrocidad del aborto, la opinión de Nietzsche ha prevalecido en la sociedad secular de Occidente. Pero, ¿acaso no ha invadido también a la cristiandad una forma más sutil de esta "transvaluación de los valores" –incluyendo a la Iglesia católica, que durante siglos pareció tenazmente opuesta a todo compromiso con la modernidad y su espíritu ateo? En los últimos treinta y cinco años de mi vida (es decir, los años en que he tomado en serio el llamado divino a vivir la fe) he advertido cada vez más una tendencia que ciertamente merece ser llamada "nietzscheana".

Si, por ejemplo, uno objeta a cierta idea o práctica el que es "protestante", es probable que se lo tache de "anti-ecuménico". De este modo, un vago ecumenismo ha suplantado a varios dogmas *de fide* como la medida de ser uno cristiano. "No creo en el dogma, creo en el amor", como dijo una vez una monja vestida de civil a un sacerdote que era guía turístico.

O si se objeta que un hábito u opinión litúrgicos son contrarios a la enseñanza del Concilio de Trento o cualquier otra normativa magisterial, es probable que a uno lo motejen de "estar encerrado en el pasado" o de "no estar en la línea del Concilio" –el Concilio Vaticano II, por supuesto, en cuyo nombre todos los Concilios anteriores pueden ser ignorados o negados–. Una nueva forma de conciliarismo ha reemplazado a la obediencia al depósito de la fe en su integridad y en su adhesión a la tradición eclesiástica, con toda su riqueza heredada. "Eso es pre-Vaticano II", como le espetaba una monja, vieja y difícil, a un sacerdote cada vez que éste exponía la enseñanza de la Iglesia.

En un artículo de hace algún tiempo atrás dije que la práctica de los lectores en el *Novus Ordo* es protestante y pelagiana[4]. La reacción de los progresistas actuales (es decir, el grueso de la Iglesia) sería, sin duda: "¿Y qué? Ahora somos compinches con los protestantes, así que, en estos tiempos ilustrados, no nos importan las oscuras y viejas herejías. Lo único que importa es la participación activa". Con una sola frase mal entendida, se puede barrer cinco, diez, quince siglos de catolicismo. Lo notable es que incluso los eclesiásticos que resucitan el término "pelagianismo" son incapaces de ver los más dinámicos símbolos y renovadas prácticas de él que surgen ante sus propias narices[5].

---

4 Ver Peter Kwasniewski, "How Typical Lector Praxis Transmits a Pelagian and Protestant Message," *NLM*, enero 15, 2018.

5 Ver Congregación para la Doctrina de la Fe, carta *Placuit Deo* a los obispos de la Iglesia católica sobre ciertos aspectos de la salvación cristiana, febrero 22, 2018.

Nuestro Señor enseñó que divorciarse y casarse de nuevo con otra persona era cometer adulterio, que es un pecado mortal; pero vaya uno a decir esto hoy y por poco lo lapidan con piedras verbales: "rígido, juzgador, inmisericorde, poco acogedor, fariseo". No importa que los fariseos fuesen lo que aprobaban el divorcio y sacaban la vuelta a las normas importantes, al tiempo que imponían otras menos importantes. Nadie se preocupa hoy de la historia o de la lógica. También eso es esencial en el "nuevo paradigma": la prohibición de la historia y la emasculación de la lógica.

Ejemplos como éstos podrían multiplicarse *ad nauseam*. Todos apuntan en una dirección: lo que antes era ortodoxia, hoy es herejía, y lo que era herejía, hoy es ortodoxia. *Transvaluación de todos los valores*.

Estamos en una encrucijada de la historia de la Iglesia católica. Podríamos denominarla el nadir de *Pascendi Dominici Gregis*, el momento en que se está tratando, en práctica si no en teoría, de substituír la enseñanza de San Pío X por lo diametralmente opuesto. San Pío X definió el Modernismo como "la recopilación de todas las herejías"[6]. Para muchos de los dirigentes de la Iglesia de hoy y para el público que se sienta en los bancos de la iglesia, sin embargo, es la *ortodoxia* la recopilación de todas las herejías, y es el Modernismo la fe católica pura y simple. De hecho, se ha puesto de moda, incluso en círculos llamados conservadores, motejar de "fundamentalistas" a los católicos que adhieren y enseñan lo que cualquier catecismo histórico de la Iglesia enseña, sea el de Trento, el de Pío X, o el *Baltimore Catechism*, amado por las familias que practican el *homeschooling*.

La transvaluación, o quizá a veces la mera devaluación de todos los valores, puede verse si hacemos un recorrido por los teólogos populares del momento. La estrambótica teología trinitaria de Hans Urs von Balthasar es absolutamente imposible de reconciliar

---

6   Las traducciones al castellano de la encíclica a menudo dicen "síntesis de todas las herejías", pero el latín dice *omnium haereseon conlectum*, lo que tiene más sentido: todas las herejías, incluso las contrarias, se encuentran bajo la sombra del Modernismo, aun si no pueden armonizarse unas con otras.

con la teología trinitaria ortodoxa de la Iglesia[7]. Tomando pie en otra de las novedades de Balthasar, el obispo Robert Barron piensa que se puede argumentar, con toda seriedad, que todos los hombres podrían salvarse, idea absolutamente ajena a Nuestro Señor en los Evangelios, a Nuestra Señora de Fátima, y a toda la tradición de la cristiandad ortodoxa anterior al Vaticano II. La versión, aguada y corriente, de la cristología se parece muy poco a la cristología articulada y defendida a tan alto costo por tantos Padres de la Iglesia, como San Atanasio y San Cirilo de Alejandría. Nuestra mariología, comparada con la de San Alfonso Ligorio o San Luis de Montfort, es prácticamente inexistente, o es sentimental y reductiva. La enseñanza social católica ha sido cooptada por la izquierda socialista y por la derecha capitalista, cada una de ellas con sus propios propósitos, en tanto que los temas centrales, tal como los encontramos en León XIII –por ejemplo, la relación ontológica e institucionalmente necesaria entre Iglesia y Estado– son ignorados o caricaturizados. En cuanto a nuestra teología sacramental o litúrgica, es como para preguntarse si realmente queda alguna teología ortodoxa a nivel popular, aparte de una concepción (simplista) de la validez y la licitud.

¿Cómo hemos llegado a este punto? Hay un camino largo y lleno de recovecos que nos hace remontarnos a varios siglos, al menos, hasta dar con el nominalismo, el voluntarismo, el protestantismo, el racionalismo y el liberalismo, cada uno de ellos con un papel estelar. Pero en términos de cómo este "nietzscheanismo" pudo llegar a penetrar en casi cada iglesia católica, en cada interior católico, filtrándose en la nave de la iglesia, subiendo al

---

7   Betrand de Margerie, sj, ha publicado una corta pero mordaz "Note on Balthasar's Trinitarian Theology" en *The Tomist* 64 (2000): 127-30, en que cita varios textos heréticos de Balthasar y algunos comentarios: "He aquí una paradoja: algunos autores modernos, evidentemente interesados en la espiritualidad, han caído sin darse cuenta en una concepción del Ser divino que es exageradamente materialista... Una especie de psicologismo humano hace a los lectores del teólogo suizo correr el riesgo de encaminarse al triteísmo... Debido a las enérgicas afirmaciones en los Evangelios de la unidad entre el Padre y el Hijo –afirmaciones reiteradas por varios concilios ecuménicos que subrayan su consubstancialidad–, no podemos aceptar el lenguaje dialéctico, obscuro y, sobre todo, peligroso de Balthasar, que parece afirmar y negar al mismo tiempo".

presbiterio, borrando o dando martillazos a nuestros antepasados y a los rostros de los santos y ángeles, creo que se puede dar una respuesta más sencilla:

Esta transvaluación de todos los valores sigue necesariamente a *la transformación de todas las formas.*

Me refiero al modo en que *nada* de la vida católica quedó indemne después del Vaticano II. Cada segmento de la Misa, cada aspecto del Oficio Divino, cada rito sacramental, cada bendición, cada pieza de vestimenta clerical y litúrgica, cada página del Derecho Canónico y del Catecismo, todo tenía que ser renovado, retrabajado, revisado, generalmente en el sentido de disminuír y suavizar: "la Palabra fue ablandada, y habita en los suburbios". La belleza y el poder de nuestra tradición fueron, en el mejor de los casos, amordazadas, y en el peor de los casos, masacradas. No hubo forma que estuviera a salvo, que fuera estable o considerada digna de preservación tal como era, tal como había sido heredada.

El lenguaje, expreso o subliminal, no fue difícil de interpretar: la Iglesia católica se había descarrilado hacía muchos siglos desde todos los puntos de vista, y ahora tenía que ponerse al día con el mundo moderno. Había que ponerlo todo sobre la mesa de picar carne, listo para ser renegociado. Qué mensura aplicar, a qué ideal aspirar, qué meta lograr antes que se detuviera el cambio . . . incluso eso se dejó indeterminado, discutible, abierto, como una narración de "flujo de conciencia" mal escrita. No debía dejarse nada intacto en consideración a su longevidad y amabilidad. Se había acabado ya eso de construír sobre roca, porque el resultado es incambiable; la movediza arena calzaba mejor con la flexibilidad evolucionante y el pluralismo del Hombre Moderno.

Fue simplemente imposible que un proceso tan iconoclasta, vandálico, inseguro y autocreativo tuviera lugar sin poner profundamente en duda *todas* las creencias católicas y *todas* las prácticas católicas. La liturgia de la Iglesia se estaba reformando ostensiblemente; en realidad, se estaba cuestionando el catolicismo de arriba abajo, o –digamos– desde el campanario a la cripta. Una sola trizadura en la represa es suficiente para que colapse entera.

Por ello, de la transformación de todas las formas vino, tan inevitablemente como después de la revolución llegan el agotamiento y la dictadura, la transvaluación de todos los valores. Se podría pensar esto incluso en términos de un teorema de Euclides: "Supuesto el *aggiornamento* de todo, demuéstrese que la ortodoxia se convertirá en la recopilación de todas las herejías". Y las cosas sucedieron tal como se las podría haber predicho.

Este contexto más amplio explica, a la vez que impele, los vertiginosos acontecimientos de la última década con el papa Francisco, tales como el desmantelamiento de los Hermanos y Hermanas Franciscanos de la Inmaculada y la supresión de otras comunidades religiosas y sacerdotales tradicionalistas; los esfuerzos por hacer opcional el celibato clerical y por la expansión de los ministerios femeninos; el profundo odio al rito romano clásico y a toda práctica litúrgica tradicional (e.g. la celebración *ad orientem*) que ha resurgido luego de *Traditionis Custodes*; las bufonerías de los Amoritas que trabajan sin cesar (imitando a su maestro) por que en la Iglesia se acepte toda "expresión" sexual[8], etc.

Todo encaja cuando uno ve que los nuevos dueños del universo sostienen exactamente lo opuesto a lo que Ud. o yo sostendríamos. Nosotros creemos lo que los católicos siempre han creído; queremos vivir y orar como los católicos lo han hecho siempre[9]; y nos

---

8 Ver Peter Kwasniewski, *Holy Bread of Eternal Life: Restoring Eucharistic Reverence in an Age of Impiety* (Manchester, NH: Sophia Institute Press, 2020), cap. 14: "Our Progressive Desensitization to the Most Holy Eucharist," 197-202. Con el término "Amoritas" me refiero a los partidarios de los errores del capítulo 8 de *Amoris Laetitia*.

9 Uno de los últimos temas favoritos de los progresistas es que "la liturgia siempre ha estado desarrollándose a lo largo del tiempo, por lo que no se puede decir que los católicos hayan realizado 'siempre' el culto de este modo o aquél". Pero esto es una respuesta superficial. La verdad más profunda es que los católicos siempre han dado culto a Dios de acuerdo con la liturgia que han heredado, y cualquier desarrollo que haya tenido ha ocurrido al interior de esta suposición fundamental de la continuidad de los ritos, cánticos y textos. El trabajo de *Consilium* en la década de 1960 rechazó esta suposición (y por tanto socavó el sentido de la tradición como tal) al alterar casi todos los aspectos de la liturgia, añadiendo y borrando material según sus propias teorías. Por tanto, lo que produjo no es ni podrá nunca ser una expresión de la tradición católica; será siempre un cuerpo extraño, tal como un corazón sintético no puede jamás llegar a ser un miembro vivo del cuerpo al que se le ha implantado.

espantamos de encontrarnos siendo objeto de burla, de hostilidad y de persecución. Pero no debiéramos espantarnos. Nosotros vivimos según el antiguo paradigma, en que el Modernismo era la recopilación de todas las herejías. Nuestros enemigos siguen un nuevo paradigma, el paradigma de la novedad sistemática. Mientras más nuevo sea algo, mejor, más auténtico, más real en el proceso, siempre en evolución, de la maduración humana. Para ellos, la llamada "fe ortodoxa", defendida por personajes como San Agustín, San Juan Damasceno, Santo Tomás de Aquino, San Roberto Bellarmino y San Pío X, ya no es en absoluto "relevante" para el Hombre Moderno; es una reliquia congelada de un pasado muerto, un obstáculo para el Progreso que el siempre sorprendente Espíritu de Novedad quiere otorgarnos[10].

Los comerciantes en novedades no se atreverán, quizá, a canonizar a los miembros más ilustres de su partido –Ockham, Descartes, Luther, Hegel, o Nietzsche–, pero harán todo lo posible por canonizar a figuras menores como Giovanni Battista Montini, Annibale Bugnini y Teilhard de Chardin. Debiéramos prepararnos espiritualmente para soportar un chaparrón de sacrilegios, blasfemias y apostasías que los católicos no se imaginaron nunca ni en los peores períodos de las persecuciones paganas o de confusión interna.

Como Juan Pablo II nos recuerda en su último libro "Memoria e identidad", podemos encontrar consuelo en la certeza de que el Señor pone siempre un límite al mal, tal como hizo con el Nacional Socialismo y el Comunismo Soviético. A nadie tentará más

---

10 Coincidiendo con el evolucionismo darwiniano-hegeliano, los "conservadores" actuales están listos para abrazar la opinión que expresa el pontífice reinante, cualquiera sea él, y que deja atrás automáticamente todo lo que sus antecesores han dicho en la misma materia. En realidad, la enseñanza de un papa tiene autoridad precisamente en la medida en que contiene y confirma la enseñanza de sus antecesores, aunque se expanda en ella de modo armonioso con lo que ha sido previamente enseñado. Además, las normas elementales de la interpretación magisterial nos dicen que una enseñanza dada en cierto nivel más alto de autoridad, tiene más peso, sin importar cuántas décadas o siglos de antigüedad tenga, que una enseñanza reciente dada en un nivel inferior de autoridad. El nivel de autoridad depende del tipo de documento o de la ocasión en que se promulga, de la fórmula verbal empleada, y de otras señales.

allá de sus fuerzas. Y aunque se trata de un pensamiento severo, podemos encontrar también consuelo en la certeza de que Nuestro Señor limita, señalando un término a nuestras vidas, el mal que cada uno de nosotros tiene que soportar. Para el discípulo fiel que se aferra a Cristo y a su Evangelio dador de vida, la muerte aceptada con autoabandono es, además de una maldición por la Caída, una bendición que nos libra de un mundo que no es, ni jamás se quiso que fuera, nuestro hogar permanente (cf. Hebreos 13, 14). Esta verdad no es una invitación al quietismo –debemos trabajar, y trabajaremos– sino una llamada a conservar nuestra paz interior en medio de las pruebas terrenales, que nunca faltarán, y que tienen el propósito de ir destetándonos, poco a poco, de nuestros apegos egoístas, mientras nos preparamos para las eternas bodas del Cordero.

Entre tanto, durante el peregrinar de esta vida, tenemos que pelear la buena pelea, mantener la verdadera fe, y resistir todas y cada una de las deformaciones de ella que levante cabeza, transmitiendo lo que hemos recibido y entronizando a Cristo Rey en nuestros corazones, nuestros hogares, nuestras parroquias, nuestro país y en toda la creación.

El P. Matthew Hood es un sacerdote que descubrió, a principios de agosto de 2020, y gracias a que pudo ver un viejo video, que había sido bautizdo inválidamente –o sea, no estaba en absoluto bautizado– y, por tanto, debía recibir de nuevo todos los sacramentos (con la consecuencia adicional de que mucha gente había recibido sacramentos inválidos de manos de quien, como él, no era sacerdote). Después de haber sido rápidamente bautizado, confirmado y ordenado, publicó un artículo con el título "Por qué las palabras del bautismo importan", en *First Things* el 3 de septiembre. Hay varias frases de este artículo que me impresionaron; las voy a comentar a continuación, una por vez, a la luz de lo que hemos dicho hasta aquí en el presente capítulo.

> Los sacramentos son celebrados válidamente en todo el mundo, con pocas excepciones. Si tenemos pruebas

claras e irrefutables de que no son válidos, podemos rápidamente corregir la situación. Pero los fieles no debieran temer.

"Los sacramentos son celebrados válidamente en todo el mundo, con pocas excepciones". Poder decir esto en 2020 es admitir, indirectamente, el colosal fracaso de la reforma litúrgica en ponerse a la altura de lo que esperaba el Movimiento Litúrgico original: una Iglesia que con gozo y conocimiento sacaba agua de las fuentes sacramentales de la salvación, que nos habían sido transmitidas por nuestra tradición católica. Los reformadores se sintieron con la libertad de hacer casi cualquier cosa, con escasas excepciones, porque ya habían equiparado en su mente la "esencia" de los sacramentos con las fórmulas exactas que garantizaban su validez; todo lo demás estaba en juego. Este reduccionismo neoescolástico es incapaz de contemplar la belleza del conjunto, la intangible vida que anima al cuerpo orgánico; este reduccionismo asesina para disectar, confiado en que encontrará el huevo de oro una vez que la gallina haya sido faenada.

Esta es la vara baja a que hemos sido reducidos: la mayoría de los sacramentos son *válidos*. Recuerdo la observación de C. S. Lewis de que si se busca el bien más alto, se obtendrá "de yapa" el más bajo, pero si se busca el bien más bajo separado del más alto, seguramente no se obtendrá ni siquiera el más bajo. En el caso de los ritos sacramentales latinos tradicionales, en que cada palabra y movimiento está prescrito por las rúbricas y el ministro es como la locomotora de un tren que permanece fijamente sobre los rieles a medida que se acerca a la estación, se obtiene no sólo el mero mínimo, la validez, sino algo más, que se abre como una flor: la probabilidad de la dignidad, las precondiciones de la belleza, la seguridad del orden. Continúa el P. Hood:

> Quienes debieran tener miedo son los ministros de la Iglesia, para que renueven sus esfuerzos por celebrar fielmente los ritos de la Iglesia… El hermoso, el poderoso don de los sacramentos queda oculto cuando reemplazamos la voz de Cristo por nuestras propias voces. Como "mayordomos de los misterios de Dios", se nos encontrará dignos de confianza cuando administremos

los sacramentos según la ley de Cristo y de su Iglesia, permitiendo que Cristo hable a través de nosotros(cf. 1 Corintios 4, 2).

¿Fueron los reformadores litúrgicos de la década de 1960 –que habían sido ordenados para celebrar los ritos fielemente– fueron *ellos mismos* fieles al inmenso tesoro que se les entregó por tantas generaciones de creyentes? ¿Fueron *ellos* dignos de su encargo, dejaron que Cristo y su Iglesia "hablaran a través de ellos"? ¿O tuvieron la temeridad de pensar que eran más sabios que 500, 1.000, 1.500 o incluso más años de tradición católica, que se remontan hasta el templo del culto judío; más sabios no sólo en uno o dos puntos menores, cosa que pudo ser posible, sino en la *forma y substancia* de los ritos de la Iglesia, de arriba abajo, como que los reformadores sistemática y completamente alteraron cada sacramento y sacramental, cada ceremonia de oración y peniten- cia, todo, en fin, lo relacionado con el culto divino?

A continuación nos encontramos con la conmovedora decla- ración del P. Hood:

> Si no nos atreveríamos a cambiar las palabras de la Escri- tura para adaptarlas a nuestros caprichos, ¿por qué cam- biar las palabras de la fórmula sacramental para que lo que se oiga sea nuestra propia voz?

La última vez que hice una comprobación, este tipo de "osadía" se había hecho una costumbre en la reforma litúrgica. Se podría decir que la reforma *se definió* por su temeridad en todos los nive- les, a horcajadas del ímpetu de un concilio ecuménico, y pagada con las platas negras de la autoridad papal, acumuladas durante siglos y derrochadas en una década.

Los reformadores litúrgicos cambiaron la fórmula sacramental de la consagración del vino desplazando el *mysterium fidei*, lo que, aunque no volvió inválida la consagración, significó meter mano en algo que no se había tocado jamás en toda la historia de la Igle- sia de Occidente. Quitaron del Oficio Divino muchos versículos de salmos que siempre la Iglesia había rezado. Suprimieron pasajes de la Escritura usados en las lecturas de la Misa durante tantos siglos como se tiene recuerdo, y cuando incluyeron más Escritura, esquivaron algunos versículos que no quisieron que estuvieran ahí. La fórmula sacramental de casi todos los sacramentos fue modificada por Pablo VI. ¿*Tenían* que modificarse? ¿Había alguien cuestionado jamás su legitimidad o su adecuación? ¿Clamaban acaso los rangos inferiores del clero y los fieles por urgentes reformas sacramentales? No. Pablo VI las cambió para que (como dice el P. Hood) "se oyera *nuestra propia voz*"; es decir, la voz de la *expertise* moderna puesta al día, no la voz de la Tradición católica.

Todo este trasfondo es el contexto del porqué el papa Francisco se sintió con la libertad de contradecir la Escritura en *Amoris Laetitia* y en el cambio sobre la pena de muerte, y de por qué pudo disentir realmente de la exclusividad y unicidad de la religión cristiana como el camino de salvación querido por Dios. Ni los sacramentos ni la Escritura son ya considerados inviolables. Tal es, en la práctica, el legado de la reforma litúrgica de Pablo VI, y mientras no confrontemos derechamente la raíz del problema, estaremos enfrentando una conflagración con pistolas de agua.

La solución no es algo tan simple como "tener mejor entrenamiento en los seminarios". Tarde o temprano tendrá que haber una total restauración de lo que hacíamos previamente con éxito, con continuidad orgánica desde los comienzos de la Iglesia hasta mediados del siglo XX –y hasta el presente, donde quiera que sobreviva la tradición–. No será, no podría ser, algo pegoteado por un comité del Vaticano y atomizado luego en tantas diferentes variedades como diversas "comunidades de culto" existen.

El pensamiento que hay detrás de la fabricación de rituales más significativos o más inculturados para las colectividades locales –que, cuando se los pone por obra, conducen a sacramentos inválidos, a celebraciones ilícitas y a necias parodias de culto– es, para decirlo francamente, idéntico al que hay detrás de la creación del *Novus Ordo*, como puede verse con la lectura de los textos de sus arquitectos, tan ávidos de adaptar, adaptar, adaptar. La distancia que hay entre Annibale Bugnini y el diácono Mark Springer[11]

---

11   Se trata del diácono que quiso bautizar a Matthew Hood pero fracasó, tal como fracasó con los pseudo bautismos que administró en un período de trece (!) años. Ver "Invalid Baptisms by Deacon Mark Springer," en el

no es tan grande como podría creerse. Uno de ellos fue astuto, el otro, necio; uno tenía mucho entrenamiento y ningún escrúpulo, el otro, mucho entusiasmo y ningún entrenamiento. Son como dos arvejas en un capi; un capi podrido.

En el Libro IV de sus "Diálogos", San Gregorio Magno, a quien se atribuye la redacción final del Canon romano –que permaneció virtualmente sin cambios hasta 1962, cuando Juan XXIII hizo que se incluyera en él el nombre de San José–, dice con palabras elocuentes: "Porque ¿quién de entre los fieles puede tener alguna duda de que, en el momento de la inmolación, al sonido de la voz del sacerdote, los cielos se abren y los coros de los ángeles acuden al misterio de Jesucristo? Ahí, sobre el altar, lo más bajo se une con lo más sublime, la tierra se une con el cielo, lo visible y lo invisible de algún modo se hacen uno"[12]. Se pregunta San Gregorio si *alguien* de entre los fieles puede tener *alguna* duda de que está teniendo lugar una inmolación; de que al sonido de la voz del sacerdote que pronuncia las palabras de la consagración los cielos se abren y los ángeles se hacen presentes al *misterio*; de que el altar une a la tierra con el cielo en el supremo sacrificio propiciatorio. Este es un lenguaje fragante a Canon romano y a todo el rito romano en su totalidad; es un lenguaje que describe por igual a todas las auténticas liturgias de Oriente y Occidente, tanto en la teoría como en la praxis.

Como lo demuestra una encuesta tras otra, pareciera que hoy, más de cincuenta años después de la forzada implementación de la liturgia reformada, habría que reformular la pregunta: ¿Quién

---

website de la Parroquia St. Anastasia, www.stanastasia.org/news-events/invalid-baptis ms-by-deacon-mark-springer-1986-1999. Varios otros casos, algunos peores, han salido posteriormente a la superficie. Uno se pregunta si estamos viendo la punta de otro iceberg, como el del abuso sexual clerical. En las primeras etapas de esos abusos parecía que se trataba de un problema escaso, en tal o cual situación aislada. Más tarde resultó que existía en virtualmente todas las diócesis de mundo, como un cáncer que se había difundido sin ser detectado ni tratado.

12 Gregorio I, *Dialogi* 4,60,3 (*Sources Chrétiennes* 265:202); *Dialogues*, trad. por O. J. Zimmerman (New York, NY: Fathers of the Church, Inc., 1959), 273.

de entre los fieles sigue creyendo que todo esto ocurre? ¿Quién, de entre ellos, ha oído jamás hablar de ello? ¿Quién podría tener un atisbo de ello por el modo como la "celebración" se realiza normalmente? Son más bien los fieles que adhieren a la Misa tradicional, cuyo rito data, a través del tiempo, de San Gregorio Magno, quienes experimentarán los misterios que éste describe.

Anteriormente he formulado la pregunta de por qué se oye un ensordecedor silencio de parte de quienes debieran más que nadie hacer sonar las trompetas en la luna nueva de las bodas de oro del *Novus Ordo*. El 30 de noviembre de 2019, exactamente cincuenta años desde el fatal primer domingo de Adviento con el nuevo rito, llegó y se fue. Los ardientes partidarios de la reforma postconciliar, representados en los Estados Unidos por *PrayTell*, observaron un silencio sepulcral. Me parece que ello demuestra que no son tan necios como para exponerse a refutaciones y al ridículo. En cambio, los defensores de la liturgia tradicional católica se han mostrado bulliciosos y exuberantes.

Más interés tiene, quizá, el que haya habido unos pocos "conservadores" que defendieron la *via media*, que trae el recuerdo de Newman antes de 1845; se tiene la sensación de que ellos, como él, pelean en la retaguardia, disparando unos pocos tiros perdidos mientras corren en busca de refugio. Dos de los intentos fueron publicados, dorso con dorso, por el *National Catholic Register*: el artículo "*Celebrating the Novus Ordo as It Ought to Be*", del P. Roger Landry, y el de Joseph O'Brien "*The Mass of Paul VI at 50: Marking the Golden Jubilee of the New Order*". Un tercero, de George Weigel, "*The Reformed Liturgy, 50 Years Later*" apareció *online* en *First Things*[13].

---

13 Podríamos considerar como un tipo de conmemoración la elocuente explicación de Rusty Reno de su preferencia por la Misa tradicional, publicada como editorial, en diciembre de 2019, "Failed Leaders", aunque él no la considera tal: ver la sección titulada "Et cum spiritu tuo". El Dr. Joseph Shaw ya ha refutado, con suavidad, la caracterización de las fortalezas y debilidades de las dos "formas" en un par de artículos en *Rorate*: "Reply to Rusty Reno, Part 1: The TLM and Catechesis," diciembre 3, 2019; "Reply to Rusty Reno, Part 2: The TLM and Community," diciembre 4, 2019. Ken Wolfe publicó una breve y bondadosa Opinión Editorial en *New York Daily News*; y en su blog, el P. Zuhlsdorf ha compartido una cantidad de *podcasts* relativos al

El artículo del P. Landry es un notable ejemplo de ingenuidad. El título mismo contiene un acertijo sin solución posible, ya que *no existe* un modo único de celebrarse el *Novus Ordo*, abierto como está a literalmente miles de posibilidades de realización, basadas en las selecciones y combinaciones de módulos, opciones musicales y adaptaciones inculturadas que se puede hacer en cada lugar. Además, el autor aparentemente no se da cuenta de que el papa Pablo VI, desde 1965 hasta 1969 y aún después, *excluyó expresamente* toda posibilidad de un estilo tradicional de Misa *Novus Ordo* (en latín, con canto llano, *ad orientem*, etc.) por ser ajena al proyecto mismo y al propósito de la reforma; cuánto más que el *Consilium* ignoró el voto de no confianza en la *Missa normativa* del Sínodo de Obispos de 1967. No existió jamás intención alguna de continuar con la tradición litúrgica, como se ve en el contenido de los nuevos libros litúrgicos y en su puesta por obra y posterior administración curial[14]; y si las llamadas opciones tradicionales aparecen ocasionalmente, no tienen más vigencia que en la ocasión específica en que han sido escogidas por un determinado sacerdote o comunidad de culto.

Quienes estudian los archivos de cerca pueden fácilmente ver la incoherencia de querer defender un misal amorfo y voluntarista

---

aniversario. También podríamos añadir, como contribuciones tardías, a Christopher Carstens, "Plata y oro", Editorial de *Adoremus*, enero 16, 2020, y a Mary Healy, "The Gift of the Liturgical Reform," *Homiletic & Pastoral Review*, enero 18, 2020. Esta suscitó mucha respuestas, incluyendo la mía: ver "The Gift of Liturgical Tradition" en Peter Kwasniewski, *Reivindicación de nuestros derechos hereditarios como católicos: Genio y actualidad de la Misa tradicional* (Brooklyn: Angelico Press, 2022), 156–74.

14   Considérese las respuestas publicadas en *Notitiae* 14 (1978): 301-2, 534-37: "No debe olvidarse jamás que el Misal del papa Pablo VI, desde el año 1970, ha reemplazado al que es llamado, impropiamente, "Misal de San Pío V", y lo ha hecho totalmente, ya sea en cuanto a los textos como a las rúbricas. No debe inferirse, pues, que, donde las rúbricas del Misal de Pablo VI no dicen nada o dicen muy poco en cosas específicas en ciertos lugares, hay que seguir el antiguo rito. Por ello, los muchos y complicados gestos de incensación de las prescripciones del antiguo Misal . . . no deben ser reanudados"; "el Misal indicaba antes que al *Agnus Dei* se golpeaba tres veces el pecho, y lo mismo al decirse por tres veces *Domine, non sum dignus*... Como el nuevo Misal no dice nada de esto, no hay razón alguna para suponer que haya que añadir ese gesto a estas invocaciones"; etc.

como fundamento de una vida litúrgica estable, dignificada y verdaderamente unificadora, pero nos enfrentamos a un triple obstáculo: una profunda ignorancia formada por un lapso de cinco siglos; una tremenda atmósfera de indiferencia; y una bien intencionada pero dañina indulgencia de parte de quienes, soñando más que pensando, están por reconectar extremidades seccionadas con tela emplástica. No hace falta refutar más a Landry, ya que, si se tiene el coraje de abrir la sección de comentarios del *Register*, se encuentra uno con un verdadero baño de sangre, de magnitud napoleónica.

El artículo de O'Brien es más equilibrado y, en buen estilo periodístico, cita varias opiniones sobre los motivos y resultados de la reforma. Con todo, sufre con el esfuerzo por poner buena cara a una revolución en el culto católico que sigue siendo profundamente preocupante y perturbadora. El título mismo del artículo revela más que cualquier parte de su contenido: "La *Misa de Pablo VI*". Nunca antes de 1969 habría sido posible decir "La Misa de *fulano o zutano*". Ni siquiera Pío V contribuyó con tanto al *Missale Romanum* como para que su edición de 1570 pudiera razonablemente llamarse Misa *de Pío V*. Esa Misa fue la Misa de la Curia romana, la Misa de San Dámaso, de San Gelasio, de San Gregorio I, de Adriano, de San Gregorio VII, de Inocente III, de Gregorio IX, etc. etc.: la Misa de *todos* ellos, y de *ninguno* de ellos[15].

El artículo de Weigel es como gran parte de su obra reciente: breve, insustancial, sin consecuencias, con una "memoria obligatoria" de su último libro, y una "memoria opcional" de su parroquia favorita de la Forma Ordinaria, donde, gracias a las maravillas de internet, se puede ver, desde una distancia de miles de kilómetros, y desde la comodidad del propio hogar, uno de los pocos lugares en el planeta en que el *Novus Ordo* es "celebrado bien", es decir, mayormente sin apego a los deseos de Pablo VI,

---

15   De hecho, el rito romano, aunque llamado a veces "rito de San Gregorio Magno", es casi el único entre las liturgias históricas mayores que no circuló tradicionalmente con el nombre de uno de sus creadores, como lo hicieron, por ejemplo, las liturgias de San Juan Crisóstomo, de San Basilio, de Santiago, etc., sino sólo con la autoridad de la Iglesia de Roma.

pero con una mezcla de tridentinismos y anglicanismos que podríamos llamar "mezcla de la casa".

Lo más elocuente de todo es que ninguno de estos autores es capaz de producir una alabanza sin reservas del *Novus Ordo*. Las declaraciones aprobatorias están encuadradas por adjetivos, condiciones, lamentos y *desiderata*. Se queda el lector con la impresión de que estamos celebrando un aniversario no tanto de algo que existe positivamente como de algo que ha fallado, o que existe sólo en forma de embrión, arruinado en la gestación. Entre tanto, el rito romano clásico sigue existiendo, en su forma plenamente madura, celebrado con férreas rúbricas que lo protegen de todo deterioro, arbitrariedad y elucubraciones colectivas[16].

Uno se pregunta dónde estaremos en cincuenta años más, cuando se cumpla el jubileo de los cien años. Las actuales bodas de oro presagian un posible escenario: habrá todavía menos artículos de los ardientes partidarios de la reforma, ya que, de acuerdo con la sofisticada aritmética vaticana, que nos dio $2 + 2 = 5$, cero es menos que cero; y puede que no haya ni siquiera artículos al estilo de la "Reforma de la Reforma", después del virtual cisma entre el neo-modernismo de la época conciliar y el tradicionalismo de la época preconciliar, que constituirá un franco separarse los caminos, como es fatal que ocurra, y como vemos que ya, de hecho, está ocurriendo.

---

16 Ciertamente, en comparación con lo amorfo del *Novus Ordo*, que nadie parece poder controlar, incluso el rito romano de 1962 parece maduro, férreo y bien protegido por sus propias rúbricas. Pero la verdad es que encontraremos la *forma plenamente madura* del rito romano sólo si retrocedemos más allá del comienzo de las "intromisiones" del siglo XX (más allá de Pío X en relación con el *cursus psalmorum*, más allá de Pío XII en relación con la Semana Santa, las vigilias, las octavas y los paramentos). Para poder recuperarlo en su forma no disminuída, intocada por elucubraciones colectivas, necesitaremos optar, en el futuro y por las razones que hemos analizado en el capítulo 12, por el misal de 1920 con los añadidos hechos durante la Segunda Guerra Mundial.

La Misa, el testamento del Señor, es el Sol de nuestra vida y nuestro tesoro. La amamos porque es, sustancial y principalmente, una institución del Señor. Pero la amamos también tal como la Iglesia, a quien Jesús confió su celebración, nos la ha transmitido a través del tiempo en las diversas tradiciones litúrgicas. Porque las oraciones y los ritos se han desarrollado con el tiempo a fin de explicar y manifestar a los ojos de toda la Iglesia las insondables riquezas que nos ha legado el Señor... No podemos, de modo alguno, renunciar a una herencia que se ha construído lentamente por la fe de nuestros padres, por su ardiente devoción y por su reflexion teológica sobre el sacramento de la Pasión del Señor. Cuando entramos en contacto con la Misa de San Pío V, en la que contemplamos también la más pura obra de arte de la civilización occidental, jerárquica y sagrada, nuestra alma se eleva y nuestro corazón se expande, en tanto que nuestra mente gusta la más auténtica doctrina Eucarística. Por esto es que queremos comprender y amar más y más la Misa tradicional, nuestro tesoro, y por ello es que no dejaremos de defenderla y promoverla.

Abbé Franck Quoëx

El reaccionario no añora la fútil restauración del pasado, sino la ruptura, improbable, del futuro con este sórdido presente.

Nicolás Gómez Dávila

12

El rito romano
de ayer y del futuro

D ESPUÉS DE EXPLORAR EN LOS CAPÍTULOS
anteriores las cruciales diferencias entre los ritos
litúrgicos tradicionales (sobre todo, el de la Iglesia de
Roma) y el rito, construído por un comité, de Pablo VI, es ahora
el momento de enfrentar un tema ambicioso: por qué el movimiento tradicionalista debiera priorizar la recuperación de las
riquezas perdidas en la ola de reformas a la Misa del rito romano
que tuvo lugar en la fase *preconciliar* de la reforma litúrgica, es
decir, desde el establecimiento, por Pío XII en 1948, de la Comisión para la Reforma Litúrgica, que dio a Annibale Bugnini su
primer trabajo en el Vaticano, hasta la modificación en 1962, por
Juan XXIII, del Canon romano y la promulgación de un *Missale Romanum* con un nuevo código de rúbricas. Analizaré con
más detalle, primero, por qué el Misal de 1962 es un punto de
apoyo arbitrario e insatisfactorio[1]. Luego, entraré en el tema del
Domingo de Ramos, del Triduo Pascual, de la Vigilia de Pentecostés, de Corpus Christi, y de la fiesta de los Santos Inocentes, y
seguidamente veré los cinco rasgos generales de la Misa y haré un
excurso sobre las Primeras Vísperas. Finalmente, abordaré temas
prácticos y de Derecho canónico, en que incluiré la cuestión de
qué clase de permiso es necesario para recuperar los tesoros de
nuestra herencia tridentina[2].

---

1 Sobre este período, y sobre el "subjetivismo radical" con el que los liturgistas buscaron, cada vez más, re-modelar la liturgia según las necesidades
modernas, ver Dom Alcuin Reid, *The Organic Development of the Liturgy*, 2ª
ed. (San Francisco: Ignatius Press, 2005), 145-301.
2 No voy a considerar, siquiera, los argumentos en favor del misal de 1965,
propuesto por un grupo de entusiastas como la via media ideal entre 1962 y
1969. Para una explicación, ver mi artículo "*Sacrosanctum Concilium*: The
Ultimate Trojan Horse," *Crisis Magazine*, junio 21, 2021.

Aunque el problema de la interferencia papal en la liturgia data de muchos siglos atrás, es un abismo lo que separa todo lo que hicieron los papas anteriores al siglo XX de lo que hizo Pío X con el Breviario en 1911, Pío XII con la Semana Santa y el calendario en 1950, y Pablo VI con todo lo que estuviere relacionado con el culto en los años 1965-1975. En comparación con siglos anteriores, enfrentamos aquí algo que es diferente en clase, no una simple diferencia en grado. Además, podemos decir que cada una de esas intervenciones papales fue exponencialmente más grave que la precedente. Pío X reordenó parte del rito romano de oración; Pío XII remodeló el corazón del año litúrgico del rito romano; Pablo VI reemplazó todo el rito romano por un rito moderno.

Para explicarnos más plenamente: Pío X cambió de lugar las piezas del breviario tradicional, aunque conservando su contenido material; fue como si un papa tomara el *usus antiquior* y cambiara de lugar en el misal las oraciones, epístolas y evangelios, pero conservando los mismos textos: materialmente lo mismo, formalmente, diferente[3]. Las reformas de Pío XII al calendario y a las rúbricas fueron igualmente drásticas; pero fue su alteración de la Semana Santa lo que pasó de la estructura a la substancia: las nuevas ceremonias fueron una mutación de las antiguas, no una mera reorganización de su contenido, y se lo hizo con el engañoso doble pretexo de suprimir "corrupciones" y promover la "participación activa" (sin explicarse cómo se puede incrementar la participación de los fieles poniendo a su disposición menos en qué participar, como se verá más adelante en este capítulo). Se

---

3 Para ser absolutamente precisos, debiera advertirse también que añadió nuevas antífonas por la nueva distribución de los salmos. Las motivaciones de Pío X son dignas de respeto: restaurar la recitación del salterio entero cada semana, en la medida de lo posible y para asegurar la debida primacía del oficio dominical. Los tradicionalistas ven hoy su nuevo breviario como una solución extrema e imperfecta a un problema real e inmanejable. Tendrá que encontrarse una solución que retenga el tradicional *ordo psallendi* al tiempo que mantenga los válidos *desiderata* de Pío X. Parecería que, así como el oficio monástico tomó elementos en préstamo al romano, así hoy el oficio romano debiera tomar al monástico como modelo, y considerar también el realismo pastoral de los bizantinos, que exigen que sólo algunas, pero no todas, las horas diarias sean recitadas por el clero involucrado en un activo ministerio.

puede añadir que el misal de 1962 de Juan XXIII no sólo incluye el material defectuoso de su antecesor, sino también un problemático código de rúbricas de 1960, que, si bien soluciona algunos problemas dejados por Pío XII, introduce novedades que preanuncian el *Novus Ordo*. Finalmente, Pablo VI creó un nuevo conjunto de ritos litúrgicos que tienen sólo una semejanza genérica con lo que hubo antes: su obra es diferente, tanto material como formalmente, de todo lo anterior.

En breve: Pío X osó reordenar el rito romano, Pío XII osó remodelarlo, Pablo VI osó reemplazarlo. Es, por tanto, menos problemático rezar el breviario de Pío X que seguir la Semana Santa de Pío XII; y el misal de 1962, aunque defectuoso, es ciertamente menos problemático que el *Novus Ordo*.

LA *LEX ORANDI* ES LO PRIMERO

Podemos ver así que las mayores intromisiones en la liturgia ya estaban teniendo lugar antes del Vaticano II, y fueron un guiño en Roncalli, antes de que Montini ensombreciera el trono papal. El *Novus Ordo* no surgió de la nada, como la aparición de Mefistófeles en el Fausto, de Goethe. El terreno había sido trabajosamente preparado por décadas de utopismo académico y de experimentación pastoral. El período posterior a la Segunda Guerra Mundial, especialmente, fue un período de inquietud para la Iglesia, de "expertos" con el prurito de modificar o abandonar las antiguas formas litúrgicas y de introducir otras nuevas.

En el adagio *lex orandi*, *lex credendi*, hay que dar importancia al hecho de que la *lex orandi* está primero: la doctrina se expresa principalmente en y a través de nuestro culto heredado. Sí: sabemos que la doctrina puede entrar en la liturgia indirectamente, como cuando un nuevo énfasis doctrinal conduce a nuevas fiestas o nuevas Misas votivas; sabemos que, además de la liturgia, existen otras vías por las que nos llega la doctrina, como los cánones conciliares, las encíclicas papales y los catecismos. Sin embargo, la liturgia es el "hogar" de la fe. Es la primera medida que mide a todas las demás medidas, la expresión más autorizada de la revelación, el catecismo primordial que contiene a nuestra santa religión y la transmite. En palabras de Dom Guéranger: "Así como la virtud de la religión abarca a todos los actos del culto divino, así también la Liturgia, que es la forma social de esta virtud, los contiene igualmente a todos. Se puede incluso decir que la Liturgia es la expresión más alta y más sagrada del pensamiento e inteligencia de la Iglesia, porque se la ejerce por la Iglesia en comunicación directa con Dios, mediante la confesión, la oración y la alabanza... Dios debía a su Iglesia un lenguaje digno de servir a tan altos pensamientos, tan ardientes deseos"[4].

En el siglo XX, sin embargo, el adagio fue dado vuelta al revés nada menos que por Pío XII[5], quien, en *Mediator Dei*, hizo la famosa declaración de que la *lex credendi* gobierna a la *lex orandi*. Lo haya querido o no, esta inversión hizo posibles las teorías de los liturgistas –teorías fundadas en cuestionables interpretaciones de los datos históricos[6] y en una mentalidad ingenieril que considera la liturgia como materia prima para uso y construcción– de reconstituír los ritos de la Iglesia. John O'Malley agradece a Pío XII por "dos decretos, en 1951 y 1955, en que reorganizó completamente las liturgias de los tres últimos días de la Semana Santa a fin de ajustarlos a las recomendaciones de los liturgistas", preparando de este modo el camino para las reformas del Vaticano II[7]. Antes del reinado sin obstáculos de Bugnini, desde 1963 a 1975, hubo

---

4 *Institutions liturgiques*, vol. I, 2ª ed. (Paris: Sociéte générale de librairie catholique, 1878), Parte I, cap. 1, pp. 2, 4.

5 Ver Christopher Smith, "Liturgical Formation and Catholic Identity," en *Liturgy in the Twenty-First Century: Contemporary Issues and Perspectives*, ed. Alcuin Reid (New York: Bloomsburg, 2016), 260–86.

6 Como el argumento en favor de *versus populum*–que incluso Jungmann consideró sospechoso–. Ver su libro (obsoleto desde varios puntos de vista) *The Early Liturgy to the Time of Gregory the Great*, trad. Francis A. Brunner (Notre Dame, IN: University of Notre Dame Press, 1959), 133–39.

7 John W. O'Malley, *When Bishops Meet: An Essay Comparing Trent, Vatican I, and Vatican II* (Cambridge, MA: The Belknap Press of Harvard University Press, 2019), 49. Pío XII es un personaje complejo y hay motivos para creer que parte, al menos, del daño litúrgico hecho bajo su reinado fue orquestado por operadores que se aprovecharon de su declinante salud y progresiva desvinculación. Ver mi artículo "Lights and Shadows in the Pontificate of Pius XII," *OnePeterFive*, septiembre 22, 2021; cf. "Coincidences During the Reign of Pius XII? Political Background to Vatican II and Liturgical Changes," *LifeSiteNews*, mayo 25, 2021.

gran cantidad de "pequeños bugninis" que ya jugueteaban con la liturgia, supuestamente por razones "pastorales", reminiscentes del "obrerismo" francés, o por razones de anticuarianismo que servían para encubrir las novedades, a medida que los teólogos del *ressourcement* avanzaban con sus ideas *avant-garde* escondidos detrás de un frontispicio patrístico. En el mundo cristiano oriental también se pudo (y todavía se puede) encontrar estos agitadores, que quieren abreviar las largas letanías, quitar el iconostasio, acortar este o aquel rito penitencial, insistir en que todas las oraciones sacerdotales se digan en voz alta, etc. Afortunadamente, el Oriente es tan desorganizado que casi nunca produce algo.

La Iglesia de Occidente se caracteriza por la autoridad centralizada, que es una bendición y una maldición al mismo tiempo: una vez que una idea atrapa la mente de un oficial de curia y logra que el papa le preste oídos, *voilà!*, mil millones de personas quedan obligadas a un nuevo camino. Es el tipo de poder que ni siquiera un dictador se atrevería a soñar y que, por tanto, debiera ser usado con una infrecuencia casi cataléptica. Desafortunadamente, los papas en el siglo XX han apoyado con el peso de su autoridad estos masivos proyectos de renovación y construcción, lo cual no es, en realidad, la idea del oficio Petrino.

Esto ha sido siempre el problema. El *Novus Ordo* de Pablo VI y la Liturgia de las Horas son una versión extrema (de hecho, muy extrema) del mismo entrometimiento papal que fue la fuerza motriz detrás de las reformas litúrgicas de Juan XXIII, Pío XII y Pío X[8]. Esta es, sin dudas, la forma como Montini mismo veía el asunto: "Se hizo necesario", escribe en su Constitución Apostólica *Missale Romanum* de 3 de abril de 1969, "revisar y enriquecer las fórmulas del Misal romano. La primera etapa de esas reformas

---

8 Wikipedia -aunque parezca imposible- trae una buena revisión de los hechos de las "Reformas litúrgicas del papa Pío XII". Una similar comparación entre el misal de Pío X y el de Juan XXIII puede encontrarse en http://www.traditionalmass.org/articles/article.php?id=18. Estos vínculos tienen el propósito de dar acceso a la información y no constituyen ningún tipo de adhesión a las posturas ahí expresadas. Algunas revisiones generales y estudios de las diferencias entre la antigua Semana Santa y la reformulación de ella por Pío XII se encuentran convenientemente reunidas en dos sitios *web*: www.pre1955holyweek.com y www.restorethe54.com.

fue obra de nuestro antecesor Pío XII, con la reforma de la Vigilia Pascual y de los ritos de Semana Santa, que constituyeron el primer paso en la adaptación del Misal romano a la mentalidad moderna" (*qui proinde primum quasi gradum posuit ad Missale Romanum novis huius temporis animi sensibus accommodandum*).

En realidad, lo más importante de todo es la herencia litúrgica que hemos recibido de los siglos que nos preceden. La actitud "Ortodoxa" ante la liturgia es, simplemente, la actitud "ortodoxa": el papa no es el dueño y señor de los ritos litúrgicos, en el sentido en que Descartes quería que el hombre moderno fuera el dueño y señor de la naturaleza.

LAS LIMITACIONES DE LEFEBVRE

La defensa del misal de 1962 (incluída la Semana Santa de 1955) tiene que fundarse en la creencia de que todo en el Vaticano estaba teológicamente bien hasta la medianoche del 10 de octubre de 1962 y, por tanto, que todo lo que se promulgó antes de esta fecha debe ser aceptado. Con todo, varias de las cosas más vergonzosas del *Novus Ordo* -las oraciones *versus populum*, la recitación colectiva del Padre Nuestro (que no había sido jamás parte de la tradición romana), el uso del vernáculo (en la reconstituída renovación de las promesas bautismales), la supresión de las oraciones al pie del altar- fueron inicialmente introducidas en conexión con la Semana Santa de 1955, con una actitud de "veamos si pasa". El P. Carlo Braga, miembro de la Comisión Litúrgica y mano derecha de Annibale Bugnini, describe la Semana Santa de Pío XII como "la cabeza del ariete que penetró en la fortaleza de nuestra, hasta entonces, estática liturgia"[9]. Cuando Pío XII murió en 1958, el rito romano fue llevado a la mesa de operaciones, y depositado allí entre relucientes escalpelos. ¿No es más probable -si consideramos el modo en que los grandes cambios históricos se desarrollan por etapas, no por obra de un *Deus* (o *diabolus*) *ex machina*- que el desmembramiento del rito romano y su sustitución por otro en 1969 haya sido preparado gradualmente durante muchos años, en

---

9   Carlo Braga, "*Maxima Redemptionis Nostrae Mysteria*: 50 Anni Dopo (1955-2005)," *Ecclesia Orans* 23 (2006): 11-36, at 33; la traducción al inglés se publicó por partes en *NLM* junio 1-4, 2022.

vez de ser el súbito resultado "del Vaticano II" o "del dúo dinámico Bugnini/Montini"?

Un pasaje del *magnum opus* de Annibale Bugnini nos cuenta cómo fue trabajar en el Vaticano entre los años 1948-1960:

> En los doce años de su existencia (28 de junio de 1948 a 8 de julio de 1960), la comisión [litúrgica de Pío XII] realizó ochenta y dos reuniones y trabajó en absoluto secreto. Tanto fue el secreto que la publicación del *Ordo Sabbati Sancti instaurati* a comienzos de marzo de 1951 tomó por sorpresa incluso a los miembros de la Congregación de Ritos. La comisión contaba con la plena confianza del papa, quien era informado inmediatamente del trabajo por Monseñor Montini e incluso más, semanalmente por el Padre Bea, confesor de Pío XII. Gracias a ellos, la comisión pudo lograr importantes resultados incluso en los períodos en que la enfermedad del papa impidió que ninguna otra persona se le acercara. Debe reconocerse honestamente que el trabajo realizado a pesar de las limitaciones de personal y de medios, fue enorme. Casi todos los libros litúrgicos fueron revisados, incluído el ritual... la restauración de la vigilia pascual (1951) ... fue la señal de que, por fin, la liturgia marchaba decididamente por el camino de la pastoral. Siguió en 1955 la aplicación de los mismos criterios renovadores a toda la Semana Santa y, en 1960, con el Código de las Rúbricas, al resto de la liturgia, especialmente al Oficio Divino[10].

Otro argumento esgrimido por los partidarios de la Semana Santa de 1955 es que ningún obispo (como Lefebvre) se opuso a ella en su momento, en tanto que algunos se opusieron después al misal de 1969; por tanto, dicen ellos, debe haber sido porque descubrieron serios problemas en el último, que no hubo en la primera. ¿Seremos mejores jueces nosotros, siguen diciendo, que esos hombres, que estaban equipados con el carisma de la sucesión apostólica y estuvieron "justo ahí", en el medio de estas experiencias?

Este argumento se auto destruye. La gran mayoría de los obispos que vivieron en aquel período no objetaron *ni* los primeros

---

10 Bugnini, *Reform of the Liturgy*, 9-10. Nótese que esto está al comienzo de su tomo de casi mil páginas: lo que acaba de describir es sólo el calentamiento para la competencia Olímpica que había de seguir...

cambios litúrgicos *ni* el *Novus Ordo* de 1969. ¿Debemos, entonces, creer que el episcopado mundial sólo se demoró catorce años (de 1955 a 1969) en transformarse, de ser el paladín de la religión católica, que se hubiera opuesto a cualquier reforma litúrgica que no fuere una adecuada expresión de la fe, a ser el lote complaciente, de supina indiferencia, que carraspeaba y miraba en otra dirección cuando Pablo VI traicionaba lo que ellos mismos habían firmado y solicitado en *Sacrosanctum Concilium*?

Para que una ley obligue, debe tener la nota de estabilidad: *"lex dubia non obligat"*. Bugnini recuerda, en su comentario a las rúbricas simplificadas de 1955, que él había dicho que la reforma no era sino "un puente hacia la liturgia del futuro" y, como dijimos antes, Braga alabó la nueva Vigilia Pascual por ser un ariete. Así, si por un lado la columna vertebral teológica de *Summorum Pontificum* es que el antiguo rito, con *droit de cité* o derecho de ciudadanía, no fue nunca abolido ni podría serlo, y si, por otro lado, el antiguo rito venía siendo progresivamente reformado desde 1948 a 1968, antes de que el Novus Ordo ya totalmente crecido fuera echado a rodar en 1969, ¿por qué se tomó un año –1962– al azar de entre un total de veinte años de reformas cada vez más audaces para fechar la forma permitida del inderogable rito romano? Lo que pasa es que la causa de tal elección es puramente accidental: fue resultado de una decisión política que Mons. Marcel Lefebvre tomó en pro de la Sociedad Sacerdotal San Pío X.

¿SEDEVACANTISMO?

Hay quienes dicen que cuestionar las reformas litúrgicas de los papas es, en el fondo, sedevacantismo. Si el papa es papa, todos debieran obedecer estrictamente lo que promulga. Si alguien rehusa hacerlo, o duda de la legitimidad de lo que se ha mandado, o sigue celebrando el rito en su forma anterior, se está cuestionando –implícita, si no explícitamente– el derecho a la función, es decir, se piensa o bien que no hay papa, o bien que el papa es alguien diferente, o bien (como en el sedeprivacionismo) que hay *materialmente* un papa, pero no lo es *formalmente*.

Con todo, no hay motivo para llegar a esta melodramática conclusión. La cuestión de si ciertas revisiones de la liturgia son buenas o malas, si merecen ser aceptadas o ser rechazadas, si están en continuidad con la tradición o se le oponen, es un asunto enteramente diferente de si un papa es papa, a menos que, en la vena ultramontana de William George Ward, se crea que el oficio del papa le garantiza un buen juicio libre de error y la exención de error desde cualquier punto de vista. Faltando este pío exceso de fe, se puede perfectamente pensar que un papa válido puede dictar una mala ley litúrgica, y que un cierto perezoso conserva-durismo, combinado con cierta imprecisión teológica, pueden impedir que sus sucesores limpien los destrozos[11]. Se puede tener motivos extraordinariamente razonables (y de eso trata todo este libro) para seguir usando el rito tradicional y para rehusar el uso de su propuesto reemplazo, y seguir al mismo tiempo haciendo memoria del papa en el Canon[12].

FIESTAS O TIEMPOS ESPECIALES DEL AÑO

Semana Santa

Las liturgias de Semana Santa, con su maravilloso canto grego-riano, sus ricas oraciones, su denso simbolismo y sus elaborados rituales, se desarrolló en el rito romano a lo largo de un extenso período, desde la antigüedad hasta la Edad Media. Los elemen-tos centrales provienen tanto de la antigua tradición romana como de la antigua tradición galicana o franca del norte de los Alpes. Ambas fuentes se combinaron en la Edad Media tardía

---

11   Así ocurre, de hecho, que la práctica litúrgica de los sedevacantistas varía. Algunos siguen todas las reformas de Pío XII (no las de Juan XXIII, obviamente), como el grupo llamado *Congregatio Mariae Reginae Immacula-tae*. Otros, como el grupo de P. Cekada, no siguen estas reformas. El sedeva-cantismo como tal no tiene una política litúrgica. Del mismo modo, muchos tradicionalisras no-sedevacantistas siguen la más o menos "pura" forma de 1962, especialmente la Sociedad Sacerdotal San Pío X, en tanto que cada vez más tradicionalistas "aprobados" se abren, o incluso siguen, la liturgia pre-Pío XII, aunque de modo fragmentario, y en este sentido los sacerdotes diocesanos o determinados monasterios tienen más libertad que los anterio-res institutos *Ecclesia Dei*, que tienen cientos de sacerdotes y gran cantidad de parroquias a su cargo.

12   Para un estimulante desarrollo de estos temas, ver John Lamont, "Is the Mass of Paul VI Licit?," *Dialogos Institute*, marzo 20, 2022, http://dialogos-institute.org/blog/wordpress/disputation-on-the-1970-missal-part-1-dr-john-lamont/.

para formar el rito romano maduro, que había de culminar en la Misa de Pío V en 1570. Como todas las demás liturgias cristianas de pasado apostólico, el rito tridentino alcanzó un estado de perfección, una belleza de forma y una plenitud de contenido que no permite ya ninguna mejora sustancial[13]. Sucede con el rito romano tradicional lo mismo que con la Divina Liturgia de San Juan Crisóstomo madura: no hace falta añadir o quitar nada esencial; desde ese punto en adelante, los cambios serán sólo cuestiones de detalle, como añadir nuevos santos al calendario, o reducir otros, quizá, a conmemoraciones.

Es trágico que Pío XII se haya dejado convencer a comienzos de la década de 1950 por el proyecto de "revisar" la Semana Santa, que no había sido cambiada en nada importante por más de quinientos años. Con la excusa de que las liturgias del Triduo necesitaban "ser restauradas a las horas del día originales", la Semana Santa fue traída ante la Comisión Litúrgica –una especie de sinopsis del futuro *Consilium*– y el Domingo de Ramos, el Viernes Santo y la Vigilia Pascual experimentaron alteraciones de una magnitud sin precedentes en la historia eclesial de Occidente[14]. Lo que se hizo no fue tanto un retoque como una reconstrucción, como cuando los constructores desmantelan un edificio y reciclan sus elementos alzando con ellos una construcción nueva. El 9 de febrero de 1951, Pío XII estrenó una Vigilia Pascual experimental, y en 1955 promulgó los nuevos ritos litúrgicos para el resto de la Semana

---

13   Para una comparación detallada entre la venerable Semana Santa romana y la Semana Santa de Pío XII, ver la serie en nueve partes de Gregory DiPippo en *NLM*, con el título "Compendium of the 1955 Holy Week Revisions of Pius XII," publicada desde marzo 26, 2009 hasta mayo 11, 2009; Fr. Stefano Carusi, "The Reform of Holy Week in the Years 1951–1956," *Rorate Caeli*, julio 25, 2010; Philip J. Goddard, *Festa Paschalia: A History of the Holy Week Liturgy in the Roman Rite* (Leominster: Gracewing, 2011).

14   Antes de los cambios de Pío XII, todas las liturgias de la Semana Santa se celebraban temprano cada día, tal como había sido desde hacía varios siglos después de la Edad Media. Los liturgistas, con o sin razón, querían cambiar la hora: una Misa vespertina para el Jueves Santo, una liturgia después de mediodía para el Viernes Santo, y una liturgia nocturna para la Vigilia Pascual. Cualesquiera fueren los méritos o deméritos de estos cambios de horario, está claro que no necesitaban *absolutamente ningún cambio* en el contenido de los ritos litúrgicos. Hoy, cuando se usa los ritos pre-1955, se los celebra en horas más tardías del día.

Santa. Ello es el motivo de que se aluda a la *antigua* Semana Santa (o sea de la tridentina) como "pre-1955".

Todavía recuerdo con claridad la primera vez que asistí a una Semana Santa pre-1955 entera. Aunque esperaba que me impresionara, me hizo literalmente volar; y si esperaba quedar desconcertado, quedé deslumbrado y conmocionado. Las páginas siguientes se concentrarán en algunos de los rasgos de la Semana Santa tridentina descartados por Pío XII.

Domingo de Ramos

La antigua liturgia del Domingo de Ramos comienza con una *Missa sicca* o "Misa seca"[15], con una Epístola, Gradual y Evangelio, y luego con un Prefacio que da paso a la bendición de los ramos; todo esto, téngase presente, *antes* de la procesión con los ramos, del ingreso después de haber golpeado las puertas del templo, y de la Misa del día, con el canto de la Pasión según San Mateo. Esta *Missa sicca* es posiblemente el más perfecto ejemplo del principio católico de la "sacramentalidad" en el antiguo misal. Con esto quiero aludir al principio de que Dios, habiendo creado el mundo para nosotros, se nos revela luego a Sí Mismo usando, como lenguaje o vocabulario, las cosas que ha creado: plantas, animales, personas y acontecimientos se transforman en signos o símbolos; y, a su vez, la Santa Madre Iglesia, habiendo recibido del Señor este lenguaje, se comunica con Él (y con nosotros) con el mismo lenguaje. He aquí cómo el Prefacio de la *Missa sicca* del Domingo de Ramos expresa esta verdad:

> Verdaderamente es digno y justo, equitativo y saludable, que te demos gracias siempre y en todas partes, Señor santo, Padre omnipotente, eterno Dios. Tú te glorías en la compañía de tus Santos; a Ti sirven todas las criaturas, porque a Ti solo reconocen por su Dios y Hacedor; y todas tus obras te alaban y tus Santos te bendicen. Porque en alta voz confiesan delante de los reyes y altas potestades de este mundo el augusto nombre de tu Unigénito. Al

---

15 Una "Misa seca" es un rito litúrgico que sigue la estructura básica de la Misa pero culmina con la consagración de algo diferente del pan y del vino de la Sagrada Eucaristía.

cual asisten los Angeles y Arcángeles, los Tronos y Domi-
naciones; y con toda la milicia del ejército celestial cantan un himno a tu gloria, diciendo sin cesar: ¡Santo! . . .

La primera oración de bendición depués del Prefacio tiene un
asombroso parecido con la consagración Eucarística:

> Pedímoste Señor santo, Padre omnipotente, eterno Dios,
> que estos ramos de olivo, que hiciste brotar del tronco de
> un árbol, semejante al ramito que llevó al arca la paloma
> en su pico, te dignes bende✠cirlos y santi✠ficarlos, para
> que todos aquellos a quienes se distribuyeren, reciban la
> protección para su alma y su cuerpo; y el misterio de tu
> gracia, sirva, Señor, de remedio para nuestra salvación
> [*tuae gratiae sacramentum*][16].

Algunos autores, como Alexander Schmemann, Aidan Kavan-
augh y David Faberger, gustan de hablar del "cosmos sacramental",
pero no hay ningún texto en la tradición romana que exprese,
mejor que los de la antigua liturgia del Domingo de Ramos, la
idea de una creación santificada[17]. La tercera oración de bendición subraya el significado místico de lo que los antiguos hebreos
hicieron y nosotros hacemos ahora aquí:

> Oh Dios, que con admirable providencia quisiste mani-
> festar, aun por las cosas insensibles, la economía de nues-
> tra salvación: concede que los corazones devotos de tus
> fieles entiendan para su bien los misterios encerrados
> en la acción de aquel pueblo, que alumbrado por ins-
> piración celestial, salió hoy al encuentro del Redentor,
> echando por el camino ramos de palma y de olivo. Los
> ramos de palma indican los triunfos sobre el príncipe de
> la muerte; y los ramos de olivo, en cierto modo prego-
> nan haber ya llegado la unción espiritual; pues entonces

---

16   Se podría añadir que esta oración -que es típica de toda la liturgia del
día- es la respuesta final a los tradicionalistas que rechazan cualquier uso
de la palabra "sacramento" que no se circunscriba a los siete signos sagrados
que normalmente llamamos con ese nombre. Santo Tomás de Aquino diría
simplemente que necesitamos comprender que la palabra "sacramento" se
usa de modo análogo para cosas diferentes, con el signifcado básico de "un
signo que transmite gracia".

17   Para más reflexiones sobre esto, ver Claudio Salvucci, "'Palm' Sunday
and the Sanctification of Creation," *Liturgical Arts Journal*, abril 17, 2019.

aquella dichosa multitud de hombres entendió prefigu-
rarse con esto que nuestro Redentor, compadecido de
las miserias humanas, había de pelear con el príncipe
de la muerte para dar vida a todo el mundo, y había de
triunfar muriendo. Y por eso, con este espíritu practicó
aquella ceremonia que declarase la gloria de su triunfo
y la abundancia de su misericordia. Por tanto, nosotros,
conservando con entera fe este hecho y su significación,
humildemente te rogamos, Señor santo, Padre omnipotente, eterno Dios, por el mismo Jesucristo Señor nuestro,
que pues nos elegiste para miembros suyos haciéndonos
triunfar en El y por El del imperio de la muerte, merezcamos participar de su gloriosa resurrección. El cual con-
tigo vive y reina...

El hecho de que estos textos fueran suprimidos en la década
de 1950, precisamente cuando los liturgistas se volvían elocuentes en este tema, es más que un poco perverso, pero calza bien
en el cuadro general, en que vemos reformas que efectivamente
socavaban las metas propuestas como su justificación. Un gran
ejemplo es el constante discurso sobre la participación activa:
mientras más cambiaba la liturgia para hacer lugar a la acción
del pueblo, más se alejaba éste de la Iglesia, porque podía sentir
que se desvanecía la grandeza del misterio de la fe, que es el imán
que nos atrae a la actividad espiritual. Como dice Joseph Ratzinger,
una vez que la liturgia se vuelve un lugar en que parece que nos
celebramos a nosotros mismos como comunidad y a la obra de
nuestras manos, deja de tener del todo ese sentido trascendente
que nos saca de nosotros mismos y nos pone en presencia de Dios.
Como resultado, se hace rápidamente aburridora e inferior a las
entretenciones y distracciones que ofrece el mundo.

Otro elemento conmovedor en la liturgia tridentina del
Domingo de Ramos es el golpe que da el subdiácono a la puerta
cerrada de la iglesia con la cruz procesional, cuando la procesión
va de vuelta al templo. Es el Rey de la Gloria quien golpea; El ha
llegado a las puertas de Jerusalén para hacer su entrada triunfal,
acompañado por los "Hosannas" del pueblo, aunque consciente de
que sólo unos pocos días después el pueblo se volverá contra El.
Que el pueblo que canta afuera de la iglesia sea respondido por

unos pocos cantores que han quedado adentro de ella, simboliza la separación del hombre caído de la Jerusalén celestial de los ángeles, una separación que sólo la pasión de Cristo, que comienza con su entrada en la Santa Ciudad, es capaz de superar, al abrir para nosotros las puertas de la ciudad del paraíso.

Jueves Santo

Habiendo conocido el Jueves Santo pre-1955, me di cuenta por primera vez de la omisión del *Mandatum*, o lavado ceremonial de los pies, ceremonia que inmigró recién a mediados del siglo XX a la Misa, y ha causado todo tipo de debates y de distracciones. ¿A qué hombres había que lavarles los pies? ¿Los miembros del concejo parroquial, o una selección al azar, o mitad pobres y mitad benefactores? ¿Había que incluír mujeres? ¿E incluso protestantes o aun no cristianos? En otras palabras, el lavado de pies, como tantas otras cosas en las liturgias modernas, rápidamente se transformó en debate político. Lo que se olvidó fue el verdadero origen de esta ceremonia en los monasterios, en que el abad lavaba los pies de los hermanos más jóvenes, o en que un monje lavaba los pies de hombres que se traía desde afuera.

En el rito pre-1955, el *Mandatum* se lleva a cabo como una paraliturgia (es decir, algo modelado a partir de la liturgia) *después de la Misa*. Podía hacerse, por ejemplo, en la cripta de la iglesia. Se instala en ésta un altar provisorio con cirios, después de que el altar en la iglesia, arriba, ha sido despojado de sus manteles, a imitación del humillante trato que se dio a Cristo en su Pasión; todos se dirigen entonces al lugar en que la ceremonia del *Mandatum* se va a realizar. Trece hombres se sientan en sillas o en un baco (este número trece data de una visión que tuvo San Gregorio Magno). Y hacen su ingreso el sacerdote, con el diácono, subdiácono y acólitos

La ceremonia comienza con el solemne canto del Evangelio, después de lo cual el sacerdote se reviste un delantal y lava los pies de los hombres, mientras el coro canta el *Ubi caritas*. El sacerdote vuelve al altar, canta ciertos versículos y luego una Colecta; todos hacen una inclinación y se van. Realizar el *Mandatum* por sí solo después de la Misa le da una especial dignidad; uno se puede concentrar mejor en la lección de los grandes sirviendo a los pequeños. También calza mejor con la idea de que primero adoramos a Dios por amor a El y luego, con su gracia, salimos al mundo a amar a los otros, que El hizo a su imagen.

Viernes Santo

El solemne Viernes Santo pre-1955 comienza con el canto de dos lecciones y dos tractos, que permiten a los fieles ir tomando un ritmo más lento y entrar ya en calma en el enorme misterio de ese día. Luego sigue el canto de la Pasión según San Juan por parte de los tres diáconos designados al efecto (o, en su lugar, por tres ministros de la Misa, siempre que ninguno sea inferior en rango a un diácono). La voz básica, dominante y confiable es la de Cristo; el avance de la narración misma lo hace el narrador; y el tono agudo, misterioso, está a cargo de quien habla por Pedro, Pilatos, los judíos, la multitud y cualquier otro personaje menor. Cuando termina la Pasión, los lectores se separan y el diácono de la Misa canta en un tono especial el Evangelio propio del día, que narra el enterramiento de Cristo. El silencio que sigue a la Pasión y el trato que se da al entierro son perfectamente adecuados (la Pasión según San Mateo se canta del mismo modo en el Domingo de Ramos, la de San Marcos en el Martes Santo y la de San Lucas en el Miércoles Santo)[18].

Después de las solemnes oraciones, comienza la veneración de la Cruz con una procesión de ministros descalzos que hacen tres genuflexiones a lo largo de ella. En algunas iglesias, la primera genuflexión tiene lugar al comienzo del pasillo central, la segunda a mitad de él, y la tercera justo frente a la Cruz, recostada en

---

18 La antigua práctica era asignar el canto a tres diáconos preparados, que no tenían otro papel en la liturgia que ese canto (ver Pio Martinucci II, 27, 90). Además, ciertas lecturas debían ser cantadas sólo si había lectores ordenados. Por influencia del Movimiento Litúrgico, el *Memoriale Rituum* de 1950 permite que los ministros de la Misa hagan de diáconos para el canto de la Pasión, ya que, excepto en las catedrales y monasterios, no es fácil encontrar gran cantidad de ministros *ad-hoc*. En el presente libro no está contemplado entrar en los pros y contras de tales acomodos para promover el canto en la liturgia en ausencia de los ministros acostumbrados, pero me parecen bien los esfuerzos por reconstruir una liturgia solemne cantada, luego de la desolación musical del último medio siglo.

un cojín, como un personaje real en un diván. El canto de los Improperios y del *Crux Fidelis* acompaña a la lenta procesión de los fieles, cuya lentitud es conveniente porque quema nuestro tiempo como si fuera incienso.

El aspecto más extraño de la venerable liturgia de Viernes Santo es el trato que se da al Santísimo Sacramento. Sólo se ha reservado una Hostia grande desde la noche anterior, puesta en un cáliz, no en un ciborio, con una patena y palia, todo cubierto con un velo de seda blanca y amarrado con una cinta de seda blanca. La Hostia es llevada por el celebrante en procesión, acompañado del magnífico himno *Vexilla Regis*. Los dos primeros versos dan el tono del himno:

> Las banderas del rey avanzan,
> Refulge el misterio de la Cruz
> En que la vida padeció muerte
> Y con su muerte nos dio vida.

> Del costado herido
> Por el cruel hierro de la lanza
> Para lavar nuestras manchas
> Manó sangre y agua.

El sacerdote inciensa el Santísimo Sacramento, deposita la Hostia sobre el corporal, prepara el cáliz con vino y agua, inciensa la oblación y el altar, se lava las manos y dice: "Orad, hermanos, para que este sacrificio mío y vuestro sea aceptable a Dios Padre Todopoderoso", pero no recibe respuesta. Luego canta la Oración del Señor en tono ferial, eleva la Hostia con una mano para que todos la vean y adoren, la parte, deja caer una partícula en el vino sin consagrar, y luego consume la Hostia con la plegaria acostumbrada, y el vino del cáliz sin la plegaria acostumbrada.

La liturgia del Viernes Santo simboliza las etapas de la Pasión. Así como Cristo fue encarcelado y luego arrastrado al tribunal, así también la Hostia es traída desde su lugar de reserva; tal como Cristo fue alzado a lo alto en el Calvario, así también es alzada a Hostia; tal como Cristo fue descendido y enterrado, así también la Hostia es consumida. La liturgia termina abruptamente con la reverencia del celebrante ante el altar, luego de lo cual se va en silencio. En la iglesia ya no está la Presencia Real de Cristo en el Santísimo Sacramento, ni en el tabernáculo, ni sobre el altar, ni siquiera entre los fieles: *El se ha ido*. La desolación del Viernes Santo alcanza su cumbre; se ha representado el total sometimiento del Hijo, y esperamos la Resurrección y la renovación del glorioso sacrificio de la Misa.

En este día, sólo el sacerdote recibe la Comunión; para todos los demás, es la *Adoración de la Cruz* lo que ocupa el centro del escenario. Los acólitos, el diácono y el subdiácono, los fieles: todos se acercan a comulgar, se podría decir, *con la Cruz*. Esto es lo que "reemplaza" la Comunión el Viernes Santo. Por cierto, nosotros nos encontramos con el misterio de la Cruz cada vez que recibimos la Eucaristía, pero los velos del pan y del vino pueden, en cierta forma, distraernos de nuestra unión con la muerte de Cristo. Una vez al año, el Viernes Santo hace que la Cruz se destaque visiblemente; la Cruz es el signo sagrado que tocamos y besamos[19].

---

19   Gregory DiPippo: "Es cierto que la comunión se dio alguna vez a los fieles el Viernes Santo, y *sólo en este sentido* la mutilación de 1955 es un regreso a la práctica antigua. Seguramente habrá de darse un legítimo debate sobre este punto específico. Aquí me limito a observar que, en este aspecto, todos los demás ritos históricos de la Cristiandad llegaron a la misma conclusión que el rito romano hacia el siglo XIV: no hay, en absoluto, Comunión ritual en Viernes Santo en ningún rito cristiano histórico (de hecho, el *Consilium ad exsequendam*, dándose cuenta de cuán lejos el rito romano, en 1955, se había apartado en este aspecto tanto de su propia tradición como de la tradición litúrgica cristiana más amplia, consideró seriamente suprimir del todo la Comunión cuando se creó el *Novus Ordo*). Con todo, este punto específico demuestra también en plenitud la incompetencia y duplicidad de los creadores de la Semana Santa de 1955, porque literalmente todos los Ordos del rito romano que dicen algo acerca de cómo ha de celebrarse el rito de Viernes Santo, dicen que hay un rito de fracción (como lo prueba documentalmente Andrieu en una serie de artículos publicados en *Revue des Sciences Religieuses* en 1922-24), no obstante lo cual se suprimió este rito en 1955. Esto se debió a que nunca existió la intención de restaurar las tradiciones históricas del rito romano en su integridad. El procedimiento fue siempre decidir anticipadamente lo que se iba a cambiar, y luego ponerse a escarbar buscando en los libros antiguos del rito romano, o de otros ritos, una pseudo-justificación para el cambio que se había decidido efectuar. O sea, no hay en esto diferencia alguna con el procedimiento por el que se creó el *Novus Ordo*" (comentario que se me hizo en Facebook).

En su elaboración medieval, tal como quedó codificada en el rito tridentino, el Viernes Santo es el único día del año en que se nos hace gustar la desolación que vivieron la Virgen María y los Apóstoles. Difícilmente la Iglesia podría haber imaginado un mejor modo de hacer esto que privándonos en este día de la Comunión sacramental. El que ha muerto y yace en el sepulcro se nos ha ido. Por eso la liturgia se enfoca en la adoración de la Cruz vivificante, por la que El nos ganó la salvación, y nos anima a orar por las necesidades de la Iglesia y de todo el mundo.

Esta liturgia de Viernes Santo pre-1955 es mucho más parecida a una Misa que el servicio de comunión de Pío XII o que su siguiente reemplazo en el *Novus Ordo*; pero se siente como una Misa trágicamente incompleta, una Misa vacía, se podría decir. La incómoda sensación de algo raro se acentúa por la combinación de gran solemnidad con severa simplicidad, hecha posible por el nivel de detalle ceremonial contenido en el rito pre-1955, gran parte del cual fue luego tirado por la borda. Al comienzo, las lecciones y los largos tractos son cantados sin que nada los preceda; al final, el sacerdote consume la Hostia en silencio, y a continuación, la liturgia simplemente se detiene, como si hubiera sido decapitada, o como una pieza teatral interrumpida a mitad de un acto, antes de que los actores terminen de decir sus parlamentos, dejando la trama inacabada. Aunque Cristo dice "Todo ha terminado" en el Evangelio, la liturgia transmite poderosamente la sensación de que "no ha terminado". Considero esto como una típicamente maravillosa paradoja litúrgica: en el día en que se nos pone frente al hecho histórico por el que se cumplió objetivamente nuestra Redención, la liturgia misma, por medio de la cual comulgamos subjetivamente con Cristo, produce la sensación de algo totalmente inacabado. Todos los cambios desde 1950 en adelante disminuyeron en gran medida la impactante diferencia que se había querido que exhibiera este día, en cuanto viva representación ("*vivax repraesentatio*") de aquel día en que el máximo desorden redundó en la restauración del orden.

La Semana Santa de Pío XII abrevia las Pasiones de San Mateo, de San Marcos y de San Lucas, suprimiendo la narración de la

Institución de la Eucaristía. Como resultado de ello, la narración de la Institución por los Sinópticos no tiene lugar en ningún momento del año, en el misal de 1962[20]. Junto con el radical rediseño de la ceremonia de Viernes Santo, que deliberadamente corta o minimiza todo lo que imita el rito de la Misa, ¿cómo podría esto no comunicar un divorcio radical entre la Institución de la Eucaristía y el Sacrificio de la Cruz?

Los comentaristas de las Escrituras llaman la atención hacia el hecho de que Cristo, en la Ultima Cena, bebió sólo tres de las cuatro copas de vino, siendo la cuarta el vino que gustó en la Cruz justo antes de exclamar "Todo está terminado". La Pascua de la noche previa se completa así con la cuarta copa de vino, mostrando la unidad del incruento Sacrifico del jueves con el cruento Sacrificio del viernes. Con la guía del Espíritu Santo, el antiguo ritual de Viernes Santo incluye una copa de vino que se bebe, la que, combinada con la Hostia consagrada la noche previa, vincula del mismo modo las dos liturgias.

La Vigilia Pascual

La Vigilia Pascual pre-1955 es sublime. Los ritos de 1955 y de 1969 parecen, en comparación, como una arbitraria colección de rituales. En la Pascua tridentina, estos rituales se unen en un solo acto de culto, con la unidad propia del caminar de un hombre, paso a paso, hacia una meta. Una gran recapitulación de todos los misterios del cristianismo, desde la naturaleza de Dios a la revelación de la Trinidad, de la Encarnación del Verbo, de la cruenta Redención, de la gloriosa Resurrección, de nuestra incorporación al Hijo de Dios: la antigua Vigilia tiene una conveniente y ascendente serie de símbolos mezclados pero no confundidos, con oraciones y lecciones y ceremonias que conducen a una paz solemne y reposada: fuego, cirios, agua, a quienes se habla directamente con poderosas palabras. La Iglesia asume el control de estos elementos rudimentarios de la creación y les ordena, literalmente, servir a Cristo y a la salvación de las almas.

---

20   Un trozo de Lucas (Lucas 22, 14-20) figura en el misal en una Misa votiva, la de Nuestro Señor Jesucristo, Sumo y Eterno Sacerdote.

En la liturgia hay, implantadas, dos ceremonias que se parecen a una "Missa sicca" o Misa seca: primero, el Prefacio, precedido del diálogo acostumbrado, que conduce a la bendición del cirio; segundo, la misma estructura para la bendición del agua. En ambos casos, comenzamos con elementos mundanos y los separamos para Dios, pidiéndole que los haga, en cierto sentido, Él mismo: que los haga sacramentos o signos sagrados de su gracia.

La liturgia comienza afuera de la iglesia con la bendición del fuego, no del cirio, sino sólo del fuego, símbolo de la eterna naturaleza divina[21]. Con este fuego se enciende el *trikirion*, o conjunto de tres velas atadas, que es portador de múltiples simbolismos: representa a la Trinidad, o a la progresiva revelación de la Trinidad en la historia de la salvación, ya que cada una de las tres velas se va encendiendo a medida que avanza la procesión; o representa los tres días en el sepulcro, y a las tres Marías que se acercan al sepulcro, en la mañana de Pascua. La vara a que van atadas representa a la serpiente de bronce que Moisés esculpió para sanar a los israelitas en el desierto. Esta procesión termina con el *Exultet*, cuyo texto sólo tiene sentido en el contexto pre-55, cuando las acciones descritas en el *Exultet* son efectivamente realizadas en el cirio, ahí y en ese momento. El diácono inserta cinco clavos de incienso en el cirio, símbolo del "Cordero degollado . . . desde el principio del mundo" (Apocalipsis 13, 8), y luego lo enciende con una de las tres velas del trikirion: la segunda Persona que se hace carne para salvarnos. Desde ahí en adelante, todas las llamas en la iglesia son sacadas del cirio Pascual.

Las doce Profecías tienen una clara direccionalidad: se refieren al agua, la luz, el fuego y el sacrificio, con un tema subyacente de resistencia al diablo y victoria sobre él, que se explicita en las oraciones que rodean la bendición de la fuente[22]. La primera mitad gira en torno a las grandes figuras de Adán, Noé, Abraham, Moisés, y la mención de David. La segunda mitad se vuelve a la vocación de Israel, el antiguo y el nuevo. La lectura final es

---

21 Ver mi artículo "God as Fire," *NLM*, marzo 14, 2016.

22 En los misales pre-55, hay una rúbrica que ordena que, durante las Profecías, quienes se preparan para el bautismo deben recibir los exorcismos y otras ceremonias preparatorias.

la historia de Daniel, 3, de Shadrach, Meshach y Abednego que rehusan adorar el ídolo gigantesco y son arrojados al horno de fuego. Esta puede cantarse con el tono de las profecías o con un tono especial, sorprendentemente lírico y gozoso.

La antífona *Sicut cervus* cobra entonces todo su sentido como acompañamiento a la procesión que va desde el presbiterio al bautisterio o a la fuente a la entrada de la iglesia: "Como anhela la cierva las corrientes de las aguas, así te anhela mi alma, oh Dios". Luego de oír todas las profecías, llega el momento de hacer sus promesas real y verdaderamente presentes en el agua rege-neradora, para que los nuevos cristianos puedan ser sepultados con Cristo y resucitar con El. La procesión formal a la fuente, con el cirio Pascual encabezándola, deja claro que el cirio es la columna de fuego en el Mar Rojo, y que Israel va a ser liberado de la cautividad de los egipcios por las aguas que dan muerte y dan vida (en la ceremonia de Pío XII, en cambio, el agua que ha de ser bendecida es extrañamente puesta al frente, en el presbiterio, para que todos puedan ver lo que pasa, y con posterioridad esa agua bautismal recién bendecida es llevada en procesión hasta la fuente, mientras se canta el *Sicut cervus*. Esto destroza el antiguo simbolismo de la procesión al bautisterio descrita más arriba).

La liturgia, en su conjunto, queda de relieve por muchas encan-tadoras "irregularidades", tales como el triple Alleluia seguido por un versículo y un Tracto[23], no hay antífona del Ofertorio, no hay Agnus Dei y, en vez de una antífona de Comunión, hay unas Vís-peras truncadas, con Magníficat. Igual que en las irregularidades del Viernes Santo, estos rasgos nos recuerdan la verdad de que esta liturgia es *diferente* de todas las demás. Lo extraño opera como incentivo a una participación interior más profunda. ¿Podría esto confundir a los fieles? Sí, por cierto, y ello es para mejor. El mortal conflicto entre Vida y Muerte no es una invitación a tomar el té.

La antigua Vigilia Pascual es un gran himno de alabanza al poder de Dios –revelado en la creación del mundo, en la creación

---

23 El Tracto es un cántico penitencial, por lo que es muy extraño que siga a un Alleluia: he aquí otro caso del claroscuro de la Vigilia Pascual, en que ya no estamos confinados a la oscuridad de la muerte, pero no hemos emergido todavía a la plena luz del sol.

del antiguo Israel y en la creación del nuevo Israel- que comprende una amplitud cósmica, una narrativa histórica y una inmersión en el misterio que no se encuentra en ninguna otra parte del año litúrgico. Todas sus partes están invisiblemente interconectadas, sin esas extrañas articulaciones modulares o desconexiones de las ceremonias que son típicas del trabajo de los comités vaticanos a partir de 1948.

La Vigilia pre-55 puede, con razón, ser llamada la mayor joya del rito tridentino. Como ocurre con el Domingo de Ramos y con el Viernes Santo, me espanta que los reformadores hayan osado meter mano en tan perfectas combinaciones de arte y teología. Casi todo lo que he descrito -¡casi todo!- fue reducido a escombros o reconfigurado de otro modo por la "restauración" de Pío XII. Un amigo mío sacerdote, que ha celebrado ambas formas de la Semana Santa preconciliar (la forma pre-55 y la forma 55/62) me decía: "Las antiguas liturgias son coherentes en lo que contienen y en cuándo lo presentan; las nuevas versiones son fraccionadas y caóticas"[24]. Al interior del movimiento pro restauración de la tradición en la Iglesia católica, recuperar la antigua Semana Santa y devolverle su debida preponderancia es una tarea urgente.

La Vigilia de Pentecostés

Otra víctima de la década de 1950 fue la Vigilia de Pentecostés. En época tan antigua como la de Tertuliano, que murió a mediados del siglo III, la Vigilia de Pentecostés era el segundo día en importancia para la iniciación de los fieles, si por algún motivo no habían podido ser iniciados en la Pascua (e.g., por haberse enfermado), o si había más conversos que deseaban ser recibidos por la Iglesia.

La realización de una liturgia el día previo a Pentecostés que refleja grandemente la de la Vigilia Pascual y es casi su paralelo,

---

24 Y proseguía: "Los antiguos ritos litúrgicos recuerdan la conexión integral y esencial entre el sacrificio de la Cruz y el sacrificio Eucarístico. Las nuevas versiones [de Pío XII] sistemáticamente la desenfatizan... De hecho, algunos de los mismos que trabajaron en la Semana Santa 'renovada' trabajaron posteriormente en el *Novus Ordo,* y cuando llegó el momento de solucionar algunos de los problemas que ellos mismos habían creado, culparon de ellos ¡no a su propia torpeza, sino a la 'antigua liturgia'! ¡Flor de mendacidad!".

ya estaba sólidamente asentada en el siglo V. Sirviendo como un "último eco" de la gran Vigilia Pascual, esta Vigilia de Pentecostés era como una admirable "bisagra" para entrar en la gran fiesta del Espíritu Santo y en la larga estación verde que le seguía. Era también, como es lo típico de todas las vigilias, un día de ayuno y abstinencia para prepararse bien a la solemnidad que llegaba. Las oraciones, luego de las seis (en lugar de doce) profecías –muy dulces y ricas en doctrina– "se enfocan, cada una a su modo, en la continuidad entre los dos Testamentos"[25]. Veamos el ejemplo de las oraciones luego de las profecías dos y cuatro, que dicen lo siguiente:

> Oh Dios, que nos has explicado a la luz del Nuevo Testamento los prodigios verificados en los primeros tiempos, mostrándonos en el Mar Rojo la imagen de las sagradas Fuentes y en el pueblo que libraste de la esclavitud de los egipcios la figura del pueblo cristiano: haz que todas las naciones, consiguiendo con el mérito de su fe el privilegio de Israel, sean regeneradas por la recepción del Espíritu Santo.

> Oh Dios omnipotente y eterno, que por tu Unigénito Hijo quisiste ser el cultivador de tu Iglesia, podando con tiento todo sarmiento que da frutos en tu mismo Ungido, que es la verdadera viña, para que los dé aun mayores: haz que no prevalezcan los abrojos del pecado en tus fieles, que, semejantes a una viña, trasladaste de Egipto por las aguas del bautismo; para que fortalecidos con la santificación de tu Espíritu, se enriquezcan con frutos eternos.

Vemos en esta hermosas oraciones el estrecho vínculo entre el ser bautizados en Cristo y el nacer de nuevo recibiendo al Espíritu Santo, y el vínculo no menos estrecho entre la incorporación a Cristo, la verdadera viña, y la abundancia de frutos espirituales de la rama. La pérdida de estas oraciones con la drástica abreviación de la Vigilia por Pío XII (desaparecen enteramente del misal) es una verdadera tragedia.

La versión 1955 de la Vigilia, adelgazada por Pío XII, suprime todas las Profecías, los Tractos, las Oraciones, la Bendición de la

---

25 Gregory DiPippo, "The Suppression of the Ancient Baptismal Vigil of Pentecost," *NLM*, mayo 18, 2018.

Fuente y las Letanías de los Santos, y queda convertida en una Misa común como cualquier otra (con algunas variaciones menores), dejando en sombras la fuerte conexión que la antigua liturgia hacía entre el bautismo y la confirmación. La versión de Pío XII produce una sensación de algo abrupto, estrecho y *"low-fat"*, sin el peso ni la densidad que se esperaría de ceremonias que ponen fin a la Pascua e inauguran la fiesta, octava y tiempo de Pentecostés. Piénsese en ello: el domingo de Pascua tiene su condigna preparación con la Vigilia Pascual, el Triduum y la Semana Santa como un todo; la Navidad también tiene su debida preparación mediante la Vigilia con tres Misas diferentes, como un capullo que se abre en flor (medianoche, alba y mediodía). Pentecostés merece una amplitud y magnificencia no menores. Si se piensa en el Tiempo Pascual como una sola y gran fiesta (como parloteaban los reformadores, sin mostrar mucha comprensión de lo que estaban diciendo), tiene más sentido, todavía, concluír el período de alegría por la Resurrección de Cristo con un eco de la gran Vigilia Pascual, como la clausura de grandes puertas antes de que comience el "capítulo siguiente" de la historia de la salvación en la solemne fiesta de Pentecostés, con su octava y la larga línea de domingos verdes que se numeran por ella. Así como la Vigilia Pascual pre-55 vincula la oscuridad del Sábado Santo con la plena luz del domingo de Pascua, así también la Vigilia de Pentecostés pre-55 une profundamente el misterio de Pascua con la efusión del Espíritu Santo.

La Vigilia de Pentescostés pre-55 es la forma en que el rito se celebró por al menos mil años, desde mucho antes del tiempo del Concilio de Trento hasta el pontificado proto-revolucionario de Pío XII. La versión de éste, en contraste, tuvo una poco gloriosa existencia de catorce años, hasta cayó ante el *bulldozer* de Bugnini & Co. en el misal de 1969. La Vigilia entre 1955 y 1969 es un destello, una mota de polvo en la vida del culto romano católico (como lo es el *Novus Ordo*, que es una mota un poco más grande e irritante). Tal como la herencia tridentina, de la que forma parte, la Vigilia tradicional puede gloriarse de un antiguo linaje; tiene de su parte toda la fuerza de una tradición inmemorial. Esta gloriosa liturgia simplemente *es* el rito romano de la Vigilia de Pentecostés, y es tiempo de que la reividiquemos. Tenemos los libros; sabemos cómo hacerlo; tenemos el clero y los fieles. *Tolle et lege; lege et ora; ora et laetare.* Toma y lee; lee y ora; ora y gózate.

Dos ejemplos adicionales tomados del calendario

Respondiendo a la petición que Nuestro Señor hizo a Santa Juliana de Lieja a comienzos del siglo XIII, el papa Urbano IV instituyó en 1264 la fiesta de Corpus Christi, con octava. La idea de una octava es permanecer en la luz de un gran misterio durante ocho días, que son símbolo de la vida eterna. La octava permite honrar debidamente al Señor o a su Madre o a algún santo especialmente importante. Hubiera sido inconcebible que una fiesta para agradecer a Nuestro Señor por el don de Sí mismo en el Santísimo Sacramento y para ofrecerle un especial homenaje anual se celebrara un solo día. Alrededor de 500 años más tarde, el 16 de junio de 1675, Nuestro Señor se apareció a Santa Margarita María Alacoque y le dijo: "Te pido que el viernes después de la octava de Corpus Christi se consagre a una fiesta especial en honor de mi Corazón, comulgando ese día y haciendo reparación con un acto solemne, para compensar por las indignidades de que ha sido objeto mientras ha estado expuesto en los altares. Te prometo que mi Corazón se expandirá y concederá abundantemente la gracia de su divino amor sobre aquellos que lo veneren de este modo y hagan que sea así venerado". Así nació la fiesta del Sagrado Corazón. Quiero llamar la atención al hecho de que Jesús pidió específicamente que se la celebrara "el viernes después de la octava de Corpus Christi". Qué absurdo resulta, pues, que Pío XII haya suprimido en 1955 *todas* las octavas, con excepción de Navidad, Pascua y Pentecostés[26].

Antes de 1956, existieron al menos 23 octavas en todas las diócesis. Esas octavas tenían tres formas básicas: octava privilegiada, octava común y octava simple, que deteminaban si otras fiestas podían tomar precedencia ese día y qué Oficio debía decirse. En su nivel más alto, cada día de la octava era tratado como la misma fiesta. En el nivel más bajo, sólo el octavo día podía celebrarse una

---

26 La fiesta del Sagrado Corazón se sigue celebrando el viernes de la semana después de Corpus Christi, pero en ausencia de la octava que le fijó el día, parece un momento aislado de devoción más que el término de un arco.

Misa propia. Esto hacía considerablemente más rico el calendario, más entretejido con los misterios de Cristo y con la memoria de sus santos. La pérdida de las octavas se relaciona con un problema más amplio: la pérdida o adelgazamiento de la noción de *tiempo sagrado*, que fue progresivamente cediendo a la concepción del tiempo secular, lineal, orientado al trabajo. La continua presión por "acortar la liturgia", eliminar días de fiesta, y transferir fiestas al domingo, tiene que entenderse desde esta perspectiva. Los modernos consideran que tienen tantas otras cosas más importantes que hacer que adorar a Dios. La incapacidad de ver y de sentir que el culto es nuestra actividad más elevada, la mejor, la más humana y la más divinizante es seguramente nuestra más grave enfermedad espiritual.

Mi último ejemplo tomado del calendario litúrgico es la fiesta de los Santos Inocentes. Antes de 1956, existió la hermosa costumbre de que esta fiesta del 28 de diciembre, acorde con el penoso carácter de la masacre de los niños, se celebrara con paramentos morados, sin Gloria, con un Tracto en vez del Alleluia, y con un *Benedicamus Domino*, en tanto que en su octava (que, recuérdese, simboliza la vida eterna) se celebraba la misma Misa con paramentos rojos, con el Gloria, el Alleluia y un *Ite Missa est*, que anunciaba su triunfo en los cielos como mártires[27]. Esto es, a mi juicio, un perfecto ejemplo de la sutileza teológica y psicológica de la antigua liturgia. Esto también se suprimió en 1955.

RASGOS GENERALES DE LA MISA

No sólo los ciclos temporal y de los santos sufrieron el "intrusionismo" sino también los rasgos generales de la Misa. Voy aquí a describir cinco de estos rasgos que se cambiaron o desecharon en el período anterior a 1962, todos los cuales merecen ser recuperados: las casullas plegadas y las estolas anchas; las oraciones múltiples; la repetición por el sacerdote de las lecturas; la recitación más frecuente del Credo; y el uso de *"Benedicamus Domino"* en vez de *"Ite Missa est"* en los días sin Gloria.

---

27   Si el 28 caía en domingo, sin embargo, los paramentos para la fiesta eran rojos, se cantaba el Alleluia, etc.

Casullas plegadas y estolas anchas

Entre las cosas inusuales que un católico verá en la celebración de la Semana Santa pre-55 y en otros días penitenciales, está el uso de "casullas plegadas" y de "estolas anchas"[28]. Vale la pena saber cómo se originaron estos paramentos.

Los primeros critianos, en el Imperio Romano, no tuvieron vestimentas litúrgicas especiales, sino que simplemente usaron lo que acostumbraban a usar en ese tiempo: "trajes de domingo", podríamos decir. La vestimenta exterior más importante era la casulla. El diácono y el subdiácono que cantaban las lecturas, se sacaban las casullas o las plegaban y envolvían sobre un hombro, para más comodidad, de manera de poder moverse más libremente y sostener los leccionarios (y no olvidemos cuán calurosos pueden ser los vestidos, especialmente en una iglesia mediterránea llena de gente, alumbrada por muchas velas). A medida que las modas profanas cambiaban, la Iglesia, de mentalidad siempre conservadora, conservó los vestidos romanos originales, que llegaron, con el tiempo a ser considerados vestimentas clericales para uso litúrgico. Más tarde, en el siglo V, se introdujo la dalmática para el diácono, más cómoda y más ornamentada, y la tunicela para el subdiácono. En un comienzo eran blancas y adornadas con bandas verticales púrpura, de aspecto senatorial, y fueron consideradas como vestimentas de "gozo e inocencia, que las volvían totalmente inadecuadas para tiempos de penitencia"[29].

---

28 "En el uso moderno, la rúbrica básica es que se usa casullas plegadas en lugar de dalmáticas y tunicelas en días de ayuno y abstinencia, cuando se usa el color morado. Esto incluye los domingos y días de semana de Adviento y de Cuaresma -con la obvia excepción del domingo rosado-, como también las Témporas (excepto la de Pentecostés) y durante la bendición de las velas y la procesión de la Candelaria. Las casullas plegadas en negro se usaron también en Viernes Santo. Por cierto, todo lo que se dice de las casullas plegadas se aplica también a las estolas anchas, que son, en realidad, otra forma de la casulla plegada". Shawn Tribe, "History and Designs of the Folded Chasuble," *Liturgical Arts Journal*, diciembre 4, 2017.

29 Ver Henri de Villiers, "The History of the Folded Chasuble, Part 1," *Canticum Salomonis*, marzo 23, 2018. Por esto es que el diácono usa una dalmática blanca para el Pregón Pascual o *Exsultet*. Cf. Shawn Tribe, "Use, History and Development of the 'Planeta Plicata' or Folded Chasuble," *NLM*, marzo 8, 2009.

Esto se expresa también con la oración que recita el diácono al revestirse con la dalmática ("Revísteme, Señor, con el vestido de la salvación y el paramento del gozo, y envuélveme siempre con la dalmática de la justicia"), y el subdiácono al revestirse con la tunicela ("Que el Señor me revista con la túnica de las delicias y el paramento del gozo").

Por consiguiente, en los tiempos penitenciales –que en Roma se han caracterizado siempre por la persistencia de las costumbres más antiguas– la casulla plegada siguió usándose durante la Edad Media y el Barroco, hasta el tiempo de Pío XII. En la costumbre pre-55, tanto el diácono como el subdiácono usaban una casulla plegada por delante en vez de dalmática y tunicela. El subdiácono se quitaba esta casulla plegada para la Epístola, y se la volvía a poner al terminar. El diácono se quitaba la casulla plegada y la reemplazaba por una estola ancha antes de cantar el Evangelio; después de las abluciones se la quitaba, poniéndose de nuevo la casulla plegada (en algunas ocasiones la casulla plegada misma podía ser enrollada y para formar una estola ancha, puesta cruzada, lo cual es el origen histórico de la última). En 1955, Pío XII decretó que, en adelante, el diácono y el subdiácono habían de usar, incoherentemente, vestimentas de gozo e inocencia durante la Semana Santa. Cuatro años después, en 1960, el código de rúbricas de Juan XXIII abolió del todo la casulla plegada y la estola ancha. De este modo, uno de los signos más interesantes de los días o tiempos de ayuno –Adviento, Cuaresma, Témporas– se echó al hondón del olvido, y los papas demostraron una vez más que su pluma podía hacer más daño a la costumbre litúrgica que cualquier cantidad de invasiones bárbaras, guerras, plagas, hambrunas o revoluciones políticas.

Las oraciones múltiples

En toda Misa hay tres oraciones muy importantes llamadas "orationes": la Colecta, cerca del comienzo; la Secreta, que se dice en silencio al final del Ofertorio, y la Postcomunión, que se dice después de las abluciones. Durante siglos, fue costumbre de los sacerdotes decir o cantar más de un conjunto de oraciones en la

Misa[30]. Las rúbricas decían al sacerdote qué oraciones adicionales recitar. Por ejemplo, en Adviento, desde el primer domingo, el Misal prescribía el añadido de una segunda Colecta de la Virgen María. Y una tercera Colecta, o por la Iglesia o por el papa, aunque si había santos que conmemorar, los oraciones de éstos debían emplearse en su lugar. Para dar un ejemplo de la fuerza de estas oraciones, he aquí la Colecta por los vivos y los difuntos, que debía decirse diariamente desde el Miércoles de Ceniza hasta el Domingo de Pasión:

> Omnipotente y eterno Dios, que dominas sobre los vivos y los muertos, y te compadeces de todos aquellos que sabes han de ser tuyos por la fe y por las obras: suplicantes te rogamos por tu piedad y clemencia y por la intercesión de todos tus Santos, que perdones todos sus pecados a aquellos por los cuales debemos dirigir nuestras plegarias, ya sea que el tiempo les retenga todavía en su cuerpo, ya que despojados de sus cuerpos, hayan entrado en la vida futura.

Esto se rezaba todos los días, durante un mes cada año. Todas las demás oraciones son igualmente potentes.

Los domingos, también, se conmemoraba a los santos, en vez de simplemente ignorárselos. Para dar una idea de cómo esto se daba en la práctica, tomemos el domingo 30 de junio de 2019. Elijo este día porque fue una típica "constelación" de fiestas romanas: tercer domingo después de Pentecostés, en la octava del Sagrado Corazón y del nacimiento de San Juan Bautista, pero también conmemoración de San Pablo, que es siempre acompañado del Apóstol San Pedro. Así, en la Misa el sacerdote debía recitar o cantar cinco Colectas: la del domingo, seguida por San Pablo, por San Pedro, el Sagrado Corazón y San Juan Bautista. Esta confluencia era poco común; la mayor parte del tiempo había sólo tres oraciones.

En otros días, el sacerdote podía, especialmente en Misas privadas, agregar oraciones votivas por las necesidades de la colectividad, sacadas del magnífico tesoro romano de oraciones:

---

30   Esto se repetía también en Laudes y Visperas. Para más detalles, ver mi artículo "In Defense of Multiple Orations," *NLM*, febrero 8, 2021.

- para implorar la intercesión de los santos
- por aquellos constituídos en autoridad y por aquellos a su cargo
  - contra los perseguidores y malhechores
  - en tiempo de terremoto
  - por la lluvia
  - para alejar las tormentas
  - por el don de lágrimas
  - por los que están en tentación o tribulación
  - contra los malos pensamientos

Me imagino que algunos lectores estarán pensando: "Un momento: esto suena casi como las Intercesiones Generales u Oración de los Fieles". En un sentido, es correcto. El rito romano ya tenía en sí mismo un modo de orar por las necesidades del celebrante, y por los de la colectividad local, por el mundo en general, o por ciertas categorías de personas. Todo ya estaba allí.

Antes de 1955, el número máximo de oraciones en una Misa rezada en días corrientes era cinco o siete (dependiendo de las circunstancias). En 1955, este número se redujo a tres, y las oraciones obligatorias del tiempo se abolieron. En 1960 la posibilidad de oraciones adicionales se redujo todavía más todavía y, para la mayoría de los domingos del año, se suprimieron totalmente. Todo esto se hizo en pos de una simplicidad racional y aerodinámica, supuestamente en la creencia de que no podemos o no debiéramos tener más de un "tema" para un determinado "servicio", lo cual es un insulto para nuestra inteligencia y sofoca la devoción. El resultado final fue el *Novus Ordo*, que nunca tiene más de un conjunto de oraciones por Misa.

Repetición de las lecturas por el sacerdote

Antes de 1956, el sacerdote en el altar, en una Misa solemne, leía silenciosamente para sí todas las antífonas, oraciones y lecturas de la Misa, aunque otros ministros las cantaban según lo prescribían sus papeles en la liturgia. Esta costumbre surgió de la Misa rezada, en que el sacerdote estaba acostumbrado a decirlo todo. En 1955, se instruyó al sacerdote que no leyera ya las lecturas durante la Semana Santa; y en 1960, se le dijo no recitar jamás las lecturas si había alguien leyéndolas en alta voz. En 1969, con el *Novus Ordo*, se le ordenó que no dijera el Kyrie, ni el Gloria, ni el Credo, ni el Sanctus ni el Agnus Dei, si el coro o el pueblo estaban cantándolos; en cambio, podía cantar con ellos, o simplemente escuchar.

Esta tendencia fue un error, por dos razones. Desde el ángulo práctico, la lectura de la Epístola y del Evangelio y del Ordinario de la Misa, con los propios ojos y labios, tiene un valor subjetivo o de devoción personal: permite una máxima continuidad textual y ceremonial de un día con el siguiente, sin importar cuánta sea la amplitud de la liturgia que se celebra. En el nivel teológico, sabemos que el sacerdote está en el altar *in persona Christi*. Así como la mayoría de las oraciones (y Prefacios) se dicen *per Dominum nostrum*, así también todas las acciones cultuales de los ministros de la Iglesia van, por medio de Cristo (representado por el sacerdote) a Dios Padre. Esta orientación patricéntrica incluye también las lecturas, que no son meramente didácticas sino latréuticas. Así, el sacerdote o bien actúa como sí mismo, como miembro de la Iglesia (oraciones al pie del altar, oraciones antes de la Comunión, algunas partes del Ofertorio); o bien actúa *in persona Christi* en la consagración y, de un modo diferente, cuando dobla lo que hacen otros; o bien *in persona Ecclesiae*, en todo lo demás. Aquí asoma brillante la profunda racionalidad teológica de la ausencia de concelebración en el antiguo rito: con excepción de una cuasi-concelebración durante la Misa de la ordenación del sacerdote, en el antiguo rito hay siempre sólo un sacerdote-celebrante, a través de quien "pasa" toda la liturgia en un línea continua de mediación y representación del único y eterno Sumo Sacerdote.

Cuando el sacerdote recita el Introito, lo hace en la persona de Cristo profeta, anunciando algún misterio que ha de cumplirse. Cuando recita el triple Kyrie, implora la misericordia de Dios todopoderoso, actuando también en la persona del Sumo Sacerdote que ofrece el sacrificio por los pecadores. Cuando lee el Evangelio, es como la imagen viva de Cristo que lo lee. Nada de esto disminuye o diluye los papeles que pertenecen a los demás ministros o al pueblo, sino que meramente reúne en máxima unidad la acción litúrgica, haciéndola fluír desde el Alfa y la Omega, Cristo mismo, y haciéndola volver a El, cuya unidad de ser y de operación está sensiblemente representada por el celebrante.

La recitación del Credo

El Credo Niceno-Constantinopolitano no estuvo originalmente incluído en el rito romano de la Misa, sino que fue importado desde el norte de los Alpes, como tantos otros rasgos suyos. Sin embargo, una vez que encontró su lugar en ella, comenzó el proceso acostumbrado por el que se lo asignó a cada vez más ocasiones, por ser ello adecuado. En el rito tridentino, se recita todos los domingos y en las fiestas principales de Nuestra Señora y de los Apóstoles y en el día de sus octavas, pero también en las fiestas de los Angeles (porque su creación está mencionada en el Credo), de los Doctores de la Iglesia (porque el Credo encarna la doctrina católica de la que ellos son los más altos expositores y defensores), en la fiesta de Santa María Magdalena, porque ella fue "el Apóstol de los Apóstoles", honrada con la primera aparición del Señor resucitado.

Todo esto parece perfectamente razonable y conveniente. Nadie podría quejarse. Siempre es bienvenida la oportunidad de cantar una de las hermosas melodías gregorianas del Credo; y en cuanto a recitarlo en la Misa rezada, no toma más de un minuto, y nos da la oportunidad de venerar a la Santísima Trinidad con tres inclinaciones de cabeza y de venerar la Encarnación con una genuflexión[31]. En 1956, los infatigables reformadores litúrgicos abolieron el Credo para el caso de los Angeles, de Santa María Magdalena, de los días de octava, y de unos pocos más; en 1960, se lo abolió para los Doctores de la Iglesia y para las Misas Solemnes votivas.

Benedicamus Domino

En el rito tridentino, cada vez que en la Misa hay Gloria (lo que ocurre siempre que en el Oficio hay *Te Deum*), el sacerdote (o el diácono) termina con el *Ite, Missa est*; pero si no hay Gloria,

---

31 Se inclina la cabeza al comienzo, por el Padre; al nombre de Jesús; y al *simul adoratur et conglorificatur* por el Espíritu Santo: una perfecta confesión trinitaria hecha con el cuerpo. La genuflexión, por cierto, tiene lugar al *Et incarnatus est.*

la frase que se usa es *Benedicamus Domino* (la respuesta en ambos casos es *Deo gratias*). Este es otro más de los sutiles modos en que los día de fiesta se diferencian de los de feria y de los días penitenciales. De acuerdo con las rúbricas de 1960 en el misal de 1962, todas las Misas concluyen con el *Ite, Missa est*, y el *Benedicamus Domino* se usa sólo cuando a continuación hay otra ceremonia o una procesión. Esto es un detalle pequeño, por cierto, pero una suma de pequeños detalles causa una impresión general. En las rúbricas tridentinas existió, y existe, cierta unidad de espíritu. Esta unidad se fue perdiendo cada vez más en las reformas de la década de 1950 y de los primeros años de la década de 1960, antes de ser simplemente tirada por la ventana desde la mitad de la década de 1960 hacia adelante.

PRIMERAS VÍSPERAS

Aunque este capítulo, como el resto del libro, se centra en la Misa, quisiera incluír un tema importante relacionado con el Oficio Divino. Hay que reestablecer la primacía de las Primeras Vísperas para una auténtica *vita liturgica*. Los registros más antiguos que existen del rito romano indican Primeras Vísperas para las fiestas, y lo mismo ocurre en todas las liturgias históricas. El rito bizantino, por ejemplo, tiene solamente Primeras Vísperas. No sería exagerado decir que esto es parte de lo que hemos heredado de la sinagoga. La abolición de las Primeras Vísperas de la mayoría de las fiestas fue realizada por la simplificación de las rúbricas de Pío XII en 1955, *De rubricis ad simpliorem formam redigendis*, que fue suscitada por la comodidad de los clérigos: "Puesto que en esta época nuestros sacerdotes, especialmente los que tienen cura de almas, están cargados de nuevos y variados deberes del apostolado diario, de modo que apenas pueden atender la recitación del Oficio Divino con la necesaria tranquilidad de espíritu . . . ". Pero resulta imposible ver cómo la abrogación de las Primeras Vísperas fue un paso necesario o de algún modo compatible con el genio del rito romano[32].

---

32 Es por esta razón que 1955 es la línea divisoria de las aguas en materia de destrucción litúrgica; fue la primera vez que los textos y ceremonias se

La cancelación obligatoria de las Primeras Vísperas (diferente de su supresión en casos excepcionales) se reconoció como un error hacia la época de la revisión del Oficio Ambrosiano, que conserva las Primeras Vísperas de todas las fiestas y agrega Segundas Vísperas en las solemnidades. Hay, por ello, una urgente necesidad de reimprimir los breviarios pre-55, tanto romanos como monásticos, para ponerse a tono con la recuperación del misal pre-55; y, eventualmente, llegará el momento para la recuperación del "breviario de siempre", es decir, el breviario con el antiguo y perdurable *ordo psallendi* romano, destruído por el radical reordenamiento del Divino Oficio en 1911 por obra de Pío X. Hoy hay muchos clérigos que están volviendo a alguna versión del Oficio preconciliar, y ello es para bien: rezar el Oficio es una parte *esencial* de la asimilación de la sabiduría y de la piedad de la liturgia tradicional, en que la Misa no está sola: es la cumbre, pero no toda la montaña. Las lecturas de Maitines, por ejemplo, y el Martirologio en Prima, son vitalmente importantes para el clero que quiere llegar a comprender plenamente la naturaleza sacrificial del sacerdocio, y a entender cómo se lo ha vivido a lo largo de los siglos. Además, el canto de parte del Oficio –por lo menos Tercia y Vísperas del domingo– es indispensable en todo intento serio de restaurar la cultura católica.

CASOS DE INOBSERVANCIA DE 1960

Habiendo visto los elementos del rito romano clásico que se perdieron o fueron mutilados desde 1951 en adelante, examinaré ahora algunas cuestiones prácticas y canónicas.

Es importante advertir que se hizo algunos cambios al Código de Rúbricas de 1960, incluído en el misal de 1962, que casi nunca se observan en la celebración de la Misa tradicional hoy día[33]. No sólo se tolera estas discrepancias sino que se las practica por prelados altamente ubicados, algunos de los cuales, al menos, saben perfectamente que, al hacerlo, siguen las antiguas rúbricas. La

---

cambiaron en pro de la simplificación de las rúbricas, en lugar de cambiar las rúbricas en pro del orden de los textos y ceremonias.

33 Ver "*Summorum Pontificum* & the Rite of Écone" en el weblog *The Rad Trad*, julio 7, 2014.

más obvia es la preservación del Confiteor inmediatamente antes de la Comunión[34], que se abolió en 1960, pero ha sobrevivido con tenacidad y es hoy mucho más común que su omisión. Otro ejemplo es la reverencia del sacerdote al crucifijo cuando dice "Oremus", pero que, según las rúbricas de 1960, debería dirigirse al libro.

En las rúbricas del misal de 1962, la Misa puede realmente ser truncada, en forma muy parecida al *Novus Ordo*. Cuando se realiza una ceremonia antes de la Misa, como en la Candelaria o en la procesión de las Rogativas, las oraciones al pie del altar supuestamente se suprimen, lo que significa que se puede tener una "Misa Forma Extraordinaria" sin ningún Confiteor[35]; y cuando a la Misa sigue una ceremonia, como la Absolución de los Difuntos o la procesión de Corpus Christi, se supone que se suprime el Ultimo Evangelio. Muchos sacerdotes tradicionales no siguen estas necias y arbitrarias normas que mutilan la Misa, aunque están mandadas por las rúbricas del misal de 1962.

Además, el Pontificio Consejo *Ecclesia Dei*, antes de ser refundido con la Congregación para la Doctrina de la Fe y luego abolido por la purga hecha por *Traditionis Custodes*, había dado señales de que la observancia de las rúbricas podría ser, digamos, un poquito más flexible. De un modo típicamente romano, en vez de promulgar una instrucción, se promulgó simplemente un Ordo litúrgico que tenía dos rasgos notables. Primero, decía, para las Misas *de tempore* de Adviento, Septuagésima y Cuaresma (i.e., sin Gloria), se puede usar *Benedicamus Domino* en vez de *Ite, Missa est*. Segundo, hacía referencia, al pasar, a la "octava de Corpus Christi", como sugiriendo que, efectivamente, se puede observar una octava de esta fiesta. Estoy consciente de que algunos monasterios benedictinos celebran plenamente las octavas de Corpus Christi, con la Misa de la fiesta y el Oficio todos los días, además de procesiones, adoración y Bendición.

Más importante: mientras existió, la Comisión *Ecclesia Dei*, ella concedió permiso al Instituto de Cristo Rey y a la Fraternidad de

---

34 Ver mi artículo "Why the Confiteor Before Communion Should Be Retained (or Reintroduced)," *NLM*, mayo 27, 2019.

35 Es decir, cuando se omite las oraciones al pie del altar y se omite el Confiteor de la comunión (como "se supone" que debe ser).

San Pedro para usar la auténtica Semana Santa tridentina durante tres años (2018, 2019 y2020), con vistas a tomar posteriormente la decisión de hacer permanente el permiso. También se había concedido el permiso oficial para la antigua Vigilia de Pentecostés. En vez de darse el permiso, sin embargo, todo el aparato vaticano del antiguo rito fue clausurado y en 2021 se anunció una aterradora campaña para aniquilar la tradición litúrgica romana de la faz de la tierra[36]. Se puede, por tanto, decir con certeza que la cuestión ha sido alterada fundamentalmente; ya no se trata de sutilezas como "¿podemos usar casullas plegadas y estolas anchas?"; de lo que se trata es de vida o muerte, de supervivencia o extinción. Puesto que el odio de los modernistas hoy en el poder se dirige contra toda tradición católica, como quiera que ella se vea (piénsese en el salvaje combate contra *ad orientem* en el *Novus Ordo*, ¡a pesar de que la ley litúrgica vigente está en su favor!), la cuestión de qué se puede hacer y qué no en el ámbito de la tradición se ha hecho más simple y se ha abierto de par en par, habiéndose arrojado a los vientos de guerra las sutilezas legales. Podemos y debemos hacer todo lo que haga falta para salvar la tradición romana, en su integridad y pureza, como uno de los grandes tesoros de la Iglesia católica, y eminentemente atingente a su bien común[37].

LA INHERENTE PERMISIBILIDAD DE LA LITURGIA PRE-55

El principio fundamental es el siguiente: un rito litúrgico tiene autoridad por sí mismo, por sus prolongados uso y recepción por parte de la Iglesia, y no lo tiene principalmente por decreto de autoridad alguna. El peso inherente de la tradición inmemorial es tal que ningún papa puede abolirlo ni abrogarlo. Podríamos llamarlo "el grande y sagrado principio", como lo expresó Benedicto XVI en su "Carta a los Obispos", de 7 de julio de 2007: "Lo que las generaciones precedentes consideraron sagrado, sigue

---

36 Ver Peter Kwasniewski, ed., *From Benedict's Peace to Francis's War: Catholics Respond to the Motu Proprio Traditionis Custodes on the Latin Mass* (Brooklyn, NY: Angelico Press, 2021), con un completo análisis.

37 Mi folleto *La verdadera obediencia en la Iglesia* justifica decisiones y acciones radicales.

siendo sagrado y grande también para nosotros, y no puede ser, de improviso, prohibido completamente, y ni siquiera puede ser considerado dañino. Nos corresponde a nosotros conservar las riquezas que se han desarrollado por la fe y la oración de la Iglesia, y darles el lugar que les corresponde".

Benedicto XVI constantemente dio testimonio de que consideraba a *Summorum Pontificum* como la expresión de una postura propiamente teológica y eclesiológica, o sea, no como algo puramente disciplinario. Por ejemplo, en respuesta al argumento de que su propósito al promulgarlo había sido primariamente la reconciliación con la SSPX, respondió: "¡Eso es totalmente falso! Para mí fue importante que la Iglesia sea una consigo mismo en lo interior, con su propio pasado; que lo que fue previamente sagrado para ella no es hoy un error... Pero, como decía, mi intención no fue de naturaleza táctica, sino que se refirió a la sustancia misma del asunto"[38].

El argumento con que *Summmorum Pontificum* da testimonio de la ininterrumpida licitud del misal de 1962 y otros ritos, se extiende exactamente igual para la herencia tridentina en general, incluídas la antigua Semana Santa, la Vigilia de Pentecostés, la octava de Corpus Christi, la diferenciación entre la fiesta de los Santos Inocentes y su octava, las casullas plegadas y las estolas anchas, las oraciones múltiples, la duplicación de las lecturas, la recitación del Credo y el uso del *Benedicamus Domino*. La liturgia tradicional tiene más autoridad eclesiástica inherente en sí misma que cualquier decisión de un papa o de un funcionario curial. Con palabras de Martin Mosebach, "La liturgia ES la Iglesia, cada Misa celebrada en el espíritu tradicional es inconmensurablemente más importante que cualquier palabra de cualquier papa; es el hilo rojo que debe reconocerse en la gloria y la miseria de la historia de la Iglesia; donde él siga existiendo, las fases del gobierno arbitrario de los papas se convierten en notas al pie de página de la historia"[39]. El P. John Hunwicke expresa la misma sensibilidad católica: "Las

---

38 Benedicto XVI, *Last Testament: In His Own Words*, trad. Jacob Phillips (New York: Bloomsbury, 2016), 202.
39 Martin Mosebach, *The Heresy of Formlessness: The Roman Liturgy and Its Enemy*, ed. rev. (Brooklyn, NY: Angelico Press, 2018), 188.

grandes tradiciones litúrgicas Apostólicas son parte del *datum* Apostólico, del *Depositum Fidei*, de la "tradición que nos es trans- mitida por los Apóstoles". Ellas están situadas al nivel del Canon de las Escrituras, de los Credos, y del Ministerio. La *lex orandi*, que tiene su lugar por encima de la *lex credendi*, está al mismo nivel -y quizá por encima- que los Decretos doctrinales de los grandes Concilios Ecuménicos dogmáticos. Y está fuera del alcance de los caprichos, prejuicios y antipatías personales de todo papa"[40].

Hubo un tiempo en que el permiso oficial de *Ecclesia Dei* o de la cuarta Sección de la Congregación para la Defensa de la Fe servía para dar seguridad a las conciencias delicadas y para evitar arbitrariedades (especialmente al momento de diseñar las políticas de los institutos con sacerdotes repartidos por todo el mundo, para los que sería deseable una pacífica unanimidad); pero buscar y obtener permiso de dichas instituciones no es en absoluto necesario. Durante los años de *Summorum Pontificum*, cada vez más iglesias diocesanas celebraron la antigua Semana Santa; las autoridades se enteraron de ello, pero no hicieron nada para impedirlo. Lo cual es un modo muy italiano de decir "sigan adelante, no sean necios". La aprobación tácita, no verbal, es un modo que la mentalidad anglosajona no siempre entiende; prefe- riríamos que se nos la diera por escrito en un pedazo de papel, con lenguaje jurídico. Pero tenemos que recordar que, dada la atmós- fera que hay en el Vaticano, es mucho más difícil y peligroso para los burócratas poner algo por escrito que simplemente dejar que se lo comprenda o infiera. Mi ejemplo anterior del Ordo vaticano para el *usus antiquior* ilustra bien el método italiano: no existe documento alguno que diga "Se puede usar *Benedicamus Domino* o celebrar la octava de Corpus Christi"; el Ordo simplemente los menciona en latín (¡el último código lingüístico!), sin comenta- rios, de manera que sólo los *cognoscenti* se den cuenta.

Es cierto que, a través de los siglos, ciertos ritos o rúbricas se promulgan por la jerarquía, pero no es eso lo que otorga legitimi- dad a los ritos y rúbricas; tal promulgación meramente identifica

---

40 "Popes, Liturgy, and Authority (2): A Single (unicus) Form of the Roman Rite?" Fr. Hunwicke, *Mutual Enrichment*, marzo 28, 2022.

a cierto libro como la impresión correcta o estándar en su clase. El hecho de la promulgación es condición *necesaria pero no suficiente* para que el libro sea recibido por la Iglesia. Antes de la invención de la imprenta y de la centralización del Misal romano, el equivalente de la promulgación era simplemente la aprobación tácita; es decir, cualquier liturgia católica que se hubiera celebrado desde mucho tiempo sin protesta por parte de la autoridad eclesiástica podía considerarse "aprobada" precisamente por no haber sido condenada. Esta es la actitud que necesitamos recuperar hoy. No fue San Pío V quien dio forma al rito tridentino y le concedió autenticidad; ésta él ya la tenía *por sí mismo*, incluso antes de existir Pío V. El misal de 1570 es, en todos los aspectos importantes, el mismo que el misal de la Curia romana de 1474, el que, a su vez, transmite el rito que existió en los siglos anteriores, en una secuencia orgánica continua. A lo más, Pío V tuvo la responsabilidad de determinar que cierta *edición* del libro –libro que contenía los textos y rúbricas de un rito que era válido, legítimo y adecuado *por sí mismo*– debe ser la que se use en el altar, por razones prudenciales. En este ámbito de la prudencia, por lo demás, se puede cometer errores[41].

No causa daño que un papa dé un indulto –es decir, una ley positiva dirigida a ciertos individuos o grupos–, como los indultos de Juan Pablo II de 1984 y 1988 para usar los libros litúrgicos de 1962, si es que el papa considera que es necesario, o que ayudará a los beneficiarios. Pero si Benedicto XVI tiene razón cuando afirma que no se necesita permiso para usar el rito antiguo porque nunca fue abrogado, ni podría haberlo sido, entonces los indultos de 1984 y 1988 no fueron necesarios. Además, el rito que no ha sido jamás

---

41 Por ejemplo, Pío V, a modo de compensación, algo excesiva, en un momento en que los protestantes ponían énfasis en los fundamentos bíblicos, suprimió las fiestas de San Joaquín, de Santa Ana y de la Presentación de la Santísima Virgen, porque derivaban de fuentes apócrifas. Las tres fiestas fueron rápidamente repuestas por los sucesores de Pío V: la de Santa Ana por Gregorio XIII en 1584, la de la Presentación por Sixto V en 1585, y la de San Joaquín por Gregorio XV en 1622. ¿Se podría pensar con seguridad que si un sacerdote hubiera seguido celebrando esas fiestas entre 1570 y 1584, 1585 y 1622, hubiera actuado mal? Ver Gregory DiPippo, "Liturgical Notes on the Presentation of the Virgin Mary," *NLM*, noviembre 21, 2021.

abrogado tendría que ser, o bien la última versión del rito romano antes de su reemplazo por el *Novus Ordo* –que sería la lava semi solidificada de 1967–, o bien, considerada la inestabilidad del rito romano desde la última parte del pontificado de Pío XII en adelante, el *statu quo ante* 1951/55. El permiso para celebrar el rito romano tal como existía en 1948 sería, por tanto, universal, *no* en virtud de una ley positiva sino en virtud de la costumbre y de la tradición, es decir, debido al mismo fundamento del argumento de *Summorum Pontificum* de que el *usus antiquior* no fue nunca abrogado. Esto es, me parece, la base, sólida como una roca, para la gradual restauración del rito romano tridentino, incluso en situaciones en que no se ha pedido ni recibido ningún permiso explícito. ¿Podría alguien tomar en serio la idea de que una Semana Santa remodelada que duró apenas catorce años (1955-1969) pudiera tener más derecho a existir o a ser usada, o más fuerza obligatoria o autoridad canónica, que las ceremonias que han perdurado continuamente desde hace quinientos o mil o más años?

Hay sacerdotes y laicos en todo el mundo que se han gloriado en las riquezas y el esplendor de las ceremonias de Semana Santa pre-55 en cantidades mucho mayores que nunca antes, y ciertamente podemos suponer que quienes han tenido esa experiencia no querrán jamás volver atrás. Los que dudan por escrúpulos sobre "permisos", debieran meditar sobre la triste suerte de la liturgia en las pasadas décadas. Se ha ido tomando una mala decisión tras otra, con grave detrimento de los fieles, y muchas veces desafiando tradiciones jamás rotas anteriormente (e.g., la subversión de las órdenes menores y del subdiaconado por Pablo VI, o la rendición de Juan Pablo II ante las niñas acólitos, o el fácil otorgamiento de concesiones para recibir la comunión en la mano, que fueron forzadas mediante la desobediencia y toleradas por cobardía y fe tibia). Se podía dar muchísimos ejemplos en que se ha dado permiso a ciertos abusos, mientras que se ha prohibido lo que es "sagrado y grande"[42]. El reconocimiento de Benedicto XVI de que

---

42   Ver Peter M. J. Stravinskas, "Disobey and You'll Get Your Way," *Catholic World Report*, enero 26, 2022. Naturalmente no creo que ni los permisos para abusar ni la prohibición de la tradición tienen ningún peso jurídico en absoluto, ni mucho menos fuerza moral obligatoria.

el *usus antiquior* no fue nunca abrogado, contrariamente al *modus operandi* de todos sus oponentes durante décadas, debiera ser suficiente para volvernos escépticos relativamente a la línea "oficial".

Ningún católico tiene razones válidas para creer que la tradición inmemorial y venerable tiene que "justificarse a sí misma" en un tribunal. Ella tiene en sí misma su propia justificación para existir porque nos ha sido dada por la generosidad de la Divina Providencia, mediante el don del Espíritu Santo, y ha sido recibida y celebrada por innumerables católicos durante siglos e incluso milenios. Sí, la jerarquía de la Iglesia tiene ciertas responsabilidades en cuanto a normar estas cosas, pero la idea misma de regular la liturgia es asegurarse de que nos llegue intacta en su esplendor, no estrangularla o masacrarla. La autoridad se concede en pro del bien común, no para el bien privado de quienes la tienen, ni para la promoción de filosofías extrañas. En suma, quien piense que se necesita permiso explícito para la Semana Santa pre-55 no ha captado todavía el derecho que es inherente a la tradición inmemorial, ni los límites de la autoridad papal o curial.

El principal argumento usado para adherir a 1962 es que "debemos hacer lo que la Iglesia nos pide que hagamos". Pero ¿quién, o qué, es aquí la Iglesia? En este período de caos, ya no es evidente que "la Iglesia" se refiera a una autoridad que dicta leyes para el bien común del pueblo de Dios. Desde al menos 1948 en adelante, el término "Iglesia", en el ámbito litúrgico, ha servido para aludir a algunos radicales que pelean por aflojar los lazos de la tradición, procurando imponer a la fuerza su propia agenda de simplificación, abreviación, protestantización, modernización y utilitarismo pastoral en la Iglesia, sellado todo ello con la aprobación papal, es decir, con el abuso del poder papal. Estas cosas no son órdenes rectas que debe obedecerse sino aberraciones que hay que resistir. Por cierto, deben ser resistidas pacientemente, inteligentemente y de un modo digno, pero con la firme intención de restaurar en el tiempo la integridad y plenitud del rito romano.

Además, es sencillamente ilógico aferrarse al misal de 1962 cuando es sólo una mera "diapositiva detenida" en medio de un *proceso* de cerca de 25 años de reforma litúrgica que abarca desde

1948 a 1975. El rito de 1962, aunque no es teológicamente problemático del modo que lo es el *Novus Ordo*, es, con todo, deficiente *en cuanto liturgia*. Es mucho más "plano" que el rito romano real, pleno, especialmente en lo relativo al calendario y al Oficio Divino: sufragios, preces, no duplicación de antífonas, octavas, conmemoraciones, etc. Muchos laicos se fijan sólo en el *Ordo Missae*, pero el clero, los religiosos, y los laicos que profundizan, saben cuánto afecta el calendario a la experiencia diaria de la liturgia. Por ejemplo, ¿son los cuatro días después del 1 de enero las octavas de los *Comites Christi*, y luego la Vigilia de Epifanía, o son un inventado "tiempo de Navidad"? ¿Fue el 19 de septiembre de 2020 la fiesta de San Januario (¡basta!), o fue el sábado de Témporas de otoño, la fiesta de San Januario *y también* la Vigilia (anticipada) de San Mateo (con el correspondiente Ultimo Evangelio)?, etc. En suma, el misal de 1962 es una chapuza, como lo es el breviario que va con él, y aunque ambos son de lejos mejor que lo que vino después, no son depositarios de nuestra herencia.

¿ANTICUARIANISMO TRADICIONAL?

"A ver, pare un momento", podría decirnos un interlocutor: "¿No es Ud. culpable de hacer lo mismo que critica a sus oponentes, es decir, volver a formas más antiguas y despreciar los desarrollos más recientes?". No, nada de lo que proponemos equivale a un "anticuarianismo tradicionalista". Lo que es claro es que el Movimiento Litúrgico, después de la Segunda Guerra Mundial, se descarriló. Los cambios a los libros litúrgicos desde ahí en adelante fueron motivados por teorías globales acerca de "qué es lo mejor para la Iglesia moderna", y condujeron a las abundantes contradicciones y ambigüedades de *Sacrosanctum Concilium*, al reino del terror de Montini-Bugnini y a la desgracia que lo coronó todo, el *Ordo Missae* de 1969 y otros ritos de esa época.

No se trata de volver indefinidamente atrás, sino de tener un misal que sea esencialmente el codificado por Trento y Pío V, con el tipo de pequeñas adiciones o enmiendas que caracterizan el lento progreso de la liturgia a través del tiempo. Desde 1570, ha sido posible durante muchos siglos tomar cualquier misal antiguo, ponerlo sobre el altar, y celebrar la Misa. Los cambios son tan menores que el misal es virtualmente el mismo desde *Quo Primum* hasta el siglo XX[43]. Hay santos que llegan y otros que parten, pero incluso el calendario es notablemente estable. Sin embargo, después del reinado de Pío XII es mucho más difícil que un misal "antiguo" y un misal "nuevo" (i.e., el de Pío XII de 1955, el de Juan XXIII de 1962, y el de Pablo VI de 1965/1967) compartan el mismo espacio eclesial; no pueden ser intercambiados unos por otros, incluso en momentos de gran importancia del año de la Iglesia. Lo cual muestra, de forma fácil y clara, que ha tenido lugar un quiebre; y todo esto, *antes* del Novus Ordo de 1969.

Para que un rito pudiera seguir siendo usado, después de la promulgación del Misal tridentino, Pío V puso la condición de que tuviera más de doscientos años, lo cual ayuda a darse cuenta, desde otro ángulo, de que nuestro argumento está respaldado por el sentido común. Un rito con menos de doscientos años podría parecer una invención reciente, pero uno que ha existido por dos siglos o más tiene ya a su haber el importante peso de la costumbre, y es algo que no debe ser perturbado o reemplazado. Este es el *quid* del problema con la Misa de Pablo VI: aquello a que vino a reemplazar no tenía unos meros doscientos años, sino dos mil años de historia de continuo despliegue, donde no se advierte ninguna ruptura mayor con anterioridad a las deformaciones del Movimiento Litúrgico, sino sólo asimilación, expansión y consolidación. La condición puesta por Pío V sugiere también que algo que tiene menos de doscientos años difícilmente podría ser considerado como una antigüedad. Por ejemplo, si ciertas octavas y vigilias fueron suprimidas hace sólo unas cuantas décadas, y si el motivo para esos cambios merece ser rechazado, la recuperación de tales octavas y vigilias no podría jamás ser considerada como

---

43   Lo que sí se advierte es un cambio más drástico en la explicitación de las rúbricas. Clemente VIII realizó un "relanzamiento" del Misal de Pío V con el propósito de aclarar las rúbricas. Todas las ediciones del misal desde Pío X en adelante incluyen, al principio, un enorme cuerpo de rúbricas que no estaba ahí con anterioridad. Sin embargo, sigue siendo indiscutible que se podría usar cualquier edición del misal, en lo relativo a la mayoría de las fiestas y del ciclo temporal.

ejemplo de anticuarianismo, sino que sería o bien una inteligente recuperación de algo que se había perdido por un infortunio, por un error de comunicación, o bien por una mala política, y no constituiría sino el merecido rechazo de una innovación. Después de todo, como advierte Joseph Shaw, el Antiguo Testamento nos da ejemplos de restauraciones litúrgicas mucho más dramáticas que lo que la recuperación de ritos pre-Pío XII es para nosotros[44].

El anticuarianismo o arqueologismo –acompañado a menudo con el adjetivo "falso"– es el intento de saltarse los desarrollos medievales y de la Contrarreforma a fin de llegar a una liturgia putativamente "original, auténtica", de los primeros tiempos cristianos. El término no se aplica correctamente al rechazo de deformaciones modernistas, progresistas o utilitaristas. ¡Qué irónico sería que un ataque contra el falso anticuarianismo fuera ahora calificado de un caso de lo mismo! Digámoslo del siguiente modo: los católicos han sido siempre inteligentes anticuarios por cuidar mucho su herencia del pasado y desear preservarla, y por querer restaurarla cuando ha sido saqueada o dañada. El Movimiento Litúrgico, en cambio, nos presentó el espectáculo de un anticuarianismo arbitrario, violento y programático. Los dos casos son tan disímiles como lo son el patriotismo y el nacionalismo. Es una suprema ironía que el rito tridentino conserve un contenido del primer milenio mucho menos adulterado que lo que es el caso con el rito moderno de Pablo VI.

Nuestra situación en la Iglesia latina ha llegado a ser tan clara como un dibujo a pluma: (1) el rito moderno de Pablo VI, risiblemente declarado, por el papa Francisco y Arthur Roche, "la única expresión de la *lex orandi* del rito romano", se ha consolidado como una pseudo-tradición de vernacularidad, "versuspopulismo", informalidad, banalidad y horizontalidad, como lo describe William Riccio con desgarrador acierto[45]; (2) la "Reforma de la Reforma", a la que apostaron, hasta su última moneda, esperanzados conservadores durante el reinado de Benedicto XVI, no

44   Joseph Shaw, ed., *The Case for Liturgical Restoration: Una Voce Studies on the Traditional Latin Mass* (Brooklyn, NY: Angelico Press, 2019), 11–17.
45   Ver "An Experience of Horror: 'My car broke down, and I went to the nearest *Novus Ordo* . . .'," *Rorate Caeli*, agosto 5, 2019.

sólo está muerta, sino profundamente enterrada; (3) la liturgia latina tradicional, aunque no disponible para todos los que la buscan, está firmemente enraizada en las generaciones más jóvenes, en todos los continentes y casi en todos los países, y no da señales de ceder. Muchos clérigos tradicionales prefieren hoy usar un misal de la primera parte del siglo XX y, de los demás clérigos, hay muchos que, al menos cuando están entre amigos de confianza, admiten que encuentran irritantes la pseudo Semana Santa y el misal de Juan XXIII. Dice C. S. Lewis: "Si se ha tomado la bifurcación equivocada, seguir adelantando por ella no nos acerca al punto de llegada. Si se está en el camino equivocado, el progreso consistirá en devolverse y retroceder hasta retomar el camino correcto... Retroceder es avanzar más rápido"[46].

REGRESO DEL EXILIO

A veces se oye quejas de que el rito antiguo "está congelado en el tiempo". Yo no tengo la misma impresión. En "el salvaje Oeste" *está teniendo lugar* un desarrollo orgánico, sólo que no se está acercando a la inalcanzable utopía de la modernización, con que soñaba Pablo VI, sino, más bien, a la recuperación, parte por parte, de los elementos nobles, propios y grandemente expresivos de la liturgia romana que fueron podados o metamorfoseados en el siglo XX. Aunque el mejor ejemplo de ellos es, por cierto, el regreso a la Semana Santa pre-55, se ve por aquí y por allá la recuperación de vigilias, octavas, múltiples Colectas, duplicación de las lecturas y muchos otros rasgos que fueron suprimidos por leyes positivas. Cuando se reponen las antiguas costumbres, el clero y los fieles encuentran que *tienen sentido*, y que calzan bellamente. Y es que fue un ataque de locura lo que llevó a suprimirlas.

Quiza por primera vez desde *Pastor Aeternus*, del Vaticano I, y ciertamente por primera vez desde *Sacrosanctum Concilium* del Vaticano II, tenemos el privilegio de vivir en un período en que es posible que los laicos y el bajo clero den los pasos necesarios para recuperar nuestra gloriosa herencia. Somos nosotros quienes tenemos que hacerlo, o no se recuperará. La febril atmósfera del

---

46 C. S. Lewis, *Mere Christianity* (New York: HarperCollins, 2001), 28-29.

pontificado de Francisco ha facilitado muchísimo el reexamen de las cuestiones litúrgicas. El Señor quiere que veamos, con gran claridad, que tenemos que encontrar fundamentos más sólidos que la voluntad autocrática de quien quiera esté sentado en el trono papal, o más sólidos que los parsimoniosos permisos de los mandarines de la curia. Si el papa no respeta la tradición, o no la transmite sin entrometerse en ella y confundirla, nosotros, movidos por nuestro amor a nuestros antepasados en la fe y por nuestra dignidad de hijos de Dios y herederos de su Reino, defenderemos la tradición católica, la sostendremos, viviremos según ella, y la transmitiremos intacta. Para quienes creemos que el rito tridentino representa, en su conjunto y en cada una de sus partes, el pináculo del rito romano, que se desplegó gradualmente por la sinergia de la Iglesia y del Espíritu Santo, un Misal de altar de alrededor de 1948 o incluso una *editio typica* de Benedicto XV de 1920, nos proporciona el terreno sólido que necesitamos.

He oído por ahí la opinión, con la cual creo concordar, que fue por una gracia especial de la Providencia que, después de cierto punto en el tiempo, los reformadores litúrgicos postconciliares, con su abrumadora soberbia, hicieran simplemente a un lado la antigua tradición litúrgica, poniéndola como en una tumba o en un congelador, o exiliándola como a un molesto santo a una lejana provincia, y comenzaran de nuevo, más o menos de cero, provistos de una hoja de papel en blanco. Si hubieran seguido entrometiéndose en los ritos litúrgicos tridentinos mediante interminables puestas al día y revisiones, hubiéramos terminado con un enredado híbrido de lo antiguo y lo nuevo, mucho más incoherente y esquizofrénico que los libros litúrgicos de Pablo VI, que exhiben una estética harto coherentemente Bauhaus. Los reformadores tomaron un camino más audaz, inconcebible para un creyente católico, y se encaminaron hacia una ruina total; entre tanto, la liturgia tradicional quedó más o menos intacta, lista para ser redescubierta. "¡Oh, feliz culpa que nos conservó tan gran liturgia!". Por cierto, como hemos visto, ya se había dañado seriamente la Semana Santa, las vigilias, las octavas, los paramentos, etc.; pero desde una perspectiva más amplia, estos errores de Pío XII son fáciles de corregir. En este punto, el desarrollo orgánico del rito romano toma la forma de un librarse de la iconoclastia de mediados del siglo XX y de una restauración de la belleza del rito en su plenitud tridentina.

Con la sabiduría que otorga el mirar hacia atrás, podemos identificar el espíritu no santo que obraba detrás de los cambios ocurridos desde 1948 hasta la víspera del Concilio Vaticano II y después de éste: el espíritu del racionalismo de Pistoia, del utilitarismo pastoral, del reduccionismo neo escolástico, del falso anticuarianismo y, sobre todo, del "presentismo", es decir, la idea de que todo debe ser juzgado por las nociones modernas y acomodado a ellas. ¿Fue bueno *algún* cambio post Segunda Guerra Mundial? Sí, y es de esperar que algunas pocas ideas se conserven bien enrieladas. Un ejemplo de una buena medida fue el dar prioridad a las ferias de Cuaresma, con sus Misas estacionales extremadamente antiguas[47].

En el año 586 A. C. los antiguos judíos fueron violentamente expulsados del Templo en Jerusalén, interrumpiéndose el culto sacrificial, y fueron enviados al exilio, en el que no tenían más que recuerdos de su culto divino. Setenta años después, en 516 A. C., comenzaron a volver a la tierra de sus padres aquellos que, oyendo a Ezra, anhelaban el verdadero culto y estaban dispuestos a recomenzar una nueva vida en la antigua tierra. En nuestros días, se nos ha dado la misma gracia: al cabo de setenta años de cautividad litúrgica, que comenzó hacia 1948 con la fatal creación por Pío XII de una comisión para la reforma de la liturgia, no sólo está regresando a nuestras iglesias el *usus antiquior*, sino que los

---

47   Por cierto, el rito romano conmemora siempre a los santos cuyas fiestas no se celebra debido a las ferias de Cuaresma, porque en la tradición no existen prejuicios contra las oraciones múltiples. El Decreto de la Congregación para la Defensa de la Fe de 25 de marzo de 2020, *Cum Sanctissima*, contempla casos en que las fiestas de los santos toman nuevamente precedencia sobre ciertas ferias de Cuaresma (e.g. Santo Tomás de Aquino el 7 de marzo, San Gregorio Magno el 12 de marzo, San Patricio el 17 de marzo). Fue una corrección suave de un quizá excesivo privilegiar cualquier feria del tiempo. Resulta irónico que esta legislación, que cumple con una de las metas de *Summorum Pontificum*, haya sido eficazmente desairada por *Traditionis Custodes* menos de un año y medio después.

ritos más antiguos de éste están también regresando. Estamos en situación de decir con el salmista hebreo: "*Quis dabit ex Sion salutare Israel? Cum averterit Dominus captivitatem plebis suae, exsultabit Jacob, et laetabitur Israel*". "¿Quién otorgará desde Sión la salvación de Israel? Al hacer retornar Yavé a su pueblo, se alegrará Jacob, se gozará Israel" (Salmo 13, 7).

Oposiciones

ὁ μὲν οὖν πιστός, ὡς χρή, καὶ ἐρρωμένος οὐδὲ δεῖται
λόγου καὶ αἰτίας, ὑπὲρ ὧν ἂν ἐπιταχθῇ, ἀλλ᾽ἀρκεῖται τῇ
παραδόσει μονῇ.

*Ho men oun pistos, hōs chrē, kai errhōmenos oude deitai
logou kai aitias, huper ōn an epitachthēi, all' arkeitai tēi
paradosei monēi.*

"El hombre fiel, debidamente fortalecido, no requiere ni
de argumento ni de causa para aquello para lo que ha
sido ordenado, sino que se satisface con la sola tradición."
San Juan Crisóstomo

AL CULTO DEL HOMBRE, QUE SE HA HECHO A SÍ
mismo Dios, la Iglesia opone el culto del Dios hecho hombre.

A la ausencia de Dios en el mundo, la Iglesia opone la Presencia
Real en el altar.

A la banalidad y esterilidad del mal, la Iglesia opone la maravillosa Cruz que da vida.

A la maquinaria sacrificial del liberalismo, la Iglesia opone el
único y liberador Sacrificio del Calvario.

Al Imperio del Príncipe de este mundo, la Iglesia opone el reino
de los cielos que irrumpe.

A los inútiles lamentos y a los sueños humanísticos, la Iglesia
opone sus poderosos Sacramentos de vida y muerte.

A la hueca monotonía del materialismo, la Iglesia opone la
adoración y vigilancia de ejércitos de ángeles, cada uno su propia
especie, con su voz propia de alabanza.

Al nihilismo centrado en sí mismo, la Iglesia opone los únicos
seres humanos que son plenamente verdaderos, los santos.

A la adoración de la voluntad libre, la Iglesia opone el servicio
de la caridad.

A la obsesión con la actividad, la Iglesia opone el inescrutable
poder del descanso a los pies de Cristo.

A la comunicación instantánea, la Iglesia opone la comunión intemporal.

A la búsqueda de la novedad y de la relevancia, la Iglesia opone su perpetua novedad y esencial justicia.

A las sofocantes autolimitaciones del arte moderno, la Iglesia opone la grandeza y creatividad de las artes que alimenta en su seno.

Al ruido del mundo moderno, la Iglesia opone la silenciosa, pequeña voz de Dios.

A la cacofonía del sonido amplificado, la Iglesia opone el imperturbable silencio de su oración.

A los enervantes clichés de la música mundana, la Iglesia opone la elevadora pureza de su canto llano.

A la inundación de palabras vacías y de imágenes inconstantes, la Iglesia opone una Palabra de infinita densidad y un conjunto de símbolos estables.

A los sofocantes placeres de una carne que termina en gusanos, la Iglesia opone el vuelo de la contemplación y la gloria de la resurrección.

Al mortal tedio de la vida sin Dios, la Iglesia opone el perderse en Cristo y el encontrarse en El.

A la idolatría del Progreso y de la insensata modernización, la Iglesia opone la inexhaustible fructificación de la Tradición inmemorial.

Si existiera un grupo de personas que se auto denominara "Iglesia" pero *no se opusiera* al mundo en todas estas formas, sabríamos que no es ni puede ser la inmaculada Esposa de Cristo, permanentemente unida a El, imitadora de El, fiel a El: no es ni puede ser el Cuerpo Místico fundado y sostenido por Jesucristo, su Cabeza y Maestro. Esto puede, en cambio, ayudar a darnos cuenta de que la Iglesia es más pequeña, más como un resto, que lo que estábamos antes acostumbrados a pensar.

Y puede también motivarnos a darnos cuenta de la inalterable centralidad de la vida religiosa tradicional, en la que todas las características de la verdadera Iglesia se concentran y cristalizan, encarnadas y exaltadas.

⁅AGRADECIMIENTOS⁆

COMO DIJIMOS EN EL PREFACIO, ESTE LIBRO tuvo una larga gestación. Que haya llegado el momento en que puede, con confianza, ser entregado al editor-a pesar de las imperfecciones que aún tiene, de las que estoy muy consciente-debe mucho a innumerables amigos que me han dado generosamente su tiempo y han discutido conmigo sobre nuestro común amor a la historia de la liturgia y a la teología, algunos de los cuales me han hecho llegar comentarios y correcciones al manuscrito en su totalidad o a partes del mismo. Quiero dar gracias especialmente a Gregory DiPippo, Stan Metheny, Mathew Roth, Fr. Thomas Crean, y un experto en rúbricas que debe permanecer anónimo. Agradezco también a los que me han invitado a dar conferencias que, posteriormente, se convirtieron en capítulos de este libro: Stuart Chessman, Ronan Reilly, Alex Begin, Frank Bruno, Fr. Richard Cipolla, Fr. Gerald Saguto y el canónigo William Avis, entre otros. Algunas versiones anteriores de varios capítulos se publicaron *online*, en *Rorate Caeli* (capítulos 2, 3, 4, 5 y 8), *New Liturgical Movement* (capítulos 7 y partes de los capítulos 6, 10, 11 y 12), *The Remnant* (capítulo 9), *OnePeterFive* (partes de los capítulos 6 y 11), *LifeSiteNews* (parte del capítulo 11) y *Views from the Choir Loft* (parte del capítulo 10). Lo mejor de los capítulos 1 y 12 se publica aquí por primera vez.

⟨APÉNDICE⟩

El papa Pablo VI sobre la reforma litúrgica

CONFUSIÓN Y MOLESTIA
Discurso a la Audiencia General de 17 de marzo, 1965[1]

E N UNA CONVERSACIÓN DE FAMILIA, COMO ésta, no se puede evitar volver al tema del día: la aplicación de la reforma litúrgica a la celebración de la Santa Misa. Nuestro deseo, si la naturaleza pública de esta reunión no lo impidiera, sería preguntaros –como hacemos en otros encuentros, de naturaleza privada– cuál es vuestra impresión respecto de esta gran novedad, que ciertamente merece la atención de todos. En todo caso, creemos que vuestra respuesta no sería diferente de otras que hemos estado recibiendo en estos días.

¿Qué piensa la gente de la reforma litúrgica? Las respuestas pueden reducirse a dos categorías. La primera es la de las respuestas que denotan una cierta confusión, y por tanto, una cierta molestia. Estas respuestas dicen que, antes, había tranquilidad, cada cual podía orar como quisiera, se conocía todo sobre el desarrollo del rito; ahora, todo es novedad, sorpresa, cambio; aun el sonido de las campanillas al Sanctus ha sido abolido y, luego, las oraciones que ya nadie puede encontrar [en el misal diario], y el permanecer de pie para recibir la Comunión, y el final de la Misa, que termina abruptamente después de la bendición; todos los asistentes pronuncian las respuestas, hay mucho movimiento por todas partes, las oraciones y lecturas se hacen en voz alta... En resumen, ya no hay paz y se entiende las cosas menos que antes, etc.

No vamos a criticar estas observaciones, porque tendríamos que mostrar cómo revelan ellas una escasa penetración en el

---

1 Antes de esta audiencia, el 7 de marzo de 1965, se celebró por primera vez el rito de la concelebración y el rito de la comunión con las dos especies.

significado del ceremonial religioso, y nos permiten divisar no una auténtica devoción y un verdadero aprecio del significado y valor de la Santa Misa, sino, más bien, cierta pereza espiritual, que no quiere realizar un esfuerzo personal de inteligencia y participación encaminado a una mejor comprensión y realización de éste, el más sagrado de los actos religiosos, en que se nos invita, o más bien se nos obliga, a participar.

Repetiremos lo que se ha venido repitiendo en estos días por todos los sacerdotes que son pastores de almas y por todos los buenos profesores de religión. Primero, es inevitable que surja cierta confusión y molestia al comienzo. Una reforma práctica y espiritual de hábitos religiosos profundamente enraizados y observados piadosamente ha de causar, naturalmente, una pequeña conmoción, que no siempre resulta agradable a todo el mundo. Pero, segundo, alguna explicación, alguna preparación, alguna ayuda bien pensada pronto eliminará las incertidumbres y dará de inmediato el sentido y el gusto por el nuevo orden. Porque, tercero, no se debe creer que se podrá volver, luego de pasado algún tiempo, a gozar de quietud y devoción, o pereza, como antes. No, el nuevo orden debe ser diferente, y debe impedir y sacudir la pasividad del fiel presente en la Santa Misa. Antes era suficiente con estar ahí; ahora es necesario participar. Antes la presencia era suficiente; ahora se necesita prestar atención y actuar. Antes, se podía adormecerse o incluso conversar un poco; ahora, hay que oír y orar.

Esperamos que los celebrantes y los fieles podrán recibir pronto los nuevos libros litúrgicos[2], y que en su nueva forma, literaria y tipográfica, ellos han de reflejar la dignidad de los antiguos.

La asamblea se vuelve viva y activa –participar significa

---

2 Adviértase que Pablo VI usa la frase "nuevos libros litúrgicos" en 1965: por muchos se creía, incluso por personajes altamente ubicados en el Vaticano, que los cambios de 1965 eran el final de la reforma litúrgica, ya que había realizado, más o menos, lo que se podía deducir de una lectura progresista de *Sacrosanctum Concilium*. Retrospectivamente, vemos que esa fue sólo una fase intermedia en el camino de separar a los fieles de las buenas costumbres y de desestabilizar de su piedad, que iba a hacer posibles los pasos más radicales que se habían ya decidido por Bugnini y sus asociados desde antes del Concilio.

permitir que el alma se haga activa, con la actividad de la atención, de la conversación, del canto, de los gestos–. La armonía de un acto colectivo, realizada no sólo por gestos externos sino por el movimiento interior del sentimiento de fe y de piedad, da al rito una especial fuerza y belleza: se vuelve un coro, un concierto, la cadencia de una inmensa ala que vuela hacia las alturas del misterio y el gozo divinos.

La segunda categoría de comentarios que nos han llegado sobre la primera celebración de la nueva liturgia es, en cambio, de entusiasmo y de alabanza. Ellos dicen: ahora, por fin, podemos entender y seguir la ceremonia, misteriosa y complicada; por fin podemos disfrutarla; por fin el sacerdote habla a los fieles, y vemos que obra con ellos y para ellos. Tenemos conmovedores testimonios, de gente corriente, de niños y jóvenes, de críticos y observadores, de gente piadosa y aplicada al fervor y la oración, de hombres de amplia y seria experiencia y gran cultura. Estos testimonios son positivos. Un viejo y distinguido caballero, de alma grande y de fina discriminación y, por tanto, nunca totalmente satisfecho, sintió la obligación, al término de la primera celebración de la liturgia nueva, de llegar hasta el celebrante para comunicarle sinceramente su felicidad por haber finalmente, quizá por primera vez en su vida, participado, con plena profundidad espiritual, en el santo sacrificio.

Puede que esta admiración y esta especie de excitación sagrada ceda pronto y se transforme en un nuevo y pacífico hábito. ¿A qué no se acostumbra el hombre? Pero es de esperarse que la conciencia de la intensidad religiosa que la nueva forma del rito exige no habrá de disminuír; como tampoco la conciencia de la obligación de llevar a cabo los actos espirituales simultáneamente: uno de verdadera y personal participación en el rito, con todo lo que esto pueda acarrear de esencialmente religioso; el otro, de comunión con la asamblea de los fieles, con la *"ecclesia"*; el primer acto tiende hacia el amor de Dios, el segundo hacia el amor de nuestro prójimo. Este es el Evangelio de caridad que se realiza en el alma de nuestro tiempo: es verdaderamente hermoso, nuevo, grande, lleno de luz y de esperanza.

Pero habréis entendido, queridos hijos e hijas, que esta innovación litúrgica, este renacimiento espiritual, no puede tener lugar sin vuestra voluntaria y seria participación. Deseamos tanto vuestra cooperación que, como habéis visto, la hemos hecho tema de nuestro discurso; y con la confianza de que daréis efectivamente vuestra cooperación, os prometemos muchas, muchas gracias de parte del Señor, las que nuestra Apostólica Bendición espera aseguraros de ahora y para siempre.

LA MISA ES LA MISMA
Discurso a la Audiencia General de 19 de noviembre de 1969[3]

Queridos hijos e hijas:

1. Quisiéramos llamar vuesta atención a un acontecimiento que está por ocurrir en la Iglesia católica latina: la introducción de la liturgia de un nuevo rito de la Misa. Este será obligatorio en las diócesis italianas desde el primer domingo de Adviento, que este año cae el 30 de noviembre. La Misa será celebrada de un modo algo diferente de lo que hemos estado acostumbrados a celebrar en los últimos cuatrocientos años, desde el reinado de San Pío V, después del Concilio de Trento, hasta nuestros días.

2. Este cambio tiene algo de sorprendente, algo extraordinario. Y esto porque la Misa es considerada como la expresión tradicional e intocable de nuestro culto religioso y de la autenticidad de nuestra fe. Y nos preguntamos, ¿cómo es que se ha hecho semejantes cambios? ¿Qué efectos van a tener en quienes asisten a la Santa Misa? Se dará respuesta a estas preguntas, y a otras como ellas, que surgen de esta innovación. Vosotros podréis oir las respuestas en vuestras iglesias, que serán repetidas muchas veces en ellas y en publicaciones religiosas, y en todas las escuelas en que se enseña la doctina cristiana. Os exhortamos a que les prestéis atención, y así podréis tener una idea más clara y más profunda de la noción estupenda y misteriosa de la Misa.

3. Pero en este breve y sencillo discurso trataremos de aliviar vuestras mentes de las primeras y espontáneas dificultades que

---

3 Traducción al inglés tomada de la edición inglesa de *L'Osservatorre Romano*, 27 de noviembre de 1969.

estos cambios causan. Lo haremos en relación con las tres primeras preguntas que, a causa de ellos, vienen a la mente.

4. ¿Cómo es que se ha hecho semejantes cambios? Respuesta:
ello se debe a la voluntad expresada por el Concilio Ecuménico
que ha terminado hace poco. El Concilio decretó: "Revísese el
rito de la Misa de modo que quede más claramente manifestada
su intrínseca naturaleza y el propósito de sus diversas partes, así
como también la conexión entre ellas, para que la devota y activa
participación de los fieles pueda cumplirse más fácilmente".

5. "Con este fin ha de simplificarse los ritos, cuidándose de
preservar su sustancia. Que se desechen los elementos que, con
el paso del tiempo, se han duplicado, o se han añadido con poco
provecho. Cuando la oportunidad lo permita o la necesidad lo
exija, deberá restaurarse, según la norma de los Santos Padres,
otros elementos que han sido dañados por los accidentes de la
historia" (*Sacrosanctum Concilium* 50).

6. La reforma que va a llevarse a cabo es, pues, la respuesta a
un mandato de la Iglesia. Es un acto de obediencia. Es un acto de
coherencia de la Iglesia consigo misma. Es un paso adelante de su
auténtica tradición. Es una demostración de fidelidad y vitalidad,
a la que todos debemos prestar un pronto asentimiento.

7. No se trata de un acto arbitrario. No es un experimento transitorio u opcional. No es una improvisación de *dilettanti*. Es una
ley, que ha sido meditada por reconocidos expertos en sagrada
liturgia; ha sido discutida y ponderada durante un largo tiempo.
Haremos bien, pues, en aceptarla con gozoso interés y ponerla
exactamente en práctica de modo unánime y cuidadoso.

8. La reforma pone fin a las incertidumbres, a las discusiones,
a los arbitrarios abusos. Y nos remite a la uniformidad de ritos
y sentimientos propia de la Iglesia católica, heredera y continua-
dora de aquella primera comunidad cristiana, en que todos tenían
"un solo corazón y una sola alma" (Hechos 4, 32). El carácter colectivo de la oración de la Iglesia es una de las fortalezas de su unidad y catolicidad. El cambio que se va a hacer no debe quebrar
ese carácter colectivo ni perturbarlo, sino que debe afirmarlo y
hacerlo resonar con un nuevo espíritu, el espíritu de su juventud.

9. La segunda pregunta es: ¿Cuáles son, exactamente, los cambios?

10. Veréis por vosotros mismos que ellos consisten en muchas nuevas directivas para la celebración de los ritos. Especialmente al comienzo, ellos exigirán una cierta cantidad de atención y cuidado. La devoción personal y el sentido de comunidad harán fácil y agradable el cumplimiento de estas nuevas reglas. Pero recordad esto con claridad: nada se ha cambiado en la sustancia de nuestra Misa tradicional. Quizá algunos se dejen llevar por la impresión causada por alguna ceremonia en particular o por alguna rúbrica adicional, y piensen que ocultan alguna alteración o disminución de las verdades que han sido adquiridas para siempre por la fe católica, y están sancionadas por ella. Y podrían llegar a creer que se ha comprometido, como resultado, la ecuación entre la ley del orar, *lex orandi*, y la ley de la fe, *lex credendi*.

11. Pero ello no es así. No, en absoluto. Sobre todo, porque el rito y la rúbrica correlativa no son en sí mismos una definición dogmática. Su calificación teológica puede variar en algunos grados según el contexto litúrgico al que se refieren. Ellos son gestos y términos que se refieren a una acción litúrgica –experimentada y viva– de un misterio indescriptible de la divina presencia, no siempre expresada de un modo universal. Sólo la crítica teológica puede analizar esta acción y expresarla en fórmulas doctrinales satisfactoriamente lógicas. La Misa del nuevo rito es y sigue siendo la Misa que hemos tenido siempre. A lo más, su identidad ha sido clarificada en algunos aspectos.

12. La unidad de la Cena del Señor, del Sacrificio de la Cruz, de la representación y renovación de ambos en la Misa, está inviolablemente afirmada y celebrada en el nuevo rito tal como lo estaba en el antiguo. La Misa es y sigue siendo el memorial de la Ultima Cena de Cristo. En esa Cena el Señor cambió el pan y el vino en su Cuerpo y en su Sangre, e instituyó el Sacrificio del Nuevo Testamento. El Señor quiso que el Sacrificio fuera renovado idénticamente por el poder de su Sacerdocio, que confirió a sus Apóstoles. Sólo el modo del ofrecimiento es diferente, es decir, es incruento y de un modo sacramental; y se lo ofrece en perenne

memoria de Sí mismo, hasta su última venida (cf. De la Taille, *Mysterium Fidei*, Eluc. IX).

13. En el nuevo rito encontraréis la relación entre la Liturgia de la Palabra y la Liturgia de la Eucaristía, llamada así estrictamente, expresada más claramente, como si la segunda fuera la respuesta práctica a la primera (cf. Bouyer). Encontraréis cuánto se llama a participar a los fieles en la celebración del sacrificio Eucarístico, y cómo en la Misa son y se sienten plenamente "la Iglesia". Podréis ver también otros maravillosos rasgos de nuestra Misa. Pero no penséis que estas cosas se dirigen a alterar su esencia genuina y tradicional.

14. Por el contrario, tratad de ver cómo la Iglesia desea dar mayor eficacia a su mensaje litúrgico mediante este nuevo y más amplio lenguaje litúrgico; cómo desea recordar su mensaje a cada uno de sus fieles, y a todo el conjunto del Pueblo de Dios, de un modo más directo y pastoral.

15. Del mismo modo respondemos la tercera pregunta: ¿Cuál será el resultado de esta innovación? Los resultados esperados o, más bien, deseados, son que los fieles participen en el misterio litúrgico con más comprensión, de un modo más práctico, más gozoso y más santificante. O sea, que oigan la Palabra de Dios, que vive y resuena a lo largo de los siglos y en nuestra alma individual; y que participen en la mística realidad del sacrificio sacramental y propiciatorio de Cristo.

16. Así es que no hablemos de la "nueva Misa". Hablemos, más bien, de la nueva época en la vida de la Iglesia.

Con nuestra Bendición Apostólica.

CAMBIOS EN LA MISA PARA UN MAYOR APOSTOLADO
Discurso a la Audiencia General de 26 de noviembre de 1969[4]

Queridos hijos e hijas:

1. Os pedimos que prestéis atención, una vez más, a la innovación litúrgica del nuevo rito de la Misa. El nuevo rito será introducido en nuestra celebración del Santo Sacrificio el próximo domingo, que es el primero de Adviento, el 30 de noviembre.

---

4 Traducción al inglés tomada de la edición inglesa de *L'Osservatorre Romano*, 4 de diciembre de 1969.

2. Un nuevo rito de la Misa: un cambio en una venerable tradición que ha permanecido durante siglos. Esto es algo que afecta a nuestro patrimonio litúrgico hereditario, que parecía gozar del privilegio de ser intocable y estable; parecía traer a nuestros labios la oración de nuestros antepasados y de nuestro santos, y darnos el consuelo de sentirnos fieles a nuestro pasado espiritual, que mantenemos vivo y transmitimos a las futuras generaciones.

3. Es en momentos como éste que entendemos mejor el valor de la tradición histórica y de la comunión de los santos. Este cambio afectará las ceremonias de la Misa. Nos daremos cuenta, quizá con alguna sensación de molestia, que las ceremonias en el altar no se realizarán ya con las mismas palabras y gestos a que estamos acostumbrados, y quizá tan acostumbrados que ya ni siquiera las advertimos. Este cambio afecta también a los fieles: su propósito es interesar a cada uno de los presentes, sacarlos de sus devociones personales acostumbradas o de su habitual sopor.

4. Debemos prepararnos para estos varios inconvenientes. Se trata del tipo de alteración causada por cualquier novedad que interrumpe nuestros hábitos. Notaremos que algunas personas pías serán las más perturbadas, porque tienen su propio y respetable modo de oír la Misa, y se sentirán conmocionadas por tener que abandonar sus propios pensamientos y seguir los de otros. Incluso los sacerdotes podrían experimentar una molestia con esto.

5. ¿Qué hay que hacer en esta ocasión especial, histórica? Primero, debemos prepararnos. Esta novedad no es menor. No debiéramos permitir que nos sorprenda la naturaleza, o incluso la incomodidad, de sus formas exteriores. Como personas inteligentes y fieles conscientes, deberíamos averiguar todo lo que podamos sobre esta innovación. Ello no será difícil por los muchos buenos esfuerzos que están haciendo la Iglesia y las casas editoras. Como hemos dicho en otra ocasión, haremos bien en tomar en cuenta los motivos para estos graves cambios. El primero es la obediencia al Concilio. La obediencia implica ahora obedecer a los obispos, quienes interpretan las decisiones del Concilio y las ponen en práctica.

6. Esta primera razón no es sólo simplemente canónica, relacionada con un precepto externo, sino que está conectada con el

carisma del acto litúrgico. En otras palabras, está vinculada con el poder y la eficacia de la oración de la Iglesia, cuya versión más autorizada proviene del obispo. Esto es verdad también del sacerdote, que colabora con el obispo en su ministerio y actúa, como él, *in persona Christi* (cf. San Ignacio, *ad Eph*. I, V). Es la voluntad de Cristo, es el soplo del Espíritu Santo que llama a la Iglesia a que haga estos cambios. Está teniendo lugar un momento profético en el Cuerpo Místico de Cristo, que es la Iglesia. Este momento remece a la Iglesia, la despierta, la obliga a renovar el misterioso arte de su plegaria.

7. La otra razón para la reforma es la renovación de la oración. Y apunta a asociar la asamblea de los fieles más cercana y efectivamente al rito oficial, el de la Palabra y del Sacrificio Eucarístico, que constituyen la Misa. Porque los fieles también están dotados del "sacerdocio regio"; es decir, están también cualificados para tener una conversación sobrenatural con Dios.

8. Es aquí donde se va a notar la mayor de las novedades, la novedad del lenguaje. No más latín, sino que la principal lengua de la Misa será la lengua hablada. La introducción del vernáculo significará ciertamente un gran sacrificio para quienes conocen la belleza, el poder y la expresiva sacralidad del latín. Estamos abandonando la lengua de muchos siglos de cristiandad; nos estamos convirtiendo en invasores profanos de la reserva literaria de la lengua sagrada. Vamos a perder una gran parte de aquella realidad artística y espiritual, estupenda e incomparable, que es el canto gregoriano.

9. Tenemos, en realidad, razones para lamentar, razones para nuestro desconcierto. ¿Qué podemos poner en el lugar de esa lengua de ángeles? Estamos renunciando a algo de inapreciable valor. Pero ¿por qué? ¿Qué hay de más precioso que estos, los más altos valores de nuestra Iglesia?

10. La respuesta puede parecer banal, prosaica. Pero es una buena respuesta, porque es humana, porque es apostólica.

11. Entender la oración vale más que los paramentos de seda de que está revestida. La participación del pueblo vale más, especialmente la participación del pueblo moderno, tan amante del

lenguaje sencillo que es fácilmente comprendido y que se convierte en el habla cotidiana.

12. Si la divina lengua latina nos mantuviera separados de nuestros hijos, de nuestro jóvenes, del mundo del trabajo y los negocios, si fuera una cortina oscura, no una clara ventana, ¿sería propio de nosotros, los pescadores de almas, mantenerlo como la lengua exclusiva de la oración y de la comunicación religiosa? ¿Qué dijo San Pablo de esto? Leed el capítulo 14 de la primera carta a los Corintios: "en la iglesia prefiero hablar diez palabras con sentido para instruír a otros, a decir diez mil palabras en lenguas" (1 Corintios 14, 19).

13. San Agustín parece comentar este punto cuando dice: "No tengáis miedo de los profesores, siempre que todos sean instruídos" (PL 38, 228, Serm 37; cf. también Serm. 229, p. 1371). Pero, en todo caso, el nuevo rito de la Misa contempla que los fieles "deben poder cantar juntos, en latín, al menos las partes del Ordinario de la Misa, especialmente el Credo y la Oración del Señor, el Padre Nuestro" (*Sacrosanctum Concilium* 19).

14. Pero, tengamos esto muy presente, para nuestro consejo y consuelo: el latín no va a desaparecer por ello; seguirá siendo la noble lengua de los actos oficiales de la Santa Sede; seguirá siendo un medio de enseñanza en los estudios eclesiásticos y la llave del patrimonio de nuestra cultura religiosa, histórica y humana. Si es posible, incluso va a reflorecer en su esplendor.

15. Finalmente, si consideramos este tema debidamente, veremos que el esquema fundamental de la Misa sigue siendo el tradicional, no sólo teológica sino también espiritualmente. De hecho, si se realiza el rito como debiera, se verá que aumenta la riqueza de su aspecto espiritual. La mayor sencillez de las ceremonias, la variedad y abundancia de los textos de la Escritura, las acciones conjuntas de los ministros, los silencios que caracterizarán a varios momentos de mayor profundidad en el rito, todo ello contribuirá a resaltar su riqueza espiritual.

16. Pero hay dos requisitos que, sobre todo, dejarán en claro tal riqueza: la profunda participación de cada uno de los presentes, y una sobreabundancia de espíritu de caridad comunitaria.

Estos requisitos ayudarán a hacer de la Misa, más que nunca, una escuela de profundidad espiritual y una pacífica pero exigente escuela de sociología cristiana. La relación del alma con Cristo y con los hermanos alcanzará así una nueva y vital intensidad. Cristo, víctima y sacerdote, renueva y ofrece su sacrificio redentor por medio de los ministros de la Iglesia en el rito simbólico de la Ultima Cena. Nos deja su Cuerpo y su Sangre bajo las apariencias de pan y vino, para nuestro alimento personal y espiritual, para nuestra fusión en la unidad de su amor redentor y de su vida inmortal.

17. Pero hay todavía una dificultad práctica, que la excelencia de lo sagrado no hace menor. ¿Cómo podemos celebrar este nuevo rito cuando todavía no tenemos un misal completo, y existen todavía tantas incertidumbres sobre lo que hay que hacer?

18. Para terminar, ayudará mucho leeros algunas normas dictadas por la oficina competente, es decir, la Sagrada Congregación para el Culto Divino. Helas aquí:

"En relación con la obligación del rito:

"1) para el texto latino: los sacerdotes que celebran en latín, en privado y también en público, en aquellos casos previstos por la legislación, pueden usar el Misal romano o el nuevo rito hasta el 28 de noviembre de 1971. Si usan el Misal romano, pueden, sin embargo, usar las tres nuevas anáforas y el Canon romano, teniendo presentes las normas sobre este último texto (omisión de santos, conclusiones, etc.). Pueden además recitar en vernáculo las lecturas y las oraciones de los fieles. Si usan el nuevo rito, deben seguir el texto oficial, con las concesiones indicadas más arriba sobre el vernáculo.

"2) Para el texto en vernáculo. En Italia, todos los que celebren con presencia de pueblo desde el próximo 30 de noviembre deben usar el *Rito della Messa* publicado por la Conferencia Episcopal Italiana, o por alguna otra Conferencia Episcopal. En los días de fiesta, se tomarán las lecturas o bien del Leccionario publicado por el Centro Italiano para la Acción Litúrgica, o bien del Misal romano para los días festivos, en uso hasta aquí. En las ferias, se seguirá usando el Leccionario ferial publicado hace tres años. Para los que celebran en privado no hay problemas, porque deben celebrar en latín. Si un sacerdote celebra en vernáculo por indulto especial en lo relativo a los textos, seguirá las normas que se han dicho anteriormente para la Misa sin pueblo; pero, en lo que toca al rito, usará el Ordo publicado por la Conferencia Episcopal Italiana".

19. En todo caso, recordemos siempre que "la Misa es un Misterio que debe vivirse en una muerte de Amor. Su realidad divina sobrepasa todas las palabras... Es la Acción *par excellence*, el acto mismo de nuestra Redención en el Memorial que lo hace presente" (Zundel).

Con nuestra Bendición Apostólica.

En el capítulo 4 he presentado comentarios detallados a los textos que anteceden. Ocurre que Pablo VI a menudo sintió la necesidad de dirigirse a los "negativos", que se quejaban de la cantidad de cambios a la liturgia romana en la década de más o menos 1964 a 1974. Pablo VI tenía un curioso modo de hablar, como si una delirante multitud de clero y laicos se precipitara a abrazar la nueva forma de la Misa con gran celo por la participación activa, como felices ciudadanos del Paraíso Comunista de los Trabajadores. Las pruebas hechas públicas y las anecdóticas, junto con un imparable declinar de la asistencia a Misa en las décadas de 1960 y 1970, sugieren que no más que una ínfima minoría sintió las "buenas vibras" de *The Bugnini Boys*[5].

Las diatribas de Pablo VI, por tanto, estuvieron dirigidas no sólo a la mayoría de sus correligionarios, lo que ya hubiera sido de por sí bastante poco edificante, sino que, en realidad, se dirigieron contra los muchos siglos de práctica católica tradicional que, a pesar de sus fallas, o a pesar de las mejoras que podría habérsele hecho, mantuvo a grandes números de bautizados adheridos a la Iglesia y a su fe con un compromiso tan serio que, difícilmente,

---

5 El éxito "Buenas vibras", canción de *The Beach Boys*, apareció en 1966, el año a medio camino del misal provisional de 1965 y de la *Missa normativa* de 1967.

podría encontrárselo –y que no fue jamás superado– en otras prácticas religiosas ajenas al catolicismo⁶.

Como cortesía del mamotreto titulado *Documents on the Liturgy 1963-1969* [DOL] –libro que tendría un acrónimo más adecuado si su título fuera *Documents Undermining Liturgical Life 1963-1979* [DULL]–, presento aquí algunas citas adicionales de Pablo VI, que revelan toda la amplitud (o mejor, la estrechez) de la mente del pontífice en lo relativo al significado de *participatio actuosa* y al malvado comportamiento de quienes se empecinaban en resistir la marcha del progreso.

DISCURSO A LOS OBISPOS ITALIANOS
de 14 de abril de 1964 (DOL 21)

La reforma litúrgica nos abre el camino para reeducar al pueblo en su religión, para purificar y revitalizar sus formas de culto y de devoción, para restaurar la dignidad, belleza, simplicidad y buen gusto de nuestras ceremonias religiosas. Sin esta renovación interior y exterior hay poca esperanza de una amplia supervivencia de los religiosos que hoy viven en condiciones diferentes... Promoved el canto sagrado, el canto religioso y colectivo del pueblo. Recordad que si el pueblo canta, no abandona la Iglesia; si no abandona la Iglesia, conserva la fe y vive como cristiano.

AUDIENCIA GENERAL
de 13 de enero de 1965 *(DOL 24)*

Por vuestro [sc., de los laicos] propio esfuerzo por poner la Constitución sobre la Liturgia por obra, exacta y vitalmente, demostráis tener esa comprensión de los tiempos que Cristo recomendó a sus primeros discípulos (ver Mateo 16, 4), y que la Iglesia hoy va despertando y reconociendo en los católicos adultos... Mostráis que comprendéis la nueva pedagogía religiosa que la actual reforma litúrgica procura instaurar... La solicitud de la Iglesia hoy se ensancha; modifica ciertos aspectos de la disciplina de los ritos que hoy son inadecuados, y procura

---

6   Ver mi artículo "Could the Traditional Latin Mass Be Improved–And Should It Even Be Attempted?," *NLM*, mayo 26, 2015.

valiente pero meditadamente sondear su significado esencial, la exigencia comunitaria, y el valor sobrenatural del culto de la Iglesia... Para comprender este progreso religioso y gozar los resultados que de él se esperan debemos cambiar nuestras formas acostumbradas de pensar en lo relativo a las sagradas ceremonias y a las prácticas religiosas... que ya no piden sólo una presencia pasiva, distraída. Debemos darnos cuenta de que una nueva pedagogía espiritual ha nacido con el Concilio; es su gran novedad; y debemos tratar, primero, de ser discípulos, y luego, maestros en esta escuela de oración que está naciendo. Es muy posible que las reformas afecten prácticas que nos son queridas e incluso dignas de respeto; es posible que esas reformas nos exijan esfuerzos que, al comienzo, no serán fáciles. Pero debemos ser dóciles y tener fe: la perspectiva religiosa y espiritual que se ha abierto delante de la Constitución es estupenda, por su profundidad doctrinal y por su autenticidad, por la racionalidad de su lógica cristiana, por la pureza y riqueza de sus elementos culturales y artísticos, por su respuesta al carácter y las necesidades del hombre moderno.

DISCURSO A LOS PASTORES Y PREDICADORES DE CUARESMA
1 de marzo de 1965 (DOL 25)

He aquí algunos de los temas: cambiar tantas actitudes que, desde varios puntos de vista, son en sí mismas dignas de respeto y han sido conservadas con amor; inquietar a los buenos y devotos presentándoles nuevas formas de orar, que no comprenderán de inmediato; ganar, para un compromiso personal en la oración común, a muchos que están acostumbrados a orar –o que no oran– a su modo en la iglesia; intensificar la formación en la oración y en el culto en todas las parroquias, es decir, introducir los fieles a nuevos puntos de vista, nuevos gestos, prácticas, formularios y actitudes, que signifiquen tomar parte activa en la religión, a la que no estaban acostumbrados. En suma, el tema es comprometer al pueblo de Dios en la vida litúrgica sacerdotal. Diremos de nuevo que esta es una cuestión difícil y delicada, pero añadiremos que es necesaria, obligatoria, providencial y renovadora. Y esperamos que sea también satisfactoria.

HOMILÍA EN UNA PARROQUIA EN ROMA
27 de marzo de 1966 (DOL 33)

El Concilio ha tomado la postura fundamental de que los fieles tienen que comprender lo que el sacerdote dice[7] y tomar parte en la liturgia, no ser sólo espectadores pasivos de la Misa, sino almas vivas... Mirad al altar, orientado ahora para dialogar con la asamblea; considerad el notable sacrificio que se ha hecho del latín, repositorio valiosísimo del tesoro de la Iglesia. Se ha abierto ese repositorio, ahora que la propia lengua hablada por el pueblo se ha transformado en parte de su oración. Los labios que han estado en silencio, sellados tan a menudo, pueden finalmente ahora comenzar a moverse, cuando la asamblea puede pronunciar su parte en el coloquio... Ya no tenemos el triste fenómeno de personas que son versadas y opinan sobre todos los temas humanos, pero que son silenciosas y apáticas en la casa de Dios. ¡Qué sublime es oír, durante la Misa, la recitación colectiva del Padre Nuestro! De este modo la Misa dominicial no es sólo una obligación sino un placer; no se cumple como un deber, sino que se reclama como un derecho".

Puede que Pablo VI haya sisdo profético en cuanto a la contracepción, pero no fue en absoluto profeta en lo relativo a la liturgia, como lo prueba el siguiente pasaje.

AUDIENCIA GENERAL EN CASTEL GANDOLFO
13 de agosto de 1969 (DOL 45)

Mediante un intenso y prolongado movimiento religioso, la liturgia, coronada y, por decirlo así, canonizada por el Vaticano II, ha adquirido nueva importancia, dignidad, accesibilidad y participación en la conciencia y en la vida espiritual del pueblo de Dios, y predecimos que esto continuará mucho más en el futuro.

---

7 Esta afirmación es, por cierto, una temeraria mentira de Pablo VI, ya que el Concilio no adoptó esa postura, y de hecho adoptó una diferente. Es una mentira que repitió docenas de veces, y que personajes como el papa Francisco y el Arzobispo Roche no hacen más que repetir a perpetuidad. Ver "The Council Fathers in Support of Latin: Correcting a Narrative Bias," *NLM*, septiembre 13, 2017. Ver también "Christ's Universal Dominion and the Modern Tower of Babel," en *The Road from Hyperpapalism to Catholicism: Rethinking the Papacy in a Time of Ecclesial Disintegration* (Waterloo, ON: Arouca Press, 2022), vol. 2, cap. 58.

AUDIENCIA GENERAL EN CASTEL GANDOLFO
20 de agosto de 1969 (DOL 46)

Una segunda categoría, cuyas filas han aumentado con personas inquietas por la reforma conciliar de la liturgia, incluye a los suspicaces, los críticos, los descontentos. Alterados en sus prácticas devotas, estos espíritus se resignan, rezongando, a los nuevos modos, pero no hacen ningún esfuerzo por comprender el motivo de ellos. Encuentran desagradables las nuevas expresiones del culto divino. Se refugian en sus quejas, que despojan de su sabor antiguo a los textos del pasado y bloquean todo gusto por lo que la Iglesia, en su segunda primavera litúrgica, ofrece a los espíritus que se abren al significado y al lenguaje de los nuevos ritos, sancionados por la sabiduría y la autoridad de la reforma postconciliar. Un esfuerzo no muy grande por aceptar y comprender proporcionaría la experiencia de la dignidad, de la simplicidad y de una antigüedad nuevamente recuperada en las nuevas liturgias, y daría también al santuario interior de cada uno el consuelo y la vivificante fuerza de las celebraciones comunitarias. La vida interior crecería en mayor plenitud.

AUDIENCIA GENERAL
de 22 de abril de 1970 (DOL 49)

Para ir directamente al tema: la oración comunitaria y litúrgica está en vías de difundirse nuevamente, de ser compartida y comprendida; esto es, en verdad, una bendición para nuestro pueblo y nuestra época. Debemos también tomar nota de las normas de la reforma litúrgica tal como está siendo puesta en práctica; ellas representan la voluntad del Concilio, han sido estudiadas con un cuidado sabio y paciente por los mejores liturgistas de la Iglesia, y han recibido asesoría de expertos en el ministerio pastoral. Será la vida litúrgica, cuidadosamente alimentada y plenamente asimilada por las mentes y la práctica del pueblo cristiano, lo que mantendrá despierto y vivo el sentido religioso en esta época secular, desacralizada, y lo que dará a la Iglesia una nueva primavera en su vida cristiana espiritual.

Apéndice

AUDIENCIA GENERAL
de 3 de noviembre de 1971 (DOL 53)

La Iglesia orante (*Ecclesia orans*) ha tenido en el Concilio su más magnífica exaltación. No debemos olvidarlo, considerando la estimulante realidad de la reforma litúrgica. Esta reforma, por la intención pastoral misma que la ha provocado, de reavivar la oración en el Pueblo de Dios, una oración pura y participativa, es decir, interior y personal y, al mismo tiempo, pública y comunitaria, merece gran consideración en su confrontación con el mundo moderno. No se trata de un simple hecho ritual, de sacristía, o de erudición arcaica y puramente litúrgica, sino que es una afirmación religiosa llena de fe y de vida, es una escuela apologética para todos los que buscan la verdad vivificante, es un reto en medio del mundo ateo, pagano, secularizado.

AUDIENCIA GENERAL
de 6 de agoſto de 1975 (DOL 57)

El pueblo de Dios debe estar compuesto por creyentes que conocen, que participan y, en cierta medida, concelebran con el sacerdote, el *alter Christus* que habla por Dios al pueblo, y por el pueblo a Dios. La liturgia es una comunión de espíritus, de oración, de voces, un *agape* o caridad. La presencia pasiva no es suficiente; se requiere participación. El pueblo debe ver en la liturgia una escuela de escuchar y aprender, una celebración sagrada presentada y guiada por el sacerdote, pero en la cual, como en una reunión de corazones y voces, los fieles se reúnen por sus respuestas, sus ofrendas, y su canto. Si el Concilio y el Año Santo han fortalecido al pueblo en su obligación de participar y cantar en la liturgia, habrán conseguido un logro de inmenso valor para la religión y la comunidad. Quien canta participa, y quien participa no se aburre sino que se llena de gozo. Quien encuentra gozo en la oración persevera y se desarrolla como cristiano. Quien es cristiano, se salva.

Desde la perspectiva de más de cincuenta años después, al ver cómo la reforma litúrgica o bien implosiona o bien es lentamente dejada atrás por un movimiento tradicionalista cada vez más poderoso, nos alegramos por el beneficio, ganado con esfuerzo, de aprender lo que nunca debe hacerse a nuestra preciosa herencia, lo cual va acompañado por una inconmovible decisión de continuar redescubriendo y promoviendo esta herencia para el bien de las almas. Porque la gran ironía es que no es, ni nunca fue, una "nueva" liturgia la que sirve como "escuela apologética para todos los buscadores de la verdad vivificante, un reto en medio del mundo ateo, pagano, secularizado"; por el contrario, vemos, cada vez más, cuán adecuadamente se aplica esta descripción al rito romano clásico, que ha revivido como el fénix de sus cenizas.

⟨[FUENTES DE LOS EPÍGRAFES]⟩

Página frontal. Salmo 10, 4. / Joseph Ratzinger, Prólogo al libro de Dom Alcuin Reid *The Organic Development of the Liturgy*, 2ª ed. (San Francisco: Ignatius Press, 2005), 10-11.

Capítulo 1. Dom Prosper Guéranger, *Institutions liturgiques*, vol. I, 2ª ed. (Paris: Société générale de librairie catholique, 1878), Pt. I, ch. 1, pp. 4-5. / John Henry Newman, *Loss and Gain: The Story of a Convert* [1848] (London: Longmans, Green, and Co., 1906), Parte I, capítulo 7, p. 44. / H. J. A. [Henry] Sire, *Phoenix from the Ashes: The Making, Unmaking, and Restoration of Catholic Tradition* (Kettering, OH: Angelico Press, 2015), 226.

Capítulo 2. Guéranger, *Institutions liturgiques*, vol. I, Partet. I, cap. 1, p. 3. / Herman Schmidt, "The Structure of Mass and Its Restoration, as Reflected in the New Holy Week Ordo," en *Studies in Pastoral Liturgy*, ed. Placid Murray (Maynooth: Furrow Trust, 1961), 25-46, cited in Reid, *Organic Development*, 308. / Radulph of Rivo, *De canonum observantia* (1397), 6, prop. VI, trans. Aelredus Rievallensis, publicado en *Canticum Salomonis*, diciembre 26, 2021.

Capítulo 3. Joseph Ratzinger, comentario en *Simandron-Der Wachklopfer. Gedenkschrift für Klaus Gamber* (1919-1989), ed. Wilhelm Nyssen (Cologne: Luthe-Verlag, 1989), 13-15, citado en *Theologisches*, 20.2 (Feb. 1990), 103-4. / Sire, *Phoenix*, 270-71; 274.

Capítulo 4. Entrevista con Philippe Laguérie, "The Battle for the Mass Is Won," entrevista concedida a Anne Le Pape para el diario *Présent*, en enero 18, 2022, trad. Jerome Stridon, publicado en *Rorate Caeli*, enero 22, 2022. / Nicolás Gómez Dávila, Aphorism n. 2200, traducido de *Don Colacho's Aphorisms*, http://don-colacho.blogspot.com.

Capítulo 5. Joseph Ratzinger, carta a Wolfgang Waldstein, texto alemán original en "Zum motu proprio *Summorum Pontificum*," *Una Voce Korrespondenz* 38/3 (2008), 201-14. / Sire, *Phoenix*, 451.

Capítulo 6. Roberto de Mattei, *Love for the Papacy and Filial Resistance to the Pope in the History of the Church* (Brooklyn, NY: Angelico Press, 2019), 84. / *Catechism of the Catholic Church*, nn. 1124 (en parte) and 1125 (*in toto*).

Capítulo 7. S. Tomás de Aquino, *Summa theologiae* II-II, qu. 93, art. 1; ibid., ad 3. / Sire, *Phoenix*, 205.

Capítulo 8. Nicholas Gihr, *The Holy Sacrifice of the Mass, Dogmatically, Liturgically, and Ascetically Explained* (St. Louis: B. Herder, 1949), 581. / Michael Moreton, citado por Fr. John Hunwicke, "A

Pontifical Act Lacking Auctoritas," en *From Benedict's Peace to Francis's War: Catholics Respond to the Motu Proprio Traditionis Custodes on the Latin Mass*, ed. Peter Kwasniewski (Brooklyn, NY: Angelico Press, 2021), 31. / Guéranger, *Institutions liturgiques 1840-1851: Extraits* (Vouillé: Éditions de Chiré, 1977), 107; http:// catholicapologetics.info/modernproblems/newma ss/antigy.htm.

Capítulo 9. Martin Mosebach, *Subversive Catholicism: Papacy, Liturgy, Church*, trad. Sebastian Condon y Graham Harrison (Brooklyn: Angelico Press, 2019), 66-67. / Roberto de Mattei, "Reflections on the Liturgical Reform," en *Looking Again at the Question of the Liturgy with Cardinal Ratzinger: Proceedings of the July 2001 Fontgombault Liturgical Conference*, ed. Alcuin Reid (Farnborough, UK: St. Michael's Abbey Press, 2003), 136.

Capítulo 10. Dom Ansgar Vonier, *The Collected Works of Abbot Vonier* (London: Burns Oates, 1952), vol. 2, p. 82. / Sire, *Phoenix*, 276.

Capítulo 11. Sabiduría 3, 11, 19; 4, 3-5. / Job 13, 4-5, 7, 11-12. / Salmo 72, 18-20. / Salmo 87, 13.

Capítulo 12. Abbé Franck Quoëx, "Le Messe, notre trésor," *Revue Le Baptistère*, n. 1 (marzo 2003), http://salve-regina.com/index.php?-title= La_Messe,_notre_trésor. / Nicolás Gómez Dávila, *Aphorism* n. 1297, traducido de *Don Colacho's Aphorisms*, http://don-colac ho.blogspot.com.

⟨FUENTES DE LAS OBRAS DE ARTE⟩

Todas las obras de arte de este libro (incluida la de la tapa) son imágenes de dominio público del Rijksmuseum de Ámsterdam.

ii *Kerkinterieur met mis*, Johannes Bosboom, watercolor, 1827-1891

viii *Titelpagina voor Breviarium Romanum*, Theodoor Galle, según P. P. Rubens, Amberes, 1614

xxix *De vier kerkvaderen*, Cornelis Bloemaert (II), según Abraham Bloemaert, Utrecht, 1629

35 *Vernieling van een altaarstuk*, Johann Wilhelm Kaiser (I), según G. Rochussen, pub. Koenraad Fuhri, 1847

121 *Mirakel van de spin*, Cornelis Galle (I), Amberes, 1622

243 *Mis van de Heilige Gregorius met verschijning van Christus*, Mattheus Borrekens, según Abraham van Diepenbeeck, Amberes, 1625-1670

311 *De viering van de mis*, Jacques Callot, según Girolamo Muziano, Roma, 1608-1611

424 *Ignatius van Loyola heeft een visioen van de Drieëenheid*, Hieronymus Wierix, Amberes, 1611-1615

PETER A. KWASNIEWSKI es BA en Artes Liberales por el Thomas Aquinas College y MA y PhD en Filosofía por la Catholic University of America, con especialización en el pensamiento de Santo Tomás de Aquino. Luego de enseñar en el International Theological Institute en Austria, formó parte del grupo fundador del Wyoming Catholic College, donde enseñó teología, filosofía, música e historia del arte, y dirigió también el coro y la *schola* hasta 2018. Actualmente es escritor a tiempo completo y conferencista, y su trabajo puede encontrarse en sitios web y en periódicos como *New Liturgical Movement, OnePeterFive, Rorate Caeli, The Remnant, Catholic Family News* y *Latin Mass Magazine*. El Dr. Kwasniewski es autor de una gran cantidad de publicaciones, tanto en una línea académica como en una de divulgación, sobre teología sacramental y litúrgica, historia y estética de la música, Doctrina Social Católica, y otros temas atingentes a la Iglesia contemporánea. Ha escrito o editado muchos libros. Su obra se ha traducido a no menos de dieciocho idiomas. Para más información, consultar su sitio web: www.peterkwasniewski.com.

www.ingramcontent.com/pod-product-compliance
Lightning Source LLC
Chambersburg PA
CBHW021657120626
46545CB00004B/1278